管理案例采编

朱方伟 孙秀霞 宋昊阳/著

科学出版社
北京

内 容 简 介

本书立足管理案例采编与教学工作实践，将管理教学案例的采编视为一项系统的工作，并分解细化为具体的可操作性步骤，提出以课堂传授的理论知识和技能作为一切案例采编工作的基础，在指导案例调研访谈工作的同时，也为案例正文与使用说明的编写提供根本依据。

本书以大量具体案例介绍了管理教学案例采编工作的内容、具体方式方法、原则以及注意事项等内容，不仅能够为从事案例教学与采编工作的教师和学者提供易于理解的指导，同时书中所描述的基本理念与原则对案例研究工作也具有较大的参考价值。

图书在版编目(CIP)数据

管理案例采编 / 朱方伟，孙秀霞，宋昊阳著. —北京：科学出版社，2014

ISBN 978-7-03-041773-2

Ⅰ.①管… Ⅱ.①朱… ②孙… ③宋… Ⅲ.①管理学－案例－教学法 Ⅳ.①C93-42

中国版本图书馆 CIP 数据核字(2014)第 202820 号

责任编辑：马　跃　李　莉 / 责任校对：黄江霞
责任印制：张　伟 / 封面设计：无极书装

科学出版社 出版
北京东黄城根北街 16 号
邮政编码：100717
http://www.sciencep.com

北京盛通商印快线网络科技有限公司 印刷
科学出版社发行　各地新华书店经销

*

2014 年 9 月第 一 版　开本：720×1000　1/16
2023 年 3 月第四次印刷　印张：19 3/4
字数：400 000

定价：52.00 元

（如有印装质量问题，我社负责调换）

前言

管理理论的建立和发展根植于企业管理实践。管理教育的突出特点是理论与实践的融合，具体表现为系统知识、管理思维和管理技能的融合。管理教育既要注重专业知识的传授，更要注重知识的“活学活用”。案例作为管理教育中知识应用与能力转化的平台，其情境的真实性和实战的模拟性可以激活学生充当决策者的意识，从而仔细鉴别相关数据资料，提高处理问题的能力。借助案例教学，管理教育的目标可以更加有效和完整地实现。

1980年，中美两国政府合作的中国工业科技管理大连培训中心在大连工学院（大连理工大学前身）成立，案例教学方法开始引入我国的管理教学实践中，并引起了大量管理教育工作者的兴趣和关注，案例教学在全国商学院尤其是MBA（Master of Business Administration，即工商管理硕士）教育中得到了前所未有的重视和推广。非常幸运，我的大学生涯能够在大连理工大学度过，并有机会接触到真实的企业管理案例，在我的职业生涯中埋下了案例的种子。

案例教学的开展离不开一个高质量的案例库，美国哈佛商学院和加拿大西安大略大学毅伟商学院（简称毅伟商学院）都建有高水平的案例库，案例题材覆盖管理教育的各个领域，为其案例教学的开展奠定了坚实的基础。1987年，在国家经济委员会的支持下，大连理工大学管理学院成立了国内首个管理案例库。案例库成立初期，本土案例的采编数量一直不多，质量参差不齐。1991年，大连理工大学管理学院组织翻译了毅伟商学院迈克尔·R. 林德斯和詹姆斯·A. 厄斯金两位教授的《管理案例编写指南》（译者张吉平），这是国内第一本系统介绍管理案例采编的著作。2007年，在全国MBA教育指导委员会的支持下，中国管理案例共享中心在大连理工大学管理学院成立，开启了国内管理案例库建设的新模式，时至今日本土案例的数量已经突破2000篇，案例质量也迅速提升。自2010年开始，由全国MBA教育指导委员会主办、中国管理案例共享中心承办，每年评选一次的“全国百篇优秀管理案例”活动进一步促进了我国本土管理案例的采编，一大批优秀案例脱颖而出，教师采集案例的热情也空前高涨。

尽管案例的题材来源各不相同，但是案例采编依然有其内在的规律可循。因此，两年前我们这个团队开始筹划，积极学习国内外优秀案例，深入企业进行案例调研，对一些案例作者进行访谈，希望能够系统地梳理出管理案例采编的基本流程、工具和方法。管理案例采编需要围绕一定的教学目的，把企业管理中真实的情境加工成供学生思考分析和决策的案例。因此，案例采编者既要掌握案例对应的知识点和案例教学方法，又要熟悉案例采编的访谈、撰写等基本技巧。对于学生来说，案例学习的过程不是单纯的理解和记忆，而是在一定的情境和社会文化背景下，通过对知识的主动探索和发现来构建知识的过程；案例教学中，教师不能仅仅是知识的搬运工，教学也不是展现个人博学多才的平台，案例教学过程要实现知识与能力的传授和培养，案例教学要求教师作为一名指导者对整个教学过程进行引导。所以，一篇优秀的管理案例一定会聚焦一定的知识点，并以特定的企业管理情境反映出来，而一名缺乏案例教学实践经验的教师是很难写出优秀的教学案例的，其根本原因就是不具备将知识点和企业管理情境进行完美融合的基础和技巧。

因此，在本书的撰写过程中，我们始终坚持案例采编过程中的知识线和情节线的融合，从案例采编需求识别开始，到案例目标企业的确定、案例范围的确定、案例采编团队的建立、案例采编计划的制订、案例调研与访谈、案例正文的撰写、案例使用说明的撰写、案例掩饰和许可，再到最后的案例检测与修订，案例采编在环环相扣的流程中呼应案例教学目标。我们将案例采编看成一个项目，遵循项目工作的系统规划、统筹安排和目标导向的原则，强调前期需求识别和计划的重要性，主张将案例采编的重心前移，整体提高案例采编的效率。

经过我们团队两年的努力，本书终于成稿了，尽管比我们当初想象的难度要大很多，但是我们还是认真地坚持了下来。回首书稿的撰写过程，我们首先要感谢众多优秀案例的作者，是他们为我们提供了案例采编研究的基础；我们要感谢大连理工大学管理与经济学部（2010 年在管理学院、经济系基础上组建）部长、中国管理案例共享中心主任苏敬勤教授一直以来对我们团队的鼓励和支持；我们要感谢华东师范大学金润圭教授、北京航空航天大学周宁教授对书稿提出的宝贵修改意见；我们也要感谢我们团队的孙秀霞、宋昊阳、张锦兰、杨筱恬、蒋梦颖、徐宵航、邓志君、路宇和于淼，是大家坚持不懈的努力才有了现在的成果。

本书只是我们探索管理案例采编的起点，书中难免有不成熟的内容和观点，但是我们会坚持前行，并热切期待大家反馈的宝贵意见。

朱方伟

2014 年 7 月 30 日

目　录

第 1 章

概　述

小学语文教材中“刻舟求剑”的故事，大家应该都不陌生。这则出自《吕氏春秋·察今》的寓言，讲述了一个楚国人坐船渡河时，不慎把剑掉入河中，他不是立即跳入河中寻找，而是在船上刻下记号，说：“这就是我的剑掉下去的地方。”当船停下时，他才沿着记号跳入河中找剑，遍寻不获。这篇课文用短小有趣、言简意赅的故事，向学生们阐释了“世界上的事物，总是在不断地发生变化，不能片面、静止、狭隘地看待问题”的深刻道理。通过读故事，学生们接受了新知识、新思想，而且整个学习过程充满画面感，通过让学生身临其境而强化记忆过程，提高了教学效率。这种编故事、讲典故的教育方式，在我国有着悠久的历史，而且拥有经久不衰的生命力。目前，在我国的课堂教学中，像“刻舟求剑”这样的故事数不胜数。

案例教学与此类似，通过将参与者置身于各种各样的决策环境中，达到学习知识和提高能力的目的。然而，案例教学与传统的讲故事又有本质的区别。首先，故事内容可以虚构，而案例讲述的务必是真实情境；其次，案例时效性强，不可以像故事那样“代代传颂”；最后，故事往往是单方面讲述，而案例更强调师生互动。本章将逐层阐述什么是案例、为什么采编案例以及如何采编案例，向大家呈现管理教学中案例的全貌。

1.1　什么是案例

虽然早在战国时期，我国就已出现了案例的雏形，出现了大批反映古代军事家计谋策略的战例，也出现了一些记录下来的诊断和治疗方面的具体病例和医案，以供进一步推广或用于其他病例；但是，案例的提法最早来源于西方，美国哈佛大学(Harvard University)创造性地将案例引入课堂教学并进行了系统规划。

19 世纪 90 年代，哈佛大学法学院率先在课堂上使用案例对学生进行职业训练；其后，哈佛大学医学院也正式开始使用案例教学方法。案例教学法在法律和医学教育领域中的明显成功激励了管理教育领域。1908 年哈佛商学院成立时，院长盖伊(Gay)提出在传统授课之外采用学生讨论的教学方式，这是管理领域案例教学法的早期思想萌芽。在其后的十年间，哈佛商学院鼓励企业管理者带着企业实践中的问题走进课堂，与学生们一起分享企业面临的决策与难题，学生们在课堂讨论与学习中给出自己的分析和建议，从而促进教学目标的实现。1921 年，科普兰博士(Dr. Copeland)在新院长华力思·唐翰(Wallace B. Donham)的支持下，出版了第一本案例写作书籍，标志着案例教学法被正式引入管理教育领域。20 世纪 60 年代，哈佛商学院在福特基金会的资助下，连续举办了 11 期 8 周制的案例教学暑期研讨班，邀请了 20 多名管理学院院长与资深教授参加，就案例教学的意义、特点与有效性初步达成了共识，为其推广提供了基础。同时，哈佛大学又创建了校际案例交流所，为全美各院校提供了方便而丰富的案例供应源。

时至今日，案例成为哈佛商学院宝贵的教学财富，每年提供大量的资金支持教师们进行案例调查与编写，而每位哈佛商学院的研究生从入学到毕业都要分析 500～700 个案例。在哈佛商学院不遗余力的推动下，哈佛案例教学模式逐渐遍及美国，而且很快地传播到加拿大、英国、法国、德国、意大利等国家。加拿大西安大略大学(University of Western Ontario)于 1922 年开始实行加拿大版的哈佛案例课程项目，并在多年以案例教学法为基础的管理教学实践中，将其下设的毅伟商学院打造为世界上第二大案例开发基地。案例教学的影响逐渐扩散，更多的国家开始在管理领域教学中应用案例教学法，案例教学形式也变得更为灵活多样。

我国教育领域引入案例教学法相对较晚。1980 年由美国商务部与我国教育部、国家经济委员会(简称国家经委)、国家科学技术委员会举办了“袖珍 MBA”培训班，并将中美合作培养 MBA 的项目执行基地设在大连理工大学，称为“中国工业科技管理大连培训中心”。该中心成立后，即由中美双方教师组成案例开发小组，到若干中国企业采编了 83 篇教学案例，并编写了《案例教学法介绍》一书。1986 年，在当时国家经委的支持下，中国工业科技管理大连培训中心首次举办了为期两周的案例培训班。案例教学方法引起几十位参加者的极大兴趣。在大家的倡议及国家经委的支持下，同年年底成立了国内第一个专门的案例学术团体“管理案例研究会”，次年创办了《管理案例教学研究》的学术刊物。余凯成教授任会长和刊物主编，他主持和出版了多部案例教学法的译著与专著。至此，案例教学开始被我国工商管理教育领域所认识和应用。

20 世纪 90 年代以来，随着我国工商管理教育，特别是 MBA 教育的蓬勃兴起，以及以哈佛商学院为代表的欧美商学院对我国管理教育市场的培育开发，案例教学法在我国管理教育领域快速发展，国内一度形成了案例开发热潮。90年代初，大连理工大学在余凯成教授的主持下建设了国内最早的案例库，该案例库收集了英文案例和编译成中文的外国案例，以及少量的中国企业案例。此后，全国各大高校开始意识到案例库建设的重要性，也纷纷成立案例研究中心，推进案例库建设。

目前，国内已有北京大学管理案例研究中心、清华大学经济管理学院案例中心、中欧国际工商学院案例研究中心等颇具规模、功能完备的案例研究中心。同时，在全国MBA教育指导委员会的支持下，中国管理案例共享中心于2007年成立，其致力于推动和提高中国管理案例教学与研究水平，实现各院校间案例资源共享、师资共享、学术成果共享和国际合作资源共享，这在很大程度上推进了案例教学在中国管理教育领域的快速普及。

然而，对于大多数国内学者而言，案例和案例教学依然是一个新生事物，对其认识是一个逐步深入的过程，理论与实践方面也有诸多深入研究的必要。在此背景下，系统探讨“什么是案例”的话题，就显得格外重要。

1.1.1 案例的定义及特征

“案例”一词译自英文“case”，原词含有事例(instance)、情况(situation)、案件(law)、病例(medicine)等意思。汉语中，案例通常是指具有典型意义，可以用做例证的个案。不同学科背景下，案例所诠释的个案类型是不同的：与法律或诉讼相关的个案被称做案件；医学中使用的个案被称做病例；战争学研究中经常会出现的个案被称做战例；管理学领域的个案被称做管理案例。管理案例取材于企业管理实践，运用在管理教学和研究等相关领域，不仅可以用于理论联系实际的案例课堂教学，还可以同大样本统计、实地研究、实验研究等一同作为有效的管理研究工具。本书主要探讨用于管理类课堂教学的管理案例的采编过程，书中出现的“案例”均特指教学用途的管理案例，案例的其他形式或用途不属于本书的研讨范围，因此就不赘述了。

开启管理案例教学先河的哈佛商学院，将案例视为“从现实经验培育独立思维的工具”，因此十分强调案例要包含企业管理实践中的“管理观点”，通过案例实现“知”与“行”的有效结合。为了保证案例作为工具的效果，毅伟商学院细化了案例的内容，提出：案例是对实际情况的描述，通常包含了一个组织中某个人或某些人遇到的决策、挑战、机遇、问题或者争论。这意味着，从内容上看，案例是对企业真实管理情况的再现，而且是围绕着特定的事件和情境而展开的。我国管理案例专家余凯成教授支持毅伟商学院对案例真实性的理解，认为一方面案例应该是写实的，是对确已发生过的事实的记录；另一方面，案例应该是对事实的白描，不应带有编写者的分析与评论，并指出：“管理案例介绍的对象往往是一个组织中的人员、行动、事件、背景与环境，通过对事实、对话的描述以及数据与图表等形式表达出来。”

由于视角的不同，学者们对案例定义的界定也各有特色。综合来看，学者们认为，一篇好的案例是一个运载工具(保罗·R. 劳伦斯)，它把真实的管理情境描述带到课堂(查尔斯·I. 格拉格和汉森)，将汲取到的管理经验转化为知识的催化剂(特鲁)，使用案例法的教师不是在课堂上讲授(唐纳德和菲利普)，而是把这些真实的、特定的案例提供给学员，是要他们做深思熟虑的分析和公开的讨论，并就应该采用哪种类型的行动做出最后的决策(查尔斯·I. 格拉格)。

可见，从不同角度出发，会对案例有不同的认识和界定。在综合国内外从事案例编写与教学的学者的观点基础上，本书认为案例至少应该包括四方面的基本要素。

第一，案例内容必须以事实为依据，建立在客观、真实的素材之上。案例是对实践过程中的一个实际情境的描述，讲述的是一个事实产生、发展的历程，是对现象的动态性把握。案例的素材应该是真实而具体的管理事件或事例，而不是虚构而成或抽象笼统的事情。这就要求，案例与故事、小说不同，在情节上不得虚构，不能为了某种目的或效果去虚拟情境。尽管案例中企业的名称与数据有时出于保密的需要会进行适当的掩饰，根据案例需求也可能需要对原始信息进行必要的取舍与合并，但不能篡改和夸大基本事实。

第二，案例中必须包含管理问题。并不是所有的事件都可以称为案例，只有蕴涵着某些值得借鉴参考的经验教训或供人们分析研究的问题，能够揭示事物发展变化的规律或引起人们思想共鸣的事件才可能成为案例。任何一个案例都应该为教学服务，可以被应用于课堂，能够被分析进而提升学生理论水平和培养其解决实际问题的能力。为了让学生能够站在某个决策者的立场上进行思考，必须将一种管理情境中的决策或面临着决策的管理人员涵盖进案例中。通过对管理问题发展情境的详尽描述，学生可以设身处地地进入角色，发现问题，提出和比较各种方案、措施，最后予以解决。

第三，案例要有明确的教学目的。案例是为传授学生特定的知识和培养学生特定的能力而设计和编写的，因此，案例用于哪门课程的哪个部分或章节，希望通过案例使学生了解、掌握或运用哪些概念、理论与工具，以及通过案例分析与讨论使学生掌握和提高哪些管理知识与技能等，这些在案例编写之初都需要精心设计。这一点对于实现案例教学的功能和目标十分关键，否则很容易出现一个常见的问题，即“这是个有趣的案例，但目的是什么呢”?

第四，案例是需要经过许可的。案例反映的是真实存在的企业中的管理问题与情境。因此，案例在用于课堂教学与讨论之前，须经过案例来源企业的许可，取得使用案例的权利(案例资料全部来自于公开发布的信息除外)。案例使用许可是经企业高层管理者同意后的官方许可文件，具有一定的法律效力，明确了企业与教师对于所采编案例的处理权限。

综合以上四点，本书认为案例是包含管理问题的真实情境的描述。而且，案例除了以上基本特征外，还具有其他一些特点，例如，案例的普适性，即案例的问题选择在同类问题中具有代表性，而解决方案有供学习、效仿、推广或警示、告诫、教育的意义；选题的典型性，即一篇好的案例通常包含现实经济社会生活中有影响的热点、难点问题，或值得关注的新情况、新问题和新事物；可用做学术研究，即案例反映的不确定性结论或事物的发展规律，具有较高的学术性研究探讨和利用价值。这些特点将案例与寓言、故事、小说、剧本等区别开来，赋予了案例独特的教学功能。

1.1.2 案例的类型

目前，很多学者将案例从使用功能的角度，分为教学型案例与研究型案例。但实际上，案例仅是一种素材，并不存在研究型案例的形式，仅当将案例用于不同用途时，才有案例教学与案例研究之分，但两者在案例采编过程和呈现结果方面是相通的。案例教学与案例研究都是对知识的应用过程，案例教学是对旧知识的传播，案例研究是对新知识的创造。由于高校教师不仅承担着传播旧知识的教学职责，同时也扮演着开拓新知识领域的研究者的角色，因此，教师采编用于课堂教学的案例，同样可以进一步开发并利用在学术研究中，这只不过是案例的两种应用类型而已。

当将案例应用于教学时，教师通过案例为学生设计了一个身临其境解决问题的学习过程，引导学生将理论与实践相结合，以提高其发现与解决问题的能力。此时，案例的编写主要是侧重于真实客观地描述企业发展过程和现状，不带有任何主观评价。而当将案例应用于研究时，教师更侧重于对案例中的问题进行深入挖掘，找到问题背后的规律或启示，从而发展为管理理论假设或命题，而对事件的客观描述仅作为探索研究的依据，为理论的建立或检验提供实践素材的支持与证明。

现实中，教师常通过对一家企业的调研访谈，根据特定的教学目的采编案例，同时还可以从不同角度对调研素材进行更深层次的分析研究。笔者团队曾以五洲集团工程有限公司(简称五洲集团)为案例对象，在2010年对其进行实地访谈，重点了解公司的组织发展历程与未来的发展规划。在此过程中，笔者发现该公司经历了多次组织变革，其中，组织架构由三级到二级再到三级的变化过程、项目部在组织结构中位置的变化过程等恰好符合项目管理教学中组织结构理论的案例素材。于是，笔者团队针对五洲集团组织结构问题补充开展了数次调研访谈，将调研资料整理编写出教学案例《五洲集团组织变革之路》。之后，笔者继续跟踪研究此案例，发现随着企业组织变革，企业集权度也相应发生变化，而且企业项目管理成熟度的发展与企业权力配置模式也有一定的匹配关系。于是笔者基于五洲集团组织变革的调研素材，进一步撰写了案例研究论文《企业集权度与项目管理成熟度的匹配关系研究》，提出企业集权度与项目管理成熟度的最优绩效匹配模型及企业项目管理的优化匹配方案。

总之，案例教学与案例研究虽然都是对素材的应用方式，对案例信息采集的流程几乎一致，都需要经过企业调研得到一手资料信息，但是案例教学中的案例是素材经加工后用于课堂讨论与分析的最终成果，而案例研究中的案例只是用于支持理论分析的素材。同时，案例教学过程是案例采编者基于已有的知识点与主题结论进行调研，是一个不断收敛的过程，而案例研究过程是案例采编者带着无答案的问题进行调研，整个过程并不具有收敛性。本书中主要讨论教学案例的采编过程，对于案例研究过程，本书不做详细讨论。

1. 描述型与决策型案例

从案例内容的角度，可以将案例分为描述型案例和决策型案例。从基本形式、关键内容、深层内容三个方面，将两者在基本概念上进行区分，如表 1-1 所示。

表 1-1　描述型与决策型案例的区别

类型	描述型	决策型
基本形式	商业故事	决策情境
关键内容	聚焦于实践过程	聚焦于决策
深层内容	观念和理论	决策要素和规则

从案例内容与教学目的的角度看，两者本质区别在于描写案例情节收尾的时间点不同，表现为案例中决策描述的完整程度和决策方案的数量不同。描述型案例侧重于介绍事件的全过程，将事件背景、决策原因、决策问题、决策方案和决策结果全过程都做了客观的全链条描述，要求案例使用者以所学理论作为论证依据，评价方案的优缺点。这种形式主要用于帮助学生更好地理解管理理论与概念，学习管理技能与经验，以及改变学生理念。在教学过程中，对于描述型案例，需要教师引导学生从决策结果不断还原到决策的分析框架上，是一个逆向分析的过程，也是一个对决策和方案评价的过程，重点让学生解答“为什么那样做”的问题。

例如，2013 年“全国百篇优秀管理案例”评选活动中获奖的《打造“珠啤号”航母战斗群》，全文详细描述了珠江啤酒集团如何有步骤、有策略地在企业资源计划（enterprise resource planning，ERP）的强大平台上不断引进、开发新的系统，形成以 ERP 为核心，其他系统与其无缝对接的信息化航母战斗群的生动故事。

案例呈现了珠江啤酒集团在 ERP 实施方面的成功经验，旨在从信息沟通、系统整合、企业管理等角度引导学生判断、思考和分析企业信息化的成功做法，同时也给其他企业提供有价值的参考，是典型的描述型案例。

而决策型案例侧重于描述决策情境和决策问题，对于未来决策和后期实施过程不做描述。陈述情节时可以隐含有关决策方面的问题，也可以直接指明决策问题。案例结尾处可以提出若干个企业决策的备选方案，要求案例使用者分析后做出选择，也可以采用完全开放式的写法，在案例结尾处只提出决策问题。这种案例要求学生依据企业当前情境和所学理论知识，在发掘问题后设计最终决策方案和计划，且一般没有唯一的答案，因此，这种案例对学生的分析能力要求比较高，主要用于培养学生分析鉴别各种决策方案，做出适当决策并提出行动计划的综合能力，是当前案例形式的主流。在教学过程中，对于决策型案例，需要教师引导学生从决策的分析框架不断分析到决策结果，是一个正向决策的过程，也是一个基于知识框架判定决策要素、进行决策的过程，重点让学生解释"如何进行决策"的问题。

决策型案例如《五洲集团组织变革之路》，其在结尾段的表述如下："现在令他头疼的事情是，刘总'三级到二级'的组织变革仍未彻底完成，重组调整后公司有大量的人事调动，整个五洲集团组织体系结构混乱，人员职位权限模糊不清，亟须重新定位，清晰规划。而公司高层管理团队出现了两派截然不同的观点：左边坚持要回到王总时期的三级管理结构，右边认为坚持实施刘总的二级管理体系改革才是正确的选择。五洲集团下一步的组织结构应该如何选择，现存的组织问题又该如何解决，孙总在角色变化后不得不重新慎重考虑这些事关企业发展全局的问题。"案例的结尾仅提出了决策问题，给出了两种决策备选方案，并没有给出决策结果和后续进展，因此符合决策型案例的典型特征，要求学生分析决策问题后做出最终决策。

2. 专业型与综合型案例

从案例所覆盖知识领域的广度与深度考量，可以将案例分为专业型案例和综合型案例。专业型案例主要涉及管理中的某一个知识领域，涉及的概念和理论的覆盖面较窄，适用于相应专业课程中基础知识点讲解后的实践应用阶段。专业型案例聚焦的知识点本身涉及的相关背景知识领域会比较专业化，大多属于某一专业课程的内容，如关于金融、贸易等方面的案例一般专业性较强，多偏向于专业型案例。

综合型案例中知识点涉及较多管理领域，相关概念和理论的覆盖面较广，对学生的知识储备量和综合能力要求较高。这种案例一般包含大量资料，篇幅较长，需要学生根据不同的问题，在案例中自主提取有效信息，适用于学生已学习过多门相关基础课程后的综合案例教学课程。需要说明的是，这与很多学者提出的"所有的案例都要有明确的聚焦点"观点并不矛盾，综合型案例的主题并不是不聚焦，而是其聚焦的主题与相应的知识点本身涉及的领域范围较广，案例需提供的背景信息所涉及的知识点覆盖面也较广。如主题为战略决策的案例，由于"战略"本身属于组织中上层决策，会涉及组织结构、市场、技术等较多方面的信息，因此该案例可延展的知识领域一般较广，多偏向于综合型案例。

综合以上两种案例分类，可以得到四种基本的案例类型，分别为专业描述型、专业决策型、综合描述型和综合决策型，如图 1-1 所示。

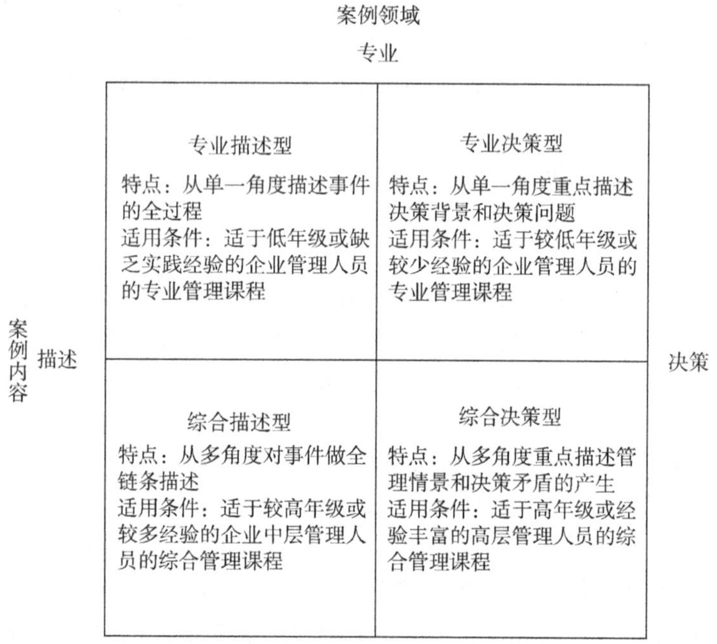

图 1-1 案例的通用标准分类矩阵

除了上述两种分类维度，案例篇幅和表现形式也可以成为划分案例类型的依据，体现不同的案例信息含量，从而满足不同的案例表达难度需求。虽然这两个划分依据并没有触及案例的本质特征，但它们能够从形式上来区分案例，具有一定的借鉴意义。

(1)案例篇幅。按照篇幅的大小一般可将案例划分为短、中、长三种类型。短篇案例一般不超过 5000 字，较多收录在管理教材的附录中，常用于课堂教学直接阅读分析，描绘性文字较少，针对性较强。中篇案例普遍为 5000～15 000 字，是案例课堂教学中较为常见的类型，也是目前多数案例库收录的案例类型。长篇案例字数一般要在 15 000 字以上，比较适合综合性课程教学，要求学生课前做更多充分准备，目前较少使用。

(2)案例的表现形式。案例的表现形式主要有文字案例和多媒体案例两种。目前我们所见到的大多数案例为文字案例，本书的描述与举例主要针对文字案例；而多媒体案例是一种新型案例，在此做简单介绍。

多媒体案例综合运用了多媒体技术来处理文本、声音、图形、图像等信息，形、音、色兼备，包含软件模拟、播放视频、与案例主人公视频对话等多种形式，不仅能够丰富课堂教学内容，更有助于提升学生的学习积极性，加深他们对案例内容的理解和记忆。通过多媒体案例的使用，教师能够将真实组织中真实人物所做的决策，遇到的困难、问题、机遇和挑战引入课堂，而且最大限度地减少了从现实向案例转换中的干扰。但是，目前仍存在着如资金、设备与人员的技术、企业方的意愿、多媒体资料较难任意回放的局限性等诸多限制性因素，阻碍着多媒体案例的进一步推广与应用。

因此，目前文字案例还是主流的案例表现形式，但鉴于多媒体案例具有更直观、生动地展现案例发生情境，提供丰富的决策信息等优点，建议教师在案例教学中可以尝试将多媒体案例配合文字案例应用到课堂，以提高学生兴趣，促进学生积极思考，更好地提升学生的创新思维能力以及理论与实际相结合的能力。

1.1.3 案例采编利益相关者

以教学为目的的案例采编过程会涉及以下个人或组织角色，即案例采编者、案例使用教师、案例调研对象、案例焦点人物及学生。

(1)案例采编者，即实际计划、组织和实施案例采编工作的人员，是完成案例采编工作的主体。从最初的识别案例采编需求，到最后提交案例终稿，案例采编者都紧紧围绕教学目标，对整个采编过程进行设计与执行，对所有同采编相关的个人或组织进行沟通与协调，最终完成案例正文与使用说明。在部分高校或案例中心，有案例采编者这样一份独立的职能工作，称为研究助理，他们从教师那里获取案例采编需求，然后开展案例调研与编写。这种模式下，案例采编进行了专业分工，人员技能较专业，案例采编的效率较高。而目前更为常见的案例采编模式中提出案例采编需求和执行案例采编的是同一人。这样虽然可能因为工作量较大而会对案例采编的效率有所影响，但由于省去了案例需求方和案例采编者间的沟通交流，更有利于案例采编过程中对案例需求和目标的把握，减小案例编写偏离初衷的可能性。当然，案例采编者也可能是由一名指导教师带领的一个团队的所有成员，通过合理分工协作，完成案例采编工作。

(2)案例使用教师，即使用所采编的案例进行课堂教学的教师，是案例采编过程的利益相关者，关系着所采编的案例是否能实现其价值。案例使用教师有时就是案例的采编者，其带着明确的教学目标进行案例采编，是企业素材与案例教学目标的衔接者，同时也是案例采编过程的系统设计者，是案例使用说明(teaching notes)的规划者。他需要具备专业领域知识、教学能力、团队领导力、案例采编的相关经验、与企业的沟通协作能力等素质。有时，案例使用教师也可能与案例采编者不是同一人。案例采编者出于资源共享、获取更广泛认可等目的，将所采编的案例通过案例库、案例共享中心、案例集等形式传播给其他相关领域的授课教师，此时的案例使用教师需要将其现有的教学目标与案例进行匹配，在深入理解案例所要传授的信息与知识的基础上，思考案例在其课堂教学中的使用方式，形成自己的教学方案。

(3)案例调研对象，即接受案例调研、访谈，提供案例素材的组织或个人，这既包括案例采编的目标企业，也包括企业内提供案例信息的个人。案例调研对象的贡献在于为案例采编提供了实践原型，使案例得以呈现一个真实的管理故事。案例的编写建立在企业调研资料之上，调研得到的资料的质量和对案例教学目标的实现程度在很大程度上决定了案例采编工作的成功与否。案例采编企业作为案例采编开展的重要利益相关者，其态度和对采编工作的认识都会影响案例的采编过程。案例调研对象一般是案例采编者进入企业调研的受访对象，是案例素材获取的关键，因此成为案例采编者关注的重点。为了使访谈有效，案例采编者必须要强化与案例调研对象之间的沟通策略、技巧，案例调研对象也要不时地与采编者进行互动，以确认其是否明确了案例采编需求，以及对于访谈问题理解得是否到位等。

(4)案例焦点人物，即所编写的案例中的主要决策者或关键人物。案例焦点人物是出现在案例写作文稿中的一个角色，多数情况下他的原型应该是案例调研的重点对象，他所经历的事件、遇到的困难或面临的决策将是构建案例故事情节的基础。案例焦点人物可能提供了一个思考和行动的视角，也可能在某种决策环境下做出某种管理决策。但无论如何，案例焦点人物都被案例采编者赋予了推进案例发展、呈现案例主题和实现案例教学目标的重任，凡是案例焦点人物面临决策、进行思考与分析的地方，都是与案例主题相关的关键点，将会转化为学生课堂讨论的焦点。

(5)学生，即案例课堂教学的对象，在案例采编过程中的主要作用是提供需求、定位难度和设定案例适用环境的依据。案例从其需求识别到编写，再到课堂教学都是以学生的需求、特点为依据的，案例采编成功与否取决于案例是否可以有效实现学生的学习目标。而案例重视实践和强调参与的特性要求学生在案例课堂教学中站在案例焦点人物的角度上去思考、分析问题，与老师、同学进行讨论，交换彼此对问题的看法，以实现“做中学”的教学目标。同时案例对学生的带入性也为案例的好坏提供了重要的评价标准。以上利益相关者在案例采编和使用中的作用如表1-2所示。

表 1-2　案例采编利益相关者的作用

参与阶段	案例采编者	案例使用教师	案例焦点人物	案例调研对象	学生
案例采编启动阶段	1. 发现并识别案例采编需求 2. 选择并联系案例目标企业 3. 进行首次访谈并制定案例描述表 4. 组建采编团队并制订案例采编计划			1. 提供企业包含案例采编需求的问题或事件 2. 表明案例采编合作意向	
案例素材采集阶段	1. 准备案例调研提纲 2. 实施企业调研与访谈		1. 分享案例关注的事件的过程 2. 提供案例决策点相关的信息	1. 提供案例调研许可 2. 安排人员配合调研与访谈，提供需求信息	
案例编写阶段	1. 编写案例正文 2. 编写案例使用说明		1. 作为主人公贯穿全文情节 2. 作为决策焦点提出学生分析任务		
案例使用阶段	1. 获取案例使用许可 2. 跟踪案例使用效果 3. 更新案例使用说明	1. 分析案例并进行针对性调整 2. 使用案例进行课堂教学 3. 记录评价学生参与情况		1. 提供案例正式许可	1. 阅读案例，完成案例分析任务 2. 参与讨论 3. 从案例学习中获取重要概念与思想

1.1.4　案例的一般格式和构成要素

由于案例采编的目标与诉求各不相同，案例反映的内容更是多种多样，所以对案例编排的格式与结构并不存在一种固定的样式。然而，案例作为一种正式的教学素材已有几十年的历史，尤其是在欧美发达国家的案例写作与教学实践中，逐渐积淀下一些约定俗成或被普遍接受的习惯性结构和典型构成要素。这样的结构安排与要素设置虽不能说是最规范或必须遵守的，但在长期的实践检验中被证明是基本适用的。本书在整合哈佛商学院和毅伟商学院等院校的案例格式与构成要素的基础上，提出一种较为通用的案例格式。这种格式通常包括案例正文与案例使用说明两部分。

1. 案例正文

案例正文是按照一定的逻辑顺序对案例所涉及的管理事件进行的详细报告。

案例正文通常包含标题、摘要、主体内容、注释和附件 5 个构成要素。案例正文是案例的核心内容，主要供学生或读者使用。

1)标题

任何一种文体，首先映入眼帘的就是它的标题。传统的案例标题是中性的，不带有任何的修辞方式与文学色彩，如《中国远洋运输集团(COSCO)》、《大连中隆仪表有限公司》等以企业名称为标题，《一个技术明星的困境》、《新行长上任伊始的挑战》等以案例所聚焦的问题或事件为标题。但随着管理案例的发展，管理案例的标题也随之出现了一些新颖的形式，或强调将案例的主题内容表达清楚，如《DLA 公司员工流失引发的薪酬变革决策》、《危机与抉择：H 热电厂的高位挑战》，或强调案例标题的趣味性和吸引力，如《魏德圣与他的〈海角七号〉》、《豆瓣网：实现盈利为什么这么慢，这么难?》。

2)摘要

摘要是对案例主要内容的概括，对案例主题全面而又简要的叙述。从摘要中基本可以看出案例所聚焦的管理问题和决策点，进而帮助明确案例的教学功能。通常情况下，摘要的后面需附上 2～5 个关键词。

3)主体内容

案例的主体内容是通过对管理事件、情节进行全面而深入的描述，使学生了解整个事件的来龙去脉。不同的案例采编者对于主体内容的设计思路是完全不同的。但是，通常会在陈述最开始安排一个引言，概括性地将案例的主要矛盾、亟待解决的问题、关键人物以及时间、地点等内容加以透露，以此引起学生的阅读兴趣。在引言之后，常见的写法是安排背景介绍，将所涉及企业的基本情况与背景信息进行交代。接下来就是对事件发展的描述，此部分最值得注意的是任何情节都要基于已发生的事实来进行描述，不应加入主观评价。同时为了增强案例的可读性，可以适当地运用一些文学手法，如对于人物性格的塑造、情节起伏的设置。案例的结尾也相当重要，而且会根据案例教学的目的不同而有所不同，可能是事件发展结果的陈述，也可能是一个启发式的问题，还可能是一个新矛盾的开始。

4)注释

案例的注释包括首页注释和脚注。首页注释位于案例第一页的下方，用横线将其与正文分隔开来。首页注释通常包含作者简介、为了企业保密而进行的掩饰处理、编写目的以及版权情况。脚注是在案例主体内容中对相关信息的解释，如案例中的一些技术问题、专业名词、人物介绍、来源出处等。

5)附件

有些与案例相关的资料放在案例中会喧宾夺主，对案例的情节发展有影响，但这又是案例所必要的，这时就需要将这些资料放入附件当中。常见的附件有图表和附录两种形式，如企业的组织结构图、财务报表、企业技术文件等。

2. 案例使用说明

案例使用说明是关于如何使用案例进行教学的文件，它能够给予教师建议或指导，供其在教学过程中进行参考，是案例的重要组成部分。案例使用说明的功能就如同教案之于中学教师一样，给出如何实现教学目标，以及如何引导学生从案例中获取知识与经验的途径。案例使用说明并无具体的标准形式，有的案例使用说明可能包含很多教学指导信息，有的也许只有几个启发思考题。在参阅了大量案例的基础上，总结归纳得到案例使用说明通常包含的内容有教学目标、启发思考题、分析思路、理论依据与分析、课堂教学计划、可能的教学辅助工具、建议的学生作业、案例后续进展等。对于这些内容的提早规划，有助于教师检验所编写案例是否能够支持既定的教学目标，也可以使案例课堂授课做到系统、连贯，针对性强。而且，案例使用说明还是案例编写者与后续使用案例的教师之间重要的沟通工具，可以大大提升案例传播与利用的效率。但是，案例使用说明不宜给学生阅读，否则会影响其对案例的独立思考与判断，降低案例教学的效果。

需要进一步说明的是，以上案例的典型格式与构成要素并不是一成不变、必须遵守的，案例作者可以根据实际调研情况与教学目标进行取舍，形成规范、合理而又独具特色的案例文稿。

1.2　为什么采编案例

从 20 世纪兴起至今，案例在教学领域得到越来越多的关注和使用，也正是由于教师们对案例教学重视程度的不断提高，优秀案例的采编逐渐成为案例教学的关键。而想要迈出案例采编的第一步，必须弄清为何要使用案例，以及为何要采编新案例，对这两个问题的清晰认识，将有助于教师提高对案例采编工作的重视程度，促进采编工作的有效开展。

1.2.1　案例的教学功能

案例之所以能够被越来越广泛地应用到课堂教学之中，是因为人们对案例所具备的功能和使用价值有了更深入和全新的认识。随着把学习者看做知识灌输对象的行为主义学习理论逐渐让位给强调学习者自身进行学习与思考的认知学习理论，认知学习理论的一个重要分支——建构主义学习理论逐渐走进我们的视野，而且显示出越来越强大的生命力和影响力。案例教学，作为一种以学生为中心，将管理理论与实践相结合的互动式教学形式，恰恰顺应了建构主义学习理论的核心理念。建构主义学习理论认为，学习是学生在一定的情境和社会文化背景下，通过对知识的主动探索和发现来构建知识的过程。这个理论思想在案例教学中体现为三个重心的转变：第一，案例教学不仅要实现知识的传授，更加强调学生综合能力和素质的培养与提高。教师的任务不再是以讲授的方式将书本知识传授给学生，而是作为一名指导者对整个教学过程进行引导，学生从过去的被动式接受转变为主动获取，知识也不是单纯地从教师转移到学生，而是在学生发现、分析和解决问题的过程中自主形成。第二，知识不再以抽象的形式展现，而是以教学案例为载体，将特定的管理知识或问题通过案例情境的描述反映出来，学生在对案例情境内容的讨论、交流和争辩的过程中获取相应的知识，培养和提高自己各方面的能力和素质。第三，学习不再是学生从教师那里获取知识的个人行为，而是在老师与学生、学生与学生之间相互沟通和交流、相互争辩和讨论的过程中，共同完成任务，解决问题，从而实现对于知识更丰富、更全面的理解。

教学案例是有效传授知识的载体，可以增进学生学习的兴趣，可以作为全面促进师生能力提升的工具；更深层次上，案例让学生积累经验，经济而有效地提供认识与分析管理问题的机会，进而促成了思维观念的更新，使学生们在案例启发下建立新的思维模式。因此，案例的教学功能可以总结为传授知识、提升能力以及更新理念。

1. 传授知识

每个优秀的案例似乎都呈现了一段精彩的故事，但案例区别于故事之处在于，案例所描述故事的背后，蕴涵了丰富的知识点。因此，当案例作为一种载体出现在课堂上时，它实际上就是一本教材，传授知识成为案例教学最基本的功能。但是，案例教学所传授知识的方式和效果又不同于传统教学。具体来说表现在以下三点。

首先，案例教学所要传授的理论或概念是穿插在整个案例情节当中的，并不像传统教学那样，单调地把知识结构按照以往的经验罗列在书本当中。有时，在一个案例中，我们甚至看不到任何有关概念的直接陈述，这是因为知识点已经被案例作者隐藏在案例情节当中。伴随学生们对案例情节的分析，这些知识点才会浮出水面，而这种分析过程和分析所得的知识点正是学生们需要重点学习和掌握的。

其次，案例的知识传授功能并不仅局限于案例作者所限定的知识框架，更为理想的是学生能够从案例中发现并总结规律性的经验和知识。因为案例通常通过对事物演变过程的翔实描述，或对问题分析判断和处理结果的阐释，给人提供分析思考的依据。所以，教学过程中，学生可以自由探索其中的规律，形成一些具有指导意义的经验，乃至上升为一种理论观点。这种知识可能在学生在校期间对他们起不到直接的帮助，但是这种经验的积累对于学生对管理的进一步理解，乃至在学生以后的工作中都会产生深远的影响。

最后，案例教学以能力培养为目标，以教学案例为媒介，以学生共同研究和观点碰撞为主要施教方式，教师通过与学生的讨论而激发学生的自主思考。因此，案例教学可以提高课堂学习的趣味性、丰富性和真实性，有助于活跃课堂的氛围，有利于鼓励学生积极参与，在一种较为轻松有趣的氛围下让学生吸收知识。案例本身的真实性和趣味性更能激起学生的学习兴趣，使学习的过程不再枯燥乏味，促使学生主动参与案例的分析和讨论过程，在教师的指导下进行积极的思考，培养学生分析问题、解决问题的能力。

当学生能够积极地参与到"全景式"的案例中，他们就有更多的机会了解案例的背景和全貌，更直接和深层次地了解事物的本质，更好地将所学的理论运用到实践中去。这样一来，学生就会更加有动力去学习，变被动为主动。因为他们脱离了对老师的依赖性和有标准答案的思维定式，在学习中自主思考分析，将理论学习与实际运用融会贯通，提炼出不同的解决方法和答案，在讨论中吸取他人的新观点、拓宽自己的思路，从而有所创新。这种成就感会让他们激情四射，充满学习的热情。所以这种教学方式所带来的效果远远好于传统教学方式。

2. 提升能力

案例教学不仅能够传授学生知识和相关经验，更重要的是在分析和讨论案例的过程中，能够提升学生多方面的能力。在案例学习过程中，通常来讲，学生需要经历三个阶段，即个人准备阶段、小组讨论阶段和班级讨论阶段。在个人准备阶段，学生需要对案例进行定性和定量分析，包括对问题识别数据的处理以及对环境的思考，所以分析能力很大程度上都是在这一阶段得到锻炼和提升的。在小组讨论阶段，学生需要对自己分析的结果进行表述并和大家共享成果，那么沟通能力和管理能力便得到了提高。最后在班级讨论之后，学生要带着课堂上所吸收的新观点和新想法，做出最终决策以及总结案例学习中的知识成果，这对学生的创新能力的提高起到了积极作用。

总而言之，以上四方面的能力通过案例学习的三个阶段分别得到提升，具体提升的方式和途径如表 1-3 所示。

表 1-3　案例教学所培养的技能

所提高的能力		提高途径
分析能力	具体分析能力	数据处理、问题识别、批判性思考
	综合分析能力	通过对所有环境因素的综合考虑以及相关知识点的掌握，进行决策，制订解决方案
沟通能力	口头沟通能力	同学之间辩论的过程，表达自己的思想和观点
	书面沟通能力	有效地做笔记并撰写案例分析报告

续表

所提高的能力		提高途径
管理能力	时间管理能力	个人准备期间的时间分配、小组讨论的时间安排
	人际交往能力	与小组成员和谐相处，解决分歧，达成共识
创新能力	思维创新能力	利用所学知识，根据具体情形，通过自己的理解和分析，构建逻辑思维，最终做出决策
	定义问题能力	根据案例所提供的情境以及个人经验，定义所需解决问题的实质

需要特别说明，思维创新能力培养的是学生在真实的情境中解决问题的能力。案例教学能够提供一种真实而复杂的问题情境，要想解决问题，学生必须将自己所学到的知识置于特定的情境中，通过自己的理解和分析，最终做出解决问题的决策。在整个过程中，教师只是起到指引的作用，而如何得到最后的决策，主要依据学生自己对于知识的构建。构建知识的过程实际上就是思维创新的过程。而定义问题的能力是指在传统教育中，学生往往只需解决被老师清晰定义的问题。然而这些问题在实际管理中并不会直接摆在面前。所以这种定义问题的能力是正确处理问题、做出正确决策的前提和基础。而案例教学对于锻炼和培养学生们定义问题的能力具有明显的优势。

另外，案例除了可以提高学生的相关能力之外，它的作用还体现在对于教师综合能力的提升。首先，案例教学能够提高教师与实践相结合的能力。整个案例教学过程中，讲授案例的教师既要有渊博的理论知识，又要掌握精深的专业知识；既要具备丰富的教学与实践经验，又要将理论与实践融会贯通。案例教学促使教师走出校园，接触管理实践，扩展自己的视野。这样一来，教师就能更好地将实践经验融入课堂中，完善理论与实践的结合。

其次，案例教学有助于教师改进课堂授课效果。案例教学过程中教师和学生共同参与到案例讨论和学习中，教师可以从学生的讨论与发言中获取直接有效的信息，用于改善案例教学效果及其教学方式。

3. 更新理念

案例教学具有启发人们思考、更新理念的重要作用。这不仅表现为改变教师的传统教学理念，还体现为改变学生的思维方式、管理理念和学习理念，如分析的逻辑、判断的标准和学习的方法等。

首先，案例的出现和普及很大程度上改变了教师以“教”为主的传统教学理念。在传统教学中，教育者更多于“教”，而忽略了“学”。但是案例教学告诉大家，有效的教学并不是教师一味地讲知识，展现其个人博学多才，而是要调动学生学习的积极性，让学生参与到对现实管理情境的思考、讨论与决策中来，最终实现学生由“学”到“知”。这种理念的转变不仅需要教学理念的宣传，更需要案例教学这种把学生当做教学核心的教学方式来带动。在开展案例教学的过程中，教师需要精心设计和引导学生的课堂讨论，将“以学生为主角”的教学理念渗透到教学方案的设计中。而相对传统课堂更加轻松活跃的课堂气氛和良好的学习效果更加坚定了教师们对教学理念的转变。

其次，管理学的产生与发展来自于实际生活，人们从社会以及企业的发展中概括总结并提炼出一套专业且广泛适用的科学方法和管理理论，并且需要将提炼出的理论置于生活中，不断地应用和检验，在实践中不断地修正和完善，以适应时代的变迁并解决不断出现的新的管理学问题。在案例教学过程中，这些管理理论的总结和更新都会通过学生之间以及学生和老师之间的探讨被学生们牢记。也就是说，学生从案例分析与讨论中，可以身临其境地思考某个组织中某个人的职位与责任，参与到其计划、组织、决策等工作中，感受并适应外部环境的变化。在这个过程中，学生就会更加理解相关管理理论的实质，影响其对管理理论的理解、更新和升华。

最后，案例对学生的影响还集中体现在改变“如何学习”的理念上。案例教学的最大特点就是通过案例情节的描述，由学生结合自己所学的知识，做出自己认为最为合理的决策。由于案例教学是将相应知识点隐藏在故事情节背后，因此提供给学生一种不同于其他教学方式的学习方法。案例能够让学生懂得如何通过案例情节寻找相对应的理论知识，然后以理论为依据，做出最后的决策，这实际上是由一般到具体的演绎过程。另外，案例的情节发展可以给学生们很多启发和思考，从而让学生从情节出发，进行分析、归纳，最后总结出一般性理论，这又是从具体到一般的归纳过程。总而言之，案例给学生们提供了归纳和演绎两种学习方法，在一定程度上教会了学生如何有效地学习，如何将学到的理论在实践中加以运用。

1.2.2　案例采编的必要性

并非所有试图尝试案例教学的教师都打算或有条件亲自进行案例采编，因为目前采编一篇成功的案例对于很多教师而言是一项具有挑战性的工作。教师使用教材中已有的案例，或者引进国外相关领域的案例，同样可以达到案例教学的目标。但是，不得不承认，那些希望不断使用新近的和提升学生兴趣的案例的教师，总要不断地克服困难来编写新案例。新案例对于案例教学就如同血液对于血库一样重要。因此，采编新案例就变得十分必要。

1. 贴近学生实际需要

既然教师和学生对于案例都存在使用需求，那么是不是直接将国外的案例套用到课堂上就能满足这两大群体的需求了呢？也许有些人会选择这种便捷的途径，使用国外的管理案例，甚至不同课程使用相同的案例，但这对于案例的教学与使用是极为不利的。编写和使用贴近学生实际需要的案例十分重要。

一方面，管理学是一门实践性很强的学科，不同情境下会产生不同的管理结论，因此，对于教学案例需要考虑其情境性，是否能为学生提供一个可以理解的学习环境。案例教学的目的在于帮助学生从案例中真正学到解决实际问题的方法，而长期使用国外或者学生并不熟悉的案例素材进行学习和分析，对于提升学生分析和解决实际问题能力的帮助是微乎其微的。另一方面，文化背景在案例中也起到关键的影响作用。由于东西方文化差异以及社会环境与企业制度的差别，部分国外案例提供的背景很难被中国学生所理解和接受，不适合直接引用。案例教学中更需要内容丰富、情境真实、有吸引力、符合中国国情和文化背景的教学案例，使学生能更好地理解案例发生的环境，更好地分析和讨论问题，进而提升案例教学的有效性。

实践证明，今天的学生群体已经不再满足于被动接受知识的学习，而更倾向于参与式、体验式教育。只有使用结合了中国企业现状和实际问题的案例，学生的案例学习和讨论过程才更加有针对性、更加有意义。一味地使用国外的案例，会使学生脱离中国企业的现状，对问题的认知程度与中国企业面临的困境也很难匹配，难以有效应用于实践。只有深入采集和编写中国企业的案例，将具有典型性和代表性的案例广泛应用于管理案例的研究和讨论，将适用于中国企业的组织结构、决策机制等融入案例中，丰富中国本土的管理案例，才能使学生在面对熟悉的环境和背景时得到启发和思考，达到案例编写的目的，也才能长久有效地推动中国管理案例的发展进程。

2. 更新案例的需要

是不是只要是根据中国企业编写的案例就会一直适用呢？是不是案例存在的时间越长，可研究性就越高呢？答案当然是否定的。由于时代的变迁，案例的背景几经变化后，许多数据及决策问题会跟不上现实生活。案例会逐渐降低使用价值，甚至是不再适用，也就是说案例是有使用寿命的。

同时，由于社会经济与技术的不断发展，管理理论与实践始终处在不断演变的过程中。虽然一些管理问题的本质或原理可能并没有改变，但问题的表现形式、解决方法等将不同于以往，案例的情境性很可能会随着时间而逐渐减弱，甚至消失。陈腐的案例不仅提不起教师和学生研究讨论的兴趣，而且很难支撑一些新理论和新观点的教学目标。案例的使用寿命因事、因时而异，不同课程领域的案例使用的寿命周期会有所不同，课程知识更新速度越快，案例使用的寿命周期越短。

通常来讲，案例使用的寿命周期为 3～5 年，5 年以上的案例即使是做过改动后再使用，也仍然可能会降低学生对案例的兴趣，从而影响案例教学的效果。因此，通过开展持续的案例采编工作，能够不断获取反映当前实际的案例，以紧跟时代发展的新案例替代过时的旧案例，能够避免因案例无法体现当前企业管理环境而产生案例的时效性问题。

3. 提升教师综合素质的需要

教学案例的采编需要教师走出校园，深入企业实践，以理论知识为基础，探索、识别和分析管理问题，进而结合教学需求形成涵盖特定知识点、具有故事情节的教学案例。在这一过程中，教师能够在实践中应用和检验自身的管理理论知识，通过理论与实践的有效结合，进一步反思、丰富和完善原有管理理论，推动管理理论的发展与进步。另外，教师通过参与到具体的采编活动过程中，能够亲身经历采编的各个环节，切身体会到采编案例时可能遇到的问题与障碍，并在实践中积累案例采编经验与技巧。这不仅有助于提高教师自身能力与素质，还可以推动案例采编相关研究工作的展开。同一案例素材可以根据特定的要求进行整理和编辑，既可以形成一篇教学案例，还可以成为案例研究的素材。事实上，教学案例采编所积累的原始资料往往可以反映多元化的管理问题，这些问题很可能引起相关研究者的兴趣，促使研究者从不同的角度出发进行更深层次的思考，进而将其用于案例研究，成为理论研究的重要资料。可以说，教学案例的采编过程为理论与实践的结合提供了有效途径，是理论与实践相互促进、共同发展的过程。

目前，案例教学与研究深深扎根于管理实践这片“沃土”之中，在管理学甚至社会科学领域的人才培养和科学研究中得到广泛的认可与应用。为了向广大学者提供一个将理论与实践有效结合的通道，为了使学生在管理课堂上接触更多中国企业真实的情境，也为了及时跟踪时代变迁中的新现象、新问题，现代管理教学向教师们提出了越来越广泛的案例编写需求。案例编写逐渐成为一名管理学教师成功实现教学目标的有效工具之一。

4. 促进知识与经验共享的需要

案例采编的输出成果不仅是采编者的宝贵资源，还可以通过共享而被更广大的学生、教师、研究者乃至企业所了解、学习和应用，为知识与经验的共享奠定基础。首先，采编所输出的规范、优质的案例若能博得其他教师和研究者的青睐，进而被共享、应用和研究，可以使案例本身的价值得到充分的发挥。案例中所蕴涵的管理理论和实践经验可以被学生、其他教师、研究者乃至企业所了解、学习和掌握。其次，案例以及配套的案例使用说明既可以帮助未能参与案例采编的教师更好地理解案例，充分发挥案例教学与研究的价值，还能够为教师之间有关案例教学知识与经验的交流提供有效渠道，促进案例教学的发展。最后，有关案例采编经验的总结报告可以帮助采编人员以回顾和反思的形式系统地整理和总结采编经验与技巧，同时也可成为他人学习如何进行案例采编的重要参考资料。

1.3 案例采编的四个阶段

案例采编是一项系统工作，各工作环节遵循一定的内在逻辑，并按照这一逻辑，统筹安排、充分准备，有计划、有步骤地展开。因此，用系统的思维去规划和管理案例采编的整个过程，是保证案例采编目标有效实现的基础。本书从案例采编启动、案例素材采集、案例编写和案例使用四个阶段来说明案例采编工作的整体流程，如图 1-2 所示。

案例采编工作是在既定的教学目标指导下，以知识线和情节线的不断匹配完善来实现特定案例采编目标的过程，即最终编写出符合教学目标要求的案例正文和案例使用说明。

知识线作为案例教学目标的另一种形式，是根据案例所要实现的知识传授功能所布局的概念和理论，其紧紧围绕案例教学培养目标，贯穿于案例采编工作的全过程。情节线是案例所要展现的素材和信息所依据的故事逻辑，其作为案例正文内容依次展开的主要逻辑，蕴涵着案例教学所关注的重要知识点。两者的关系可谓内在统一、相辅相成，知识线依托情节线埋藏案例的知识点，情节线依托知识线勾勒案例故事。关于知识线与情节线的具体匹配内容将在 8.4.3 小节“大纲设计”中详细介绍。

案例采编作为一项系统工作，其每一阶段都是由输入、工具方法、输出和知识基础联结而成。每一项工作的输入都是开始这项工作所必须依赖的依据或条件，而输出是此项工作开展所得到或产出的阶段性结果。工具方法是从输入到输出这个过程中，案例采编工作开展的具体内容，使用的具体解决方案。而所有工作的输入、输出以及工具方法都建立在相关理论知识的指导基础之上，同一知识基础上的任务模块也因此建立起内在关联。因此，这样一个多层次的工作结构将案例采编工作整个系统中的不同任务模块联系起来，前一项任务的输出为后一项任务的输入做了准备，后一项任务的输入又是建立在前一项任务的输出的基础上。

在贯穿始终的知识线的引导下，案例采编工作将按图 1-2 所示的四个阶段依次展开。

案例采编启动阶段是确定案例采编的需求，选择案例来源企业，并在组建采编团队后编制采编计划的过程。具体体现为：首先，依据难度理论和需求识别理论，根据课程规划来界定案例采编的需求；其次，明确需求后，依据关系理论和沟通管理理论寻找和确定案例来源企业；再次，当确定了目标企业后即可组建案例采编团队，按照案例采编能力要求对参与人员进行技能评价和分工，其理论依据主要来源于能力理论和团队管理理论；最后，在组建好采编团队后，对总体工作目标、团队分工协作等进行统一规划，在全面了解案例采编工作内容范围的基础上，依据

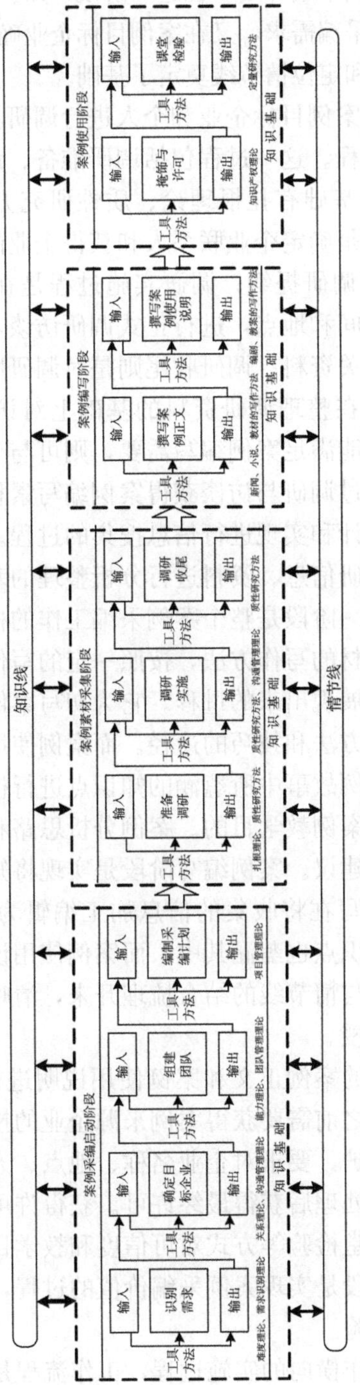

图1-2 案例采编工作的四个阶段

项目管理理论制订初步的案例采编计划。在这一阶段，知识线借助对案例教学大纲的识别，转化为具体的案例采编需求，又在案例目标企业确定后，细化为对案例采编内容的具体描述，为布局和定位情节线奠定了基础。

案例素材采集阶段是对案例目标企业和个人进行调研与访谈，获取案例编写需要的基础资料和信息的过程。这一过程包括调研准备、调研实施和调研收尾三个环节，此时所依据的理论基础有扎根理论、质性研究方法以及沟通管理理论等。调研准备期的主要工作是确定企业联系人和获得企业的临时许可，并为下一步调研工作储备知识和起草调研提纲；调研实施过程是在做好调研准备的基础上，确定受访对象、调研时间和地点，进行正式调研访谈，通过记录访谈内容和现场观察等方式收集案例相关资料；调研收尾则是对调研所获得的信息、资料进行筛选、整理和文档化，并在整理调研资料的基础上对访谈信息进行甄别和补充，如果所掌握的信息仍不能满足案例编写需要，则可与企业沟通进行相关补充调研。这一阶段表面上是通过调研与访谈获得案例编写素材的过程，实则是以知识线为指导，为情节线的设计和实现进行信息搜集的过程。

案例编写阶段是在对调研信息、资料进行分析整理的基础上，撰写案例正文和案例使用说明的过程。这一阶段是整个案例采编工作的核心环节。案例正文的撰写是结合新闻、小说、教材的写作方法，按照一定的写作规范，将案例教学目标中的知识点通过案例故事展现出来的过程。它为初写案例者提供了解案例写作规范、构思布局案例情节的方法和技巧的途径。而案例使用说明的撰写是结合编剧和教案的写作方法，对案例故事中所蕴涵的知识点进行梳理和分析的过程，它为案例教学教师进一步明确案例教学目的、案例分析思路和理论依据，以及为做好课堂教学计划提供有益的建议。案例编写阶段是实现将知识线与情节线融为一体的关键阶段，案例正文编写在将收集的信息加工编辑为富有情节的故事的同时，将案例教学所规定的知识点也蕴涵其中，而案例使用说明的编写作为案例教学的指导材料，又将知识线与情节线的结合梳理开来，清晰展现并引导教学过程中对案例的分析和知识的传授。

案例使用阶段是对完成的案例正文和案例使用说明进行应用与检验的过程。当然，在使用所采编的案例之前需要获得案例来源企业的授权许可，如提供案例的企业出于对知识产权的保护，要求对企业名称、地点、人名和财务数据等信息进行掩饰，则需要做好掩饰处理后获得最终许可。获得许可的案例则依据定量研究方法，通过专家测评、课堂检验等方式对可信度和教学目标支持的有效程度进行检验与评价。案例使用阶段是实现案例采编价值的过程，知识线和情节线的功能将在此阶段得到实践和检验。

工作结构是案例采编工作横向的实施过程，工作流程是案例采编工作纵向的实施路径，将二者融合在一起，更能全面展现案例采编工作的整个操作环节与内容，如图 1-3 所示。

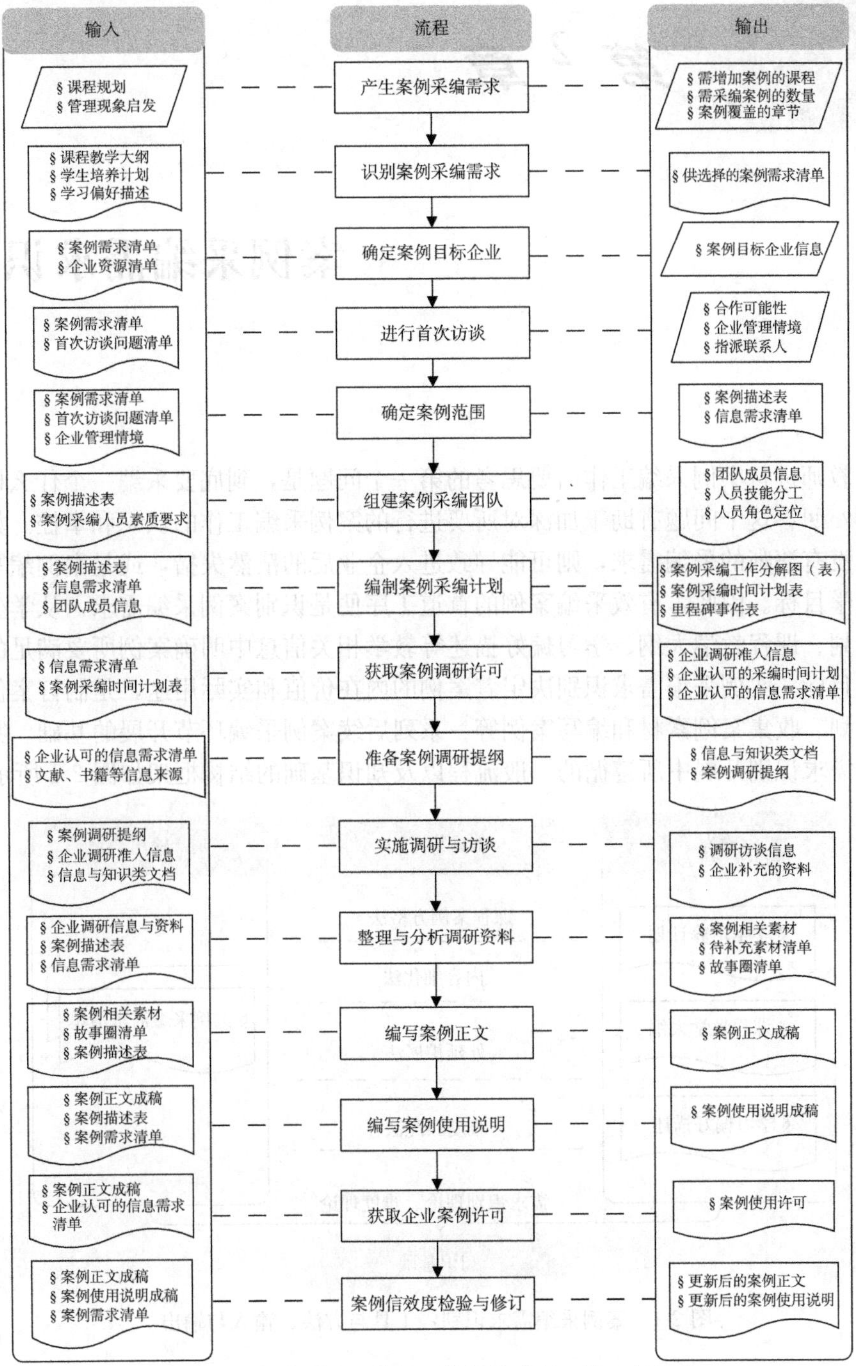

图 1-3　案例采编工作的具体操作流程、输入与输出

第 2 章

案例采编需求识别

教师进行案例采编工作需要思考的第一个问题是，到底要采编一个什么样的案例？回答这个问题有助于加深对所要进行的案例采编工作的认识和掌控。如果此时没有清晰的采编需求，则可能导致进入企业后的茫然失措，或是案例编写偏离教学目标。因此，有效采编案例的首道工序便是识别案例采编需求，从学生培养计划、课程教学大纲、学习偏好描述等教学相关信息中明确案例所要满足的需求和目标。案例采编需求识别决定着案例的内在价值和实际用途，是制订案例采编计划、收集案例素材和编写案例等一系列后续案例采编环节开展的基础。案例采编需求识别开展中所遵循的一般流程以及知识基础的结构框架如图 2-1 所示。

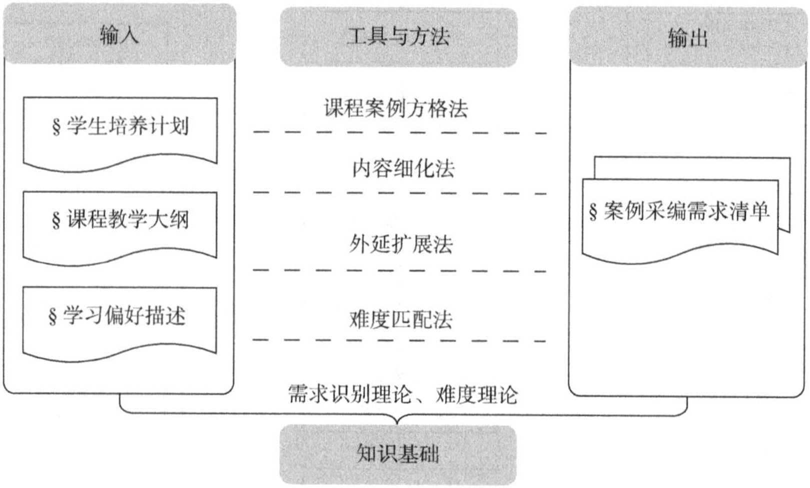

图 2-1　案例采编需求识别：工具与方法、输入与输出

2.1　案例采编需求的来源

对于案例采编需求的来源，案例教学领域始终存在着争议，争论点在于到底是先有案例采编教学目标，进而开始系统地搜集案例素材、编写案例，还是先发现案例现实素材，从而启发针对确定问题的案例编写。这两种情形对于从事案例教学的教师而言都很常见，事实上，在这个看似“鸡生蛋、蛋生鸡”问题的争论上，大家忽略了一个关键的问题，就是这两种方式其实都将汇集到案例采编工作的闭环回路中，两者并不对立，也不矛盾，只是案例采编需求的切入点不同而已。

如图 2-2 所示，引起争论的两种案例采编需求方式，一种从起点 A 开始，是课程体系规划中的一个辅助环节，教师根据课程设计和教学内容选择需要采编案例的知识点；另一种从起点 B 出发，由管理实践素材驱动，引发教师对企业管理现象的思考，然后将这些发现与启示联系到课程教学中，与课程教学内容进行匹配，找到对应的知识点。当知识点被确认后，两种不同的案例采编需求来源都将围绕既定的知识目标完成整个案例采编工作的闭环回路。在这个流程体系中，案例采编工作经历了从案例目标的提出、案例素材的采集、案例正文的编写到案例教学的实现，再到对案例目标的更新和新一轮针对知识点采编案例需求的提出；同时也完成了由知识点到素材再到知识点的闭环回路。知识点在最开始转化为具体的案例目标，并在素材采集环节转化为对特定素材的需求，将知识需求与素材结合起来就是案例编写的过程，最后在课堂中实现案例的教学功能，满足起初案例采编对知识目标的需求。案例采编的全过程就是围绕知识点所展开的一个不断选择或匹配需求、转化需求和满足需求的过程。

两种案例采编需求的来源起点，有着不同的案例采编动机、目标，因此需要注意的问题也有所不同。起点处于 A 的情形下，当教师发现，为了实现理论联系实践和参与式学习的教学目标，必须为一门新课程开发相匹配的案例时，或发现原有课程案例无法很好地诠释某个概念或理论的新发展时，就会产生自主开发案例的动机。而且在课程规划中，教师明确了要对哪些课程增加案例，这些增加的案例处于课程的哪些章节，需要增加的案例数量是多少。这种有目标、有针对性的案例采编，可以使案例采编的需求更加具体，案例采编工作的开展思路也将更加明确。

而这种为了提升教学质量而进行的案例采编行为，如果能够从学科教学体系上进行统一规划布局，给予充分支持，会对案例采编工作起到重要的推动作用。国内案例采编专家余凯成就曾发出过倡议：“案例编写是一项重要的基础建设，它不但能提高教学质量，适应教学需要，也是培养师资的重要而有效的手段。案

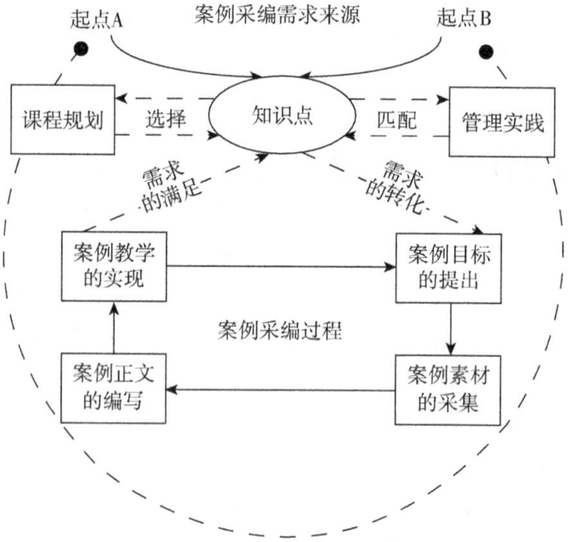

图 2-2 两种案例采编需求来源情形

例编写工作应成为教师年度及学期工作计划中不可分割的一个组成内容，不能任其自流。”这种情形下产生的案例采编需求，可以基于学科的内在关联，从学科体系规划到课程内容再到知识点布局，系统思考哪些课程、哪些知识点需要匹配什么样的案例，由哪些老师分工完成。如此一来，案例采编既能够充分发挥各教师的专业研究特长，突出案例采编的目的性，又能够实现案例采编成果的共享，高效利用教师们的资源和精力。在案例采编工作仍是一项对资源、能力和时间要求都甚高的工作的今天，从学科层面上系统提出案例采编需求是提升案例采编效率和使用效果的重要途径。

起点处于 B 的情形下，引发案例采编需求的管理问题通常是新颖的，有助于将实践中面临的新环境、新挑战和新思路带到课堂中来，保证教学案例在概念和理论上紧跟时代发展。正如著名学者亨利·明兹伯格所说：“管理学应该是一种实践，它将大量的管理经验，一定程度的洞察力和一些科学分析结合在一起，使得管理教育进行反思重构，把管理教育与管理开发带入一个新的境界。”从实践与经验中学习，永远是领悟管理学理论和知识的第一法宝。由实践提炼、归纳而得的经验与知识，可以使学生身处课堂也能接触到大量各式各样的管理实践，经济而有效地弥补他们实践的不足。因此，在发现新颖的管理现象后，最为重要的还是将其匹配到所要传授的知识上去，明确该现象可以作为对哪门课程中哪种理论或概念的发展与补充，进而具体规划出希望达到的教学目标。

当然，这两种出发点的适用环境还是有所区别的，A 情形比较适用于针对现有成熟管理理论所进行的案例采集，B 情形更适用于新的管理理论或前沿理论的案例采编和教学。但是，现实中两种情形的存在并不是完全独立的，开展案例采编工作往往是一个多种需求因素并发的过程，教学目标、实践素材以及其他因素很可能交织在一起，促成案例采编工作的启动。随着案例采编工作的推进，无论案例采编最初的需求是何种，需求的内涵和外延都在发展、变化，但是案例采编工作的步骤和程序最终将趋于一致。也就是说，案例采编的需求切入点可能不同，但过程归一，都将以实现案例教学目标的整个案例采编过程为主线。

值得一提的是，如何发现管理实践中具有教学价值的案例问题是个巨大的挑战。一方面，教师身在校园，能够深入接触管理实践的机会不多；另一方面，即便有机会进入企业开展调查、研究或咨询，从现实纷杂的管理问题中准确、清晰地勾勒出教学案例的知识需求点，也并非易事。近些年，随着高校教师走出去，强化与企业的联系及合作，以及有实践经验的人重返课堂，积极地分享其工作中的问题与经验，教师接触管理实践的机会有所增加。从企业中获取有价值的案例灵感更多地依赖于教师对管理现象的敏感度和对知识掌握的充分度。因此，教师在平时需要注意了解管理理论发展的新动向，充分储备与课程相关的背景信息，以便在接触实践问题时不错过任何可以启发新知的蛛丝马迹，寻找更加贴近管理现实和发展趋势的新案例。

2.2　案例采编需求识别的依据

案例教学专家莱斯在介绍他采编案例的经验时，强调过两点：其一，要搞清楚所教课程或题目，写下这门课程教学的主要目的；其二，搞清楚上这门课的学生情况以及案例能带来的作用。学生要学什么？学生要花多少时间来学？学生的学习偏好是什么？基于对这些问题的清楚认识，教师才有可能提出对所要采编案例的明确需求。因此，在采编案例之初，教师需要了解学生的基本培养目标、课程学习目标和学习特征偏好。对于这些问题的识别，可以参考的依据包括学生培养计划、课程教学大纲和学习偏好描述。

2.2.1　学生培养计划

学生培养计划是针对要将学生培养成何种类型以及如何培养的问题所预设的培养方案。近年来，随着管理教育开始重视理论与实践的结合，强调系统知识、管理技能、管理思维的融合，学生培养计划也开始从单纯的课程学习与考核设计，向集知识学习、能力锻炼和思维转变为一体的人才培养方案转变。很多高校的学生培养计划中，开始出现调动学生学习的主动性、创造性，以及强化锻炼学生分析问题、解决问题、组织协调和团队合作能力等的目标。表 2-1 是国内某高校项目管理专业的学生培养计划。可以看出，学生培养目标和定位明确了该专业在知识、能力等方面对学生的培养目标和总体要求，课程学习计划规定了学生所要完成的课程学习和时间分配，以上两块内容构成了学生培养计划的主体。

表 2-1 学生培养计划模板

专业	项目管理	学制	3 年制
总学分	28	培养类型	全日制硕士研究生

学生培养目标和定位：

本专业培养具备专业理论知识和职业技能，能够在未来从事建筑工程项目承包及管理工作的高技能应用型人才。

学生需要学习和掌握现代管理科学的理论、方法和手段，掌握项目管理领域相关专业的基本理论知识，了解感兴趣行业领域的专业知识；熟悉经济领域的方针、政策和法规；了解国内外工程管理的发展动态，融合东西方文化，提取外国有关项目管理专业的精髓；培养项目决策、项目实施全过程管理的基本能力；培养良好的计算机应用能力和项目技术管理能力；培养创新意识，提高创新能力。

课程学习计划					
课程编号	课程名称	开课学期	学时/学分	课程类型 （必修/选修）	考核情况 （已修成绩/未修）
	项目计划与控制				
	项目管理案例				
	战略管理				
	……				

学生培养计划是针对目标学生发现案例采编需求的首要依据。一方面，学生培养计划所反映的学生培养目标和定位是决定管理教学中是否需要案例和需要多少案例的基础。通过学生培养计划，教师可以了解学生的整体培养目标，了解需要通过案例教学方式实现的学习目标有哪些，从而确定欲采编案例的类型、目标以及需要强化的知识点、能力锻炼点等。另一方面，学生的课程基础和知识结构可以从学生培养计划中加以判断。学生培养计划对学生学习期间的课程计划有全面的规定，可以看出学生所学的课程哪些为本门课程的案例学习提供了基础，以便掌控案例涉及知识面的广度。此外，从学生培养计划中，亦可以了解学生在本门课程上的学时和学分，从而有效判断可以分配给案例学习的时间和精力，使案例难度设计不至于让学生感到吃力。

总之，在案例需求识别过程中认真分析学生培养计划，可以了解学生在学习目标、知识基础、学习时间等方面的差异，进而决定案例采编的内容和难度设计，有利于得到适合学生阅读与学习的案例。

2.2.2 课程教学大纲

除了学生培养计划外，课程教学大纲也是进行案例采编需求识别的重要依据。课程教学大纲是教师对课程教学的总体规划，是其教学实践中的重要辅助工具之一。根据学生培养计划的要求，以及课程在教学计划中的地位、作用，课程教学大纲明确定位出课程的性质、目的和任务，进而规定课程涵盖的内容、体系、范围和教学要求，是落实教学计划、指导学生学习的基本纲要。学校或学院通常会统一制定课程教学大纲的标准模板，再由不同任课教师根据课程具体情况填写、完善。表 2-2 是某高校为某必修课程制定的课程教学大纲模板。从结构上看，课程教学大纲通常包括课程的性质、任务、教学目标，课程内容及相应的学习要求，考核方式、推荐教材等组成部分，其中课程教学目标、课程内容及相应的学习要求三部分内容是必不可少的。

表 2-2　课程教学大纲模板

一、课程名称及性质：
二、课程教学目标： 1. 知识培养目标 2. 技能培养目标 3. 理念培养目标
三、课程内容及要求 1. 理论教学内容 ●知识点一 ◆学习要求：（了解/熟悉/掌握） ●知识点二 ◆学习要求：（了解/熟悉/掌握） ……
四、重点难点分析
五、课程考核方式
六、推荐教材与辅助教学资料

课程教学目标清楚地梳理出学生通过课程学习可以学到哪些知识，锻炼哪些能力，实现哪些观念改变，可以概括为知识层面、能力层面和观念层面三个层面。知识层面规定了学生所要实现的知识学习的内容和水平，包括对哪些核心概念或理论的理解和掌握，对哪些工具与方法的熟练运用，对哪些议题或观点的学习与认识。知识层面的课程教学目标与案例的选题、内容和难易程度紧密相关，是案例教学所要达成的基本目标，为案例采编需求提供了最基础的知识目标。能力层面包括了通过课程学习学生可以提升的能力，如问题分析能力、逻辑思维能力、想象能力、语言表达能力、团队合作能力等。不同的课程对于所要重点培养的能力是不同的，而且对能力所要达到的期望水平也是有差别的，这需要在案例需求识别中加以体现，明确出案例所要重点培养的能力目标。观念层面的教学目

标是指希望学生在学习中加强对一些问题、观点、组织或特殊人物的理解，建立或重构自身的某些观念或看法，引导学生建立一种正确的态度。这种培养目标旨在全面发展学生的心智模式和素质修养，是课程教学的终极挑战。案例教学因具有学生高度参与的优势，是实现观念层面教学目标的良好教学模式。因此，案例采编需求识别阶段应该很好地理解、分析课程在观念层面的教学目标，并渗透到案例采编的需求界定中，成为案例教学的重要目标之一。以下列举了两门全国精品课程中对教学目标的陈述，可以看出，目前课程教学目标在原有知识学习的基础上，越来越强化学生在能力和观念层面的提升。

在“组织行为学”的教学中，要求实现下述目标：

通过系统的教学活动，使学生比较全面系统地掌握组织行为学的基本理论、基本知识和基本方法，提高其认识和运用组织行为学的一般规律来正确分析和解决实际管理问题的能力，提高学生的决断力，提高学生的合作精神和协调能力，培养学生的进取精神、竞争意识，以较好地实现提高管理类专业学生综合应用能力的目的。

“企业战略管理”教学目的和要求如下：

• 让学生系统掌握企业战略管理的基本理论知识。

• 让学生对企业关键战略管理问题进行识别与分析，掌握战略管理的流程、工具和实施方案。

• 让学生作为某种决策角色进入特定的战略管理情境和管理过程，建立其运用理论解决实际战略管理问题的能力。

• 以案例为载体，模拟一些基本的战略管理和决策方法。

• 让学生在课堂上就受到工商管理活动的基本训练。

• 让学生从对具体案例的分析中归纳出适合个人特点的分析程序与逻辑。

课程内容是课程教学大纲的重要构成，教师将课程内容加以梳理，概述课程所要关注的主要知识点，标注课程教学中的重点和难点问题。根据课程内容的描述，案例采编需求可以识别案例所聚焦的主题范围，获取案例所关注的概念和理论。结合具体的教学内容，教师还应该提出相应的学习要求。通常对于特定教学内容的学习要求可以分为“了解”、“熟悉”、“掌握”三个层次。“了解”要求学生能够辨认所学的基本概念、基本理论和基本方法，知道所学问题的分类、原则及发展过程，包括必要的记忆。“熟悉”要求学生能够理解概念以及内部各知识点之间的联系，能用自己的语言把所学知识加以叙述、解释、归纳，阐释它们之间的内在联系。“掌握”要求学生在理解的基础上做到全面理解和记忆，能完整地叙述知识的深层次内涵，根据不同情况对所学知识进行分析和综合运用。不同的学习要求最终应该反映到案例采编需求的难度定位和案例情境偏好中，为采编一篇满足特定学习要求和目标的案例提供参考标准。

课程教学大纲作为识别案例采编需求的重要依据，应该是明确、具体的。教学目标越具体，意图越清晰，内容与要求越细化，对于后续的案例采编工作越具有指导意义。

2.2.3　学习偏好描述

案例教学中，学生拥有判断与评价案例使用效果的最终权利。一个合格的案例不仅要考虑学生的学习目标、学习能力，还要考虑学生的学习兴趣与特点，满足学生的偏好需求。一篇充分迎合学生偏好，对学生有吸引力的案例可以给学生留下深刻的印象，更加有效地实现案例教学目标。因此，对于学生学习偏好的了解，也是案例需求识别的必备基础之一。

由于个人的教育、经验和文化背景的影响，学生的学习偏好可能表现为对所学知识理解能力和接受程度上的差异。考虑到这种差异，案例采编需求应该识别出案例目标学习群体的偏好，从而定位案例的难度水平。例如，从来没有参与过案例学习的学生与拥有丰富案例学习经验的学生情况就很不一样。没有使用过案例的学生对案例学习前如何预习、如何快速掌握案例基本信息、如何寻找案例分析的突破口等了解甚浅，因此，初次使用案例学习时应该选用难度较低、情节简单的案例；但是多次使用案例学习的学生对于这些基本案例学习的技巧已经熟练掌握，这些学生更加偏好于学习难度较大、情节较为复杂的案例。又如，学生的专业知识背景不同，也会构成不同的学习偏好，进而影响其对案例需求的偏好。市场营销类的案例对非市场营销专业的学生而言，就不会产生太多的亲切感，过多陌生的概念和情境会降低其对案例的兴趣和理解程度。

学生的学习偏好还可能表现为对自己了解、熟悉的知识或背景的认同感，这对选择哪类企业、何种情境下的案例具有参考价值。那些身边发生的热门事件、热点人物或知名企业，总会引起学生的高度关注。如果案例的题材包含了与上述元素相关的题材，那这篇案例也就有了明星效应，将给学生一种时髦的感觉，使其更容易产生阅读的冲动。案例需求识别就是要发现学生感兴趣的元素，并将其包含到所要采编的案例中。

与学生联系紧密的事件也可以激发学生的兴趣，影响学生对案例的偏好。例如，选择学生未来可能加入的工作领域、工作单位或可能担任的工作角色，这会让他们感到学习这篇案例对于未来的职业生涯发展有一定帮助，从而增加阅读与学习的动力。

最后，大多数学生在案例的表现形式上也有特殊的兴趣导向。例如，多数人喜欢看到情节跌宕起伏，充满危机与转机，又包含了鲜明个性人物的案例，就像多数人喜欢先抑后扬的讽刺小说更胜过平铺直叙的人物传记一样。

总之，想要完成一篇富有吸引力的案例，达到良好的教学效果，就必须在前期针对学生的学习偏好展开调查，以下是调查中可能用到的问题。

(1)你目前的专业是什么？你还有过哪些专业的教育背景？

(2)你有过哪些企业实践的经历？

(3)你最感兴趣的行业领域是什么？

(4)你最感兴趣的组织规模是什么？

(5)你最感兴趣的企业职位是什么？

(6)你最感兴趣的企业事件或管理问题是什么？

(7)你最喜欢什么篇幅的案例？

(8)你最喜欢的案例特征是什么？

(9)你对本课程的案例采编有哪些建议？

调查的时机可以选在课程开设后，针对选修该门课程的班级学生发放调查问卷；也可以在规划需要采编案例的课程的同时，针对这门课程所面向类型的学生群体，定期进行调查和反馈。在案例需求识别阶段，教师可以对获取的调查信息进行统计、分析，描述出目标学生群体的学习偏好，利用表格、图形等方式加以直观的展现，作为确定采编案例需求的依据。

2.3 案例采编需求识别的方法

在准备好学生培养计划、课程教学大纲和学生学习偏好描述的基础上，便可开展案例采编需求的识别工作。为了能够识别出较为全面的需求点以满足课程教学的目标，需求识别的过程应该遵循适当的思路和系统的操作方法。具体而言，有效识别案例采编需求的途径包括：制定课程案例方格，识别那些需要涵盖在案例中的概念与理论；对案例采编的输入依据内容进行细化，明确采编案例的具体要求和目标；在输入依据基础上进行扩展，发现其中隐含的案例需求点；将输入依据与难度模型进行匹配，定位案例的难度需求。

2.3.1 课程案例方格法

对于一名试图采用案例教学的教师而言，最容易想到的总是该教师的这门课程需要案例。但究竟哪些章节或知识点需要案例，哪些章节或知识点的案例已有现成可借鉴的，哪些章节或知识点的案例需要自己去采编，很少有人去系统核实。大多数情况下，只要是与这门课程有关的案例，都可能被计划采编或直接拿来用于案例教学。这样做可能有两种后果：被直接拿来使用的案例，虽然反映的是与课程相关的主题，但这些案例讲授了哪些知识，学生们将从案例中学到哪些东西，并不十分清晰；被计划采编的案例，很可能已经有同行做出了相同的努力，一样的知识点，类似的教学目标，这种情况下进行案例采编似乎是对资源的浪费。针对这些问题，迈克尔·R. 林德斯与詹姆斯·A. 厄斯金在《管理案例编写指南》中提出课程案例方格的概念，希望通过这种方法来剖析案例需求。笔者在借鉴这一概念的基础上，进一步丰富了课程案例方格法，将课程案例方格视为记录课程知识点与案例匹配、发展情况的工具，是教师对课程可用的以及需要采集的案例进行系统规划的一种方法。案例采编需求识别阶段，教师可以借助课程案例方格法，对欲进行案例教学的知识加以组织、梳理并直观展现课程案例的基本情况，使案例教学变得更为系统性。

在合理地梳理相关概念和理论的基础上，教师可以开始设计课程案例方格，在横轴上将目标课程或章节所涉及的概念、理论、工具一一列举(如图 2-3 中 a～e 所示)，在纵轴对其现有或可使用的案例进行梳理(如图 2-3 中 1～6 所示)，并将这些案例与课程的概念、理论或工具进行对应，将那些已经有现成案例覆盖的知识点做出标记(如图 2-3 中☆覆盖区域)。通过设计课程案例方格，有哪些概念空格已经填上，甚至出现重复，有哪些概念空格需要案例来填，都可以被清晰地识别出来，成为进行案例采编的依据。如此，我们不仅可以明确想要编写的案例应该包含哪些概念或理论，对案例有个大致的构想，初步识别出案例的需求，还可以将已有案例与教学需求进行匹配。同时，这张表格对于长期进行案例采编工作具有重要作用，根据空格的空缺情况，教师可以得到课程改进的方向，而且可以有效避免案例重复带来的资源浪费。课程案例方格的设计图如图 2-3 所示。

		概念、理论、工具				
		a	b	c	d	e
案例	1	☆				
	2			☆		
	3		☆			
	4	☆			☆	
	5					
	6			☆		

图 2-3　课程案例方格的设计图

2.3.2　内容细化法

学生的培养计划，以及课程的教学目标、教学内容等客观信息是确定案例采编需求的重要依据，但这些要素在案例采编中如何体现，仍需要进一步细化。内容细化法就是在输入依据的基础上，针对每一项依据内容进行更深入的分解、细化，将主要目标分解为具体的操作目标，将整体内容细化为概念、理论或工具，从而得到具体明确的案例采编需求。

针对学生培养目标和课程教学目标的细化，可以进一步阐释这些目标在案例教学中的具体体现。例如，课程教学目标可能被描述为“提高学生分析问题的能力”，但经过细化的案例教学目标应该是“促使学生能够站在决策者的立场上分析企业中发生的问题”。在与案例教学潜在的教学功能对比中，从输入依据中的教学目标可以细化出具体的案例目标特征，例如，案例到底要写成决策型还是描述型的，这可以由教学目标中对学生能力提升的目标描述转化而来。同时，在逐步细化的过程中，案例采编者还需要将教学目标与案例难度相结合，思考案例的难度设计。

内容细化法也可以应用在课程内容方面，根据课程教学大纲中涉及的主要教学内容，进一步细化得到案例中应该具体包含的概念、理论、工具和技巧，将课程中的重点、难点问题转化成案例中潜在包含的问题和挑战。通常，课程教学大纲的内容涉及的方面很多，但转化为案例的内容必须是聚焦的，概念或理论之间具有很强的内在联系性，能够在一篇案例中自然地串联与涵盖。沿着这个逻辑，将需要转化为案例的教学内容进行层层细化，就可以确定出案例所要关注的主题。

此外，通过对输入的学生培养计划、学生偏好描述等的内容细化，可以实现对案例可能面对的学生群体类型特征的具体描述。将学生在案例学习与参与中可能具备的特点一一列出，有利于发现哪些知识或技能是学生在案例学习中更希望或更感兴趣获得的，从而丰富到识别的案例采编需求点中。

在实现内容细化的过程中，焦点小组会议和访谈法能够帮助教师较为有效地开展深入的讨论分析。焦点小组会议是邀请若干讲授相关课程主题的教师，了解他们对所采编案例的期望和态度，启发他们展开互动式讨论，将案例教学所要实现的教学目标和教学内容进行具体化描述。访谈法是针对潜在的学生对象，向他们提出课堂教学预设的和一些案例教学中可能涵盖的问题，考察他们对案例教学的兴趣点所在，以及对信息的理解与反馈程度。

经过对输入依据内容的细化，可以初步得到一个自上而下的较为系统的案例采编需求清单。

2.3.3 外延扩展法

外延扩展法的主要思路是拓展各输入依据的外延，从提供的输入依据中寻找隐含的、潜在的案例需求内容。这种潜在的需求是教师并没有在学生培养计划或课程教学大纲中明确规定，但通过结合课程教学大纲、学生培养计划和对学生学习偏好的描述，可能被分析、推断和总结出来的。

外延扩展法应用在课程教学目标方面，意味着可以结合学生的特征，制定出具有针对性的、特色化的案例教学目标。例如，对于一个往常课堂气氛十分沉闷的班级而言，教师完全可以将“实现激烈的案例课堂讨论”定为教学目标之一。对于课程教学内容的外延扩展，可以充分联系学生已经具备的基础课程知识，丰富与案例所涵盖知识点有内在关联的知识点，让学生在应用已学知识的过程中体会案例表达主题的内在知识结构。学习偏好描述中学生的兴趣点所在，也应该被充分融合到案例采编的需求中去。案例兴趣点所涉及的问题都可以考虑安排到案例的知识覆盖点中。对于现有的目标学生群体，可以依据其具备的特征，联想还有哪些对象可以成为该案例的受众，从而扩大案例的使用面。

在进行需求识别外延扩展的时候，发散思维和联想是重要的工具。教师可以尝试站在学生的立场上进行思考，充分寻求学生隐含的或不易发现的需求，从而使案例教学目标更切合学生真实的需求，大大提升案例教学的效率和效果。值得注意的是，即便是学生自己提出的学习需求，也可能并不能完全反映他们真实的需求，不是他们有所隐瞒，而是他们确实不知道或不能很好地表达自身隐含的需求。此时，外延扩展法就变得格外重要。教师要结合自身的教学经验、对各项输入依据的分析，以及对学生们课堂表现的回顾，仔细推敲学生的特点和偏好，从学生心理角度出发，发现更加细微的案例采编需求。

此外，虽然一篇案例的采编通常是为了实现一个特定的教学目标，但这并不意味着，案例采编需求只能限定在这一个目标上。在对输入依据进行外延扩展的过程中，案例采编者可以尽情想象案例采编可能带来的“兴奋型需求”，包括连续主题案例的推出、案例编写后的学术研究等，以获得“喜出望外”的结果。

为了实现从学生培养计划或课程教学大纲中深化潜在的需求内容，外延扩展常用的途径是组织案例使用教师开展头脑风暴，用来产生和收集对案例采编需求的多种创意想法。或者采用思维导图的方法，将头脑风暴中获得的新想法用一张简单的图联系起来，以反映这些想法之间的共性与差异，从而引导出新的案例采编需求点。

而对于学生方面的需求挖掘，可以借助引导式研讨会，在师生之间建立起信任，形成共同学习、共同进步的关系，从而改善沟通的效率，引导学生表达对案例采编需求的真实想法。

对输入内容的外延扩展将在主要目标体系之上，补充更多隐含的和不易察觉的需求，从而建立一个较为完善的案例采编需求体系。

2.3.4 难度匹配法

前几种识别方法是从案例主题或内容的角度来分析案例采编需求，而确定所要采编的案例类型的最后一关是进行案例难度的定位，从案例本身的特性来识别需求。只有适合课程学习难度的案例，才有可能达到理想的教学效果。因此，难度匹配法也是识别案例采编需求的重要方法之一。如图 2-4 所示，案例难度立方体模型为有效实现难度匹配提供了思路和途径。难度匹配法就是通过分析课程教学大纲、学生培养计划和学习偏好描述，具体定位课程所面向学生的学习目标和能力水平，然后与案例难度立方体的三级维度、三级难度相匹配，得到学生对案例采编的难度需求。

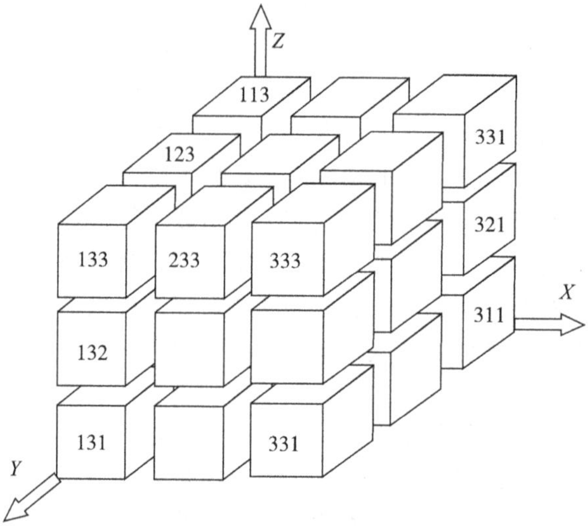

图 2-4 案例难度立方体模型

注：X 代表分析维度；Y 代表概念维度；Z 代表表述维度

将学生培养计划所提供的学生学习目标和课程教学大纲中涉及的课程教学目标与案例难度立方体模型相结合，是难度匹配法的核心思想。学生的知识学习、能力锻炼和思维转变目标是案例难度定位的基础依据。概括而言，分析维度中主要锻炼的是参与者对具体情况分析后做出决策的能力；概念维度的主要挑战是参与者把相关理论和技术工具正确理解并加以应用的能力；表述维度以锻炼参与者选择、分类、处理和组织复杂信息的能力为主。三个维度中不同的难度定位对应的学生培养目标也各不相同，具体的匹配情况如表 2-3 所示。

表 2-3　案例难度与学生培养目标的匹配

维度	难度一	难度二	难度三
分析维度	案例不仅提供了问题发生和决策所需的背景信息，还包含了较为完整的决策过程。学生仅需要对案例中做出的决策进行分析与评估：判断决策的适用程度，评价决策的标准是否合适，思考备选方案的适用性，制订合适的实施计划等	案例提供了问题发生和决策所需的背景信息，同时描述了问题的表现。学生需要确认问题、分析问题并且制订备选方案和决策标准；对于备选方案做出合理性的评估并做出定性或定量的分析决策；制订行动和实施计划；确认遗失信息等	案例仅仅提供了故事发展的现状，既没有点明案例关键问题，也没有后续的应对方案。学生必须能够评估情境，确认困难、问题和挑战
概念维度	案例中包含的概念和理论较为简单，容易被学生所理解，或是在案例中进行较为清晰的讲述，而不用在课堂上进行额外的解释，学生也能够将单个简单的理论或概念应用于具体的案例问题或困难上	案例中包含的概念和理论较为复杂，需要通过一些课堂讨论、解释和教师的帮助，学生才能够学习并掌握案例的相关理论或概念，能够应用单个复杂概念	案例所涉及的概念和理论较为复杂且不易理解，学生需要掌握并运用多种可能与案例问题相关的理论和概念。但是学生需要在课堂上接受并听取大家的讲解、获得大量的帮助，以将这些理论整合并深刻体会整套理论中的复杂部分
表述维度	案例的文字表述和内容布局清晰，所揭示的潜在信息也较为容易理解；学生能够正确且用时较短地分析一个结构清晰、信息简明扼要且完整的案例	案例文字的表述和内容布局较为复杂，是经过设计的，表面上看信息较为混乱，但学生能够通过较为深入的分析将案例的部分混乱结构梳理清晰，且对于信息冗余或不完整的案例能够正确进行取舍和分析	案例文字的表述和内容布局复杂，可能设计了较多的无关信息，或是故意缺失了某些信息，学生需要花费较多的时间，或需要教师的指导才能分析出案例的全部潜在信息

将学生培养目标与案例难度立方体进行匹配，定位出采编案例的难度定位需求，才算圆满完成了难度需求的识别。因此，不同的培养目标和学生特质就会对应出不同的难度三维组合定位。例如，面对各方面都处于起步阶段的学生，案例难度更多地会被定位在(1，1，1)种组合上，即综合难度最低的档次；而另外一个极端，为了加大那些已经具备了本门课程的理论和实践基础的学生的学习挑战，(3，3，3)种组合可能会派上用场，在三方面都呈现最高的难度。

但必须意识到的一点是，案例采编的难度绝对不是越高越好，“适合的才是最好的”。大学一年级的新生，刚离开高中校门不久，既无实际管理经验，知识面又很窄浅，若给他们综合难度大的案例去分析，他们将无从下手，不知所措，因而谈不上教学效果。对他们应先使用综合难度较低的案例予以启蒙，引领入门后，渐增难度。而高级经理培训研讨班的学员具有丰富的管理实践经验，又积累了一定的管理知识，面对综合难度较高的复杂案例情境也可以做到毫无惧色，各抒己见。而且这种综合性的分析讨论，有利于他们彼此之间进行思维碰撞，互为补充，集思广益，从而对其管理工作有所启发。

2.4 案例采编需求识别的结果

案例的采编是因教学的需要而产生，而对案例采编需求的识别，也最终归于案例是否能满足预设的教学需要。经过需求识别的各种方法，最终转化成案例采编的具体需求结果，这包括要写什么样的案例，包含哪些内容，覆盖哪些知识点，实现哪些案例教学目标，得到什么样的难度水平等。

然而，一个案例中能够涵盖的知识点和培养目标是有限的，想要在一篇案例中填入过多的概念或理论，只能是适得其反，致使案例失去主线和连贯性。因此，案例采编需求识别出的结果可能并不是唯一的，课程教学大纲的若干目标和内容可能需要采编不同的案例来加以实现。也就是说，从一份课程教学大纲的输入中，可以得到若干目标和内容不同的案例采编需求。这些不同的案例采编需求都是实现课程教学目标的组成部分，覆盖了课程中不同的教学知识点，进而在教学目标、难度等方面形成了不同的倾向。在案例采编需求识别阶段，所有识别出的案例需求都有必要记录下来，发展成案例采编的备选方案。如果在后期目标企业选择中能够找到对应的素材来源，则可以发展成多个案例采编过程。

对于任何一个具体的案例采编思路，其需求识别的结果可以通过案例采编需求清单的形式加以记录和展示，这样既清晰明了，又便于案例后续采编过程中加以对照。除了需求清单以外，还需要对所识别的需求结果如何落实到案例采编实践中加以规划，明确设定需求管理计划和需求跟踪矩阵。

2.4.1 案例采编需求清单

案例采编需求的明确与否，直接决定着能否采编一个合格的案例，以及案例采编工作进展的顺利程度。检验案例采编者对自己需要采编的案例是否已经清楚，可以通过填写案例采编需求清单来判别。案例采编需求清单由从输入依据中识别得到的案例需求要素构成，常见要素包括案例主题范围、案例教学目标、案例难度层次、案例情境偏好、案例篇幅、案例采编期限等，其中案例主题范围、案例教学目标和案例难度层次是每篇案例在采编之初都需要明确界定的，是案例采编需求清单中的关键构成要素，而其他要素的有无将根据需求识别开展的情况而定。

确定了案例采编需求的构成要素后，教师需要合理地判断和匹配出用以覆盖这些需求要素的案例。通常希望通过一篇案例来满足所有案例采编需求是不现实的，尤其是针对一门课程进行案例采编需求识别的情形下，很多内在关联并不紧密的知识点很难通过一篇案例进行覆盖。因此，案例采编需求清单中可能列出不止一篇案例。表2-4是一个包含了所有常见案例需求构成要素的清单模板，提供了若干可供选择的案例。例如，理论或概念要素列示了所选课程章节下的全部待用知识点，但案例1有可能选择其中相关的5个概念、3个理论，而案例2选择剩下的概念和理论。又如，教师可能把案例1的分析层次选择为中级，把概念层次选择为低级，来弥补学生们对该案例所涉及知识基础的欠缺，而为案例2选择低级的分析层次和中级的概念层次，来配合该部分教学中理论强化的目标。

表2-4 案例需求清单模板

课程名称：	案例教学对象：		
案例需求构成要素	供选择的案例		
	案例1	案例2	……
1. 案例主题范围			
◆ 课程章节			
2. 案例教学目标			
◆ 知识覆盖			
◇理论/概念			
◇工具/方法			
◆ 能力培养			
◆ 观念改变			
3. 案例难度层次			
◆ 分析层次			
◆ 概念层次			
◆ 表述层次			

续表

课程名称：	案例教学对象：		
案例需求构成要素	供选择的案例		
	案例 1	案例 2	……
4. 案例情境偏好			
◆ 行业领域			
◆ 组织规模			
◆ 主人公特征			
◆ 地理环境			
5. 案例篇幅			
6. 案例采编期限			

以下对常见的案例需求构成要素进行简要介绍。

1. 案例主题范围

课程教学大纲包含了由若干章节构成的内容框架，经内容细化后，一篇案例只能聚焦于某个方向的话题，确定出具体的主题范围。案例主题范围确定的基本过程就是选择案例中要涵盖哪些具体的章节。对于主题范围的理解因人而异，可能是描写项目成本管理的一章内容，因为始终围绕如何实现有效的项目成本管理而体现出一个主题；可能是讲述目标管理的一小部分内容，因为该部分相对独立，又自成系统，所以完全可以作为一篇案例主题。究其本质，主题范围不在于课程结构形式上如何布局，而在于内在知识结构上是否具有一致的逻辑，体现出连贯性。

因此，案例主题范围的确定就是对案例所要叙述、论证、说明、介绍的问题有一个大致的范围界定。在此确定的案例主题，对于整个案例采编过程将起到目标定向、方向指引的作用，为案例采编计划的制订、案例素材的筛选、案例写作的实施奠定了基础，因此，是案例采编需求识别不可缺少的输出内容。

2. 案例教学目标

结合对课程教学大纲及其他输入条件的识别分析，课程的教学目标将转化为案例采编的需求目标。案例需求识别的结果中，应该重点将案例教学目标如何响应课程教学的三层目标加以阐释，以作为指导案例采编工作有效开展的依据。

首先，案例采编者需要了解该案例要传达哪些方面的知识点，背后有哪些理论依据做支撑。根据知识层面的教学目标，明确案例要规划的知识结构以及要布局的知识点。而将知识结构和知识点联系起来，就是案例的知识线。案例采编者为了达成特定的知识教学目标，需要事先明确案例教学对知识的需求，有意识地将案例知识线埋藏于案例中。所采编的案例不应该偏离了特定课程的知识结构，通过分析教学大纲来明确知识层面的教学目标，并通过案例知识线的布局来实现知识层面的教学目标。

其次，能力层面的教学目标要求案例采编者在需求识别阶段思考并确定案例教学中将涉及哪些能力的锻炼，从而有意识地在案例采编过程中构思特定方法能力的灌输，以便学生可以在案例学习中同步地提升相关能力，也可以说是对能力知识的学习与应用过程。不同的能力训练点会对案例设计产生不同的需求。能力训练点若侧重于学生通过资料分析锻炼与掌握理论方法及工具，则直白、简单的案例素材将提供适宜的环境；而能力训练点若强调培养学生们发现问题、分析问题的能力，培养其逻辑推理能力，则隐晦、曲折的情节设计更容易达到目的。

最后，针对观念层面的教学目标，案例采编者有必要在前期做好筹划，明确通过对所采编案例的学习，帮助学生在哪些方面有新的认识，如何使其完善价值观念。通常，可以触及的观念与案例所反映的主要议题相关，旨在引导学生对所学知识进行全面的思考，形成多方面的认识。例如，一篇用于“技术管理”课程的教学案例可能想要传达“企业的经营战略最终要落实到技术和产品上，否则将成为空谈”的新观念，而一篇讲述目标管理的案例可能会渗透“失去过程控制的目标管理往往难以成功”的观点。

此外，国外学者在案例教学目标方面做了不少的探讨，在此列举以供参考。

克里斯坦森提出，教学案例的目的就是帮助学生培养一种理解问题的方式，并且有助于一个组织的问题的解决。

小劳伦斯 · E. 列恩列举了他认为可能出现的 13 条案例教学目标。

(1)激发学生对于一个主题或问题的兴趣和求知欲。

(2)增进学生对于不熟悉问题或材料的了解。

(3)传达基本事实、信息。

(4)加强对理论的理性理解及应用。

(5)提高批判性、分析性和推理性技能。

(6)促进作为一种智力技能的决策能力。

(7)学生或参与者们互相分享经验。

(8)提高行为性和社交性技能。

(9)使学生或参与者们倾听和尊重他人意见并达成共识。

(10)增强个人信心和促进提出一些观念的意愿。

(11)改变对一些问题、观点、组织或特殊人物的态度。

(12)提高作为一种社会性或政治性过程的决策方面的技能。

(13)促进一些制度的转变和改进，以及解决一些社会问题的愿望和能力。

雷诺兹则将案例教学目标划分为七个层次，从第一层到第七层分别为：

(1)理论培养。

(2)方法认识。

(3)通过方法使用掌握技能。

(4)通过分析管理问题掌握技能。

(5)通过综合行动计划掌握技能。

(6)建立积极态度。

(7)培养成熟的判断力与智力。

3. 案例难度层次

案例难度层次的定位是案例采编需求识别的重要输出之一，案例所聚焦的主题范围和教学目标都会影响案例难度层次的选择，其中，案例主题范围是概念维度的基础，教学目标是分析维度、表述维度的基础。案例难度层次的不同最终导致所采编的案例将以不同的形态出现。

一方面，结合具体案例教学对象的经验基础、逻辑分析和判断能力的平均水平，案例采编需求识别阶段应该初步确定案例分析维度的难度水平，即案例涉及的分析层次应是哪一等级，是培养本科生对案例中所做决策的判断与评价能力，还是锻炼 MBA 学员对企业发展问题进行开放式决策的能力。这些都要在前期按教学要求做出规划。

另一方面，通过分析课程知识教学目标和教学对象的知识基础水平，案例采编者可以确定所采编案例概念维度的难度水平，即案例所涉及的概念或理论的深度及广度层次。通常，概念的深度层次与课程大纲设计的知识传授点相关，而概念的广度层次要视学生们对知识的接受程度和综合分析能力而定。超越了教学对象知识理解水平的概念层次定位，将直接影响案例教学知识传授目标的实现。

此外，需求识别阶段还应该对案例表述维度的难度有所界定，确定案例表述的难度层次，以满足不同案例教学对象对能力锻炼层次的不同要求。表述层次的定位对案例写作有重要的指导作用，是要将案例写成结构清晰、信息明了，还是倾向于结构复杂、信息分散，这些都取决于根据案例学习目标确定的案例表述需求。

4. 案例情境偏好

根据对学生学习偏好的调查，可以初步选择案例情境偏好，以此来决定所采编案例的类型、案例所聚焦的目标企业等。对于案例情境偏好的选择，可以包括：对行业领域的选择，是将案例目标企业定位在制造业还是定位在服务业呢？对组织规模的选择，学生们更倾向于学习大型跨国公司的案例，还是中小型创业企业的案例呢？对主人公特征的选择，案例的主要决策人是公司的总经理还是项目经理抑或是一个小组长，哪个更能引起学生的兴趣呢？对地理环境的选择，考虑到主要学生群体所处的位置，是将其周边城市的企业还是国内其他地方的企业，或是国外的企业，来作为案例目标企业更合适呢？

将案例情境偏好作为需求识别的结果列出，有利于案例采编对学生需求的满足，更容易达到良好的教学效果。

5. 案例篇幅

案例篇幅与上述条目密切相关。明确了案例采编的基本要求、案例教学的具体用途后，可以对案例的篇幅有一个初步的估计。通常，直接应用于课堂讲授的教学案例，以短篇或中篇案例为主，以每页 750～800 字(16 开)计，一般在 10 页左右，否则将给学生的阅读任务和课堂讨论带来压力。当然，个别案例篇幅的确定还得视具体情况而定。

6. 案例采编期限

根据课程教学和学生培养计划的时间安排，教师在进行案例需求识别后，应该明确案例采编的总体时间安排，提供一个案例采编期限范围。时间过长容易使任务拖沓，人员涣散，从而失去控制；时间过紧又会导致操之过急，工作浮于表面，影响案例采编质量。因此，根据识别到的案例采编基本需求，确定一个合理的期限十分重要，通常安排在案例使用前至少 1 个月，以不至于影响案例的正常课堂使用。

但在估算采编期限时，不得不考虑案例采编过程中可能突发的不确定因素，例如，案例采编企业是否能及时配合，案例正文编写能否按时推进等。

表 2-5 是某位项目管理专业教师在开设面向管理类全日制硕士研究生、MBA 学生的必修课“项目管理”时，通过对“项目组织管理”一章进行案例采编需求识别得到的案例需求清单。这位教师识别出了六项案例需求构成要素，并将这些需求要素匹配成两个案例偏好，案例 1 覆盖了项目组织结构设计相关的知识点，侧重于组织战略层面，综合性较强，偏重锻炼学生的分析和决策能力；案例 2 覆盖了项目组织行为相关的知识点，侧重组织行为控制层面，专业性强，偏重强化学生的数据分析和理论应用能力。

表 2-5 “项目组织管理”案例需求清单

课程名称：项目管理	案例教学对象：全日制硕士研究生、MBA 学生	
案例需求构成要素	供选择的案例	
	案例 1	案例 2
1. 案例主题范围		
◆ 课程章节		
项目组织管理	是	是
2. 案例教学目标		
◆ 知识覆盖		
◇理论/概念		
项目组织设计	是	是
项目组织结构	是	
项目组织行为管理		是
战略与组织关系	是	
项目与组织的权力关系	是	
组织环境与组织结构的关系	是	
项目组织绩效评价		是
项目组织沟通管理		是
项目管理办公室		是
◆ 能力培养		
案例分析能力	是	是
组织设计相关决策能力	是	
数据分析能力		是
◆ 观念改变		
全面认识项目组织	是	是
3. 案例难度层次		
◆ 分析层次		
高级	是	
中级		是
低级		

续表

课程名称：项目管理	案例教学对象：全日制硕士研究生、MBA 学生	
案例需求构成要素	供选择的案例	
	案例 1	案例 2
◆ 概念层次		
高级		是
中级	是	
低级		
◆ 表述层次		
高级		
中级	是	是
低级		
4. 案例情境偏好		
◆ 行业领域		
建筑施工	是	
工程安装		是
◆ 主人公特征		
项目经理	是	是
◆ 地理环境		
就近区域	是	是
5. 案例篇幅		
短		
中	是	是
长		
6. 案例采编期限		
2 个月	是	是

2.4.2 需求管理规划

案例采编需求清单完成后，有必要同时对需求清单的实施进行规划和管理，以便对需求的实现情况加以控制。案例采编的各个环节都要与案例采编需求建立起联系，以案例采编需求清单作为指导，将清单上所述各项内容通过素材采集、案例撰写等环节一一落实。

1. 需求管理计划

案例采编的需求管理计划描述在整个案例采编过程中如何分析、记录和管理需求。计划的内容主要包括以下几点：

(1)如何发现案例采编各项工作是否按照需求清单的要求开展；

(2)如何在工作开展后对采编目标、案例需求等做出调整；

(3)如何分析某一需求点改变后对整个案例采编的影响；

(4)在案例采编工作遇到困难时如何评估各项需求的优先级；

(5)使用何种具体的评价依据来判断需求是否得到满足。

总之，案例需求管理计划要为需求清单的实现提供详细的执行方案，为案例采编需求的跟踪与管控提供管理性保障措施。

2. 需求跟踪矩阵

案例采编的后续几个阶段对如何管理和实现需求有很大影响，直接关系着案例采编目标的实现。建立需求跟踪矩阵就是将需求清单融入案例采编的后续工作，如案例计划的制订、案例素材的采集、案例文稿的撰写以及案例使用说明的形成，建立起跟踪联系关系，使整个案例采编生命周期内都能为实现案例采编需求做方向明确的努力。因此，跟踪需求的过程主要包括以下几点：

(1)从需求到案例目标企业的确定；

(2)从需求到案例范围的确定；

(3)从需求到案例采编计划的制订；

(4)从需求到案例调研；

(5)从需求到案例写作；

(6)从需求到案例使用说明的制定。

依据案例需求清单的内容，在需求跟踪过程中形成的需求跟踪矩阵如图 2-5 所示。其中，□所示位置为案例需求清单的实现情况，也可以被视为案例采编工作的重要阶段。例如，识别得到的案例使用课程在案例范围确定、案例正文写作以及案例使用说明写作三个过程中要加以考虑，保证所采编案例在这些课程中教学功能的实现。通过对这些节点的追踪，采编者能够实现对采编过程和工作质量的有效控制，保证采编工作能够顺利高效地进行。如果在案例采编的主要过程中能够对案例采编需求做到及时跟踪，充分体现，则在案例采编工作全部完成后案例采编需求自然能够全部达成。

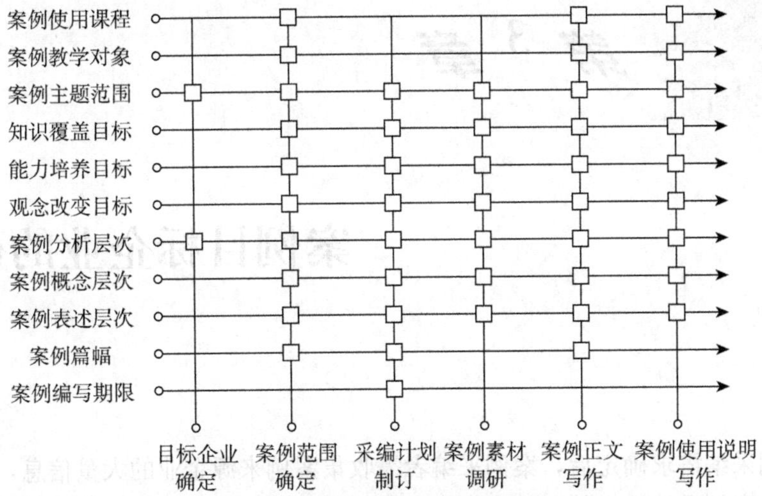

图 2-5　案例采编需求跟踪矩阵

第 3 章

案例目标企业的确定

案例采编需求确定后，案例采编者需收集案例来源企业的大量信息，并以企业问题与案例采编需求的匹配度作为主要判断准则，对企业进行筛选并最终确定目标企业。本章将着重展开介绍如何丰富案例来源以及当编写需求确定后如何从企业来源中确定目标企业。具体操作流程如图 3-1 所示。

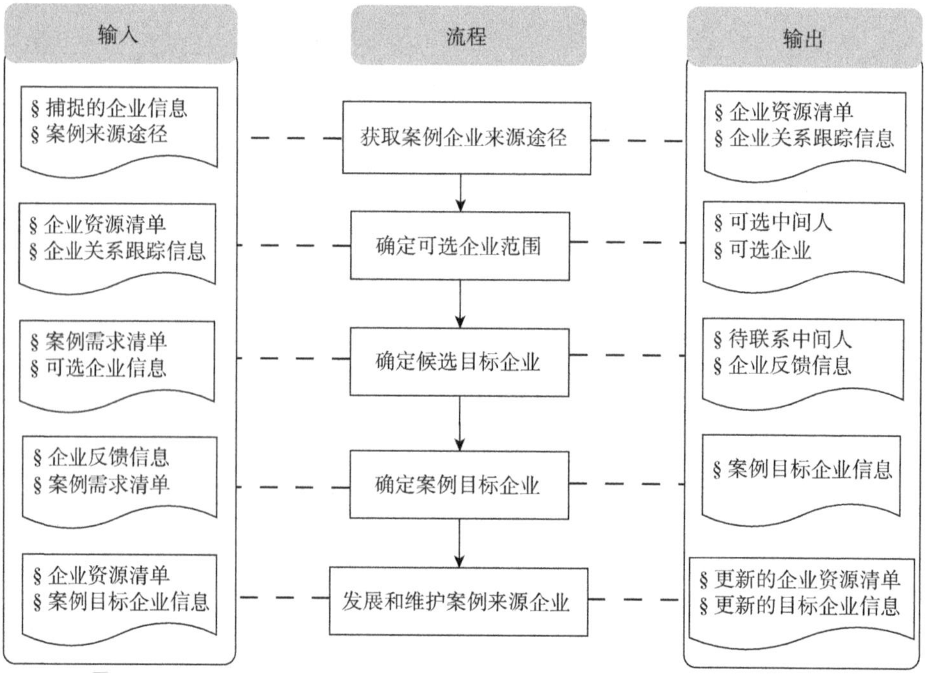

图 3-1　案例目标企业确定：流程、输入与输出

3.1　案例目标企业的来源

案例的本质决定了案例的采编必须建立在真实管理实践的基础上，是对一定的管理情境的客观描述。“巧妇难为无米之炊”，没有问题贴切且信息可靠的企业，是不可能采编出优秀的管理案例的。如何寻找案例企业，获取准确而丰富的素材，对于大多数案例工作者都是一项重大的挑战。案例采编者应当时刻保持案例信息敏感度，并将搜集到的可利用的案例来源整理成企业资源清单。

3.1.1　保持案例信息敏感度

典型的企业问题通常是可遇而不可求的，要想获取到高质量的案例素材，首先需要案例采编者对捕捉企业信息有足够的敏感度。优秀的案例采编者除了时刻不忘案例采编诉求外，还应对专业知识十分熟悉，这两者缺一不可。没有案例采编诉求，采编者会对企业管理情境没有兴奋点；而没有知识点，就很难将企业管理情境与教学需求相结合。案例采编者应在从事平日的教学与研究时，保持敏锐的辨别能力，如果平日里就做好了有的放矢的留心观察和专业学习，那么当确定了案例采编需求后，很可能会产生一瞬间的灵感，从曾经积累的若干信息中获得一丝线索，可能是一次与好友的谈话，也可能是某份报纸、杂志，或者看到的一则电视广告，总之这将成为案例采编者向案例目标企业靠拢的原始动力，很可能会引发一篇精彩案例的采编。

3.1.2　有效的案例来源

案例来源途径十分丰富，案例采编者不应该被动等待偶然的线索，而应该主动去寻找和搭建。根据笔者经验，可利用的案例来源途径主要有以下几类。

1. 传媒资源和文献数据

企业的联系信息可以通过新闻线索、报纸杂志查阅、年鉴检索、数据库查询等方法获取。一方面，传媒资源和文献数据可以提供社会聚焦的热点问题和学术前沿问题；另一方面，传媒资源和文献数据可以提供大量的前人已经做过的研究作为参考。这对于已经锁定行业领域和企业类型的案例采编而言十分有效。

2. 研究咨询

目前，企业在遇到管理问题和管理瓶颈时会主动寻求高校专业人士的帮助。教师在帮助企业解决管理问题时也为自己采编案例建立了有效途径。提供学生接触社会机会的寒暑假社会实践、企业实习、社区挂职等学生活动项目也为教师采编案例提供了可能。学校应该借机建立企业实习基地，促成长久的校企合作关系。

3. 校友和在校学生

已毕业的校友是十分重要的资源，他们中的一部分已经成为企业的高层管理者，他们往往很乐意为母校的发展提供支持。因此，通过建立较为正规完善的通信网络或校友会等正式团体，加强信息沟通和联系，可以为案例采编带来丰富的企业资源。同时，庞大的在校生群体也有着不可低估的案例来源能力。尤其是在读的 MBA、EMBA（executive master of business administration，即高级工商管理硕士）、企业管理研修班等的学生，他们大多来自于各类企业，不少学生在企业中担任管理工作。与这些学生接触，担任其任课和论文指导老师的同时，教师可以更加直接地接触企业管理实际问题，甚至受邀进行企业调研和实地观察。此外，还可以利用一些学生的社会网络资源来获取案例来源，如在企业从事管理工作的学生家长、朋友等，通过电话或登门拜访，讲明联系的意图，使之理解案例采编的意义和价值，从而获得积极的响应和支持。

4. 个人关系

采编者可以在自身的社会关系网络中开发案例来源，如经常在亲戚朋友圈中表达案例采编诉求，这样做有两个好处：第一，方便担任企业管理者或企业员工的朋友直接提供案例采编的帮助；第二，非企业管理者的亲戚朋友可以通过自己的社交网络提供间接帮助，即便没有办法及时提供帮助，其诉求会像种子一样播撒在周围的社交网络里，在某一合适的时机下便会收获果实。

另外，从现有的或往届 MBA 或 EMBA 学员的学位论文中寻找案例来源是十分有效的。因为 MBA 或 EMBA 论文主要是以真实企业的管理问题为题材，论文讲述的企业往往是潜在的案例来源。通过关键词、案例主题和企业名称的搜索确定可能的案例联系企业和联系人，进而与之取得进一步的联系，建立有效的案例来源途径。

3.1.3 建立企业资源清单

纷繁复杂的案例来源信息需要经过及时留存、分类、整理与维护，以确保案例采编者与企业联系的效率和质量。为了实现这一目标，我们在这里提供给大家一份企业资源清单的建议模板，如表 3-1 所示，以帮助大家将日常的企业案例来源进行留存、分类、整理与维护。

表 3-1　企业资源清单

序号	信息更新时间	关系状态	中间人信息					企业信息						
		目标企业、待拓展企业（企业不够合作、案例主题问题、综合问题）	姓名	联系方式	与编者关系	与企业关系	其他（性别、偏好等）	企业名称	企业地址	企业性质	业务领域	管理特征	管理问题	其他（企业特殊情况）
1														
2														
3														
4														
5														
6														
7														
8														
9														
10														
⋮														

企业资源清单可以包含企业信息、中间人信息和关系状态（关系状态的概念和分类将在 3.2.3 小节作详细介绍），并在每次信息更新时做好时间记录。首先，企业信息中除了名称、地址和业务领域等基本情况外，需要重点记录企业某些独特做法和潜在的管理问题，为匹配案例采编主题积累素材。而企业的一些特殊情况，如企业正处于组织变革中等，可以在“其他”项中加以备注。其次，案例采编者接触到的可以帮助联系企业的人被称为中间人，他们可能是校友，可能是亲戚朋友，也可能是企业相关人，他们对案例采编者近距离接触企业起到桥梁作用。对于中间人，需要了解他们的姓名、常用联系方式、企业任职情况。当然也有可能中间人根本不是就职于企业，但他们与企业有密切的关系，可以将案例采编人员引荐给企业。详细记录与中间人和企业的联系往来十分重要，这可为接下来的案例来源开发奠定基础。与中间人的一些沟通注意事项，以及获取到的中间人偏好等信息可以在备注中说明。最后，企业的关系状态涵盖了企业是否愿意与采编者合作和企业的问题是否与案例主题匹配两方面的问题，是采编者追踪和筛选目标企业的依据（方法详见 3.2.3 小节）。

3.2　案例目标企业的筛选

企业资源清单为案例采编者在寻找目标企业时提供了广阔的搜寻视野和联系

渠道，但如何从纷繁多样的企业来源中筛选出优质的目标企业呢？笔者将这一筛选过程总结如下：案例采编者先从企业资源清单中选出状态为可利用的企业；再根据已确定的案例需求清单对应出合适的案例候选目标企业；然后与上述企业的中间人进行沟通，在确认企业合作意向以及问题匹配情况后，择优筛选出案例目标企业。具体过程如图 3-2 所示。

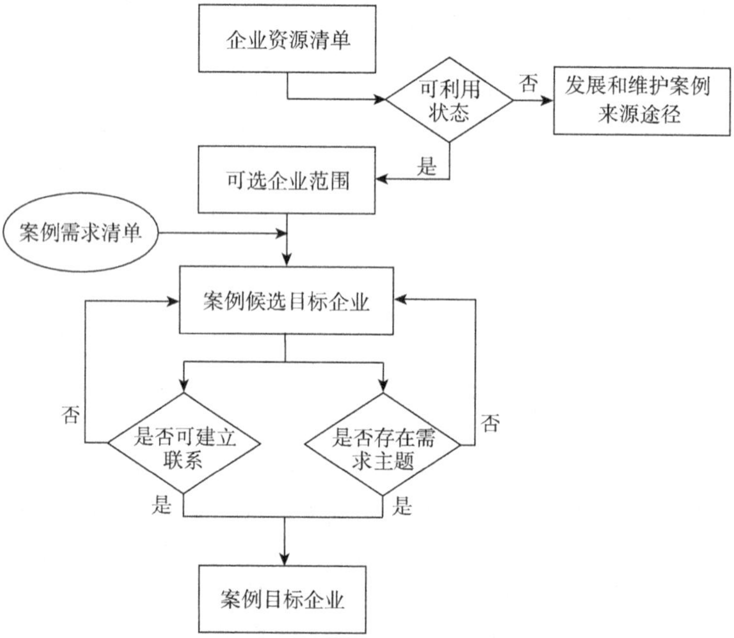

图 3-2 案例目标企业筛选过程

3.2.1 确定可选企业

在筛选的第一步，案例采编者最重要的任务是进行可联系企业的筛选，即从现有的企业资源清单中根据企业可利用状态和中间人关系跟踪信息进行筛选，列出近期较为容易建立联系并获得案例采编机会的企业，依据企业资源清单模板中的"信息更新时间"及"关系状态"双重条件将可选企业进行优先顺序排列。当然，如果现有资源中没有合适的企业，则需要重新开发新的来源企业。

3.2.2 确定候选企业范围

当案例需求确定后，案例采编者可以在案例需求清单的基础上，结合企业资源清单中企业业务领域、独特做法和潜在的管理问题等内容，初步筛选出候选的目标企业，并确定合适的中间人。举例来说，可以将企业行业分为高新技术行业和传统行业，若案例主题与创新、技术等有关，则可以优先考虑高新技术行业；

还可以从组织形式的角度，将企业分为个人独资企业、合伙企业、公司企业，若案例主题与合伙制经营有关，则可以选择合伙企业；而从经济形式上来看，企业又可分为国有企业、集体企业、股份制企业、私营企业、外资企业，若案例主题与技术的外部获取、文化融合等有关，则可以选择外资企业。

3.2.3　确定案例目标企业

为了保证案例的质量，在与候选目标企业中间人沟通时，采编者需要考虑两个核心问题，即企业是否愿意合作以及基本问题与案例主题是否匹配。

当中间人确定企业有合作意向，而且包含案例采编人员所关注的相关主题时，该企业可以被确定为案例目标企业(类型 1)。但也存在其他情况，例如，中间人可以建立企业联系，但据已掌握的信息发现，企业不能满足案例采编的需求目标，因此，只能将这类企业留存信息，待今后有相关采编需求时再进行合作(类型 2)。又如，案例采编人员可以确定企业中存在其所希望采编的管理事件或问题，但在与中间人沟通过程中，得知因为各种因素无法搭建合作桥梁，只能待关系拓展或时机成熟后再考虑合作(类型 3)。再如，一些企业既不存在案例采编的管理问题，也一时无法满足企业调研需求，则只能记录好现有信息，做进一步观察、维护(类型 4)，如表 3-2 所示。

表 3-2　目标企业确定逻辑图

合作意愿	问题匹配	问题不匹配
愿意合作	1. 目标企业	2. 待拓展 (留存基本信息，撰写其他主题案例)
不愿意合作	3. 待拓展 (留存基本信息，加强有效沟通)	4. 待拓展 (留存基本信息)

待拓展企业的存在告诉我们，并不是所有的企业都能够充分意识到案例采编给自身带来的好处，企业会因顾及良好形象、内部保密等问题而不予以配合。故在确定候选目标企业以后，案例采编者需要积极与企业进行联系，依据企业合作意愿的程度对企业进行排序和记录。为了增强企业的合作意愿，案例采编人员应该坦诚说明意图，解释案例采编的意义与目的，使企业了解这种合作是互利的，而且从最开始就要尽力消除它们有关保密性、掩饰等方面的顾虑。此外，采编者在与案例中间人沟通前需要做充足的准备工作，包括分析企业背景、运营模式、管理情境等，预估企业管理问题与案例主题的匹配程度。

除了上述提到的因素外，在目标企业数量充足的情况下，采编者还需要结合成本因素对候选目标企业进行筛选。采编过程需要消耗人力、物力和财力等资源，因此，成本是采编工作中必须要考虑的一项限制性因素，其中成本还会涉及其他很多项限制条件，如地域、时间等。案例采编团队在实地调研期间的衣、食、住、行等费用均属于采编成本，由于住宿与交通费成本较高，同时不同地区消费水平差异较大，因此，应根据成本最低化原则，尽量在候选目标企业中选择距离团队地域最近的企业或位于消费水平较低的城市的企业。

以上详细阐述的是采编者筛选目标企业的一般性步骤。但目标企业的确定也存在一些特殊情况。有时候会出现企业主动联系采编者的情况，此时目标企业已经确定，能否在目标企业中找到适合教学要求的素材就成了关键问题。或者采编者并没有明确的案例主题限制，这时主要的判断逻辑就是企业资源的可获得性。

3.3 案例目标企业的发展与维护

寻找合适的案例来源企业并非易事，可能会遇到诸多困难和挑战，案例采编人员应该认真对待每一次案例合作机会，注重维护与企业之间的合作关系。在现有企业资源清单的基础上，让已联系的企业成为自己稳定的案例来源，让未联系的企业顺利地成为自己的案例来源，发展和维护案例来源途径对于可持续的案例采编而言十分重要。

3.3.1 发展和维护案例来源企业的必要性

企业管理问题往往是连续性发生的，案例自身有更新的需要。案例采编者在调研企业时，可以从企业发展的不同阶段、不同角度挖掘案例主题或针对同一企业的不同方面撰写多篇案例。有时采编团队会由来自不同研究领域的教师组成，他们对各自的专业领域保持着专业学者特有的敏感度，虽进入同一企业，但所收集信息的方向不同，采编出的案例也会不同。例如，欧阳桃花曾带领他的团队长期与海尔集团合作，深入调研访谈，从不同领域撰写了诸多优秀案例，如《顺德海尔的市场机制管理》、《高起点经营——海尔集团》等。因此，为了满足多种角度延续性的案例撰写需要，案例采编者应该注重维护与企业之间的关系，以便可以随时针对新的管理问题进行更深入的企业调研，搜集到相关资源。

不同阶段企业的真实发展状态具有不可替代的教学价值。一个优秀案例需要我们不断跟踪探索和连续性采集，如决策型案例只是提出了关键的决策问题，而企业最终的决策方案和实施效果，可以为学生带来对理论更深入全面的思考。因此，教师在案例课堂中带领学生分析不同决策方案的优缺点和可行性后，可以将理论的分析结果与企业后期实践进行检验对比，这就需要我们在采编案例时注意维护与企业的长久合作关系，以便持续性采集系列案例。同时，良好、长久的合作关系还能够为理论研究提供丰富的实践素材，促进新理论的探索与发掘。

此外，案例时效性要求案例来源信息及时更新。由于案例具有一定的使用寿命，案例数据的实时更新、观点的与时俱进是必不可少的，这使得我们在案例撰写完后的一段时间还要返回到目标企业继续进行调研以更新案例，因此，在案例采编时就应注意维护与企业的长久合作关系。

3.3.2　案例来源企业发展和维护的方法

1. 互敬互利

案例的采编者与被采编企业应该互相尊重。以采编者为例，在和企业交流时既不要居高临下、颐指气使，也不要寄人篱下、畏首畏尾。双方应该是利益一致的合作体。案例的采编与撰写不仅对采编者有利，整个过程对于企业也有很多益处：第一，案例采编的过程也是梳理和总结企业中管理问题的过程，可以帮助企业更深入、更系统地了解自身的情况，发掘出问题，并对自身问题有更透彻的认识；第二，案例采编结束后，案例采编教师可以对企业的管理问题提供相应的建议，甚至可以提供有针对性的咨询和培训；第三，案例的发表也是树立品牌、宣传企业的好机会，这种学术营销的观念应该逐渐渗透给企业；第四，参与到非商业用途的案例采编活动中，为在校生提供真实、生动的学习素材，是企业应该承担的社会责任。

2. 专业高效

采编者到企业调研时应注意保持采编的专业性，这不仅有助于建立团队专业形象，提高信赖度，还可以保证采编的效率和质量。如采编前期提交案例采编计划、访谈前提交调研提纲、预先给企业提供采编案例目的与用途、与企业签订保密协议和掩饰协议、尽量安排合理的调研次数等，这些都是作为一个专业化的案例采编团队应该做好的工作，这样能尽量少地给企业带来不便，以树立采编团队的专业形象，提升企业对其好感度与认同度，维护长久的合作关系。

3. 诚信相处

诚信是取得企业对采编者信任的基础，这是双方能够长久合作所必需的先决条件。在案例采编过程中，企业最担心的信任问题就是泄露企业机密。因此，在调研访谈期间甚至采编结束后，采编团队都应注意企业方的保密要求，不应随意散播企业内部信息或对企业形象不利的谣言，特别是在课堂案例教学过程中。同时在案例撰写过程中，还需要严格遵守与企业签订的掩饰协议，这不仅是为了获得本次合作的案例许可，更能为获取企业信任提供重要保障，为后期合作采编案例奠定基础。

第 4 章

案例范围的确定

筛选目标企业是采编者在未与企业联系的情况下，根据需求识别结果等因素选定目标企业的过程，至于该企业能不能成为最终案例采编的企业，采编者还需要通过中间人介绍，与企业进行首次联系，以确定企业方是否有合作意向，及是否真实存在能够满足案例采编需求的素材。通过首次联系，采编者需要确定企业中与案例主题相关的管理情境及决策点，然后将决策点按一定的逻辑顺序进行排序，梳理出案例情节发展的基本框架，并与相应的知识点进行匹配。最终，以案例描述表的形式展示待编案例的范围，并在此基础上编制出用以指导案例资料采编工作的案例信息需求清单，为案例采编计划的编制和调研许可的获取做准备。具体操作流程如图 4-1 所示。

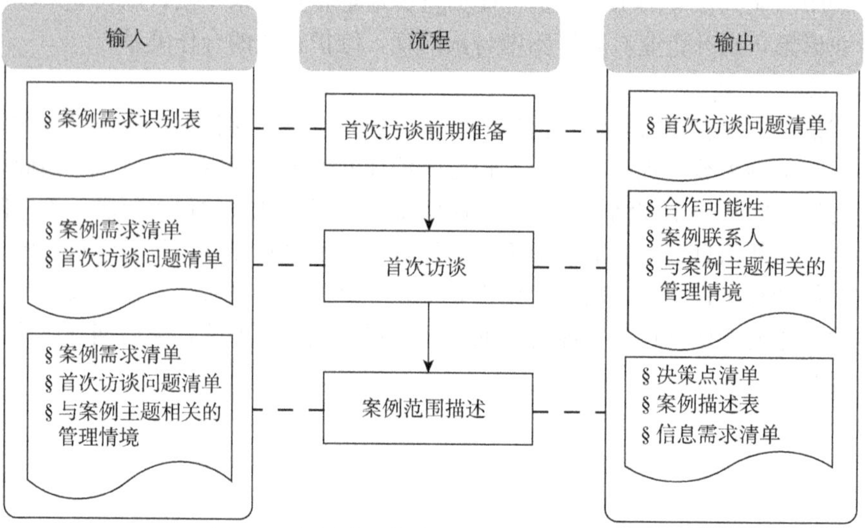

图 4-1　案例范围描述：流程、输入与输出

4.1　首次联系企业

首次与企业联系前，采编者需要事先通过电话或邮件与企业高层管理者预约首次访谈的时间与地点，同时大量收集企业资料，在对案例主题包含的知识点展开分析的基础上，确定出相关的知识点，以制定一系列首次访谈问题。访谈过程中，采编者通过询问企业首次访谈清单中的问题，进而可以确定出企业中与案例主题相关的管理情境及决策点。

4.1.1　联系对象

在寻找案例目标企业时，一般会相应存在一个联系采编者与企业方的中间人。对采编者而言，其身份可能是采编者的朋友、亲属、学生、校友等，也可能是企业对外接洽部门；对企业方而言，案例中间人可能是目标企业的高层管理者，也可能仅是与目标企业有相关关系的非高层决策者。但无论案例中间人角色如何，其都是采编者与企业之间的首次联络者。

采编者首次联系企业方的目的是为了确认企业方是否有合作意向及是否存在与案例主题相关的管理情境。由于企业中一般只有企业高层管理者才具有授予案例许可的决策权力，同时对案例主题所涉及的管理范围了解相对全面，也方便介绍企业中深入了解其他方面的人员提供案例需要的更详细的信息，为后期调研做准备，因此，采编者首次访谈的对象最好选择企业高层管理者，并通过案例中间人介绍来获得首次访谈的机会。

4.1.2　前期准备

为了提升首次访谈的有效性，成功达成访谈的目标，在正式进行访谈前，采编者不仅需要提前了解企业与被访谈者的基本信息，提高获取企业调研许可的可能性，同时也要提前制定首次访谈问题清单，为确定企业中与案例主题相关的管理情境做准备。

1. 了解企业与访谈者的基本信息

正所谓知己知彼，百战不殆，采编者提前对企业的基本信息、所处行业背景及访谈者基本信息有所了解，不仅可以提升访谈的有效性，便于快速理解企业高层管理者谈及的专业名词与相关管理情境，随时思考将之与案例主题相关的知识点相对应，同时可以增强采编者访谈过程中的自信，向企业表现出相应的专业性，以提升企业高层管理者对采编者的好感度与信任度，进而提高获取案例调研许可的可能性。因此，在首次访谈前，采编者应该提前通过互联网、报纸、期刊、书籍等方式，仔细了解该行业和企业的背景信息，同时通过中间人或其他媒体渠道，了解企业高层管理者的个人背景信息，包括职业历程、学业履历、性格爱好等。

2. 制定首次访谈问题清单

在案例采编需求识别阶段，采编者从教学大纲中识别出若干个案例需求清单，采编者需要根据已查阅的企业信息筛选出一个相关的案例需求清单。在该需求清单中有明确的案例主题及涵盖的知识点，如项目组织管理是一个案例主题，其包含项目组织结构、项目团队、项目经理、项目管理办公室等概念，以及组织设计要素、组织与战略关系等理论。

对于采编案例而言，在正式与企业高层访谈前，采编者需要对案例需求清单中所包含的概念与理论进行分析，根据已查阅的企业信息筛选掉少数明显不相关的知识点，确定出相关的潜在知识点，并对应提出一系列首次访谈问题，以供访谈中提问企业高层管理者使用，如目前企业是否考虑过改变一些组织要素以提高项目组织管理的效率。表 4-1 是某位项目管理专业教师在确定了选择案例需求清单 1(由表 2-5 中供选择的案例 1 覆盖的案例需求构成要素形成)后，结合已查阅的企业信息提出的首次访谈问题清单。

表 4-1 首次访谈问题清单

案例主题	潜在知识点	访谈问题
项目组织管理	项目组织设计要素	组织中在进行组织设计时重点考虑哪些要素 改变过哪些要素以提高项目组织管理的效率
	项目组织结构	是否考虑过改变组织结构进行组织变革 组织中经历过哪些组织结构形式
	项目经理	是否在项目运行期间撤换过项目经理 是否改变过任命项目经理的条件
	项目团队	是否改变过项目团队内部结构 组建的项目团队内部结构有过哪些形式
	组织环境与组织结构的关系	组织中是否有过因为组织环境发生较大变化而考虑进行组织变革，以适应当前的组织环境
	战略与组织结构的关系	组织中是否进行过战略变革，以促使组织根据新战略进行组织结构调整
	项目与组织的权力关系	组织中是否考虑过改变项目部与组织间的关系，以改变项目经理在组织中的权力结构
	组织的管控体制	组织中是否考虑过改变组织结构，以改变对下属公司的管控体制，增加或减小其权限

例如，在需求识别阶段已经确定案例使用课程是“项目管理”，案例主题是课程的一个分支领域“项目组织管理”，然后采编者在个人企业资源库中确定“五洲

集团工程有限公司”作为案例目标企业。采编者通过公开渠道查阅企业大致信息，发现该企业在发展过程中组织结构发生过变化，因此确定根据案例需求清单 1 采编相应案例。然后采编者通过已查阅的企业信息对该需求清单中所包含的知识点进行详细分析，认为项目管理办公室在目前收集到的企业公开信息中未提及，应该在企业中没有较明显或重要的体现，因此从案例需求清单 1 中删去该知识点，筛选出相关的潜在知识点，从而将其转化成一系列的访谈问题，如表 4-1 所示。

访谈前，采编者除了要准备上述的两个重要方面，还要准备一些其他的辅助材料，如采编者名片、案例范文、关于案例采编基本知识的书籍等，便于与企业高层管理者更好地有效沟通。这些辅助材料在实施访谈过程中的具体使用场景与作用将在 4.1.3 小节具体介绍。

4.1.3　实施访谈

为了获取后续调研许可和确定与案例主题相关的企业管理情境，采编者需要从以下几个方面展开与企业高层管理者的交谈。

1. 介绍案例采编知识

企业高层管理者一般都希望首先了解一些关于案例采编的基本内容，如什么是案例、什么是案例采编、为什么要采编案例、如何进行案例采编等。采编者一般都具有一定采编经验，说明这些基本问题应当说没有任何难度，但需要注意的是，对方可能对案例了解较少，所以说明这些内容的时候需要由浅入深，可以提供案例样本，便于企业高层管理者对待编案例进行整体认知。同时采编者还可以提供以往开发的案例范文，以更好地解释案例与案例采编的过程。但需要注意该阶段只是采编者对企业高层管理者访谈的引入过程，不是最关键的部分，采编者不应像授课一样，对内容说明得过于繁杂和详细，要注意企业高层管理者的可接受程度和访谈时间。如果企业高层管理者对此内容比较感兴趣，则另当别论，采编者可以深入讲解，也可以将提前准备的关于案例采编基本知识的相关材料提供给企业高层管理者。

该阶段还要注意解释清楚案例是对企业中一个人或一些人所面临的决策、挑战或机遇的描述，需要寻找案例的关键决策人物、决策事件、面临的具体情况以及其他相关背景信息，这不仅是为后续访谈询问企业与案例主题相关的管理情境做铺垫，同时也是为后期调研的有效展开做好充分的准备。

2. 描述双方任务

企业高层管理者一般会比较关心在采编案例过程中，企业需要为采编者提供什么帮助以及自己需要做些什么。采编者可以在首次联系时向企业高层管理者说明企业方需要提供的帮助，如提供企业的基本信息、帮助采编者联系其他人员提供更多的真实信息、检查案例的准确性以及签署案例最终许可等。至于详细的采编过程，在访谈结束后，若基本确定企业的合作意向，采编者可以根据最终描述的案例范围，制订详细的案例采编计划，以电子邮件或传真的形式提供给企业高层管理者，以获取案例采编的调研许可。

同时，企业高层管理者也会希望了解采编者在案例采编过程中需要什么以及要做什么，这就需要采编者简单介绍自己的任务，向企业高层管理者说明其需要从企业方了解与案例主题相关的管理情境，为学生提供充足的真实信息，以帮助学生很好地融入案例决策者的角色。采编者需要向企业方重点强调，其本质目的是为了通过采编案例完成向学生传授知识的任务，这样更能清楚地使企业方了解采编者的任务，利于调研许可的获得。

例如，笔者在与五洲集团的孙总进行首次访谈的过程中，孙总询问笔者在采编案例的过程中需要他们协助做哪些工作。笔者首先说明了需要采编的是组织管理方面的案例，需要围绕这方面了解企业的信息与资料。其次，笔者向孙总说明希望能尽量从企业获得相关的电子版或纸质版的资料，同时也需要与孙总及一些其他了解和熟悉案例决策情境的员工分别进行深入的访谈，以补充完善所需的资料。最后，笔者向孙总说明在从企业获得充足信息后，笔者团队会编写案例，需要孙总对最终的案例内容进行审查，并给予案例的最终许可。

3. 做出保密承诺

每个企业都有自己的商业机密，企业高层管理者无论开展任何项目，保护商业机密是最基本的条件。因此，采编者若想获得调研许可，应该向企业做出保密承诺，表明合作的基本诚意。采编者应该首先承诺从首次进入企业到案例获得最终许可期间，对所有数据均会进行严格保密。其次，在案例完成后会先经过企业方准确性审核，审核通过并获得最终许可后才可用于教学用途。此外，在案例获准后对于案例中未涉及或被掩饰的真实信息在企业未专门准许的情况下将永久保密。这些保密承诺一方面会提高企业对采编者的信任度，以进一步提升获取调研许可的可能性；另一方面，也能够使企业方提供尽可能多的可能本不愿分享的信息，以便于采编者获取更多的真实素材。

采编者在做保密承诺时，还要了解企业方的掩饰需求，如掩饰企业名称、决策者名称、财务数据等，同时，向企业详细解释案例的教学用途，与其协商达成掩饰要求的共识。这一方面可以使企业高层管理者放下戒备心，提升获取调研许可的可能性；另一方面，也为采编者后期编写案例做准备，以防止编写完成后企业对于掩饰信息提出要求，案例无法获取最终许可。

4. 促进企业合作意愿

一般情况下，案例采编需要通过进入企业调研收集资料才能有效完成，因此，获取企业调研许可是进入企业采编案例的首张门票。多数企业对于与高校合作采编案例并不了解，这就需要采编者与企业方进行沟通，说明与企业合作采编案例的理由，强调案例的教学目的，以促成合作意向。采编者首先应该向企业说明案例的教学目的，以激发企业的社会责任感。其次，采编者可以提供以往采编过的案例范文，为企业说明有哪些企业采编过案例，特别是同行业的企业。再次，采编者可以说明，企业能够通过向在校管理专业学生提供案例素材，传播企业文化与先进的管理理念，提升企业知名度。最后，采编者可以通过对企业的调研采访，帮助企业管理者梳理现有的管理问题，甚至提供相应的解决建议。此外，采编者可以说明采编后的案例也可以作为企业内部培训的材料，使员工深入了解企业文化和发展历程，同时提升员工处理类似管理问题的能力与经验。

5. 确定案例管理情境

采编者首次联系企业高层管理者的一个重要目的是确定企业是否能够满足案例需求，因此，采编者需要首先根据案例主题询问企业高层管理者“企业中是否存在与……有关的管理情境或事件”，当企业高层管理者给予肯定的回答时，采编者需要根据企业高层管理者的叙述，不断思考案例主题及其包含的知识点，将企业高层管理者叙述的管理情境与之相对应。若能够有所对应，则需要采编者再深入询问该情境下发生的具体事件，了解其发生的前因后果，同时通过逐一询问企业高层管理者首次访谈清单中的问题，将案例主题中所涵盖的相关知识点在该事件中寻找对应的决策点。如“贵公司近期已经决定或当前正在考虑……”或“您近期是否面临……决策?”企业高层管理者对于每一个访谈问题都会有三种可能答案——否定、不完全否定及肯定。

如果企业高层管理者的回答是“没有，没有考虑过那些”，一方面，说明企业中可能真的没有该知识点对应的情境，另一方面，可能是企业高层管理者对于该问题的理解不是很准确，企业中存在类似的情境或决策，但是企业高层管理者没有意识到企业中存在的情境就是采编者提问的内容，或企业中从没有使用过这样的名称。因此，为避免第二种可能性的发生，采编者在听到企业高层管理者否定的答案后，应该再追加询问一个与该问题内容类似的开放性问题，或通过举例来帮助企业高层管理者进一步理解该问题，以给予其充分时间思考和理解问题，并回忆可能相关的企业情境，如“那贵企业有没有什么类似的情境或决定?”这时，企业高层管理者对于该访问问题的答案可能会从开始的否定变为肯定，也可能依然保持否定的态度。当企业高层管理者的回答变为肯定时，则说明该访谈问题中体现的知识点在企业中是存在对应的决策点的，此时采编者要抓住机会继续追问详细的决策情境，如“能请您详细告诉我是谁、什么时候、什么地点、如何去做以及为什么去做这件事情吗?”当企业高层管理者的回答依然是否定时，采编者就基本可以确定该访谈问题中体现的知识点在该情境下无法对应明确的决策点，采编者将转入访谈清单中的下一个问题。

如果企业高层管理者对于首次访谈问题清单中的问题给予不完全否定的答

案，如“这个问题我们没有那么详细地考虑过，不过我们……”，这种情况下该知识点虽然在该案例事件中不能对应明确的决策点，但是却可以对应反映在一定的管理情境中，因此待编案例也将可以涵盖到该知识点。

如果企业高层管理者对某一访谈问题直接给予肯定的答案，如“嗯，是的，我们做过……”或者“我已经决定要……”或“我刚刚开始使用……”，则采编者需要抓住机会继续追问详细的决策情境，如“能请您详细告诉我是谁、什么时候、什么地点、如何去做以及为什么去做这件事情吗?”通过这样的方式挖掘企业中与案例主题相关的具体事件及决策点，为采编者访谈结束后梳理出案例情节发展的基本框架做铺垫。

在对企业高层管理者给予肯定回答问题的深入讨论过程中，采编者需要跟随企业高层管理者的叙述不断思考案例需求识别结果，确认该决策是否与案例需求相匹配，若发现存在一些不适合采编者需求的情境，如发现该决策是在较久以前做出的，将该具体问题应用于课程教学，可能会有些过时。在这种情况下，采编者应及时做一标注，注明该决策点只能作为该事件发展的一个描述环节，而不能作为该案例撰写时选择的决策聚焦点，这样后续调研过程中采编者也不需要针对该决策点详细展开调研，将调研重点转移到其他决策点上，以提高调研的效率。

当企业高层管理者对于采编者首先询问的“是否存在与案例主题相关的管理情境或事件”，给予否定的回答时，采编者基本可以确定该企业将不是案例采编的目标企业，采编者可以不用继续后续的访谈，与企业高层管理者说明该企业无法满足本案例采编的基本需求，采编者也要把握与企业接触的机会，基本了解下该企业的现状以及存在的其他可能采编的案例主题方向，为下次案例采编积累素材。当然，采编者应尽量避免该情况的发生，在筛选目标企业时要求采编者根据案例需求，提前进行大量的资料收集与分析，尽量确保所选择的目标企业符合案例需求，避免上述情况的发生。否则，不仅影响采编者的工作进度与效率，同时，也给企业带来不必要的麻烦，造成企业高层管理者对采编者专业性的质疑，降低下次与该企业合作的可能性。因此，如果采编者在筛选目标企业过程中做了充分的准备，该问题一般会得到企业高层管理者的肯定回答。

采编者在制定访谈所需的问题清单时，需要较为深入地分析案例主题相关知识点，并在结合企业具体情况的基础上对知识点进行筛选，以保证访谈的问题不会过多，且至少会有一个问题能够得到企业的肯定回答。但是，如果在首次访谈中，企业高层管理者对于访谈问题清单中的所有问题都给予否定的回答，采编者也不需要惊慌，可以采取非结构性访谈来尽量挖掘信息，即进行开放式询问，如“在……的时候，您都面临过哪些关键决策？最困难的决策是什么?”或“在……方面您当前正在进行的较大决策是什么?”通过这样的开放式问题，也可以有效挖掘企业实践中与案例主题相关的具体事件中包含的决策点，进而实现与知识点相匹配，同时还可以补充案例需求清单中未涉及的知识点。

4.1.4　结束访谈

按照约定的时间结束首次访谈非常重要，除非企业高层管理者完全有时间且愿意交谈下去。在正式的访谈结束前，采编者可以根据需要向企业高层管理者索取相关的详细资料，同时要与企业方确定后续的联系人及下次访谈的事项，以确保后续调研的有效进行。

采编者可以根据具体情况需要和企业合作意向，向企业方索取一些电子版或纸质版的相关信息资料，电子版资料可以请求对方以邮件的形式发送，为后续制订采编计划及调研大纲做准备，同时部分资料也可以作为企业基本信息的补充，以保证撰写案例的企业背景信息部分的真实性与准确性。

在访谈过程中，如果企业后续的合作意向较为明确，在结束访谈前，采编者一般可以与企业高层管理者商议，由其授权确定合适的案例联系人，即后续调研中与企业联系和沟通的主要对象。除少数情况下，案例联系人会直接是当前访谈的企业高层管理者，多数情况下，案例联系人通常是企业中较首次访谈的高层管理者职位略低的管理人员。所谓合适的案例联系人一般需要具备以下三个条件。

1. 企业的中高层管理者

企业的中高层管理者通常会掌握更多的企业信息，利于访谈期间信息的获取，同时其一般具有较大的权力，能够为后续的案例采编工作提供更大程度的便利。

2. 善于协调沟通

多数情况下，案例联系人本人并不能完全满足案例作者所需要的资料和访谈目的，这时需要案例联系人能够很好地调动其他人来帮助完成案例采编工作，这不仅要求案例联系人具有较大的权力，同时更重要的是案例联系人的协调沟通能力，只有这样才能保证其他员工的全力配合，以提高案例资料获取的真实性和高效性。

3. 熟悉案例决策情境

案例联系人应熟悉案例决策情境，最好曾长期参与案例的决策情境，能掌握更多相关的一手资料，对问题的认识更加深入与全面，以提高调研的有效性和资料的可信度。一般多为曾任或现任待编案例主题所涉及部门的员工。

例如，案例《大连三洋压缩机共赢之道》的案例主题为技术创新，调研过程中选择负责技术的公司综合部部长作为案例联系人，其不仅是善于协调的高层管理者，同时直接负责技术部门的日常运作，曾在技术部门工作了 20 年，对企业技术发展过程了如指掌，这为案例编写资料的获取提供了极大的方便。

访谈结束前，采编者还应该根据企业高层管理者的合作意向，确定后续案例采编计划，并安排好下次访谈以获取调研许可。访谈结束时，采编者首先应向企业方表示感谢，其次需要向企业方说明采编者会尽快将采编案例的计划以邮件的形式发送给对方，最后表示对与企业方长久合作的美好愿望，并对下次访谈的内容和时间进行初步商定与安排。

4.2 案例范围描述

案例范围描述是根据教学目标、案例主题以及首次联系确定的与案例主题相关的企业情境对待编案例进行定位的过程。所描述的案例范围不仅是后期案例采编团队对案例的采编目标、关注焦点、决策问题等达成共识的前提，更是后期制订案例采编计划、调研提纲、案例撰写大纲的基础。因此，描述案例范围在整个案例采编过程中是一个最基础的工作，也是决定案例质量的关键环节。在后续调研过程中，采编者不仅需要根据事件中每个决策点进一步调研以获得有效的相关资料，同时在编写阶段也需要根据企业中与案例主题相关的具体事件及决策点设计案例情节线，合理平衡情节线与知识线的关系，撰写出优秀的案例。

4.2.1 决策点清单

在与企业首次联系的前期准备阶段，采编者已经对案例主题所包含的知识点进行了深入分析，转化成首次访谈问题清单的形式，在与企业首次访谈过程中根据首次访谈清单中的问题逐一询问企业高层管理者，确定出与案例主题相关的具体事件及决策点。访谈结束后，采编者需要将事件中的决策点按照事件发展顺序进行梳理，同时将决策点与相应的知识点进行匹配分析，这个匹配关系不一定一一对应，可能会是一对多或多对一的关系，但只要知识点有相应的匹配关系，就能够在案例事件中有所涵盖。同时，采编者需要标注出与案例需求中的知识点无匹配关系的决策点，该决策点将不作为后续调研的重点。该过程是将案例主题进一步聚焦，确定出待编案例情节发展的基本框架，如图 4-2 所示，进而对案例的具体形式进行描述的过程，具体如图 4-3 所示。

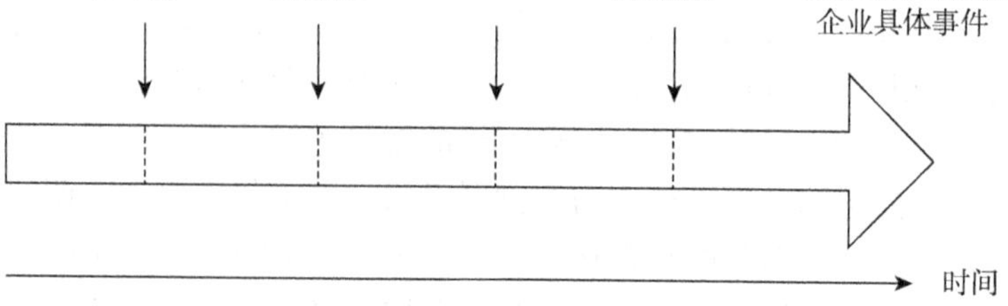

图 4-2 案例情节发展的基本框架

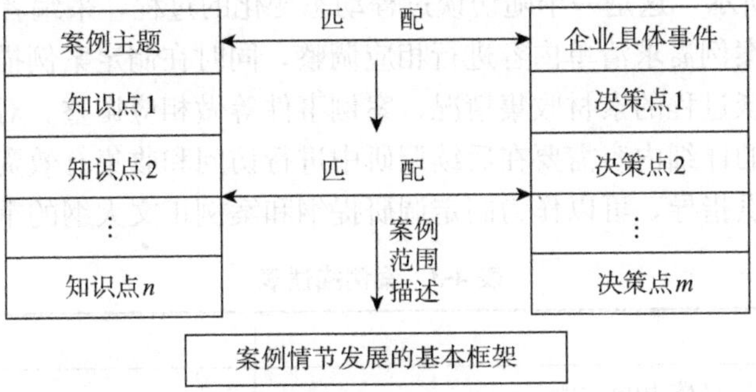

图 4-3　案例范围确定过程

例如，笔者在采集“项目管理”课程案例时，利用表 4-1 所示的首次访谈问题清单，在首次与企业高层管理者进行访谈时，询问企业“是否有关于项目组织管理方面的情境或事件”，从回答中得知，“自 2000 年开始，公司业务发展迅速，近 10 多年来，公司针对市场环境的变化和企业战略发展的需要，针对公司的项目管理先后进行过两次大规模的组织变革”。然后采编者又继续根据首次访谈问题清单中的问题逐一询问，对于“项目组织设计要素、项目组织结构、组织环境与组织结构的关系、战略与组织结构的关系、项目与组织的权力关系、组织的管控体制”等知识点均有涉及。访谈结束后采编者梳理了该事件的若干决策点，制定出该事件的决策点清单，如表 4-2 所示。同时根据企业高层管理者重点提到的“两次重大组织变革事件”以及当时面临的如何进行第三次变革的决策，采编者决定将其做一标注，作为后续调研的重点，为调研和制定编写大纲做铺垫。

表 4-2　决策点清单

编号	决策点	决策时间	决策者
1	“99 一号”项目的启动	1999 年	王总
2	组织的第一次变革	2000 年	王总
3	王总的更替	2007 年	刘总
4[1)]	组织的第二次变革	2009 年	刘总
5	刘总的更替	2010 年	孙总
6[1)]	潜在的第三次变革	2010 年	孙总

1)该决策点将作为后续调研的重点

4.2.2　案例描述表

采编者需要在首次访谈后梳理出企业事件的决策点清单，确定案例事件发展的基本框架后，再整合案例需求清单制定案例描述表，对待编案例的范围进行描述，如表 4-3 所示。这是一个随访谈过程动态变化的过程，采编者需要根据首次访谈的结果对案例需求清单内容进行相应调整，同时在制定案例描述表后，也需要根据正式访谈过程的素材收集情况、案例事件等做相应调整。对于案例事件的每一个决策点的详细内容需要在后续调研中进行访问和收集有效资料，该描述表为后续调研提供指导，可以作为制定调研提纲和案例正文大纲的重要依据。

表 4-3 案例描述表

案例目标企业			
地理环境(地方/区域/国内/国际)			
行业环境(制造业/服务业/零售业等)			
组织规模(小型/中型/大型)			
法律形式(独资/合伙/有限责任/股份责任/非营利等)			
案例负责人			
教学目标			
案例难度			
分析层次			
概念层次			
表述层次			
案例内容定位(描述型/决策型)			
案例涉及知识领域(专业型：营销、技术、财务等/综合型)			
案例理论依据			
案例主题			
企业中与案例主题相关的管理情境	决策点	决策时间	决策者
具体事件描述：			

例如，笔者在采集“项目管理”课程案例时，基于案例需求清单和决策点清单，编制了案例描述表，如表 4-4 所示。

表 4-4 案例描述表示例

案例目标企业	五洲集团工程有限公司
地理环境(地方/区域/国内/国际)	吉林(国内企业)
行业环境(制造业/服务业/零售业等)	石油化工建设安装业
组织规模(小型/中型/大型)	大型

续表

<table>
<tr><td>法律形式(独资/合伙/有限责任/股份责任/非营利等)</td><td colspan="3">国有控股、有限责任公司</td></tr>
<tr><td>案例负责人</td><td colspan="3">某项目管理专业教师</td></tr>
<tr><td>教学目标</td><td colspan="3">教授学生项目组织管理的方法与技能，培养学生分析能力与决策能力</td></tr>
<tr><td>案例难度</td><td colspan="3">中等难度</td></tr>
<tr><td>分析层次</td><td colspan="3">2 案例描述决策背景、决策问题及决策备选方案</td></tr>
<tr><td>概念层次</td><td colspan="3">3 案例涉及概念数量较多，深度较大</td></tr>
<tr><td>表述层次</td><td colspan="3">2 案例表述逻辑清晰，但信息量较大</td></tr>
<tr><td>案例内容定位(描述型/决策型)</td><td colspan="3">决策型</td></tr>
<tr><td>案例涉及知识领域(专业型：营销、技术、财务等/综合型)</td><td colspan="3">综合型：项目组织管理、战略管理</td></tr>
<tr><td>案例理论依据</td><td colspan="3">项目组织设计要素、项目组织结构、组织环境与组织结构的关系、战略与组织结构的关系、项目与组织的权力关系、组织的管控体制</td></tr>
<tr><td>案例主题</td><td colspan="3">项目组织管理</td></tr>
<tr><td>企业中与案例主题相关的管理情境</td><td>决策点</td><td>决策时间</td><td>决策者</td></tr>
<tr><td rowspan="6">具体事件描述：自 2000 年开始，公司针对市场环境的变化和企业战略发展的需要，针对公司的项目管理先后进行过两次大规模的组织变革。2000 年启动第一次组织变革，形成以“公司—区域公司—项目团队”为主体的“三级管理、三级预算”管理体系。2007 年刘总上任后，认为公司应该实现资源高效集成管理和组织结构扁平化管理，将“三级管理、三级预算”改成“二级管理、二级预算”。2010 年公司重组后，孙总上任，他经历了公司以往的两次改革，对于是否要再次实施组织变革，公司内部人员对变革方案持有不同的意见</td><td>“99 一号”项目的启动</td><td>1999 年</td><td>王总</td></tr>
<tr><td>组织的第一次变革</td><td>2000 年</td><td>王总</td></tr>
<tr><td>王总的更替</td><td>2007 年</td><td>刘总</td></tr>
<tr><td>组织的第二次变革</td><td>2009 年</td><td>刘总</td></tr>
<tr><td>刘总的更替</td><td>2010 年</td><td>孙总</td></tr>
<tr><td>潜在的第三次变革</td><td>2010 年</td><td>孙总</td></tr>
</table>

注：表中 2 代表难度水平为中等难度，3 代表难度水平为高难度

4.2.3　信息需求清单

由于在案例采编过程中，信息是连接采编者与企业方的核心资源，也是双方合作的关键。与企业方进行首次访谈是不断聚焦案例主题的过程，仅是确定了信息收集的方向，而后续的正式调研才是基于已聚焦的问题不断放大、收集案例素材的过程，如图 4-4 所示。因此，采编者需要基于对案例主题的知识点分析、企

业中与案例主题相关的事件与决策点以及案例描述表，确定出案例事件的发展过程和所需信息，再对应于案例事件的每一发展阶段，识别出哪些是目前通过前期查阅资料和首次接触时已获得的信息，哪些是需要通过后续调研在企业中收集的信息。

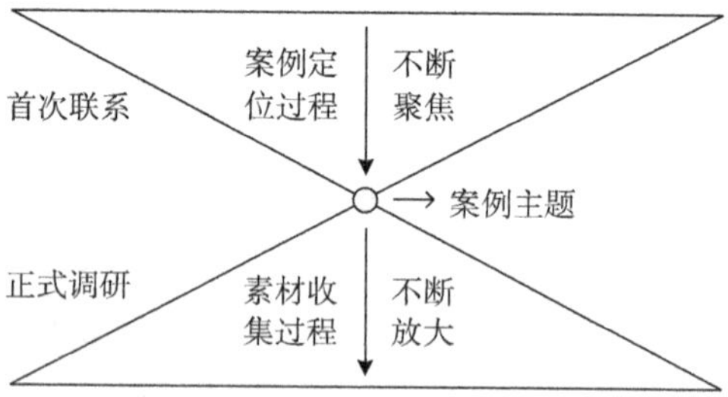

图 4-4　首次联系与正式调研关系示意图

这时采编者需要根据已确定的案例事件与案例需求，设身处地地思考学生如何解决案例决策问题和学习案例传递的知识，需要掌握哪些信息，需要在哪些背景信息下站在决策者的立场上进行决策。同时根据案例描述表对案例的定位，采编者应该大致确定案例背景信息的范围，如公司信息或决策者的职能范围等需要了解的信息应具体到什么程度。因此，在正式进入企业调研之前，采编者需要编制一个信息需求清单，对调研的目标进行明确定位，在正式进入企业时将信息需求清单和案例采编计划作为向企业申请获取调研许可的依据，使企业方提前对采编案例所需信息资源做一全面了解，降低后续进入企业调研获取信息受阻的可能性，提高后续工作效率，同时，信息需求清单也是采编者后续调研制定调研提纲的重要依据。表 4-5 是信息需求清单示例。

表 4-5　信息需求清单

案例事件发展的基本框架		信息需求	
		已经获得的信息	欲收集的信息
案例事件的背景			
案例事件和过程	决策点 1		
	决策点 2		
	⋮		
	决策点 n		

例如，笔者在采集“项目管理”课程案例时，根据案例主题“项目组织管理”，分析案例问题的理论依据和企业具体管理情境，确定出案例事件背景需要涉及五洲集团的发展历史、业务范围、行业资质、组织结构等信息，其中“企业发展历

史、业务范围、行业资质”在企业官方网站上已找到，与企业首次联系时则取得了有关企业“组织结构”的相关信息，具体的组织结构形式在首次联系时从由企业高层管理者处取得的“企业简介”中提炼得到，而“组织变革”的具体形式与背景信息需要在后期调研访谈中获取。

第 5 章

案例采编团队的建立

在准备进入企业调研之前，采编者一般会先组建一个采编团队，帮助其共同完成后续的采编工作。采编案例是一个系统工程，工作量相对较大，专业性较强，一个人很难完成，需要具备各种专业技能的人共同配合才能更好地完成。因此，目前国内外一般都由一个采编团队共同完成案例采编，通过合理的分工协作，取长补短，以保证案例采编质量。但若想组建一个有效的团队，并不容易，它需要建立在采编者对现有人员和采编需求均充分了解的基础上，才能根据采编需求识别结果将人员的必备技能与现有人员的能力经验进行技能匹配，有效地筛选出最合适的团队成员。具体操作流程如图 5-1 所示。

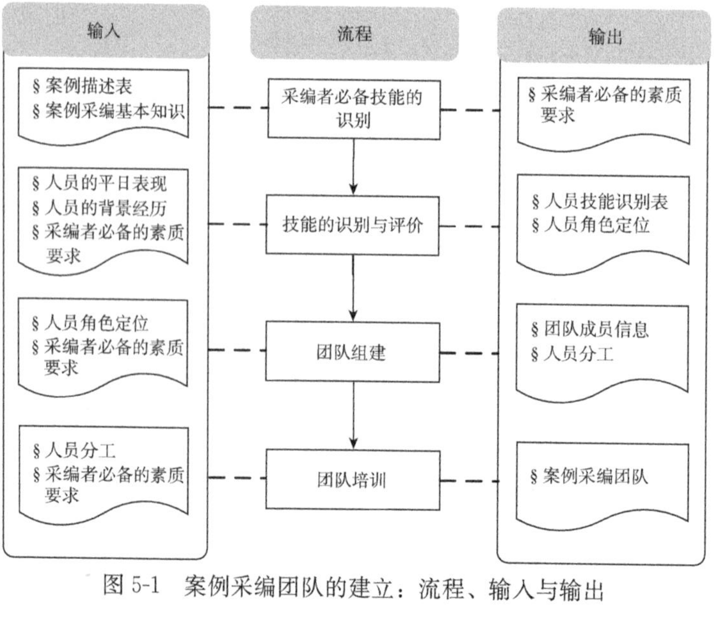

图 5-1　案例采编团队的建立：流程、输入与输出

5.1 案例采编者的素质

案例采编需要各种专业技能配合才能较好地完成。案例采编者不仅需要具备一定的专业基础知识，同时要善于与企业良好沟通合作，以获取有效的调研资料，更要了解案例教学的特征，有能力撰写出能够满足教学目标的优秀案例。因此，采编者需要具备一些基本素质，主要包括良好素养、专业知识、调研能力、写作能力、案例教学能力等。

1. 良好素养

采编者应该具备良好的个人素养，这不仅有利于企业方的友好合作，促进调研工作的顺利进行，提升有效资料获取的效率，同时，也会提升企业对采编者的好感度，提高与企业长期合作的可能性，其中涉及人员必备的一些基本素质，如诚实守信、善于交流、是非观明确、吃苦耐劳、团队精神等，这些不仅是一个优秀案例采编者必备的道德品质，更是保证案例采编工作顺利进行的基本条件。

2. 专业知识

由于案例以传授知识为最终目的，起着对理论知识验证、深化、操演与熟练的作用，案例采编者只有掌握了理论知识，才能将知识线贯穿于案例情节始终，在案例撰写过程中合理平衡案例中的知识线与情节线，使学生通过案例学习到背后的理论知识，否则案例教学就失去了其自身意义。因此，采编者应该具备与案例主题相关的专业理论知识，理解案例所涉及的管理理论、概念、技术及应用的约束条件。

3. 调研能力

案例采编工作具有一定的规律性，虽然每次合作的企业和案例主题不同，但是联系企业、实地调研、访谈准备等环节都是类似的过程，如果案例采编者具有一定的调研访谈经验，实施的过程会更加顺利。如初始联系获取企业临时许可、编写访谈提纲、提高对受访者进行访谈过程中获取信息的有效性、筛选提取有效资料、从现象中分析提炼理论问题等，都是技巧性较强的工作。采编者最好是曾参加过案例采编工作的人员，或是具有较强沟通能力、敏锐洞察力、主动学习能力，并掌握相关理论的参加过相关技能培训的人员。

4. 写作能力

案例采编最重要的目的是获得可实现案例需求的优秀案例。无论采编过程收集了多少有效的资料，在撰写时无法将资料合理地有效利用和恰当表达，也是徒然无功。因此，写作能力是采编者必备的素质，也是直接影响案例效果的最关键技能。在写作过程中，如何确定案例标题才能达到既激发学生兴趣，又能清楚表达案例主题的目的，如何安排情节才能既简洁明了地利用企业资料，又清晰准确地反映案例主题等，面对这些问题，案例采编者只有具备良好的文字功底，才能合理地把握写作风格，充分表现案例的独到之处；又具有条理清晰的编辑能力，能根据案例主题利用好各种调研资料，客观准确地描述案例情节；同时还要掌握一定的案例撰写技巧，能很好地平衡案例情节线与知识线的关系，以及企业掩饰需求与案例真实性的关系。

5. 案例教学能力

完整的教学案例分为案例正文与案例使用说明两部分，案例使用说明帮助采编者实现案例的教学目的，包含教学目标与对象、分析思路、课堂讨论题及课堂教学建议等。这些部分均需要采编者深入了解案例教学的基本模式，才能从案例中按照一定分析逻辑提炼出知识线，设计出讨论问题，提出合理的课堂教学建议，设计出完整的案例教学计划，以实现案例的教学目的。并且，采编者只有懂得如何在课堂上教授案例，才能在案例采编前期对案例有深入的理解与规划，在采编过程中根据案例采编需求识别结果对资料进行得心应手的取舍，在编写过程中撰写出能够有效实现教学目标的优秀案例。因此，采编者需要是具有一定案例教学经验或曾编写过案例使用说明，对案例的教学模式有较深入了解的人员。

5.2 人员技能评价与团队组建

由于一个人很难同时具备上述所有优秀案例撰写所需的能力，即便同时具备，但由于工作时间、具体资源等条件约束，在案例采编过程中往往也需要组建团队共同完成。团队一般是在一个研究所内部组建产生，由具有案例采编经验的教师充当指导者，具体的调研、撰写等工作由年轻教师或研究生承担。具体人员需要依据采编者必备技能进行技能评价后再筛选确定。需要说明的是，一个团队中除了基本的良好素养，不要求所有人员都具备上述其他四种技能，每个人可以有所侧重，以便进行合理的任务分工和针对性的专业培训。

5.2.1 技能评价

技能评价是基于对每一位潜在团队人员的工作或学习经历、研究领域、相关调研经历等的详细了解，由团队指导者根据每位人员的自我陈述、他人推荐以及对每位人员的平时了解，通过填写技能识别表识别人员技能的过程。技能识别表如表 5-1 所示，评价分数设定为 1～5，1 代表该成员此类技能相对最弱，5 代表该成员此类技能最强。评价后计算每一项均分，根据每项均分对该评价对象进行技能识别。团队指导者需要通过技能识别表中的技能分数最终确定团队成员和相应的角色分工。

表 5-1　人员技能识别表

评价人：

评价对象：

技能类型	评价分数	评价理由
良好素养		
诚实守信		
明确的是非观		
吃苦耐劳		
严谨认真		
善于交流		
团队精神		
专业知识		
掌握一般的管理知识		
掌握案例主题对应的知识点		
调研能力		
具有调研经历		
学习过调研访谈技巧的理论		
良好的沟通能力		
敏锐的洞察力		
主动学习能力		
写作能力		
撰写过案例		
看过与编写案例相关的书籍		
写过小说、新闻等		
良好的文字功底		
良好的编辑能力		
案例教学能力		
具有教学经历		
在课堂上使用过案例		
看过案例的理论书籍		
编写过案例教师使用说明书		

5.2.2 团队组建

根据上述的技能识别表对每位成员进行技能评定后，基本可以确定每位人员的技能专长。团队组建要根据人员的特长进行技能组建，不要求每个人都必备每项素质，但整个团队必须包含各项素质。为使团队技能分布合理化，团队中尽量不要出现不均衡现象，如团队成员都比较擅长与人沟通，进行实地调研访谈，而写作功底都相对较弱，这样虽然能够收集充足有效的资料，却很难写出优秀的案例。团队组建不仅要考虑团队内技能的合理分配，同时也要建立相应的人员协作机制，以尽量减少团队分工合作的边界问题。通过在团队内部建立两层分工体系，分别负责总体规划和具体的执行工作，以传统职能式结构，实现团队内部的合理分工与协作。

团队内一般需要有指导者、访谈者和撰写者三种角色分工。团队指导者一般由教师承担，他是团队的总负责人，负责团队的日常管理，是案例采编全过程的总决策人；访谈者一般是具有调研经验的教师或研究生，主要负责调研任务；撰写者一般具有较强的文字编辑能力，主要负责案例的编写工作。需要说明的是，这三种角色并不与特定的人数对应，仅是对团队组建、合理分工的一个总体人员角色划分。对于团队人数，我们建议一般以 3～4 人为宜，具体人数还需要根据案例范围描述结果来确定。但对于团队内具体的技能分工需要说明以下几点。

(1)团队中可以有人兼任两种以上的职能，这种高素质人才的引进将会有效地提高团队工作质量与效率，这也是更可观的团队情况。

(2)对于专业知识，最好是每位成员都能有比较深入的了解，但由于现状难以满足要求，因此至少应有一位成员曾对该领域做过专业研究，可以在后续准备阶段对其他成员进行培训，要求在进入企业调研前全体成员都必须对所涉及的专业知识有深入的理解，并达成共识。

(3)团队中需要有擅长调研访谈的成员，即在技能评价中该项技能得分相对最高的人员，最好具备调研经验，如果现状难以满足，也可以是善于沟通交流、协调能力与洞察力比较强、善于归整资料的成员。他承担制定调研大纲、联系企业、通知团队成员、整理资料、总结调研心得等工作的总体规划和设计，而具体的调研访谈过程一般由团队集体执行，但可能由于时间或工作量的原因，会出现分组调研的情况。

(4)团队中需要有擅长写作的成员，一般充当案例撰写阶段的总体规划人，主要负责案例整体框架、结构布局、情节设计等工作。撰写者一般可以是负责调研访谈的成员，由于调研工作刚刚结束，对调研资料也有较深入的了解，加入撰写工作可以提高资料有效利用的效率，保证了工作的有序连贯性，同时也能充分利用团队人力资源。

(5)团队指导者一般要具备案例教学经验，或至少有一个成员具备。案例教学能力与经验在案例采编过程中起到目标导向的作用，如果采编团队不懂案例教学，就不能对案例有深入的理解与规划，就无法采编到适合特定教学目标的案例。

对采编团队进行人员分工只是完成了团队组建的第一步，团队指导者还需要将案例采编的目标、需求识别结果、采编的基本步骤、采编工作重点、基本技能要求、待编案例范围等向团队成员进行进一步说明，以使每位成员对案例采编过程与待编案例范围达成共识，同时对下一步工作进行初步部署与安排。团队指导者还要在此时说明团队管理细则，使每位成员明确团队管理要求、定期汇报内容、团队成员职责等。该内容不仅需要在实施采编前以集体会议的形式进行严肃说明，在后续采编过程中，也需要持续跟进。要求每位成员将每阶段的采编进展进行定期汇报与总结、检查与控制，以整理团队纪律，激发团队工作的积极性和主动性，保障团队的有效分工与协作。

5.3　团队学习与培训

目前，国内案例教学还处于刚刚起步阶段，案例采编经验还不够丰富，采编团队的成员技能可能达不到理想的水平，或需要统一补充更多的专业知识。因此，在案例采编之前要对团队人员进行专业的技能培训，尽量提高团队人员的技能水平，团队指导者必须加强案例采编的规范化工作。当然，并不是说技能学习仅仅停留在该阶段，它将是一个贯穿案例采编全过程的任务。案例采编之前是对技能集中学习的过程，而开始实施采编后的技能学习是实践与理论结合的过程，也是查缺补漏的过程。

5.3.1　培训内容

培训的主要内容与采编者必备的基本技能相对应，以使团队内部成员按照角色分工有侧重点地学习，便于后期有效地协作与分工。

1. 专业知识

专业知识是指一定范围内相对系统化的知识，主要包括相关理论、概念、工具、方法及相应的约束条件等。采编者首先需要根据案例主题确定相关的专业知识领域，如战略管理、技术管理等，其次可以查找相关公开课程、请教专业人士、阅读相关的专著等，梳理出专业领域的相关知识点和理论，层层细化，深入学习，也可以咨询有关专家老师推荐部分书籍后再有针对性地学习。

2. 调研技巧

调研技巧主要是指对关于如何能与企业良好沟通合作以获取真实有效信息的

方法的灵活运用，如与企业接触时的注意事项、访谈形式技巧、提问技巧、制定调研大纲的经验等。相关理论知识的学习是对调研的基本理论知识的普及过程，以辅助对实践经验的学习和理解。经验与技巧的学习主要是通过向具有丰富采编经验的成员或专家请教，或通过听讲座、公开课的方式学习。此外，还可以通过将其他成员作为受访对象进行模拟访谈练习，进一步积累经验，掌握技巧。与调研有关的理论知识主要是通过听案例采集相关理论课程、阅读相关案例采编书籍等形式进行学习。

3. 写作技巧

具备一定的文字功底是确保良好写作能力的根本前提，尽管文字功底需要通过长期实践的积累过程加以提高，但不可否认的是，在短时间内也可以通过加强针对性的学习，不断理解案例写作的技巧和理论知识，来提高案例写作的能力和水平。团队成员可以通过阅读相关书籍，如关于怎样编写小说、剧本、新闻等方面的书籍，学习写作技巧，提高素材的编辑能力，同时，也可以通过阅读如案例写作、优秀案例集等书籍，向具有丰富编写案例经验的成员或专家请教等形式，来学习与案例撰写相关的理论知识和写作注意事项，总结案例结构形式、案例情节设计、案例情节与知识的平衡等写作技巧，进而提升案例编写能力。

4. 案例教学相关知识

案例教学相关知识主要包括案例教学的理论知识和相关的教学经验。案例教学的理论知识主要包括案例教学的基本形式、作用、特征、授课对象类型、实施步骤、优缺点等，这些都可以通过阅读案例教学方面的书籍如《毅伟商学院案例教学》等来学习，也可以通过参加专题讲座、专业课程以及向专家请教等形式学习。案例教学的实践经验一般只有应用过案例教学的教师才具有，如果团队内部没有具备此类经验的成员，可以通过亲自参与案例课程或向授课教师直接请教的形式学习，为编写优秀的案例使用说明做铺垫。

5.3.2 培训形式

培训形式主要分为自主学习和整体培训。自主学习是每位成员根据自己的任务角色自主学习相应专业技能的过程，主要方法有阅读书籍、向相关有经验者请教学习、模仿练习等。而整体培训主要是针对案例主题、案例目标等需求识别的结果，相关领域的专业知识，案例教学的背景知识等，进行基本知识与信息的普适性的培训过程，目的是为了使团队成员能对这类知识与信息深入理解以达成共识。其主要方法有集体课程、团队内部授课和团队内部讨论。

(1)集体课程是通过查找与相关知识对应的学校专业课程进行学习的方式。该方法可以较广泛地了解相关领域的专业知识，但针对性相对较弱，且找到合适的时间和课程相对较难，需要花费的时间较多，较适合于案例采编准备时间充裕的团队。

(2)团队内部授课是请相关专家或团队内部相对专业成员做内部培训。这种方法可以针对团队内每位成员查漏补缺，针对性较强，效率较高。但若团队整体水平较低，可利用的资源较少，内部培训只能依靠外请专家，费用可能增加。目前该方法在国内比较常见。

(3)团队内部讨论是团队经过自主学习后进行汇报交流，由于每个成员负责的任务不同，自主学习的内容也不相同，为了能使各个成员对案例采编的每个环节都能深入理解以达成共识，学习后的汇报交流将可以作为一种有效实现该需求的方式。其不仅能使团队成员以头脑风暴的形式互相学习、汲取经验，同时也能通过相互讲授的方式提高学习效率。该方法需要贯穿于整个过程，特别是在后期实施过程中，对于访问提纲设计、案例结构布局等问题，团队内部可以在互相讨论、汲取经验的同时，在学习过程中激发团队成员原有知识以外的灵感，提出更好的建议方案。目前该方法使用最为广泛。

第 6 章

案例采编计划的制订

提前做好计划是采编案例的一项必备任务。采编者可以在明确待编案例范围的基础上，对采编工作进行周密计划，并依据计划对采编工作进行过程控制，保证采编工作顺利有序完成。计划的制订需要根据案例描述表，对采编工作的具体实施步骤进行细化分解，通过时间估计制订出时间计划表，并提炼出里程碑事件，作为与企业沟通获取调研许可及后期采编执行与控制的依据，这样才能使整个团队在达成整体共识的基础上，顺利实现优秀案例的采编目标。具体操作流程如图 6-1 所示。

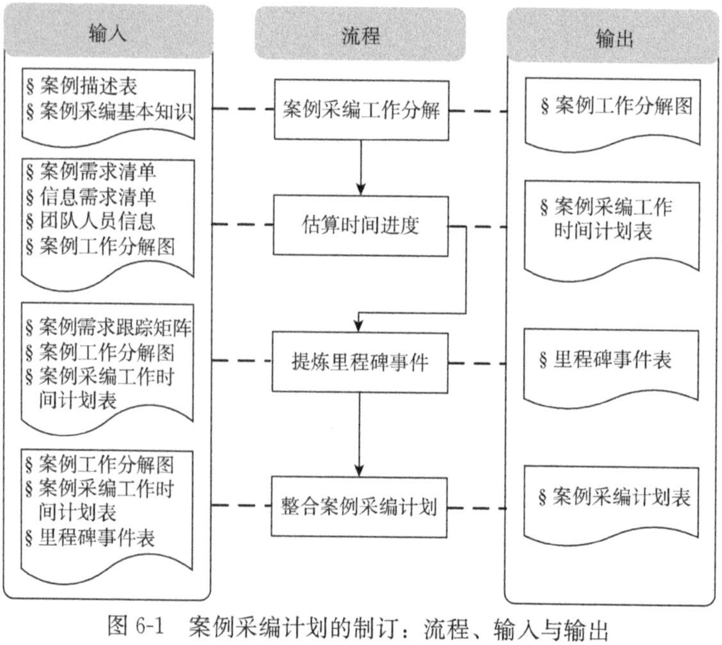

图 6-1　案例采编计划的制订：流程、输入与输出

6.1 案例采编计划的作用

采编计划是执行与控制的前提和保障，详细的采编计划更是实现低成本、高效率采编的基础。它不仅能够保证采编各环节有序地开展并顺利达到预期目标，同时也为后期采编提供基准和方法，还能够保证对采编过程持续有效的控制。因此，为了保证案例采编稳步有序地进行，结合具体企业制订周密的采编计划已成为采编案例一项非常必要的任务，其对实施整个采编过程的具体作用包括以下几个方面。

1. 执行的依据

案例采编计划能提供团队实施采编过程的执行依据，确定案例采编的工作内容、时间、流程、方法及资源，使采编者能够在进入企业调研前按照计划合理安排任务和资源，如实地调研的工作流程、人员分配、资金预支等，以实现低成本、高效率的调研过程，保证各个环节按照计划有序进行。

2. 控制的依据

计划将采编工作系统性细化，使每一项任务都有清晰的边界和明确的责任者。采编团队指导者能够按照计划对采编工作进行过程控制与检验，保证案例采编工作的进度与质量，特别是在案例撰写阶段，采编者能够按照进度计划控制案例编写进度、检查相应成果，以保证案例采编工作能够顺利完成，并实现预期教学目标。

3. 团队内部沟通的依据

计划是团队内部沟通的依据，提前制订案例采编计划，能使团队成员对整个采编过程有一个整体把握，特别是针对需要进行分组访谈调研的团队，在进入企业进行调研访谈前对采编任务、采编进度、所需收集的资料等达成共识，对待编案例进行整体定位和认识，可以减少收集资料过程的盲目性和工作边界问题，提高筛选有效资料的效率。同时，它也能够对成员的责任进行进一步分解、分配和落实，使每项工作能够具体落实到责任者，保证团队的合理分工与协作以及采编过程的清晰与完整。因此，提前制订周密计划是提升团队内部沟通效率、保障有效采编秩序必不可少的程序和措施。

4. 与企业沟通的依据

与企业二次联系时，将详细的案例采编计划提交给企业，首先，可以与企业方商讨案例采编工作的具体内容与时间安排，对案例采编计划不断修订以融入企业建议。其次，可以使企业根据计划提供的调研时间、所需信息与资源等提前做准备，提高工作效率。此外，可以显示采编团队的专业性，给企业提供信任保障，以提高获取企业调研许可的可能性。因此，向企业提交案例采编计划是一个与企业沟通交流的有效方式，能够确保采编者与企业方之间及时沟通以达成共识。

5. 评价案例采编绩效的依据

计划是依据原有知识和经验编制的，是在实施之前系统地思考采编工作的知识结构，在执行过程中与实践知识相对比，以验证原有的知识和经验的正确性，同时通过对计划与实际的偏差原因分析，以评价案例采编绩效，并丰富原有的采编工作知识结构。因此，计划提供了评价案例采编绩效的依据，其制订与实施的过程是对知识与经验明确更新与检验的过程，也是对原有知识的升华与沉淀过程。

6.2 制订案例采编计划的程序

制订案例采编计划有一定的通用程序，即分解案例采编工作、估算工作时间、提炼里程碑事件、编制案例采编计划等。通过严格遵循制订采编计划的程序，以保证采编计划的质量及后期控制的有效实行。

6.2.1 分解案例采编工作

分解案例采编工作，是依据案例描述表定义案例采编的具体工作内容和工作范围，对案例采编工作进行系统性分解的过程。通常，案例采编者对案例采编的过程有一定的认识，具备广泛的管理知识和采编的相关经验，能对所包含的基本内容进行框架性划分，因此，分解案例采编工作主要采用自上而下的方法。首先按照工作的实施步骤对案例工作进行框架性划分，其次逐步将它们分别分解到下一级的详细工作。其是一个不断增加分解级数、层层细化工作内容的过程。分解的层次越往下，工作内容的界定就越详细。这样可以确保识别出全部必须完成的详细工作内容。

案例采编工作的分解结果一般以流程图、表格等形式呈现。目前，以表格的形式应用相对广泛，表 6-1 是表格式案例采编工作分解示例，是对案例采编过程通用性的一个分解方式，其中序号和工作名称的缩进呈现了清晰的工作归属关系。该工作分解示例是将案例采编工作按照过程分解成 17 个主要步骤，再将每一步的工作按照实施步骤进一步细化。如进入企业调研，按照工作步骤细分为准备调研、实施调研、结束调研，再将准备调研分为储备调研知识、建立调研提纲、预试调研提纲、修正调研提纲以及提交调研方案。

表 6-1　案例采编工作分解示例

1. 提出案例采编工作
2. 确定案例采编需求
2.1 准备识别案例采编需求的依据
2.2 识别案例采编需求
2.3 确定案例主题
2.4 编制案例需求清单
3. 确定案例采编的目标企业
3.1 寻找目标企业的来源途径
3.2 筛选目标企业
3.2.1 确定企业来源范围
3.2.2 确定候选目标企业
3.2.3 确定目标企业
4. 首次联系企业
4.1 预约企业高层管理者
4.2 准备首次访谈
4.3 进行首次访谈
4.4 结束首次访谈
4.5 确定案例联系人
5. 确定案例范围
5.1 编制案例描述表
5.2 编制信息需求清单
6. 组建案例采编团队
6.1 识别采编团队必备素质
6.2 评价人员技能
6.3 组建采编团队
6.4 分配团队人员角色
6.5 培训团队人员技能
7. 制订案例采编计划
7.1 分解案例采编工作
7.2 定义工作内容
7.3 分配人员任务
7.4 估算工作时间

续表

7.5 提炼里程碑事件
7.6 编制案例采编计划
8. 获取企业调研许可
9. 企业调研
9.1 准备调研
9.1.1 储备调研知识
9.1.2 建立调研提纲
9.1.3 预试调研提纲
9.1.4 修正调研提纲
9.1.5 提交调研方案
9.2 实施调研
9.2.1 选择调研时间、地点、人员
9.2.2 开始调研访谈
9.2.3 进行提问访谈
9.2.4 结束调研访谈
9.3 结束调研
9.3.1 整理调研资料
9.3.2 评价资料的信度与效度
9.3.3 补充调研缺失资料
9.3.4 总结调研心得
10. 编写案例正文
10.1 确定案例的编写原则
10.2 分析与整理案例素材
10.3 设计案例正文大纲
10.4 编写案例草稿
10.5 编辑案例草稿
10.6 评估案例初稿
10.7 修改案例初稿
10.8 完成案例正文
11. 编写案例使用说明
11.1 确定编写大纲

续表

11.2 撰写案例使用说明的关键要素
11.3 修改案例使用说明初稿
11.4 完成案例使用说明
12. 检验案例的信度与效度
12.1 检验案例信度
12.2 检验案例效度
13. 修订案例
14. 案例掩饰
14.1 确定案例企业和案例中人物的掩饰需求
14.2 有效地实现案例掩饰
15. 获取案例最终使用许可
16. 总结案例采编经验
17. 跟踪案例使用效果

对案例采编工作进行分解后，采编团队应对每一个分解到最底层的工作进行详细的描述，达到直接可分工操作和可定量控制的程度。如表 6-1 示例中“储备调研知识”，该项任务可能包括获取企业背景信息、行业背景、案例主题涉及知识领域的知识储备、访谈技巧、调研对象的个人信息等内容。对于企业背景信息是指哪些方面，是从什么时候开始，是技术发展的信息还是战略定位的信息等知识内容，在这个环节都需要详细罗列，规定范围，列出知识储备表，并附上辅助资料，如企业官方网站、行业分析年度报表等。

在完成案例采编工作分解后，所形成的采编工作分解结构将成为团队人员分工具体化的一项依据。采编工作分解结构能够使团队成员对整个采编过程进行整体把握，同时也能够进一步对成员责任进行分解、分配和落实，将每项工作的责任落实到个人，以保证团队的合理分工与协作及采编过程的清晰与完整，为后期的进度与质量控制提供依据。

6.2.2　估算工作时间

工作时间的估算一般由采编团队指导者或团队中其他具有采编经验的成员负责，在其经验的基础上结合工作分解结构的内容估算每一项工作所需的时间。

基于案例采编工作详细分解的结果，采编者需要对每一项工作都做出详细的时间段估计，根据案例需求设定案例采编起始时间，再确定出每项工作对应的完成时间，即可制订出各项工作的时间计划表，如表 6-2 所示，其中每项工作对应的横道表示该项工作的时间跨度。

表6-2　案例采编工作时间计划示例

采编工作阶段名称	第1周	第2周	第3周	第4周	第5周	第6周	第7周	第8周	第9周	第10周	第11周	第12周
1. 提出案例采编工作												
2. 确定案例采编需求												
2.1 准备识别案例采编需求的依据												
2.2 识别案例采编需求												
2.3 确定案例主题												
2.4 编制案例需求清单												
3. 确定案例采编的目标企业												
3.1 寻找目标企业的来源途径												
3.2 筛选目标企业												
3.2.1 确定企业来源范围												
3.2.2 确定候选目标企业												
3.2.3 确定目标企业												
4. 首次联系企业												
4.1 预约企业高层管理者												
4.2 准备首次访谈												
4.3 进行首次访谈												
4.4 结束首次访谈												
4.5 确定案例联系人												
……												

合理估算时间不仅可以提高工作效率，也可以合理安排工作与资源，降低成本，这样才能实现更全面的综合管理，否则，就不可能依据计划有针对性地对整个采编过程系统地进行进度控制。因此，合理估算工作时间是制订计划的一项重要的基础工作，它直接影响到整个采编过程所需要的总时间和执行中控制的难易程度。若每项工作的时间估计得太短，则会在执行中一直处于延误进度的状态，这样不仅造成企业方对采编团队专业性的质疑，还将影响与企业建立长久的合作关系，团队成员也会长期处于被动紧张的状态，甚至将初始计划当做一纸空文，使采编计划丧失了应有的作用；而每项工作的时间估计得太长，就会使整个案例采编过程延长，不仅会养成团队拖拉做事的不良习惯，同时，大大降低了采编效率，增加了采编的时间成本。

估算工作持续时间时，影响时间估计准确性的因素有很多，如案例采编工作内容、需要获取的信息量、企业方的时间、教学要求时间、采编团队人员数量等。特别是企业的时间安排和配合程度可能会对采编工作时间估计的准确性产生较大程度的影响，如企业方相关部门短期内有封闭式集中培训、企业方关键受访者短期出差、与企业联系后较长时间才获得案例调研许可、企业方较长时间后才授予案例最终许可等。因此，为了能够保证估算结果的准确性，采编者必须要综合考虑多方面因素，适当考虑这些不确定因素对工作进度的影响，在制订计划时要保持一定的弹性，特别是对于不确定性较大的工作要给出一定的预留时间。同时，采编者将计划提交给企业方时，企业方一般会对计划的时间安排有一些要求或建议，需要与企业方沟通协商达成共识后，再调整时间计划，这不仅是采编者对于期限内完成采编工作的承诺，更是促进后期案例采编顺利有效进行的基础。

6.2.3　提炼里程碑事件

所谓的里程碑事件是指案例采编过程中的关键环节，是一个含有相应决策的事件，一般是指完成某特定的案例采编成果，如完成案例采编计划、完成案例正文等。提炼里程碑事件需要采编者根据案例采编工作分解的结果，分析每项工作的性质，以完成案例采编过程中的重要成果作为里程碑事件，以各里程碑事件的完成时间作为采编工作控制节点。这是提炼控制节点的主要方法，可以反映出采编过程中各个阶段的关键决策与控制目标，同时，里程碑事件在一定时间内的完成情况也可以反映出案例采编工作的进展情况，促进对案例采编工作的目标和范围管理，给后期采编提供方向性指导。我们基于表 6-1 的示例提炼出案例采编中的里程碑事件，表 6-3 为里程碑事件示例。

表 6-3 里程碑事件示例

里程碑事件	第 1 周	第 2 周	第 3 周	第 4 周	第 5 周	第 6 周	第 7 周	第 8 周	第 9 周	第 10 周	第 11 周	第 12 周
确定案例主题	◆											
确定目标企业			◆									
确定案例范围				◆								
完成案例采编计划						◆						
获取企业调研许可						◆						
结束调研访谈								◆				
完成案例正文										◆		
完成案例使用说明											◆	
获取案例最终使用许可												◆

注：◆代表里程碑事件。其在表中的位置代表里程碑事件在进度计划中的时间节点

另外，在每个里程碑时间点，采编团队指导者需要组织召开团队会议，对于阶段性工作内容进行汇报总结，既要总结知识与心得，还要总结采编工作的进度与成果，并提交阶段性工作成果，供团队成员共同检验与评价。

6.2.4　编制案例采编计划

基于分解案例采编工作、估算工作时间、提炼里程碑事件这三个关键步骤，采编者可以整合出案例采编计划，如表6-4所示。示例中责任者是按照工作内容与团队成员技能进行划分的，横道代表时间跨度，◆代表里程碑事件。

需要说明的是，案例采编过程中会存在一定的不确定因素，如无法获得企业的临时许可、无法与企业达成掩饰协议等，采编者需要在制订计划时就将可能的风险因素和相应的应对措施考虑在内，在进度和人员安排上预留一定弹性，以保证在案例采编过程中最大限度地降低不确定性。另外，虽然提前制订周密的计划是必备的过程，但计划并不是一成不变的，而是一个随访谈过程动态变化的过程，具有一定的调节弹性。因此，如果在调研过程中遇到不确定因素时，可以对计划做相应的调整，但不能直接抛开计划去执行，这样就失去了制订计划的意义，采编过程也失去了可控性。

制订计划时除了要考虑人员、进度、风险等因素外，还需要提前进行成本预算。案例采编过程所需的成本主要集中在实地调研过程中。案例采编者可以根据案例采编工作的时间安排、相应的团队人数、目标企业地点等，在制订计划时提前做出成本预算，以便后期案例负责人能有效地控制采编成本。

表6-4 案例采编计划示例

采编工作阶段名称	责任者	第 1 周	第 2 周	第 3 周	第 4 周	第 5 周	第 6 周	第 7 周	第 8 周	第 9 周	第 10 周	第 11 周	第 12 周
1.提出案例采编工作	李林												
2.确定案例采编需求	李林												
2.1 准备识别案例采编需求的依据	李林												
2.2 识别案例采编需求	李林												
2.3 确定案例主题	李林												
2.4 编制案例需求清单	李林												
3. 确定案例采编的目标企业	李林												
3.1 寻找目标企业的来源途径	李林												
3.2 筛选目标企业	李林												
3.2.1 确定企业来源范围	李林												
3.2.2 确定候选目标企业	李林												
3.2.3 确定目标企业	李林												
……	李林												

第 7 章

案例调研与访谈

调研访谈的目的是为了获取特定的，与最初的案例教学目标相关，满足案例需求，并符合案例需求清单的信息与资料。为了有效地实施调研，案例采编者不仅要在进入企业前做好相应的知识、信息与资料的准备，还要不断地总结、学习和积累调研访谈的技巧、方法与经验。制定一份完善的、能够有效满足信息需求的调研访谈提纲，不仅是调研准备阶段的重要成果，更是有效指导访谈的重要依据。调研提纲的形成是一个由案例包含的知识点向具体问题“下落”的过程，是案例调研访谈工作中的关键环节。本章向大家详细介绍由调研前期的准备到调研访谈提纲的制定，再到调研访谈的具体实施的整个调研访谈过程。调研访谈的逻辑框架如图 7-1 所示。

图 7-1　案例调研与访谈：流程、输入与输出

7.1 调研访谈前准备

通过首次联系，案例采编者已经对调研企业及案例内容有了基本的了解，但仅凭这样浅层次的了解还不足以形成完备的调研提纲，也不能有效地指导调研工作。因此，在正式进入企业前，案例采编者必须做更加充实的准备。总的来说，主要包括获取企业调研许可、知识与信息的准备以及设计调研提纲三方面的工作内容。

7.1.1 准备的必要性

调研，作为案例采集过程中的一个关键环节，对于案例的取材、案例的内容、案例的质量以及案例的后续跟踪和更新都至关重要。在调研前做好深入扎实的准备工作，就有如即将戎马征战的将军通过勘探敌情、筹备粮草形成一个周密高效、战之能胜的“作战方案”一样，能够帮助采编者提高案例采集工作效率与质量。同时，还能够展现采编团队的专业素养，树立良好的形象，进而与企业建立良好的信任和合作关系。

1. 提高效率

企业能够参与案例采编或同意进行案例采编并非易事，其所能提供的机会和时间也都是有限的。因此，对于案例采编者来说，进入企业实地调研访谈的机会是非常宝贵的。采编者必须充分把握机会，在有限的调研时长内“抢时间、抓效率”。而要想在有限的时间内高效地收集信息，采编者必须做好事前准备，广泛收集企业基本信息和与案例题材直接相关的决策信息，制定合理的调研规划，以较为完善的调研提纲指导调研活动，做到有的放矢，为高效地调研提供有力保障。

2. 提升质量

调研前的良好准备能够帮助采编者紧紧围绕调研主题提出有价值、有意义的问题。从熟悉、了解受访企业以及受访对象开始，采编者应努力设计出一份完善的调研提纲，整理出合适的问题清单，并通过头脑风暴的形式在团队内部演练，对问题清单的具体内容和表述方式进行完善，这样才能够保证在采访中提出高质量的问题。高质量的调研准备能够帮助采编者透过现象探寻本质，发掘目标企业隐含的问题，提升案例的档次和水平。

3. 建立信任

充分的调研前准备会令受访对象加深对采编者的印象，感受到采编者对于本次调研的重视程度和诚恳态度，体会到采编者严谨、求实的工作态度。这不仅有助于增加受访对象对该采编者的好感，使其积极地配合采编者的提问，还有利于建立受访对象对采编者的信任，加强双方的长期合作关系。

7.1.2 获取企业调研许可

调研许可，就是企业方允许案例采编者到企业中开展案例调研访谈的一种正式承诺，多以企业的中高层管理者的口头承诺形式出现。

对案例采编者来说，一方面，企业调研许可是其开展后续调研工作的基本前提，也是调研信息有效、可用的保障；另一方面，许可的获取过程也是与企业构建合作关系的良好机会。案例采编者可以在获取许可时，帮助企业明确其在调研过程中的责任，以及参与案例采编的意义。尤其是在首次合作的情况下，采编者良好的专业素养、高水平的调研能力、积极的工作态度等都能够给企业留下深刻的印象，提高企业方的合作积极性，进而促进案例调研访谈质量的提升。

在具体操作过程中，获取企业方的口头许可并不是难事，真正的困难在于如何确保这种承诺的有效性。案例采编者遇到的情况往往是，在几次沟通后，甚至是首次联系时，就得到了企业的口头许可，然而，当调研正式开始时，这种承诺却失去了效力。采编者因难以获取有效的案例资料而产生不满；企业方则会认为采编者的要求过分，似乎是在窃取企业秘密。此时如果沟通不畅，往往会导致合作关系的破裂。

造成这种情况的主要原因在于双方对调研许可的内涵和意义并没有达成共识。一方面，案例采编者很可能在采编需求并不清晰的情况下就急于获取许可，认为只要有了许可就可以拿到自己想要的资料，忽略了企业方不愿或不能公开某些商业信息的需求；另一方面，企业方未能充分理解调研工作的具体内容，在不清楚自身责任的情况下便许下了口头承诺，而这种承诺又缺少约束力，当企业方发现难以满足采编者需求时，就会轻易反悔。因此，无论是案例采编者还是目标企业都应该提高对调研许可的认识。

而作为案例采编工作的主导者，案例采编者更有责任推动调研许可的有效获取。具体来说，案例采编者应注重以下两方面。

(1)积极沟通，明确双方需求与责任。案例采编者通常希望深入企业获取详细的案例资料。然而，企业方出于自身的考虑，并不能或不愿将所有企业信息公之于众。如果案例采编者未能提前与企业进行沟通，即使获取了相关资料，也会因企业的反对而无法将其写入案例，造成人力、物力、财力的浪费，甚至导致案例采编工作的失败。因此，在向企业申请调研许可时，采编者应将自身需求进行细化，形成信息需求清单及案例采编计划，并主动将其提交给企业方，让企业方清楚地了解采编者希望获得的资料信息、采编工作的主要内容及活动安排等。同时，要求企业方就采编需求给予反馈，如是否能够提供相关信息，时间安排是否适宜等，进而调整调研内容以达成合作共识。此外，为了确保承诺的有效性，案例采编者应尽量获取书面形式的许可授权。

(2)树立良好形象，培养企业合作意向。将以前成功采编的案例展示给企业方是树立采编者专业形象、获取企业信任的有效途径。此外，事先沟通、注意礼节等沟通技巧也应引起采编者的重视。另外，采编者还应向企业说明案例采编给企业带来的意义，如提升企业在学生心目中的形象，是企业投身教育事业、具有社会责任感的体现。采编者还可以帮助企业梳理出自身存在的问题等，从而强化企业的合作意愿和积极性，为后续采编工作建立良好的基础。

以下以笔者的调研经验为例，具体说明获取调研许可的过程。

(1)以邮件的形式将案例采编计划、信息需求清单以及采编者过往成功编写的案例发送给企业方，并约定二次访谈的时间、地点和人员。

(2)进行二次访谈，描述采编方需求，以及合作给企业方带来的益处。

(3)表达合作意愿，获取书面许可。

需要注意的是，此时的案例需求、计划安排通常是富有一定弹性的，也就是说，相应的具体内容可能会随着调研工作的展开而进行调整。对于调研后的相关内容，案例采编者必须在与企业进行沟通确认后方可实施。同时，也要与企业方保持及时沟通，以了解对方的需求。

7.1.3 知识与信息的准备

案例调研准备过程其实也是案例题材和管理知识点融合的准备过程。因此，一方面，采编者需要事先学习并掌握案例主题所覆盖的知识点、概念与理论。只有扎实地掌握相关管理理论知识，采编者才能以理论为指导进行资料的收集，并清晰、深入地剖析企业案例问题，梳理案例内容。另一方面，不同的企业往往因所处的时间、区域、行业乃至国家宏观环境的不同而具备不同的特征。所以，采编者还必须对具体企业、企业所在行业信息以及整体的宏观环境等方面的信息进行收集和整理。只有结合企业自身及其所处环境的特点，案例所蕴涵的管理理论才能融入特定的管理情境，体现案例的教学价值。知识与信息准备的具体内容及相应的信息收集渠道如下。

1. 知识的准备

在正式进入调研准备阶段时，采编者首先需要学习并掌握该案例主题所覆盖的知识点、概念以及相关理论。只有掌握了这些内容，采编者才能够明确究竟需要收集哪些信息、应从何处入手设计调研提纲以及如何展开提问等。例如，如果案例所覆盖的知识点为“盈亏平衡分析点”，采编者首先就需要学习与该知识点相关的一些概念，如“成本”、“销量”、“利润率”及其直接相互关系、影响因素等。又如，本书第 4 章提出的五洲集团有关项目管理的案例描述表中(表 4-4)，已经详细列出该案例涉及的知识领域和理论依据，因此采编者在前期准备时，应学习并掌握有关项目组织管理、战略管理的内容，具体而言，包括项目组织设计要素、项目组织结构、组织环境与组织结构的关系、战略与组织结构的关系、项目与组织的权力关系、组织的管控体制等。

理论知识的储备虽然不是一朝一夕的工作，但教学案例的采编活动通常是由相关研究领域的教师主导的，他们对理论知识有着较深的理解和研究。因此，对于知识的准备并不是从无到有的过程，而是需要采编者结合具体需求，有重点、有针对性地剖析相关管理理论。整个采编团队也可以通过书籍、文献、数据库、网络课程、讲座交流等途径，按照案例所覆盖的知识点有针对性地进行学习。

2. 信息的准备

采编者要进入企业采访，事前就一定要对目标企业进行全面的了解，这样才能在采访前形成一份有效的调研提纲，也才能够帮助采编者深入了解企业。企业相关信息包罗万象，大到企业成立以来一路成长发展的历程，小到企业选择项目经理的用人标准；可以是企业投身慈善事业、勇担社会责任的善良举措，也可以是企业合并重组，因文化差异而未能良好融合的尴尬现状等。相对知识点来说，在此阶段的信息收集工作可能更加庞杂，为全面地掌握相关信息，采编者应该尽量适当扩大信息搜集范围，为后续工作奠定较为充实的基础。就像实际的管理实践一样，管理决策不可能是在一个完全充分的信息环境下进行的，案例也不可能将所有相关信息都收集完整，但是应该尽力收集足够丰富的信息来为案例决策服务。

1)信息的类型

总体来说，企业自身信息、行业背景信息以及宏观环境信息是采编者主要搜集的三类信息。

(1)企业自身信息。企业自身信息包括两类：一类是企业基本信息，如企业概况、企业组织和管理制度、产品生产及供应、销售状况、收入与财务、公共关系、企业文化、未来发展战略等。另一类是指与该案例主题相关性较高的信息，即为了采编该主题案例而需要重点了解掌握的、与关键事件和决策点相关的企业信息。例如，案例主题为企业的技术发展时，采编者就应重点关注企业核心技术、技术来源渠道、技术引进、技术融合、技术消化、技术创新、研发经费等相关信息。

企业自身信息是采编者打开思路的第一把钥匙。调研前对企业基本信息的整体了解，是对企业的一幅粗线条的素描画，能够帮助采编者对该企业的整体情况有一个宏观了解，也能够帮助采编者掌握整个案例采集的基本方向。同时，调研前对企业内部有关案例主题的内容做重点了解，也相当于一次对企业的 B 超检查，能够帮助采编者了解案例关键事件及决策点，有针对性地设计调研提纲，从而有效地收集资料。

(2)行业背景信息。除了企业自身信息，一般来说采编者应从以下几方面了解企业所属行业的相关信息。首先，企业所属行业的特点不同，往往导致采编者收集信息时的侧重点不同。例如，房地产企业具有资金流动性大、淡季与旺季交替、受经济环境和政策影响较大的特点，而高新技术企业则具有技术更新快、产品生命周期短等特点，针对二者不同的特点，采编者应有针对性地收集信息。其次，行业目前发展现状及未来趋势，能够帮助采编者了解企业发展所处阶段以及可能的未来发展趋势，为案例决策问题提供行业环境信息。在行业信息收集中，了解主要竞争对手也能够帮助采编者明确目标企业在行业中所处的地位、企业产品和服务占市场份额的比例、企业目前技术水平在行业内的排名、企业业内品牌效应和口碑等。行业背景信息的收集要注意尽量收集定量的数据信息，并且以图表的形式表现为佳。

(3)宏观环境信息。并非所有的案例都需要搜集宏观环境的相关信息，有的案例正文对宏观环境的交代也不过以几句话带过。但是，如果目标企业经历的事件或做出的决策受到了宏观环境的影响，那么采编者在准备阶段就应该掌握目标企业所处的宏观环境。例如，一篇主题为房地产企业决策问题的案例，其写作背景为金融危机刚爆发阶段，则采编者就应该将宏观环境的具体情况考虑在内。

根据案例的具体需求，采编者可以参考 PEST 分析方法对宏观环境做出具体分析。它是一种常用的分析工具，通过对政治(political)、经济(economic)、社会(society)、技术(technology)这四个方面的因素分析，从总体上把握企业所处行业的整体运营环境和状况，并评价这些因素对企业战略目标和战略制定的影响。

2) 收集信息的渠道

资料的收集和积累对每一位采编者来说，都起着举足轻重的作用。调研前获取的与企业以及案例相关的资料充足丰富，采访调研的时候才能得心应手，左右逢源，游刃有余；反之，资料不足，则采访起来不免捉襟见肘，困难重重，难免凭主观想象办事，造成失误。然而，随着社会信息化程度的提高，各种资料浩如烟海，采编者如何从纷杂的信息中收集到有效的信息成为关键所在。采编者必须善于从多渠道搜集、整理资料，建立自己的“资料库”，这样才能逐步提高个人专业知识水平，提高工作质量和效率。因此，掌握获取充足而有效的信息渠道是采编者必备的技能。下面列出几种常见的与案例采编相关的信息收集渠道。

(1)从网络中收集。随着当代社会网络设施的不断发展，信息的及时更新和广泛分享已成为可能。越来越多的企业将企业内部相关信息以及大事记都通过网络进行共享，企业主页上的产品样本图片、企业工厂内部照片、产品手册、录像等有关资料为采编者获取企业信息提供了方便。同时，借助搜索引擎，采编者可以轻松搜集到目标企业的竞争对手、联盟企业等相关对象的信息，而这些信息和内容可能就是设置调研问题的关键所在。另外，多数具有权威性的经济类、管理类的报纸和期刊都会将每一期的报道和文章上传到互联网上。这些报道和新闻具有周期短和时效性强的特点，且是学术阵地的最前沿，从可信性、可读性、连续性、及时性上来说，都能够为采编者提供大量有效的信息。但是网络信息也存在非系统性的特点，只能局部反映问题的基本事实和观点；同时网络所提供的信息通常也是经过加工处理后的信息，需要考察其真实性、针对性。

(2)从文档资料中收集。文档资料通常包括国家相关部门、业内官方组织定期发布的年鉴、文件、行业分析报告、国家宏观规划报告、专业领域理论性研究报告等，这些资料通常会对一定时期内同行业相关数据、目标企业相关数据等做出一定的统计和分析，通过这些资料能够获得丰富而准确的信息，为采编者起草调研提纲提供重要依据。同时，从案例库中收集资料也是文档资料收集的重要渠道之一。随着国内案例教学的不断发展，国内教学案例数量与质量都有了一定的飞跃，因此，从已有的案例库中搜集整理目标企业的相关信息是可取的。从已有的案例库中收集的资料除了常识性背景资料外，往往更加聚焦于目标企业的某一个项目或者某一项决策，这可以帮助采编者纵向深入企业，掌握企业具体问题等。

(3)从外围人员处收集。从外围人员处收集资料进行调研也是一个重要的渠道。这里的外围人员指的是与本次访谈的内容相关，但又不属于本次访谈受访者的人员。具体而言，包括企业内非本次实际将要采访的工作人员、与目标企业处于同一行业的其他企业工作人员以及相关领域专家、学者、政府人员等。这些外围人员对目标企业或其所处行业或宏观环境等内容具有一定的正确认识和了解，能够帮助采编者从更为全面的角度获取目标企业的资料和信息，补充已有的信息，同时也有可能会对之前这三种渠道收集到的信息进行一次多方考证，能够使得采编者掌握更加全面有效的信息。

3) 信息的甄别与补充

信息收集工作是一个复杂的过程，收集的信息不仅数量多、来源广泛，而且真实度、可信度也不尽相同。企业信息收集不完整，则不利于挖掘企业潜在的案例议题；信息不客观准确，则会影响案例的真实性。这就要求案例作者在收集资料时要多比对、多甄别，而非全盘接收。通常情况下，采编者从一个渠道获得的资料和信息，需要与其他渠道获得的相关内容进行核实和比对。一致的信息才有可能作为调研的参考资料和案例的参考内容。对于无法确定的信息，采编者应本着求实的原则，通过实地采访检验信息的准确度。

此外，资料收集的过程需要贯穿始终，资料的补充需要做到及时有效、针对性强，需要根据调研方向和重点的不断变化，收集整理与之相匹配的信息和资料。只有这样，采编者才能够掌握丰富的信息，才能够在调研采访中做到准备充分、游刃有余。

7.1.4　设计调研提纲

1. 调研提纲设计的原则

“工欲善其事，必先利其器。”调研访谈中最有利的武器便是一份完整的调研提纲。通过编写调研提纲，采编者能够在准备阶段就对本次案例的采集和编写做到心中有数，把握案例议题范围，合理布局案例的大致框架，理清提问思路；同时，编写调研提纲能够帮助采编者在采访过程中合理安排时间，及时根据采访对象的回答做出相应的问题调整，提高调研效率与质量。为了制定详细而又切合实际的调研提纲，一般应遵循以下四项原则。

1）贴近性原则

贴近性原则主要是指提纲应贴近本次调研活动的目的和调研的主题，以调研目的和主题为中心拟制。如果提纲远离主题，则会丧失对调研的指导意义，难以有效收集高质量的案例信息。

2）全面性原则

由于目标企业重大决策的复杂性、决策之间的关联性和决策过程的曲折性等因素，采编者必须从不同角度、不同侧面、不同层次来拟定提纲，调研提供的内容框架需要与问题分析框架匹配，以免在调研访谈时遗漏和忽略重要的内容。

3）真实性原则

提纲应时刻提醒采编者注重调研信息的真实性和数据、人名、地名、时间等的准确性。对于提纲中信息模糊的问题，采编者需要在调研提纲中事先安排信息的三角验证，具体而言，就是安排如何通过调研访谈、新闻搜索等多渠道收集数据，并对信息的真实性进行交叉对比验证。虽然出于保密性的考虑，在后期撰写案例时，部分信息可能根据具体的需要进行适当掩饰，但是这种掩饰并不影响案例的实质性内容。

4）深刻性原则

设计提纲时不应仅关注一些了解现状、现象的流水账式的问题，而应尽量多地涉及关于企业决策的结构、本质、历史、理论研究等层次的内容。在调研访谈中，双方可以互相提问、共同探讨。采编者在收集相关资料的过程中，应该以系统的理论为指导来启发受访对象，深入挖掘案例信息，而不是仅仅止步于受访者所描绘的“图画”中。调研提纲设计需要采取结构化问题与开放式问题相结合的方法，尤其是要关注开放式问题的设计，以便在调研过程中发现有价值的案例线索。

2. 调研提纲的构成与设计方法

调研提纲的设计，是一个从“已经收集到的信息和未能收集到的信息”到“具体问题”的“翻译”过程，既要通过问题的设置对已经收集到的企业信息与访谈者进行核实，又要通过具体的问题向访谈者收集准备阶段未能获得的信息。具体来说，一方面要核对案例描述表中的已有信息，另一方面要进一步收集信息需求清单中的相关资料。也因此，调研提纲主要针对企业基本信息、关键事件决策信息两方面的内容进行提问。

1）企业基本信息

每篇案例通常都要交代企业的背景信息，以辅助案例决策分析，因此对于该部分的提问必不可少。尽管在调研前已对企业的基本信息做过细致的了解，但在正式的采访中还是应对企业基本信息继续提问和咨询。一方面，从企业整体信息出发便于采编者逐渐深入访谈话题，由面及点地展开调研；另一方面，通过与企业相关负责人对话，可以核实收集到的资料和信息，避免出现资料收集不准确等问题。

一般来说，该部分的问题主要包括以下几个方面的内容，即企业概况、企业组织结构、企业管理制度、产品生产及供应、销售状况、收入与财务、公共关系与企业文化、企业发展战略等。调研问题的具体内容通常因目标企业不同而不同，同一个目标企业中也会因为采访对象所分管的领域不同而采用不同的调研问题，这就需要采编者根据调研需求设定具体调研提纲。

对于该部分内容的提纲设置，应按照具体的提问方向分别展开，如针对企业概况，采编者可以就企业发展简史、业务发展现状、合并重组活动等原因及影响、子公司设置状况等内容展开提问，具体示例如表 7-1 所示。

表 7-1 调研企业的基本信息

<table>
<tr><td>调研主题</td><td colspan="4"></td></tr>
<tr><td>调研地点</td><td colspan="4"></td></tr>
<tr><td>调研时间</td><td colspan="2"></td><td>采编者</td><td></td></tr>
<tr><td>调研目的</td><td colspan="4"></td></tr>
<tr><td>资料来源</td><td colspan="4"></td></tr>
<tr><td>调研方法</td><td colspan="4"></td></tr>
<tr><td rowspan="9">调研提纲</td><td>按主题分</td><td>按事件提问</td><td>具体问题</td><td>受访人</td></tr>
<tr><td rowspan="8">企业
基本信息</td><td>企业概况</td><td>如成立时间、发展状况、里程碑事件等</td><td></td></tr>
<tr><td>企业组织结构</td><td>如企业组织框架、人力资源结构、各子公司与母公司关系等</td><td></td></tr>
<tr><td>企业管理制度</td><td>如企业管理章程、母子公司管控模式等</td><td></td></tr>
<tr><td>产品生产及供应</td><td>如产品种类、产量、原材料、供应链、供应商情况等</td><td></td></tr>
<tr><td>销售状况</td><td>如各类产品销售数据、企业内产品销售分析数据等</td><td></td></tr>
<tr><td>收入与财务</td><td>如企业每年盈利状况、负债状况、股价变化情况等</td><td></td></tr>
<tr><td>公共关系与企业文化</td><td>如企业与政府合作项目、企业参与慈善项目、企业文化基准等</td><td></td></tr>
<tr><td>企业发展战略</td><td>如企业现阶段战略规划、企业战略规划变化路径、企业未来战略部署及应对措施等</td><td></td></tr>
<tr><td>注意事项</td><td colspan="4"></td></tr>
</table>

2)关键事件决策信息

通过制作案例描述表(表4-4)，案例采编团队已经将案例涉及的关键事件划分出多个决策点，而如何针对每一个决策点，按照一定的逻辑顺序设置具体问题，则是该阶段的核心任务。关键事件的决策信息是构成教学案例的核心内容，也是采编者希望通过调研提纲来获取的重要资料，更是相应管理概念、理论等的具体表现。而调研提纲的设计就是通过提问来逐步探求决策依据、过程、标准乃至结果等方面信息的过程，即调研提纲反映了案例决策分析的全过程。那么以潜在的决策分析逻辑来指导提纲设计，则是确保所设置的问题全面系统、逻辑清晰的有效途径。具体来说，围绕一个决策点设置调研问题可以采用两种方法，包括按照决策流程设计和按照决策要素设计，不论采用何种方法设计调研提纲，这种设计的逻辑都是案例分析的基础和案例使用说明撰写的依据。

(1)按照决策流程设计。在《毅伟商学院案例写作》一书的基础上，本书认为从企业作决策的角度来说，任何决策都可以分为六个标准的决策分割点，如图7-2所示。尽管每个决策的内容不同，但是每个决策点都可以按照决策流程进行划分。每个决策流程都可以分解成这六个关键点，我们称之为决策分割点。由于企业是按照这六个决策分割点进行决策的，采编者就可以按照这六个决策分割点来设置问题进行调研。

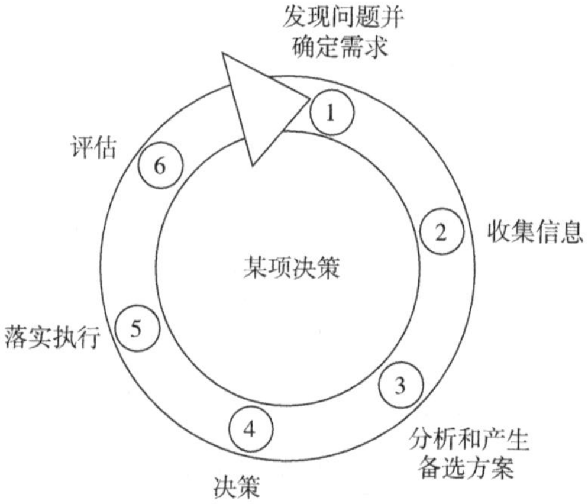

图7-2 六个决策分割点的选项

第一，发现问题并确定需求。一个问题的产生总是伴随着一件事或一系列现象的发生，它可能是一个“唤醒电话”，可能是来自大客户的投诉，也可能是一起重大的设备故障。正是由于存在这些能够促使企业管理层做出反应的事件，目标企业才会发现问题，并针对该问题确定相应的需求。而这个过程中，企业需要考量的因素也是采编者设置问题的思路，具体可能涉及问题发生时的背景情况、具体触发因素等。

第二，收集信息。企业在确定需求之后要做的事情便是收集信息、了解情况。而这个过程中，企业可能会考虑需要哪些信息、信息的来源与可信性、信息的相关性与重要程度等，了解这些问题不仅对企业很重要，对于案例的编写也是关键。因此，采编者应围绕信息的收集设置调研问题，以确保内容的完整性和信息可信度。

第三，分析和产生备选方案。企业相关人员将收集上来的信息和情报有效地整合分析，提出多种可供选择的方案，这就需要采编者弄清楚企业分析的过程是如何进行的，其中经历了哪些环节，最终形成了哪些可供选择的方案，这些方案是谁提出来的，方案的具体内容是什么，以及每一项方案的形成因素等。

第四，决策。每一个决策的过程对于企业来说都是艰难的，因为它关乎企业未来的发展方向和命运，企业决策失误可能导致大批员工失业等问题。因此，在对所收集的信息进行分析，产生几种备选方案后，企业通常会慎重考虑多种因素，如决策环境、决策要素、决策流程、决策后果等，采编者则需要设计相关问题来梳理这些因素，调研提纲设计的问题要包含决策者在决策过程中是如何考虑这些因素的，并基于什么原则做出相应的决策。

第五，落实执行。良好的决策更需要有效的执行和落实，采编者需要关注的就是企业落实执行的具体内容和过程。调研提纲要围绕谁执行，执行过程中遇到了什么问题，以及当事人对这些问题的分析、判断等内容展开。

第六，评估。评估指的是对于决策体系以及决策效果的评价、对于该决策的总结与发散性思考等，企业通过评估能够了解到当时决策产生的后果，以及后续对这一决策事件的追踪。采编者对该部分问题的设置，能够使得调研提纲更加丰富和完整，使调研采访能够收集到更加充足的资料。

每一个决策分割点都可以通过多个问题展开，表 7-2 呈现的是各决策分割点可能设置的问题示例。

表 7-2　按照决策流程划分各决策分割点问题设置示例

决策分割点	问题设置
①发现问题并确定需求	当时问题的背景是怎样的？何时、何地、谁发现的？当时的运营处在何种状态，出现了什么状况？是什么原因使得企业管理层发现问题？问题的触发因素是什么？
②收集信息	都是如何收集信息的？当时都找到了哪些有价值的信息？
③分析和产生备选方案	当时开会讨论问题了吗？是由谁组织的、什么层面的分析会议？当时是如何分析该问题的？除了企业做出的决策外，当时企业还提出了哪些备选方案？这些方案都是如何提出的，由谁提出的？
④决策	该决策具体的内容是什么？是根据什么要素制定该决策的？选择该决策的理由是什么？通过一定的流程确定的该决策吗？最终由谁做出该项决策？

续表

决策分割点	问题设置
⑤落实执行	如何确定决策的执行负责人？如何确定决策的执行流程？落实与执行的过程有计划吗？如何做到时间管理和质量监督与控制？落实执行的过程中遇到什么问题了吗？后期的执行过程中有过重大修改吗？
⑥评估	该决策的效果是怎样的？如何评价该决策是否有效？有效的原因是什么？无效的原因是什么？是否存在适当的评价体系？通过什么途径及方法进行有效性的分析和检验的？有改进的空间吗？作决策时考虑的因素是否有遗漏？

按照决策流程来设置具体的调研问题，能够使问题在设置时就涵盖该决策所涉及的所有环节，使提问思路更为系统，所提问题更加完整。沿用“五洲集团的组织变革之路”这一事件，针对寻找到的决策点 2：组织变革形成“三级管理、三级预算”组织结构，按照决策流程的划分方法展开提问，如表 7-3 所示。

表 7-3 按照决策流程划分“五洲集团的组织变革之路”决策点 2

决策点 2	具体问题	目标采访者	决策流程
组织变革形成“三级管理、三级预算”组织结构	为何“99 一号”项目的巨大成功之后您陷入深深的思考？	王总	发现问题并确定需求
	“99 一号”项目后的市场发展状况如何？	王总、管理层、市场部	
	当时公司的组织架构是怎样的？公司的运营是否出现了问题？在哪些方面公司的效率降低？	王总、管理层	
	针对公司应该采取何种组织构架的问题，当时公司管理人员主要考虑了哪些方面的问题？	王总、管理层	收集信息
	对于组织架构的设置是否咨询了专家？	王总	
	关于未来的石油化工承包工程的发展前景当时都收集了哪些信息？做了怎样的预测和分析？	王总、管理层、市场部	
	针对收集到的信息，高层管理者进行过讨论吗？	管理层	分析和产生备选方案
	当时是如何分析该问题的？	王总、管理层	
	当时公司的战略目标是否有变化？有何种变化？	王总	
	当时高层管理者提出了哪几种应对措施？具体内容是什么？都是由谁提出的？	王总、管理层	
	针对提出的备选方案，高层管理者决定向谁汇报请示？	管理层	
	王总当时是否做出决策？	王总	决策
	如果做出决策，则王总在做出该项决策时都考虑了哪些因素？	王总	
	如果不做出这样的决策的话，将导致什么后果？	王总	
	对于该项决策当时是否制订了严格的变革计划？	王总、管理层	

续表

决策点 2	具体问题	目标采访者	决策流程
组织变革形成“三级管理、三级预算”组织结构	当时是由谁具体确定改革执行人和执行流程的？执行流程是怎样的？	王总、管理层	落实执行
	具体落实实施前是否拟订了具体的时间、成本计划等？	区域经理、项目经理	
	执行的过程中，尤其涉及人员的岗位调整等是否遇到了问题或阻碍？	王总、管理层、区域经理、项目经理	
	对于区域公司的管理做了怎样的规定和限制？ 庞大的团队需要完善而有效的奖惩机制，当时公司在奖惩机制方面做出了怎样的安排？	王总、管理层、区域经理、项目经理	
	具体的组织变革过程中，公司上下的气氛怎样？是否出现员工不配合、消极怠工的情况？	王总、管理层、区域经理、项目经理、项目团队	
	总公司—区域公司—项目团队这三级的利润、权力和责任是如何分配的？	王总、管理层、区域经理、项目经理	
	组织变革的过程中和后续经营期这两个阶段公司管理层采取了何种过程管控？	王总、管理层	
	第一次组织变革后效果怎么样？	刘总	评估
	公司的市场地位是否达到了预期效果？	刘总、管理层	
	公司的经济效益有了怎样的提高和趋势？当时的市场份额是否达到了预期的效果？如果未达到，是什么原因造成的？	刘总、管理层、市场部	
	公司的品牌建设、口碑建设、信誉建设等受到了何种影响？公司文化、员工态度有哪些改变？	刘总、管理层	
	当时是否预见到未来可能存在哪些问题和隐患？	刘总、管理层	

(2)按照决策要素设计。按照决策要素设计调研问题，其实质就是依据进行决策所需的潜在理论知识确定所需收集的要素信息，进而设置相对应的调研问题。例如，当决策点为“产品上市”时，可以从产品、价格、渠道以及促销四个方面展开提问；当决策点为“引进某项技术”时，可以从技术引进背景、渠道、引进方式、消化吸收等几个方面展开提问；当决策点为“制订成本计划”时，可以从制订计划、方法与工具、成本控制、成本变更等几个方面展开提问。

不同决策背后的理论知识是不同的，进行决策所依据的要素信息也就各不相同。因此，在按照决策要素展开提问时，案例采编者应依据所掌握的管理理论梳理各决策要素，可以通过讨论筛选出契合目标企业具体决策内容的所有主要因素，从而逐一设置相对应的调研问题。

为对比学习和掌握，本书以《青山公司新生产线建设项目管理模式选择的困惑》案例采编时，围绕决策点“选择项目管理模式”所设计的部分调研提纲举例。由于业主能力、战略规划及市场情况是选择项目管理模式必须考虑的因素，因此采编者按照这三个决策要素设计调研提纲以展开提问，如表 7-4 所示。

表 7-4 按照决策要素划分“选择项目管理模式”决策点

决策点	决策要素	具体问题
选择项目管理模式	业主能力	1. 公司在开始实施新生产线建设项目时，团队中是否有足够的项目管理方面的专业人才？ 2. 目前项目团队具备哪些能力？在哪些方面比较突出？哪些方面是劣势？ 3. 当时公司对该项目的详细生产技术和实施流程是否深入了解？ 4. 对于该项目，公司是否能够制定出具体的实施方案，寻找对应的专业施工团队？ 5. 公司是否具有对该项目进行详细估算的能力？是否能够与施工团队进行合理议价？ 6. 公司是否具备管理该项目整个施工过程与应对风险的能力？
	战略规划	1. 当时公司对未来的行业发展方向和发展前景有什么具体规划？战略方向是怎样的？ 2. 在项目管理方面，公司对项目团队或项目管理形式有什么具体的战略规划？ 3. 对于公司当时的战略目标，该项目能够发挥什么作用？对于项目的定位是什么样的？
	市场情况	1. 市场上是否有成熟的 PM(project management，即项目管理)、EPC(engineering-procurement-construction，即设计—采购—建造)、DBB(design-bid-build，即设计—招标—建造)承包商？目前有什么突出问题？ 2. 当时竞争对手一般采用哪种项目管理模式？

不论是按照决策流程提问，还是按照决策要素提问，其目的都是希望能够将某一个决策点展开，通过设置多个问题，从不同角度获取信息。采编者在准备企业关键事件决策信息的调研提纲时，可以针对某一决策点展开讨论，通过头脑风暴、小组会议等方式确定恰当的提问逻辑，进而逐一列示出所有能提出的问题。

虽然描述型案例更强调采编者对案例全局以及企业整体信息全面掌握，直观上更适合使用决策流程的方法设计调研提纲，而决策型案例更强调采编者对案例的某一项具体决策聚焦，直观上更适合采用决策要素的方法设计调研提纲，但决策的流程与决策要素本就是不可分割的，流程中包含了要素，要素也融于流程之中。上述两种设计方法仅仅是为提纲的设计提供了某种设置逻辑，以保证设计思路的系统和全面。在实际操作过程中，两种方法在设计问题时往往能够互相补充。因此，综合运用两种方法是更为普遍的做法。

3. 敏感性问题的处理

所谓敏感性问题，通常是指企业不愿意公开，或是企业因警惕性而不愿意回答或尽量规避的问题。但对于采编者来说，这些敏感性问题很可能有助于揭示案例中的关键数据、技术、决策因素等内容，是案例采编所必需的资料。此时，采编者就需要按照一定的流程和方法对敏感性问题进行处理，以满足采编的需求。具体的处理流程如图 7-3 所示。

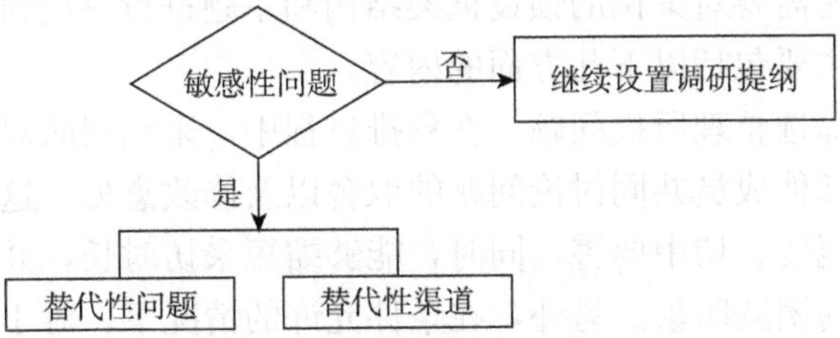

图 7-3　敏感性问题的处理流程

采编者应先判断该项问题是否为目标企业的敏感性问题。通常情况下，我们认为涉及企业机密的信息，如专利技术、财务数据，企业无法确定的信息，如对政府未来政策导向做出评价，以及企业以往失败项目或经验等方面的问题都是企业方所不愿回答的问题。

需要注意的是，在判断敏感性问题时，采编者应将企业特点考虑在内。如对于电子生产企业来说，提问核心技术的设计很可能会引起受访者的警惕；对于秘制食品加工企业来说，提问企业的独门秘方很可能会让目标企业反感，甚至提出中断此次调研。不同的企业有其不同的敏感性问题，采编者应综合考虑判断所提问题是否为目标企业的敏感性问题。

如果不是敏感性问题，那采编者大可放心地将其加入调研提纲。如果是敏感性问题，而该问题对于形成最终案例又十分重要，采编者在设计调研提纲时就应该提出应对措施。具体而言，有替代性问题和替代性渠道两种方式。替代性问题是指，采编者可以以更换问题、改变措辞等方式，间接提问、推断结果。如果原敏感性问题为企业本年还未公布的收入状况，采编者可以通过询问本年收入的大致涨幅或跌幅，根据目标企业上年公布的相关数据计算出所需信息。替代性渠道是指，如果采访者恰巧是关键事件的核心人物，可能一些问题是该人物不方便发表看法或者言论的问题，此时采编者可以考虑用该问题提问其他事件相关人员，以非核心人物的视角出发收集信息。另外，除了访谈可以获得该敏感性问题的信息之外，采编者可以通过搜索网络、阅读文献、查找政府相关报告等，间接地获取该问题的相关信息。

7.1.5　提纲修正与提交

1. 提纲修正

每年春节联欢晚会在除夕之前之所以会经过多次彩排，是因为彩排过程中全员参与并熟悉活动的整体流程，能够及时发现存在的问题并有针对性地加以修改。同样道理，在进入企业进行调研采访之前，采编者也需要这样一个彩排的过程，这个过程需要采编团队针对调研提纲进行角色扮演，模拟访谈过程，进而对调研提纲进行优化。为了进一步提升案例调研的有效性和针对性，在对案例调研进行彩排的同时还需要对案例的预设框架结构和主题进行一次讨论。案例调研访谈的“彩排”工作主要包括以下几方面的内容。

第一，重新筛选整理所提问题。在彩排过程中，采编团队对提纲上的问题逐一提出，团队内其他成员共同讨论问题的取舍以及修改意见。这样不仅能够使调研问题更加简明扼要、切中要害，同时，能够缩短采访时长，并给被采访者留下高素质、高效率的团队印象。另外，在条件允许的情况下，对于修改之后的调研提纲，可以在团队内部进行二次“彩排”，以便达到更好的效果，形成最终的调研提纲。

第二，为具体提问者提供宝贵意见。团队内部其他成员应该从采编者的语气、语速、仪态、采访技巧等方面着重为采编者提供改进意见，力图让采编者能够在实际的采访过程中达到最理想的状态。

第三，合理划分时间，提纲预试练习。通常每次调研的机会都非常难得，采编者在设计调研提纲时就应合理分配好每个问题的占用时间。与案例相关性最高、最具代表性、最具挖掘潜力的问题，分配的时间应较多，采编者需要引导采访对象多分享该问题的细节和与之相关的情况；不是重点的问题，如辅助性的背景铺垫问题，采编者所分配的时间应适当缩短；若采访对象谈及与本次调研无关的内容，采编者则应想出合理且礼貌的过渡词快速引导至下一问题。而所谓提纲预示，即采编者之间进行模拟调研提问，帮助调研者提高个人的访问技巧和经验，进而在正式调研中能够引导被访谈者在约定的时间内完成调研问题的回答。

当然，除了在案例采编团队内部进行提纲预试之外，将初拟的提纲提交给目标企业也是一种较为有效的途径。以电子邮件或传真的方式把拟定的调研提纲发送给目标企业联系人，可以从企业的反馈中得到有效的修改信息，对调研提纲进行有针对性的修改，提高后期调研采访的效率。同时，这样做还可以表明该案例采编团队对本次调研的重视程度，增加与企业的前期沟通，为团队赢得企业好感度。

值得强调的是，即使采编团队事前进行过充分的预演，实际调研过程中也可能会遇到问题，如受访者不予配合、受访者偏离提问主题、调研团队在访谈中发现有新的更合适的案例线索而调整访谈提纲等，因此，实际访谈中调研提纲仅仅是提问的依据和参考，采编者还应根据具体的情况做出及时的调整。

2. 提交调研提纲

在团队内部经过彩排之后，采编团队的负责人如果能够将最终调研提纲提前提供给受访者，对提高调研的效率和质量是有很大帮助的。目标企业在拿到调研提纲后，能够有时间了解调研的具体内容，提前准备采编者所需要的数据、表格、公报、公文等纸质或电子资料，并安排好调研地点、时间、受访人员等调研事项，避免因临时准备所带来的问题，提高调研的效率和质量。

7.1.6 确定调研时间、地点及人员

1. 调研时间的选择

恰当地选择调研时间是保证调研效率与质量的基本前提。具体来说，时间的选择主要包括调研时间段、调研时长及调研频率的选择。

1)时间段的选择

时间段的选择需要双方共同商定。对于企业方来说，参与访谈的时间很可能是受访者的工作时间，这种时间安排会在一定程度上增加企业的成本。因此，访谈的时间应以企业方的时间安排为主，选取受访者工作任务量较少的时间段。同时，采编者应当注意的是，调研时间要避免处于受访者的疲劳期。也就是说，调研不能在受访者感到劳累时进行，此时的受访者很可能没有精力来回答提问，甚至会产生反感。

2)时长的选择

在调研访谈中，通常以1个小时代表一个标准的时间单位。对于案例采编这样的质性研究，一次访谈安排3个小时显得太长，受访者和调研者都容易产生疲劳感；而访谈方法的目的在于，让受访者回忆自己在企业中的经历，并体会自己经历的意义，因而少于1个小时的访谈又太过短暂，难以满足对信息的深度挖掘。所以采编者应该根据调研访谈需要收集信息的数量与难度，以及企业方能够为案例采编者提供的最长访谈时长，确定调研访谈的时长。一般而言，将访谈的时间安排为2个小时是较为合适的。

当然，这种访谈时间模式并不是固定不变的。重要的是要在访谈开始之前就确定访谈的时长，并严格遵守时间规划，以免给对方带来不便，甚至引起对方的不满情绪。

3)频率的选择

很多情况下，一次调研访谈并不能收集到编写案例所需的所有信息。采编者很可能需要多次进入同一企业，甚至是与同一受访者进行多次的交流和沟通，才能发现案例的核心所在。这就涉及调研访谈的频率选择问题。

埃文与塞德曼在经历了多次的访谈之后总结出：如果访谈者能将每轮访谈之间的时间间隔控制在三天到一周左右，那么三轮式访谈结构的作用最为突出。这

种间隔处理方式，可以让受访者既有时间来反思前一轮访谈的情况，又不至于忘记两轮访谈之间的关系。此外，有效的访谈间隔，可以让访谈者在2～3周的时间内与受访者一同合作完成访谈。这个时间间隔长度，降低了影响访谈的异常情况发生的可能性。

2. 调研地点的选择

多数情况下，调研的地点均为企业，可能是企业的某一个工厂、会议室或某一部门。实地进入企业开展调研工作，不仅是收集相关信息的需要，更是采编者体会企业工作氛围和文化，直接观察企业现状的机会。这更有利于发现和收集通过其他途径难以获得的案例信息。

但有时采编者可能由于某些原因无法进入企业，特别是对于某些企业高管来说，他们的日程安排可能非常紧张，进入企业访谈反而会影响他们的日常工作。在这种情况下，采编者应当与其积极沟通，选择交通便捷、环境安静轻松的地点开展调研，如安静的咖啡厅，或者典雅的茶楼等。

3. 调研人员的选择

这里所说的人员，包括企业方的受访者和案例采编方的调研者。其中，受访者的选择主要是依据调研目标资料来确定。例如，若调研目的是对企业整体宏观战略进行深度了解，则调研的对象应是企业的某一位高层管理者；若调研目的是就潜在案例的具体问题进行调研，则调研对象需要是企业的关键决策者以及案例具体问题涉及的具体部门负责人。此外，当采用座谈形式进行访问时，受访者之间应该避免存在直接领导关系，避免因存在权利或利益关系，而导致受访者不愿或不能表达真实想法的情况出现。

在案例采编团队方面，参与某一访谈的人员过多会使访谈不易控制，容易造成收集资料的重复，从而加重后期资料整理的负担；而人员过少则会让企业方觉得没有受到足够的重视。同时，成员各自要有分工，至少要做到有人负责提问，有人负责记录，有人负责统筹(既需要提问，也需要记录，主要的任务在于补充提问者遗漏的问题，以及记录遗漏的信息)。结合笔者的实践经验来看，如果采用的是个人访谈，即每次仅对一个受访者进行调研，那么调研者的数量以3人一组为宜，分别负责提问、记录和统筹；如果采用的是座谈的形式，即对多个受访对象同时进行调研，调研者的数量也应适当增加，一般为5人左右，包括1名提问者、1名补充提问者以及3名记录人员。

7.2 调研访谈实施

实地调研是整个调研访谈工作中的实战阶段。在这一过程中，案例采编者需要以调研提纲为基础尽可能地收集案例资料，深入剖析挖掘案例故事信息，并对调研准备阶段所收集的资料进行确认和验证。但调研访谈并不是按照提纲机械地进行提问，而是一个非常富有灵活性和技巧性的过程。本节将调研访谈过程划分为开场、提问和结尾三个阶段，分别描述了不同阶段的主要任务和相关技巧等内容。

7.2.1　调研访谈开场

调研访谈开场，指的是开始访谈的最初几分钟。准确地说，在这段时间内，采编者的目的并不是尽快进入访谈主题展开调研，而是要通过几分钟的短暂交谈，与受访者建立起良好的合作关系，为接下来的访谈做铺垫，提高调研的效率和质量。具体来说，采编者需要在开场阶段着手以下工作。

1. 自我介绍，树立专业形象

采编者在进入企业实地访谈的过程中经常会发现，受访者仅仅将参加调研视为一种临时性的额外工作，自己参与调研可能是出于上级的命令，或出于一种奉献的态度，而并不关心调研质量问题，甚至可能会认为采编者是在求着自己办事，进而导致采编双方在一开始就处在一个不对等的地位进行交流。

因此，在访谈的一开始，采编者应当主动介绍自身情况，如采编者所在高校情况、自身的职务、以往调研过的企业和经历、曾经编写过的较为优秀的案例等，采编者在介绍自己时最好能够同时交换名片。同时，采编者还应从仪表着装、行为举止等方面来展现自身的专业素养。例如，面带微笑是消除对方紧张感，传达友善情感的有效方式；着装清爽整洁、举止谦和有礼更是可以给对方留下很好的印象。

通过自我介绍以及专业素养的展现，可以获得受访者的信任，提升采编者在受访者心目中的地位，让其认识到所参与的访谈受到了专业采编者的高度重视，是一项正式的、很重要的活动，而受访者积极参与将会为此次案例采编工作带来很大的帮助，进而纠正受访者的态度，提高其参与的积极性，为接下来的工作奠定基础。

2. 寻找共同话题，拉近距离

通常情况下，采编者与受访者多为初次见面。为了快速拉近彼此的距离，消除双方间的陌生感，采编者应主动寻找话题。可选话题的范围较为广泛，需要根据具体的调研情境而定。一般而言，如果采编者是通过某个中间人与受访者建立关系，那么这个共同的中间人就可以成为拉近双方距离的话题。采编者还可以较为随意地询问有关受访者学习经历、岗位职责等方面的问题。此外，多数受访者，尤其是中高层的管理者，基本都有过在校学习的经历，也往往愿意与采编者一起回顾一下曾经的校园生活。

无论选取什么话题，目的均在于迅速建立起采编者和受访者间的联系。此时的交流也较为随意，是非正式的“闲聊”。但这样的“闲聊”也要适可而止，采编者要谨记自身的任务，不能聊起来没有节制。一般 3～5 分钟的闲谈后，受访者便可较为自然地表达自己所想，不再拘谨。此时，采编者就要使话题稍作停顿，随即提醒受访者开始正式的访谈，如：“李总，您时间宝贵，我们现在就开始正式访谈吧。”通常采编者都会得到肯定的回答，从而双方可以顺利地进入调研主题。

3. 重申访谈任务，做出承诺

在调研开场阶段，采编者还有一项重要任务，就是在正式提问前向受访者再次描述本次调研的目标和主题，确保受访者理解访谈的目的，以及双方将要讨论的具体内容。重申访谈任务可以帮助受访者明确自身的责任。而采编者在重申访谈任务的过程中，还可以理清自己的描述内容及思路，避免漫无边际地随意讲述。例如，在采编《谁来承担项目采购成本上涨的责任?》案例时，采编者先是重申了这次访谈的目的，随后描述了受访者的主要任务，如：

“王经理，很感谢您能参与这次访谈。我们这次调研的最终目的是想写一篇用于项目成本管理的教学案例。我们知道您公司在项目成本责任承包制方面很有经验，有很多值得我们学习的地方，而您又是推行这一制度的主要责任人之一。所以，接下来希望您能和我们分享一下您的经历和感受，这对本案例的编写将很有帮助。”

另外，采编者此时还需要再次做出承诺。例如，案例主要用于教学而非商业用途；访谈内容不会随意传递，撰写案例时也会将人名和职位进行适当掩饰，受访者可以畅谈自己的观点，无须担心引起不好的影响。恰当合理的承诺可以消除受访者的顾虑，为访谈清理潜在障碍。

7.2.2 调研访谈提问

访谈开场过后，便进入了调研访谈的核心阶段——提问。在此阶段，案例采编者与受访者需要就案例故事内容进行交流沟通。这是一个富有动态性、灵活性的过程。此时，采编者的工作重心不仅在于提问，更重要的是通过恰当的提问方式和技巧灵活应对具体访谈情境或问题，引导受访者讲述案例故事，深入分析并挖掘案例信息。可以说，采编者自身调研访谈能力的高低对该阶段工作质量将产生重要的影响。因此，本小节主要描述了访谈提问的逻辑、技巧等方面的内容。

1. 遵循提问逻辑，动态处理

如果采编者的提问毫无逻辑，想起什么就问什么，不仅难以系统、完整地收集资料，更会打乱受访者的思路，进而影响调研质量。所以，采编者的提问必须要有一个恰当的逻辑，在引导受访者思考案例信息的同时，也有助于自身对资料的记录和整理。

而提问所遵循的逻辑一般即为调研提纲所列问题的逻辑，或按决策要素提问，或按决策流程提问。采编者只需依据提纲进行提问，便可有效引导访谈。但编制提纲并不意味着采编者只能按照提纲进行操作，恰恰相反，调研提纲的作用仅仅是提供一种基本的调研思路，意在提示采编者本次调研的主要内容，为调研划定一个范围。也就是说，调研提纲只是一个辅助工具。在具体的提问过程中，采编者须根据提问目的、受访者的具体回答、企业环境等多方面因素，灵活调整问题，或增或减，或深或浅，以取得真实、丰富、有深度的案例资料为最终目标。

2. 提问由表及里、由浅入深

提问由表及里、由浅入深，是指采编者所提问题应当从较广的范围开始，逐步收缩，在保证访谈完整系统的同时，确保访谈内容有一定的深度，而不是浮于案例故事的表面。具体来说，结合斯丹纳·苛费尔(Steinar Kvale)、斯文·布林克曼(Svend Brinkmann)与赫伯特·鲁宾(Herbert J. Rubin)、艾琳·鲁宾(Irene S. Rubin)对于质性访谈的相关研究，将访谈问题分为导入性问题、追踪性问题、完善性问题三个类型，以实现调研访谈的既定目标，这三类问题在案例采集访谈中同样适用。

(1)导入性问题，是指能够将受访者引导至案例的主要事件的问题。导入性问题的主要作用就是帮助案例采编者对案例的主要问题进行锚定，并鼓励受访者谈论他们的经历和经验。此类问题较为开放，适合在访谈的开场阶段“钓鱼”，如“最近有什么事让您睡不着觉?”“您能否告诉我公司最近阶段有哪些大动作?”“上次让您记忆最深刻的事是什么?”这样的提问可以帮助受访者从较为广泛的视角看待企业管理难题或困境。

(2)追踪性问题，是指根据受访者对于导入性问题的回答，从中发掘出案例主要问题的某一方面或某一事件，进而专门提问这一方面或这一事件的问题。此类问题能够帮助将访谈聚焦于主要问题，起到“放大镜”的作用。案例采编者应该集中注意力去听受访者说了什么，然后再根据其所叙述的主题、观点提出追踪性的问题。访谈者可以通过几个比较固定的语句来达到效果，如“你能否再多说一点关于……?”“您刚才提到了……能不能再对这件事详细描述一下?”“对于你刚才说的……我还想再多听听。”

(3)完善性问题，是让已聚焦于案例主要问题上的讨论得以继续进行，同时又能够获得更进一步详尽资料的问题。这类问题是为了进一步挖掘受访者所掌握的案例信息，鼓励受访者提供更加多元化的答案，这样不仅可以获得案例主要问题的详细说明，还可以收集受访者自身的观点，以及具体的实例。因此，在提出完善性问题的这一阶段，案例采编者需要对受访者进行鼓励，鼓励其说出自己所了解的与主要问题有关的全部。如“我相信这个提议在当时一定是个非常新奇的想法！那接下来发生了什么?”“您刚才说的内容对我们这次调研非常有帮助，您能就其中的措施部分更详细地说明一下吗?”“您的这个做法真的很高明，当时您这样做是基于哪些信息的?”

3. 把握最初10分钟，果断抉择

进入正式提问的前10分钟对调研访谈起着关键的作用。在这最初的10分钟内，采编者是第一次切实地接触案例故事。根据受访者对最初几个较为宽泛问题的回答，采编者需要即时判断预先所编制提纲的有效性，并决定案例故事是更适合形成决策型案例，还是更符合描述型案例。

这样的即时判断需要采编者具备较为丰富的调研经验。但采编经历不多的采编者也要在这短暂的几分钟内积极思考上述两个问题，注重能力培养和经验积累。如果预先编制的提纲并非完全适合企业的案例故事，就需要采编者以扎实的知识理论为基础，快速地调整调研思路，重新设计访谈问题，确保访谈更加符合当时的调研环境和案例故事。当然，这并不是要否定访谈前准备的重要性，毕竟这样的即时调整很难保证调整后的问题更加合理恰当，对采编者自身的调研能力和水平要求也是很高的，因此，事前准备到位才能够有助于采编者了解应如何及时调整、可以调整哪些内容等。

4. 时刻谨记访谈主旨，避免偏题

初次进行调研访谈的采编者通常会担心因受访者不能很好地配合而无法获取丰富的案例资料。的确，如果受访者对采编者的问题总是闭口不答，或是仅简单描述，访谈的目的将难以实现。但多数受访者并不会“三缄其口”，事实上情况往往是相反的。

当受访者了解到采编者是来自高校的研究者时，通常都很积极地将自身面对的困难讲述出来，期望采编者给予帮助。因此，受访者很可能会滔滔不绝地讲述，甚至不再理会采编者的问题，自顾自地讲个没完没了。能激发受访者参与访谈的积极性固然是好的，但如果采编者不能采取合理有效的方式来约束受访者，访谈很可能将严重偏离案例主题。

笔者在采编一篇有关外部技术获取的教学案例时，就遇到了这样的情况。当时的受访者是技术部门的一位人员，采编者希望该受访者描述外部技术的内化过程，但这位技术人员却在大篇幅地讲述企业为了获取外部技术所做的工作以及取得的成就。

为了应对此种情况的发生，受访者必须谨记访谈主旨，才能及时发现问题，而不是跟着受访者的思路继续访谈。一旦发现这种情况，采编者便要及时、礼貌地打断受访者，再次重申自己的提问，或转变问题的表述方式，确保受访者真的理解问题的含义。如果重申问题后，受访者依旧按照自己的逻辑进行描述，那么采编者就应当果断切换问题，不要在这个问题上耗费时间，也可以考虑在询问过其他问题后再回到这个问题，那时受访者也许便能给出想要的答案。如果采取以上方式后，受访者依旧不能给出满意的回答，那么采编者就要积极考虑其他获取同类资料的途径，如采访同一部门的其他受访者，或是从企业已有材料中获取相关信息等。

5. 变换提问方式，寻求“故事”

如果采编者始终按照同一个提问方式、语气和节奏进行提问，受访者难免会感到乏味，这会导致其回答积极性的降低。所以，在提问的过程中，采编者必须要灵活处理提问的方式、方法以及措辞。正问、反问、侧问、追问，甚至是故意稍微区解受访者的观点并要求其更正，这些提问的方式和方法都是需要采编者自行灵活处理的，以不断激发受访者的参与积极性，多角度收集案例信息。

同时，在提问的过程中，采编者不能仅获取描述性的答案，更要寻找能够证实受访者观点的事实，即寻求有关案例情节或信息的“小故事”。以这种“小故事”来收集案例资料，不仅能通过故事有效地洞悉案例情节的发展，较为客观地理解案例内容，还可以将其作为编写案例的重要情节素材，增加案例的故事性。

6. 善于倾听，避免偏见

在访谈过程中，采编者要学会成为一名优秀的倾听者，全神贯注地倾听、理解并记录案例信息。同时，还要根据受访者的反馈不断地思考，如问题是否得当，回答是否达到了自己的目的，下一个问题应该怎么问等。采编者只有不断结合具体信息和环境进行积极的思索，才能灵活应对访谈，挖掘案例信息，发现新的问题点，完善问题，进而提高访谈的效率和质量。当然，这样的访谈过程对于采编者来说是很费精力的。所以，当收集好某一方面的信息后，采编者应当进行适当的休息调整，连续作业并不一定能保证访谈的整体效果。

另外，作为一名好的倾听者，还必须要保持客观与冷静，不能被受访者的观点所左右，更不能以自己对案例内容的判断来诱导受访者。在具体访谈过程中，采编者应时刻提醒自己做到以下“五不”。

(1)不质询：这不是说不能提出问题，而是在语气和方式上，要委婉而有礼貌。

(2)不插嘴：指的是不要打断别人的陈述，即使认为对方答得不切题或临时想起了什么新问题，也要等对方把话讲完，否则会显得无礼、缺少涵养。

(3)不穷追：指的是若对某些受访者在情感上不愿意过多叙述的问题有疑问，不宜盯住不放。当然，对问题不能不求甚解、马虎大意，可换一种提问方式进行提问。但明知对方不愿透露，还要硬逼不舍，不但达不到目的，反而易引起反感。

(4)不评论：访谈是为了了解情况，不是仲裁和评审。略知皮毛，妄下断语，只能显示自己的浅薄。

(5)不争论：双方角度不同，见解难免不同。但访谈的目的是为了了解情况，结论可留待最后冷静地商讨，共同得出。争论难免意气用事，影响访谈效果。至于想把意见施加于人，当然就更不对了。

7. 合理分工，恰当记录

访谈过程中主要包括两方面的任务，即提问与记录。而一个人是很难同时肩负所有工作的，因此，访谈需要几个采编者共同协作进行。通常情况下，采编团队中访谈经验较为丰富、对知识基础理解较深、善于沟通的人员应承担提问的工作，确保提问的灵活性与有效性。另外，还可以设置一名辅助提问者，让其帮助主提问者提问，起到补充、完善的作用。

记录工作虽然需要专人来负责，以保证访谈资料的完整性，但所有参与访谈的调研人员都应该根据自己的所听、所感、所想进行记录，这样才能从多个视角审视和分析案例内容。同时，不管是否进行了录音或者录像，都建议采编者进行手写记录。这种记录方式不仅灵活，有助于快速记录关键要点，还不易引起受访者的排斥。至于手写记录的具体操作则会因人而异，每个人都可以选择适合自己理解和整理的笔记符号和形式。在进行记录时，手写的速度是很难跟上受访者的描述速度的，所以建议记录人使用较大的纸张，书写较大的字体，快速记录主要的观点或是关键词，以图形和简洁的符号来标注不同关键词间的内在关系，并留出足够的空白页面。这样在访谈后进行资料整理时，采编者可以较为清晰、准确地理解记录内容，同时还可以在空白处填充更丰富的资料。需注意的是，访谈者不应该尝试着去记下受访者叙述的所有内容，因为过多的记录会阻碍认真倾听，也会打断受访者并减慢访谈的速度。

若能够在访谈中使用录音设备，那么需要访谈者采用一些措施避免背景噪声，如关好门窗，选择较为安静的访谈环境等，并且引导喃喃低述的受访者提高讲话音量。在这个过程中可以不断地对问题进行梳理，边听边总结，为后续的资料整理工作提供便利。

8. 洞悉访谈障碍，积极灵活应对

访谈不是一帆风顺的，很多时候会遇到各种各样的障碍，而由受访者带来的人为障碍往往较为普遍，也最难处理。这种访谈障碍主要表现为受访者因不合作而回避问题，如回答非常简短、不涉及关键信息、避而不答，甚至直接说不清楚。当出现这种情况时，采编者应保持冷静，仔细分析受访者不愿回答问题的根本原因，从而恰当应对。以下是受访者回避问题的主要原因，以及相应的应对策略。

(1) 被上层领导授意采取不合作的态度。有时公司的上层领导对案例编写不是特别重视，这种应付的态度会间接影响受访者，导致受访者也消极应对。当遇到这种情形时，最好的办法就是直接去找公司负责人，向其说明此次访谈以及案例采编的意义，承诺会按照企业方的要求进行掩饰，并向其充分讲解案例采编给企业带来的益处。相信与企业负责人真诚沟通之后，不合作的情况将会大幅度减少。

(2)担心自身利益受损。一方面，受访者在访谈中被期待表达自身对案例故事的观点，但这种真实的个人想法很可能不是受访者领导愿意听到的。权衡过后，受访者就会避而不答，甚至是迎合领导的想法，隐藏自己的观点。另一方面，访谈的问题可能涉及了受访者个人的经验知识或技术。受访者担心个人利益受损而不愿透露给其他人。

对于第一种情况，采编者可以组织与受访者进行个人访谈，在其同事和领导不在场的情况下提问，并向其保证会对他的个人信息进行掩饰，不会让其他人了解访谈内容。而当发生第二种情况时，采编者可以向受访者表明，调研资料并不会用于商业用途，不会损害其个人利益。如果仍旧无法消除受访者的疑虑，采编者只能更换访谈对象，选择与之前受访者掌握类似信息且愿意分享的人员进行访谈。

(3)对案例采编者以及案例编写的认识不足、不重视。有时候，被邀请来进行访谈的员工对于案例编写的认识不清楚，存在偏见、不予重视。这可能是案例联系人没有做好前期准备工作所致。此时，就需要案例采编者将案例采编的意义以及为企业带来的好处加以说明。同时，采编者要表现得不卑不亢，突出说明自身在某一领域的优势，争取对方的信任。

(4)案例采编团队的某些语言或行为引起受访者的反感。因为案例采编团队的成员并不是每一位都是资深的访谈专家，难免会犯一些小的错误，让受访者感到不舒服、不愉快。这时就要及时纠偏，坦诚地向对方承认自己的小失误，并以实际行动表明不会再犯这样的错误。若受访者仍心存芥蒂，那么就先将访谈暂停一下，做一些活跃气氛的事情，谈一些受访者感兴趣的话题，重拾好感，再进行访谈。

9. 多方验证， 核实信息

虽然访谈希望获取每个受访者的所见、所听和所想，但这些案例信息往往过于主观，可能不利于采编者对案例问题的分析，甚至对同一情节或问题有多种不同的回答。因此，采编者应对所收集资料的真实性进行验证，具体方法包括：①对于同一个问题，采取迂回或间接的方式再一次提问受访者，比较受访者的回答；②对于同一个问题，去询问一下公司其他职员，比较分析两者回答的异同；③对于同一个问题，通过媒体或网络等形式来进行间接性推理验证。

提问是访谈中最微妙的技术之一，它没有固定的格式，可以说是“运用之妙，存乎一心”。当然，提问的技巧与调研访谈人员的素质也有着密切的关系，平时多注意、多反思，对提高提问水平和质量有很大帮助。

7.2.3 调研访谈结尾

访谈进入尾声并不意味着采编者调研任务的结束，更不能简单收尾、草草了事。此时，采编者还需要认真地完成以下几项工作。

第一，明确提出采编者所需要的企业可以提供的成文资料，并确定资料传递的具体时间、联系人和方式，应秉承“与人方便”的原则，即索要的资料能够让受访者以最便捷的方式传递给案例采编者。

第二，提出再次访谈的可能性，让受访企业做好心理准备。一次调研访谈很难将案例编写所需的资料全部收集，在此与受访者做好约定是对后续工作的铺垫。

第三，鼓励受访者补充信息，即案例采编者在完成既定目标后，询问受访者是否还有什么问题或信息想与采编者探讨或分享。例如，“我没有其他的问题了。在我们结束访谈之前，您还有其他需要补充的内容吗?”这给受访者提供了一次主动发言的机会，往往能补充采编者工作需要收集的信息，或是给予采编者新的灵感。

如果条件允许，可以在调研前准备一份简单实用的小礼物，并在调研访谈结束时送给受访者，这对访谈也非常有帮助。最后，向企业表示感谢并离开。如果是在企业内进行的调研访谈，则案例采编者可以直接离开；若访谈是在其他地点进行的，最好能够将受访者送回所在企业，这不仅是礼貌之举，同时也能给对方留下一个好的印象，为下次的调研访谈做铺垫。

7.3 调研资料整理

在结束了与企业的调研访谈之后，案例采编者还有两方面的工作要做。一方面是及时、有效地整理访谈所收集的资料；另一方面要对此次调研过程及结果进行分析、总结，为接下来的调研访谈积累经验并做好准备。资料整理的具体步骤及相关注意事项如下。

7.3.1 及时整理访谈资料

及时整理要求采编者在结束访谈后，应尽快着手资料的整理工作。这是因为访谈时获得的资料虽然聚焦于案例故事内容，但所做的记录一般比较零乱分散、缺少条理化，很难直接作为撰写的案例素材。一般情况下，采编者最好在调研结束后 24 小时内进行资料整理。此时，采编者对访谈内容的记忆最为清晰，更能理解受访者当时所要表达的思想，这有助于采编者对资料的理解和分析。此外，访谈过程中采编者往往能受到启发而产生新的观念和想法，但由于时间关系只能进行简单标记，事后及时整理资料也为其进一步理清思路提供了机会。

7.3.2 资料文档化

采用了录音或录像方式进行的访谈，建议采编者将其转录为书面文字版本。尤其是对录音材料而言，将其转化为文字的形式后，采编者更容易对资料进行分析和归类，在后续撰写案例时也可以直接使用转录后的文字材料。录音材料的具体转录方式，一般是被逐字逐句地转录，可以适当删减与案例资料无关的内容，如开场阶段的寒暄、问题之间的过渡、讲述者的某些语气词等，即转录既要遵循事实，也要有重点，与案例信息无关的录音需要被剔除。录音转录后的具体形式因人而异，本书建议的示例如下。

受访对象：邱××(PM：项目经理)

简介：英语专业，有5年工作经验，初步了解机械，不了解项目管理，擅长细节的处理。2012年11月入职，是生产部门资格相对比较老的员工。

采编者×××：项目经理何时介入项目，项目经理的时间边界是哪里，什么时候成为该项目的经理?

邱××：项目启动后感觉需要PM了，王经理和总经理经过沟通后确定了人选。PM感觉自己是突然冒出来的，偷偷摸摸进入了项目。

采编者×××：项目交付后的安装调试，保修期内出现的问题谁负责解决?

邱××：客户的投诉和抱怨反馈给PM，PM负责开会、制定应对措施、写报告，然后审批等；客户备品备件的清单和报价，由PM完成。

对于录像材料来说，一般也需要将其转为文字形式。但录像材料的另一项优势就是可以成为案例的辅助性材料，用于课堂教学。因此，对于某些记录了企业经营过程等方面的写实材料，采编者可以保留录像材料，并将其进行剪辑、命名和归类，使其便于应用。

7.3.3 资料合并、比对和归类

访谈记录资料转录后，接下来需要将其与调研准备阶段所收集的资料进行合并。其中，准备阶段所收集的资料一般比较系统，类别划分也会比较清晰，但与案例故事的相关性可能较弱，更倾向于对受访企业及其外部环境的描述，且资料本身的真实性也有待考证。同时，还要将描述同一内容的资料进行比对。一方面来检验资料的真实性，判断是否需要进一步取证；另一方面，如果两份资料是一致的，那么因为访谈资料更关注案例故事内容，所以可以成为另一份资料的补充材料。

完成资料的对比整理后，采编者还需要将资料进行系统的归类。通常来说，

可以先将资料进行大体的划分，即分为背景性资料、案例故事资料和辅助性资料。前两种资料是经分析判断后，可以应用于案例撰写的材料。其中，背景性资料主要是有关企业内外环境、组织结构、制度等方面的资料，案例故事资料则主要描述的是案例故事信息的资料。而辅助性资料多为与案例撰写相关性弱的资料，但这些资料也有其自身的价值，应该被保留。

在整体分类后，采编者需要根据每部分材料的特点进一步划分。对于背景性资料主要按照内容来归类，即根据资料所揭示的信息来划分类别，如企业制度、组织结构、发展现状、行业背景等。而案例故事资料的划分一般分为两种，即按照故事发展的时间顺序进行划分，或按照案例内在的知识结构或决策要素对资料进行划分。辅助性资料可能较为零散，较为适用根据每份资料的具体内容进行命名标记。

经过上述的整理过程后，采编者便可将已有资料与案例信息需求清单进行逐一对比，查看资料的收集是否完整，如若缺失了某部分信息，则要进一步考虑资料的获取途径，判断是否还需要进行实地调研。

7.3.4 获取资料阶段性总结

获取资料阶段性总结，也可以理解为调研心得的总结，旨在针对调研活动完成情况进行分析、评价和总结，目的在于帮助采编团队积累调研经验，从实践中不断学习，进而提高团队的资料采集水平。具体来讲，采编团队需要对两方面内容进行总结，即访谈目标的完成情况，资料收集是否准确、完善、有效等；访谈过程经验学习，在这个访谈中犯了哪些错误，哪些行为和语言不合适，哪些方面比较成功以及学到了什么，或者在提出的问题使整个访谈氛围变得紧张凝固时，是否及时停止或转换话题等具体情境。

就总结的具体形式来说，可以先安排采编团队成员自行总结，然后组织团队进行讨论，每一位成员都需要将自己的心得总结与大家分享，并通过头脑风暴的形式开展讨论，给予成员新的启发。同时，整个总结讨论过程所形成的有价值的观点、访谈技巧、注意事项等，还要以书面文字形式进行记录，形成调研团队的知识资产，成为团队的宝贵资源。

第 8 章

案例正文编写

由于案例情境、编写目的、编者喜好等因素的影响，管理教学案例并未形成如新闻、小说等其他文体所具有的固定的格式，但经过几十年的应用，某种习惯性的写作结构逐渐被越来越多的案例编写者认可并采纳。

从广义上来说，一个完整的管理教学案例不仅包括用以营造管理实践情境的案例正文，还应该包括起指导作用的案例使用说明。其中，案例正文是管理概念或理论的载体，将所要教授的知识点通过真实的故事展现在读者面前，而这些分布于案例情节中的知识点则形成了贯穿案例正文的潜在知识线。案例使用说明作为教师解读和教授案例的重要工具，旨在揭示出内含于案例情节中的理论知识，以帮助教师深入理解案例内容，正确使用教学案例。由此可见，案例正文的撰写过程实质上就是案例故事情节对知识点的反映与编排过程，而案例使用说明则体现了情节线向知识线的回归，案例情节线与潜在知识线的相互融合在这一过程中得以实现。

在案例作者构思、设计进而撰写案例正文和使用说明的过程中，知识点的提取与融合是一个连续的过程。因此，案例正文与使用说明的撰写并不是彼此相互孤立的。实际上，案例作者在构思案例正文故事情节前，必须对案例中所蕴涵的知识点进行梳理和分析，为案例情节的编排提供依据，而在知识点的提取与分析过程中逐渐明晰的案例当前问题和基本问题，以及所形成的案例分析逻辑，则成为撰写案例使用说明的基础。本章主要描述的是案例正文撰写的相关内容，案例使用说明撰写的相关内容将在第 9 章进行介绍。

8.1 案例正文编写流程

撰写一篇优秀的教学案例并不是一蹴而就的工作，而是一个由若干相互连接、影响的任务环节组成的过程，如案例素材的分析与筛选、大纲的设计、编写草稿等。在这一过程中，前一项任务成果的优劣通常影响着后续工作的质量。因此，一个较为规范、有效的编写流程将有助于确保编写的每个阶段性成果及最终的案例都能够具备较高的质量。图 8-1 展示了编写案例正文所需经历的一般流程。接下来，本章将依据这一流程对各环节的主要内容、步骤、编写方法以及原则和注意事项等问题，进行较为详细的介绍和说明。

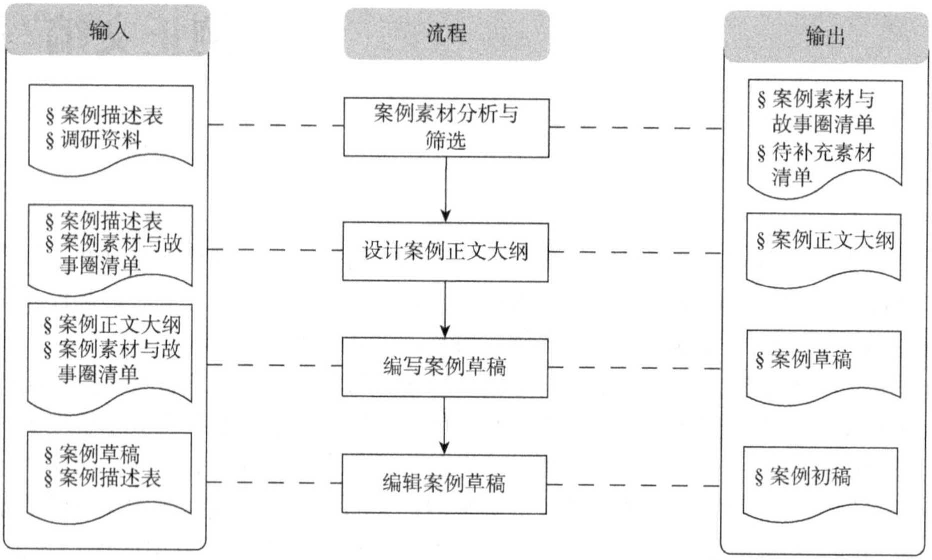

图 8-1 案例正文编写：流程、输入与输出

8.2 案例正文编写指导思想

案例正文是开展案例课堂教学的重要工具，从某种程度上说，案例正文就是一种特殊的教材。这种教材的特殊不仅表现在形式上，更重要的是其内容上的特殊。首先，案例正文的编写资料必须是真实的、可信的，即案例具有真实性。其次，作为教材，案例正文必须能够满足教学需求，即案例的编写具有目的性。最后，案例正文还必须具备较强的故事性和可读性，以吸引学生进入案例情境，进而实现知识的传递、能力的培养以及理念的转变。

8.2.1 案例的真实性

案例的真实性具有两层含义：其一，案例中所涉及的情节必须属实；其二，案例读起来要真实可信。真实的情节是对案例描写的基本要求，而可信更多是针对写作技巧而言。

一方面，撰写案例就是把曾经发生的一系列事件按照一定的逻辑描绘出来，它是对已存在的事情的再次阐述。换句话说，案例就是在讲真实的故事。所以描写真实的事件是对案例撰写的最基本要求，也是案例的基本属性。同时，学生学习案例是在培养分析能力和决策制定能力。他们毕业之后进入各行各业，所面临的是真实的场景、真实的环境。所以只有真实的案例情节，才会让学生学到可用于真实管理情境的知识。如果案例描写的情节与事实有所差别，那么学生在面临真实环境的时候，就难以做出正确有效的抉择。而要想使案例的情节发展合情合理，来龙去脉经得起推敲，就必须保证案例的内容绝对真实可靠。换句话说，凭空编造出来的故事或者是在故事的某些地方"添枝加叶"会使整个故事显得不自然，也容易出现逻辑错误。

另一方面，真实的故事很可能由于不恰当的表达和描述而给人不真实的感觉，因此，为了提高案例内容的可信度，本书建议案例作者可以遵循以下两点意见。

(1)以第三人称来讲述故事。以第三人称来讲述故事，会使故事显得更加客观和公正，从而让人觉得更加真实。这个道理很好理解，日常生活中，如果我们听到某个人自吹自擂，把自己夸得天花乱坠，我们绝对不会认为他会像他所说的那样。相反，如果同样的赞美来自于他身边的人或者是与他接触过的同事，那么可信度就大大增加了。

(2)避免出现带有个人感情色彩的词语和句子。案例作者要时刻记得自己的任务就是要阐述事实，千万不可把自己个人的观点添加进去。虽然第三方评价相比自我评价更具客观性，但如果第三方完全站在自己的主观视角来进行评价，其所描述的内容反而最容易引起他人的质疑。

8.2.2　案例的目的性

案例的目的性是指案例具有传授知识、培养技能、改变理念的目标。这就像语文课堂上的文章，除了要有丰富的故事情节之外，每一篇都要包含这节课学生需要掌握的知识点。学生通过案例情节，在老师的引导下进行讨论和分析，在解决案例实际管理问题的过程中，掌握基本理论和概念并学会如何去运用。

案例的目的性也是案例最根本的原则，是案例教学的意义所在。一篇再生动、全面的案例如果失去了目的性，也将变得毫无意义。对于提高案例目的性的做法，本书有以下两点建议。

(1)案例情节安排紧密联系教学目的。案例需求清单中教学目标中的每一个概念、每一个理论都要通过案例资料隐含在案例情节中，这样才会保证案例目的性的完整。

(2)案例要有焦点问题。因为案例需要让学生围绕着某些问题进行讨论，在讨论中学习，所以如果案例没有焦点问题，那么讨论也就无从说起。所以好的焦点问题也是案例目的性的有力保障。

8.2.3 案例的故事性

所谓故事性，是指案例内容要具备一定的情节发展逻辑，或是时间上的先后顺序，或是逻辑上的因果关系等，而不能仅仅是信息的简单拼凑或堆砌。故事性对于案例至关重要。首先，丰满的案例故事能够增加读者的带入感，让读者产生身临其境的感觉。这种带入感能够使学生快速进入决策人的角色中，增加学习效率。其次，案例的故事性能够加快学生对案例情节的记忆，并且迅速与所要掌握的知识点进行结合。这样一来，学生在牢记故事情节的同时，掌握了与其相关的知识内容。那么该如何提高案例的故事性呢?

总结起来就是要做到"三开"："开心"——制造气氛，感染大家，让大家能愉悦地听；"开路"——展开故事情节，要有合情合理，但又跌宕起伏的情节；"开窍"——引发共鸣，触及大家内心，达成观点的一致。以上三点是增加案例故事性的三个主要方面，然而要想做到绝非易事，具体说来，要在以下几个环节做得出色。

(1)背景介绍。要想让学生记住故事，就得让他们知道事情的来龙去脉，适当而准确的背景信息能够积极地引导学生进入故事开始的地方，并且对下面情节的展开起到至关重要的作用。需要注意的是，背景信息不宜过长，适可而止为最好。因为过长的介绍可能会有喧宾夺主之嫌，导致学生忽略案例的主题。

(2)角色目标。接下来就要建立案例中主角的内心需求。主角的内心需求对于整个故事而言非常重要。它不仅能够使故事中的主人公个性鲜活，还能让整个故事充满生机。当然这种内心需求需要被一定的刺激诱因所激发。这种诱因可能是市场上横空出世了某种竞争产品，或者是国家出台了某项政策，抑或是企业内部将要调整某个部门等。不管诱因是什么，总而言之，由于这种诱因的出现，主人公的生活将会发生改变，他需要想办法去解决难题，或者是抓住机遇，迎接挑战。

(3)力量抗衡。有了主人公以及他想要达成的目标，那么接下来为了让故事戏剧化，需要安排主人公的阻碍力量。这样就会使故事充满冲突和矛盾，引人入胜。阻碍力量可能是源自组织内部老干部的僵硬思想，也可能是整个行业的萧条等。阻碍力量的描写要让案例情节获得生命力和曲折感，从而增加它的故事性。

(4)自我调整。这种调整实际上就是主人公前后所做的改变。在案例中，这种改变可能是对于组织结构的调整，也可能是重新布局企业战略等。调整后的组织可能获得新的生机，战胜阻碍，也可能并没有取得很好的效果，甚至不如从前。总之，一定要有组织的自我调整，因为只有调整才有起伏，只有调整才有对比，有了对比才会得出具有说服力的结论。

以上四点要素是对于增加故事的完整性非常重要的内容。简而言之就是，案例中的主人公为了达到自己的目标，需要改变自我，克服重重困难。

8.2.4　案例的可读性

案例的可读性是指学生们阅读案例内容意愿的大小。学生是否对案例感兴趣，很大程度上取决于案例可读性。兴趣是最好的老师，所以增加案例的可读性对于提升学生学习案例的效果非常关键。

要想增加案例的可读性，首先我们需要知道学生为什么要读案例。一般来说，促使学生阅读案例的原因如下：第一，知情欲，他们想了解某些企业在过去经历了什么，现在正在发生什么以及未来会有哪些前景。这就好像人们读报纸一样，即便里面某些人和事跟他们没有任何关系，但是他们就是愿意每天花上几个小时去浏览，并且乐在其中。第二，求知欲，学生们想要通过阅读案例，从中吸取到他们之前并不了解的知识和经验。这一点与人们喜欢读名著有些相似。第三，求助欲，好多人读案例就是为了能够从案例中寻找答案，来摆脱他们现实生活中的困境。

所以，要让一篇案例具有较高的可读性，就要做到以下两点。

(1)文章非常实用，能够给人们的生活和工作提出具体的指导方针。

(2)所描述的事件是最近比较热门的话题，能够满足人们内心的求新欲望。

为了具体说明如何增加案例的可读性，本书给出一篇案例的部分内容做详细解读。下面是有关 1992 年中国国有大中型企业改革的案例，在当时国有企业的改革是人们谈论的焦点。

【例 8-1】

1992 年，中国经济改革的重点就是国有大中型企业，其中劳动制度的改革又是意义重大的一环，而辽宁当时是改革试点，出台了许多新政策、新措施。可对普通学生来说，这些并不具备什么可读性。然而经过经验丰富的案例作者的调整，此稿仅用短短 940 字，就达到了给人以启迪，让人回味无穷的作用。

这篇文章的题目是《辽宁大中型企业探索劳动力竞争流动新体制》。我们一起来解剖一下，可以直观了解这种以故事来写案例的结构特点。

开头：“作为本溪钢铁公司保卫科的管理人员，唐明福怎么也没想到自己会从铁交椅上被撤下来，分配到勤杂部门当浴池厕所的清洁工。曾在电力机车班当了十几年工长的唐明福，4 年前脱离一线岗位进入机关科室工作。能够坐上办公室管理人员的舒适椅子，唐明福着实高兴了一阵子。因为以往在中国的国有企业，只要不犯错误，就不会被调到车间去当工人。”

案例的主题是“辽宁大中型企业探索劳动力竞争流动新体制”，但文章一开头却让学生看到了一个人的命运转折，这种人物命运由高到低的极大落差，使人立刻对唐明福产生了极大的同情，同时也设置了悬念：唐明福犯什么错误了？不然为什么会当了浴池厕所的清洁工？让学生不能不看接下来的一段过渡："可是去年12月，随着本钢劳动制度改革方案的出台，仅在第一线试点单位的运输部，就有77名多余的管理人员同唐明福一样，被调到一线生产岗位当了工人。与此相反，9名没有任何门路的工人经过考试选拔，正式走上了管理人员岗位。"

作者通过回答开头设置的悬念，引出"本钢劳动制度改革方案"，进而成功地将劳动制度改革的话题引入案例。此时，作者才开始案例主体的逐步展开："辽宁省劳动局长告诉记者说，本钢实行的这种改革，旨在破除国有企业内部长期存在的身份界限，它使企业10.6万名干部工人一律以'企业职工'的平等身份同企业直接签订互为制约条件的劳动合同，同时也掀开了中国大企业管理人员正式告别'铁交椅'和'铁饭碗'的历史。"

之后，案例作者用5个自然段、近500字阐述了此次改革的远因、近因及必要性和可能性，还介绍了唐明福接下来的人生变化，以及他亲眼目睹的企业的变化。

最后，在将主题由本钢扩展到辽宁三分之一的国有大中型企业后，作者以辽宁省省长的话做总结，说明此次改革的意义及取得的成绩，升华了案例主题："最重要的意义在于促使人们观念上的改革，使企业劳动力在流动中找到了自己最合适的岗位。"

就这样，一个本来是以辽宁省出台的新政策为主题的案例被改变成了以本溪钢铁公司的唐明福为主人公的故事。故事中主人公的人生经历和巨大转折发人深省，给人以启迪。这一切都赋予了案例非常高的可读性。

8.3 案例素材分析与筛选

尽管调研人员已经对案例资料进行了初步的加工与整理，但调研阶段的加工与整理更多的是尽可能保证相关资料的准确性和完整性，并依据调研问题对相关资料进行简单的总结和归类，所整理出的案例资料分布较为零散，系统性不强。虽然可以按照决策流程进行调研并为资料排序，但决策的过程与案例情节的演变过程通常存在差异，所整理的资料难以突显案例故事的情节发展。再者，此时的资料较为繁多，可能揭示了多个管理问题或现象，而掩盖了案例作者所关心的核心问题。

因此，在使用资料进行案例编写前，案例作者需要对案例资料进行深入、详细的阅读、分析和整理。首先，深入理解资料内容，明确案例的当前问题，进而提取案例情节要素，分析并划分案例故事情节片段或故事圈。其次，在构建问题分析框架的基础上，剖析资料中所蕴涵的知识点，对案例资料进行归类和筛选，形成案例编写素材，为接下来的工作奠定基础。

8.3.1 资料类型

在分析与整理资料的过程中，案例作者一方面需要从现有资料中筛选出能够满足案例需求的有用资料，另一方面要明确还有哪些资料尚未获得。因此，可以依据资料的有用性和完备性，将资料的类型划分为可用资料、暂不可用资料和尚需补充资料三个类别，而三种类型资料的辨识则应该以案例分析的内在知识结构为依据，即符合知识点的资料归为可用资料，不符合本案例所需知识而反映其他主题知识的资料归为暂不可用资料，尚未获取反映某些知识的资料则需及时补充。

1. 可用资料

符合选定理论主题，能够满足案例编写需求的资料即为可用资料。可用资料还可以进一步划分为决策资料和辅助性的背景资料两种。决策资料，指的是能够为学生提供进行问题分析及决策所必须掌握的信息资料，是构建案例故事情节，蕴涵管理理论知识，形成案例故事主体的核心资料，如量化的数据(销售额、市场占有额、财务数据等)和非量化的数据(企业战略、组织文化、个人经历等)。

辅助性的背景资料，指的是诠释案例背景环境，能够为案例分析提供必要的基本环境信息的资料。多数情况下，学生并不是十分了解案例情境所处的客观环境，而这些环境因素往往却又很可能对案例故事的发展产生重要的间接影响，所以案例中需要对此类信息进行较为详细的交代和介绍，如国家文化习俗、行业特点、企业发展历程等。

2. 暂不可用资料

具体来说，该部分的资料又主要包括无用资料、主题不相关资料和涉及企业机密而不能公开的资料。无用资料的产生往往是无法避免的，有些资料可能乍看起来反映了一些信息，但经过反思后发现，该资料并未反映任何知识点，也起不到辅助说明的效果，无助于案例编写。这类资料只能舍弃，并认真思考此类资料产生的原因，积累经验，以指导以后的调研工作。

主题不相关资料，指的是能够反映一定的管理实践问题，但与所编写案例的主题不相关的资料。此类资料虽然不适用于目前所编写的案例，但其所揭示的问题点很可能适用于其他管理主题，如果案例作者有兴趣，可以对这一问题点重新进行资料的收集，进而形成新的案例。此时，可以先对这部分资料进行标注，以备以后使用。对于因涉及企业方不能公示的信息而导致无法使用的资料，应尽可能地通过掩饰来获取使用许可，如果无法实现则应果断放弃，并采取其他策略来满足案例需求。

3. 尚需补充资料

案例资料的收集是一个不断积累和丰富的过程，对于暂时未能获得，但又是案例编写所不可缺少的资料，应尽快联系企业方或其他资料来源，及时补充完整，避免给后续工作造成麻烦。若发现某些需求真的无法实现，则可能需要考虑对案例本身的构思进行一定的调整。

8.3.2 分析并筛选案例素材

一般而言，在对案例资料进行分析与筛选的过程中，不同的案例作者所惯用的方法或流程也是不尽相同的。但无论采用何种方法，案例素材的筛选工作都是以案例资料的分析为前提的。只有充分理解案例资料所揭示的潜在情节信息，及其所反映的理论知识，案例作者才能依据案例需求对资料进行取舍，提取出撰写案例所需要的素材。而管理案例故事往往都包含了某个或某几个核心决策问题，案例的情节也正是在关键人物应对管理问题的过程中逐步发展起来的。因此，从案例核心问题入手，通过梳理关键人物语言、行为等方面的信息来辨识并提取案例故事关键信息，是开展案例素材分析与筛选的有效途径。

1. 明确当前问题

当前问题，即案例中决策者面对的明确的决策、问题、挑战或机会，反映了案例中的关键决策点，是案例潜在理论问题的具体表现。从当前问题入手是案例作者快速、深入把握案例资料内容，理解相关信息的有效途径。通过对当前问题的分析与识别，案例作者能够聚焦案例故事主题，进而逐步明确案例的人物、环境和事件等信息，梳理案例故事的起因、经过乃至结果。

一般来说，当前问题的确定并不困难。在调研提纲的设计阶段，采编团队已经掌握了案例的主要问题，并设置了更为细化的问题以取得相关资料。事实上，当案例作者详细地阅读了调研资料，了解了案例事件的整体发展脉络后，只需要依据案例主题，并结合具体案例情境，便可得到当前问题。例如，在编写案例《五洲集团组织变革之路》时，案例的主题为组织变革，其调研提纲的一个决策点为“第三次组织变革”。经过实践调研，案例作者最终将案例的当前问题描述为五洲集团如何解决现存的组织问题。

2. 梳理情节信息

情节信息，指的是反映案例故事人物、时间、地点、事件起因、经过和结果等关键要素及其内在逻辑关系的信息。无论是描述型案例还是决策型案例，案例情节通常会以某个决策者为核心，通过描述该决策者在应对问题或困境过程中的内心活动、行为举止及其与次要人物的互动来展开情节。因此，在明确了案例当前问题的基础上，案例作者可以通过回答以下以关键人物为核心所提出的四大问题，实现情节信息要素的提取与梳理。

(1)案例中的关键决策者是谁？在公司中担任什么职位，承担什么责任？

(2)决策者所面对的问题、担忧、挑战或机会是什么？造成这一现状的原因是什么？它对组织的影响程度如何？

(3)决策者面对的环境、条件或障碍是什么？

(4)为了应对困境，决策者采取了什么行动或处置方法？产生了怎样的结果？

通过回答以上问题，案例故事的整体信息会逐渐变得清晰，案例作者可以较为深入地探究案例故事的起因、过程乃至结果，充分掌握案例情节的内容及发展脉络。例如，案例《青山公司新生产线建设项目管理模式选择的困惑》的当前问题是选择何种项目管理模式，该案例对上述问题的回答如下。

【例 8-2】

(1)案例关键决策者李总经理，是 12 万吨纸浆生产线项目的项目经理，负责该项目的整体管理和协调工作。

(2)青山公司正在筹备 12 万吨纸浆生产线项目，董事长非常重视该项目的建设，并在公司董事会上提出希望该项目不仅要圆满地实现项目预期，还要建立一个较为完善的项目管理模式。然而，项目虽然已经正式启动三个月，但到底采用哪一种项目管理模式还悬而未决。李总经理需要尽快做出决策。

不同的人对于项目模式的选择有着不同的观点。如董事长和冯教授青睐于 EPC 项目模式，但公司内部项目主要管理人员认为 DBB 模式更适合企业自身。大家各持己见，难以达成一致。

(3)不同项目管理模式对市场环境和企业自身能力的要求不同。如 EPC 模式要求市场中存在较为成熟的总承包商，但现实中 EPC 总承包商普遍缺乏管理经验、组织协调体系不健全，不能有效实施过程控制。同时，EPC 模式会造成总承包商之间的信息不对称问题，青山公司在谈判中容易处于不利位置。DBB 模式则需要青山公司设置较庞大的管理机构、投入较多的管理人员，而企业自身的能力和现有资源都难以满足这一要求。

(4)面对困境，李总经理首先带领青山公司全体经营班子认真学习了集团公司的战略规划，并讨论了刘董事长采用 EPC 总承包模式的建议，然后聘请项目管理专家针对 EPC 总承包模式编制了《项目执行管理方案》，以听取专业人士的建议。其次，青山公司经营班子多次开会讨论项目管理模式选择的问题。最后，李总经理经过深思熟虑，决定组织召开一次公开的项目管理模式论证会。在会议上大家各抒己见，详细论述了支持 EPC 或 DBB 模式的理由，甚至有人提出采用“EPC＋DBB”或“DB”(design-build，即设计—建造)的模式。

需要注意的是，案例故事的关键决策者可能并不是唯一的，特别是对于描述型案例来说，案例可能涉及了企业在较长一段时期内的一系列变化，虽然面对的问题是一致的，但关键决策者很可能是多个。此时，就要在准确识别出关键决策者的基础上，逐一提取各决策者所面对的故事情境要素，进而全面掌握案例故事内容。

在五洲集团的三次组织变革中，虽然变革推动者都面对着如何设计组织结构以应对内外环境变化的问题，但决策者却是三个不同的人物，分别为不同时期的总经理。其中，王总和刘总分别是前两次组织变革的推动者，两次变革是已经发生的事实，而孙总则面对的是企业当前的问题，并没有采取行动。案例的重点在于描述前两次组织变革，因此，需要针对王总和刘总两个核心决策者回答上述四方面问题，有关第三次组织变革决策的分析重点则放在孙总所面对的困境方面。

【例 8-3】

(1)核心决策者王总成为“99 一号”项目的总负责人，并成功地为五洲集团在21 世纪的腾飞赚下第一桶金。

(2)“99 一号”项目实施中，公司招募了大量的新员工，而项目结束后，人员安置和公司生计成为头等大事。同时，王总预测，伴随全球经济的快速发展，2000 年以后我国石化产品市场将迎来发展的高峰，以炼油和乙烯为代表的化工石油工业建设将进入高潮期。五洲集团想要趁机开拓自己的市场，稳稳占领国内市场，并最终走向国际市场，就必须走出吉化集团的框架。

(3)在成功完成项目任务后，王总发现如果五洲集团继续坚守吉化市场，大项目完成后，公司就必然面对新一轮的发展低谷。而为了走出吉化，公司必须转变组织结构，使其更具灵活性，同时改革传统的绩效考评和岗薪制以鼓励员工积极开发市场业务、自主提高专业技能。

(4)王总亲自上阵，组织和控制项目的整个实施过程。召开相关负责人会议，了解项目进展中的难题，协调各部门的工作冲突，做出紧急事件的处理决策等。同时他还大量阅读和学习项目管理理论知识，探索五洲集团成功进行项目管理的思路、途径和方法。

经过与其他高层管理者的交流讨论，王总决定通过设立区域公司来开拓全国市场甚至国际市场业务，将公司内部的工程队伍、施工设备和生产单位等优势资源变成面向所有项目的公共资源，按照内部模拟市场结算向各区域项目公司转移，使项目成为公司新的利润中心；原来的专业公司在保证公司项目施工需要的前提下也同样可以对外承接项目，但是不再作为公司的利润考核中心。公司设想将年度预算指标分解，分配至各区域项目公司，区域项目公司再通过开发市场、承接项目、设立项目团队，将所承担指标分配至各具体项目，最终形成以“公司—区域公司—项目团队”为主体的“三级管理、三级预算”目标管理体系。

组织改革思路基本确定后，王总率领公司主要管理人员对五洲集团现有市场和潜在市场进行了详细的市场细分，筛选出市场潜力较大的几个区域和城市，初步确定了五个主要的目标市场区域——东北区、华北区、西北区、西南区和中原区。接下来，在这五个地区设置区域公司，作为公司市场开发和项目管理的中心，公司每年年初为其设定收入目标、利润目标以及其他市场目标。

五洲集团总部主要负责公司整体战略规划、重要资源协调、公司品牌和文化建设、公司资质管理等工作，有关项目的大部分权限下放到各区域公司，原有的其他职能部门进一步精简，主要职责是为各区域公司提供工作和资源支持。各专业公司依旧保留，在区域公司项目实施中承担相关专业的工程施工，与区域公司间构成一种内部的客户关系，实行内部市场化配置。区域公司和专业公司之间的供需平衡、利益分配以及矛盾冲突，由公司总部统一协调。

每个区域公司发展初期先配备市场、财务、技术等核心人员，在发展过程中，可根据自己的人员需求向总部提出申请，进行人员调度或社会招聘。后期公司总部甚至下放了人员招聘的权限，各区域公司可以根据自己的需要招聘员工。各区域公司经理还可以对自身所需的资源进行调配，与各职能部门进行协调，以获取最大的工作支持。

为了使各区域公司配置合格的管理团队，五洲集团开展了员工竞聘上岗工作。五洲集团在各区域公司间建立起竞赛机制，每月或每季度召开各区域公司工作汇报总结会，所有区域公司负责人将其年度目标完成情况、项目进展情况、出现的问题等进行交流，无形中形成了公司整体的竞争氛围。

在进行组织结构调整的同时，公司薪酬制度也相应进行了调整，经过一系列的组织变革和管理措施的实施，五洲集团进入了高速发展阶段，公司的市场地位和各种盈利指标都得到了较快的提升。组织变革实施的第二年，五洲集团的主营业务收入实现了较大幅度的增长，增长率高达90%。同时2001年公司利润总额突破1亿元，是2000年利润总额的2.7倍。在良好的市场环境和变革影响的作用下，五洲集团在接下来的几年间，盈利水平稳步提升。除了获得良好的经济效益，这次组织变革对五洲集团的影响还体现在其主营业务的市场份额上。通过区域公司的设立，公司的主营业务量和市场占有率得到了大幅提升，基本覆盖了国内南方、北方、西北、西南等绝大部分地区，并扩展到海外的中东地区和非洲地区。

有时案例中可能并不会出现某一个具体的人物，而是将职能部门、事业部、企业整体作为案例故事行为的整体。例如，案例《灿坤3C连锁店的中国大陆之行》中并不存在一个具体的决策人，而是通过描述灿坤3C连锁店在中国大陆的发展历程，引发学生对该企业市场扩展模式的思考。此时，只描述人物的相关信息显然是不完整的，所以需要根据案例故事主体单位的变化对信息进行筛选。例如，以企业为案例故事主体时往往需要重点描述行业现状、竞争对手情况等信息，甚至要做对国家宏观经济、政治形势等方面的描述。而职能部门或事业部成为故事主体时，案例则会将群体的行为作为描述的重点内容。但需要注意的是，当故事主体不再以具体的人物为核心时，案例故事更类似于一篇客观的新闻报道，较难带领读者进入情境，扮演角色，本书不建议以此种方式来撰写案例。

3. 构建分析框架， 提取情节片段

在案例教学中，学生是在对问题的识别与分析过程中实现对相关理论知识、工具和方法的学习与运用的。这就要求案例中必须涵盖进行问题分析所必需的定性或定量数据、限制条件等信息。

在完成当前问题与情节信息的分析和整理后，案例作者已经对案例资料有了进一步的认识，掌握了案例资料的潜在信息，并能够完整地讲述出案例的主要故事情节。而分析框架的构建可以让案例作者在较为系统的知识结构的指导下，建立一个解决当前问题的分析思路，明确决策所需要的信息、工具和方法，进而筛选撰写案例所需要的情节内容。

具体过程，就是案例作者依据系统的理论知识结构，结合相关的管理理论和工具，对案例情节的潜在知识点进行分析、归类和筛选，梳理进行决策的背景信息、依据、行动方案、评价标准等信息。最终，实现案例故事的情节片段以及相关数据资料与潜在知识结构的匹配，即案例素材与知识结构的匹配，如图 8-2 所示。

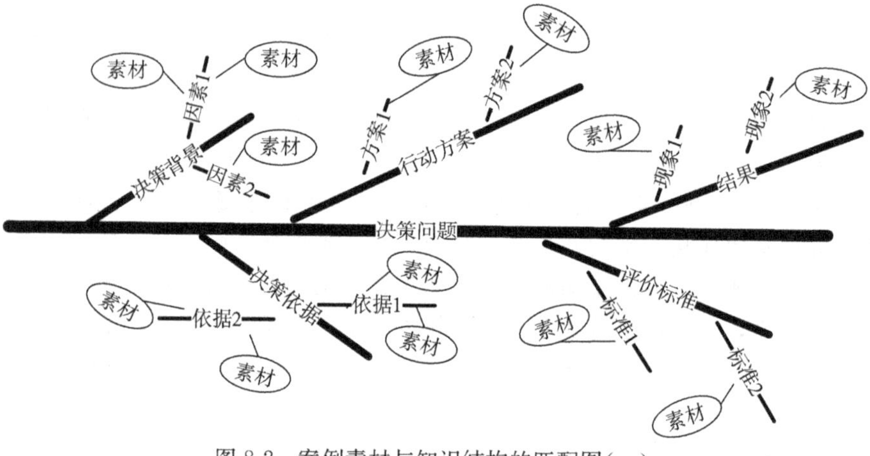

图 8-2 案例素材与知识结构的匹配图(一)

以《青山公司新生产线建设项目管理模式选择的困惑》为例，该案例的分析主要涉及决策问题、决策背景、决策依据、行动和评价标准几个部分，因此可形成如图 8-3 所示的匹配图。

综合上述三个阶段的分析和处理结果，并结合案例需求清单中所列知识点，可以形成一份能够反映潜在知识点的素材清单，以《青山公司新生产线建设项目

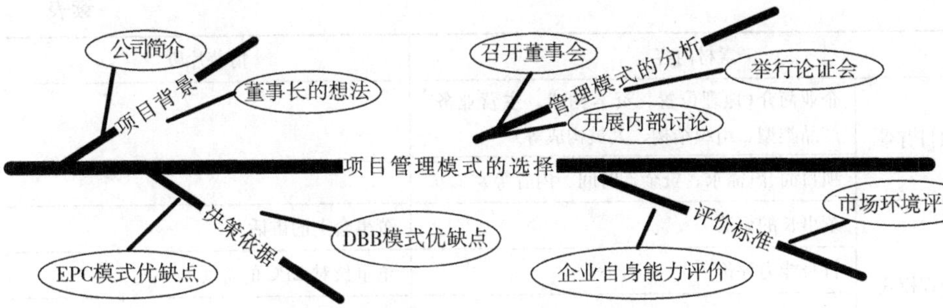

图 8-3 案例素材与知识结构的匹配图（二）

管理模式选择的困惑》为例，如表 8-1 所示。

表 8-1 案例素材清单

当前问题	选择何种项目管理模式
分析方法	定性分析
分析工具/理论	管理模式优劣势及应用条件理论
情节信息	(1)案例关键决策者李总，是 12 万吨纸浆生产线项目的项目经理，负责该项目的整体管理和协调工作
	(2)青山公司正在筹备 12 万吨纸浆生产线项目，董事长非常重视该项目的建设，并在公司董事会上提出希望该项目不仅要圆满地实现项目预期，还要建立一个较为完善的项目管理模式。然而，项目虽然已经正式启动三个月，但到底采用哪一种项目管理模式还悬而未决。李总经理需要尽快做出决策 不同的人对于项目模式的选择有着不同的观点。如董事长和冯教授青睐于 EPC 项目模式，但公司内部项目主要管理人员认为 DBB 模式更适合企业自身。大家各持己见，难以达成一致
	(3)不同项目管理模式对市场环境和企业自身能力的要求不同。如 EPC 模式要求市场中存在较为成熟的总承包商，但现实中 EPC 总承包商普遍缺乏管理经验、组织协调体系不健全，不能有效实施过程控制。同时，EPC 模式会造成总承包商之间的信息不对称问题，青山公司在谈判中容易处于不利位置。DBB 模式则需要青山公司设置较庞大的管理机构、投入较多的管理人员，而企业自身的能力和现有资源都难以满足这一要求
	(4)面对困境，李总经理首先带领青山公司全体经营班子认真学习了集团公司的战略规划，并讨论了刘董事长采用 EPC 总承包模式的建议，然后聘请项目管理专家针对 EPC 总承包模式编制了《项目执行管理方案》，以听取专业人士的建议。其次，青山公司经营班子多次开会讨论项目管理模式选择的问题。最后，李总经理经过深思熟虑，决定组织召开一次公开的项目管理模式论证会。在会议上大家各抒己见，详细论述了支持 EPC 或 DBB 模式的理由，甚至有人提出采用“EPC＋DBB”或“DB”的模式

续表

素材内容		情节片段
项目背景	企业简介（地理位置、资本构成、主营业务、产品类型、组织结构、人员构成等）	—
	项目简介（需求、资金、时间、内容等）	
管理模式分析	董事长的想法	董事会上的讲话
	自身能力评价	董事长对 EPC 的态度
	市场环境评价	李经理及专家对 EPC 的异议 李总经理与李经理的对话 论证会上的讨论

另外，通过知识结构与情节片段的匹配过程，并结合案例描述表，案例作者可以很容易地识别出还有哪些知识点未被现有资料覆盖，需要补充哪些信息并考虑如何获取，进而形成待补充资料清单。承接例 8-2，完成案例素材清单后，案例作者发现有关 DBB 项目管理模式优势的相关资料还存在欠缺，无法充分表现出 DBB 模式所带来的优势。因此，需要补充这一方面的相关资料，并初步确定通过采访团队成员、项目经理和总经理来获取。依次类推，就会形成一份待补充资料清单，如表 8-2 所示。

表 8-2　待补充资料清单

编号	待补充资料	知识点	获取方式	来源
1	DBB 管理模式优势	自身能力评价	访谈	团队成员、项目经理和总经理
2	……	……	……	……

8.4　设计案例正文大纲

在对案例素材进行分析筛选之后，接下来案例作者就要把注意力放到设计案例正文大纲上。本节将从正文大纲的作用和设计思路两个方面，介绍案例正文大纲的相关内容。

8.4.1　案例正文大纲的作用

案例正文大纲对于案例正文的形成和质量的提升非常关键，具体来说有以下几点作用。

1. 行文依据

很多时候，案例编写者心中虽然有自己想表达的内容，但是往往由于过于局限在某个细节中，很容易忽略案例编写的初衷，偏离最初对案例内容的构思，也就是造成所谓的“跑题”现象。在正式动笔之前，先形成一份案例正文行文的大纲作为编写依据是很有用处的。案例正文大纲提取了案例各章节或段落的主题思想，形成了整篇案例的行文思路和逻辑，反映了案例作者对案例故事情节的构思和潜在知识点的设计。以大纲为指导进行编写，案例作者能够紧紧围绕各章节或段落的主题思想一步步扩展内容，时刻紧扣中心，避免出现“跑题”现象。

2. 方便修改

相对正文来说，预先设计的大纲更具灵活性。将案例正文的构思形成纸面上的提纲，就容易推敲、删补、调整其内容，完善其结构，增强情节和知识点的逻辑性等。作者可以在大纲上不断修改，直至完善。相反，案例正文一经写成，已经形成一个整体，如果要破坏这个整体，重新组织一篇案例，要花费很大精力。

3. 体现作者思路

这一点在案例写作当中显得尤为突出。作者设计案例正文大纲实际上就是在做三件事：第一，选择哪些素材去匹配知识构架；第二，如何将这些素材进行排序；第三，如何将素材故事化。所以案例正文大纲的另一个作用就是体现作者对案例整体框架的构思和设计。

8.4.2　设计依据

案例正文大纲需要作者精心安排，这样才能确保案例情节在涵盖教学目标的同时，内容饱满、可读性强。为了达到这一标准，案例正文大纲的设计需要依据案例类型、分析难度需求和案例编写原则来进行。

(1)案例的类型决定了案例故事的整体框架和内容。对于描述型案例来说，案例重在描述企业在应对某一当前问题时所采取的具体措施或独特的做法，以这种真实的管理实务活动向学生讲述某一管理理论。这就要求案例正文要从较为系统、整体的视角来讲述一个管理故事，此时较为适合按照决策流程来展开故事情节，即按照发现问题、搜集信息、分析备选方案、制定决策等步骤形成案例正文。同时，正因为描述型案例给学生呈现了一个较为完整的案例故事，学生虽然可以较为系统地了解案例故事，但也会发现案例中并没有一个亟待其去解决的问题，或是明显的争议点，即案例关键问题被较深地掩埋在故事情节之中，因此需要借助案例的思考问题来逐步剖析案例。

而对于决策型案例来说，案例通常会按照决策要素来展开，在营造一个充满了问题的管理困境的同时，提供相应的决策依据和标准等信息。学生则被要求从决策者的角度去解决问题。此时，案例问题的分析似乎变得有迹可循，即使不设置思考题，学生也会主动进入角色，思考问题的应对方式。

(2)案例正文大纲的设计要与案例难度定位相结合。正文大纲的设计首先要考虑案例的分析难度，作者需要根据分析难度的定位对案例收尾点进行选择。不同的分析难度对应不同的案例内容。

(3)案例正文大纲的设计除了要依据案例难度的需求，更重要的是要符合案例编写的原则。案例的故事性和可读性要求案例的谋篇布局必须精彩，而目的性和真实性更是案例编写的刚性需求。那么如何让案例情节曲折可读，背后蕴涵的道理准确深刻？实际上，这就涉及将知识线和情节线互相匹配的过程。

8.4.3 大纲设计

从表面上看，案例正文大纲是对案例故事情节的统一规划与安排，反映的是故事发展的逻辑顺序。但仅仅能够清晰反映案例故事结构的大纲是远远不够的。案例正文肩负着传授知识与理论的任务，而为了满足这样的教学目标，案例作者在设计大纲时，必须要考虑知识点的布局与融入等问题。

具体来说，案例正文大纲的设计要对能够反映知识点的素材进行合理的布局和搭配，在保证故事连贯性的基础上，形成能够反映整篇案例行文的逻辑框架。其具体的设计过程包括以下几个方面。

1. 结合知识点， 匹配情节线

案例服务于教学目标，为了有效地传授知识，培养学生能力，案例中必须要涵盖相关课程的知识点。但案例中的知识点并不会像其他教科书那样将某一理论的定义、作用等内容直白地告诉学生，而是通过将理论知识回归管理实践，以具体的故事、情节反映知识点，让理论知识内含于案例故事之中，从而形成一条隐含在故事情节之内的知识线。也就是说，知识线是案例作者通过对案例的描述，将教学目标隐含在情节背后，由此而完成的相关学科的知识点串联。

而为了让案例能够吸引学生，就必须保证案例的情节逻辑性强、可读性高。这需要作者能够将故事情节恰当有序地连在一起，形成一条高质量的情节线，即案例中故事发展的逻辑顺序，将案例中所有的情节和场景自然流畅地贯穿起来。

一篇优秀案例的知识点和情节应该实现有机的统一。案例的编写要以实现知识点为目标，将其蕴涵于案例故事之中。同时，为了保证故事性与可读性，案例又必须要有足够丰满的情节。可以说，知识线与情节线的匹配是设计案例正文大纲的核心任务。

在完成前期的各项准备工作后，案例作者已经对案例故事中所蕴涵的知识结构有了充分的认识与掌握。因此，此阶段的主要工作就在于如何有效实现两条“线”的搭配。而搭配的过程就是筛选与知识结构内容相符的素材，并将这些素材加以有序的组织，保证所选择的素材能够涵盖所有知识点。

为了更详细地阐述知识线和情节线的相互匹配，下面以《青山公司新生产线建设项目管理模式选择的困惑》为例来具体说明两条线是如何搭配的。

在《青山公司新生产线建设项目管理模式选择的困惑》案例中，由于组织决定扩大生产线，于是一个问题摆在决策者面前，即选择什么样的管理模式。最开始刘董把问题想得很简单，直接断定 EPC 管理模式最为明智。但是后来由于李经理和一些专家提出反对的声音，于是这个看似简单的问题出现了两种意见。为了更准确地做出决策，刘董决定开一次讨论会解决此问题。讨论会上，所有人各抒己见，然而管理模式的选择最后仍然没有一个确定的答案，问题有待解决。这就是这篇案例的情节线索，这条一波三折的情节线背后所蕴藏的知识点如图 8-4 所示。

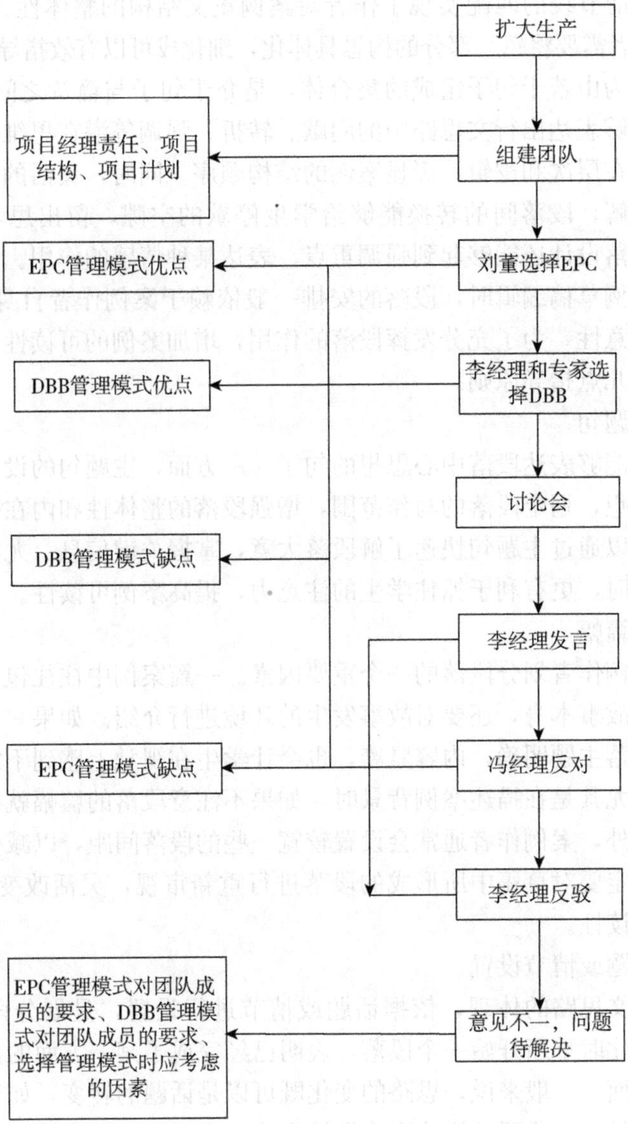

图 8-4　知识线与情节线(一)

这里需要注意的是，在决策型案例中，作者只是描绘出公司现在所面临的困境以及当前所处的社会环境等，而不涉及公司决策者如何采取措施来面对困难。所以在这种案例中，情节线更像是一个未完待续的故事，等着学生们去填写一个大结局。在描述型案例中，故事内容不仅包括公司遇到了什么样的瓶颈以及公司决策者所采取的相应的措施和改革，还要涉及最后这些措施和改革给公司带来了什么样的改变，取得了哪些进步等。

2. 合理设置段落

知识线与情节线的匹配实现了作者对案例正文结构的整体性、系统性规划，接下来案例作者需要将每一部分的构思具体化，细化成可以有效指导写作的段落。

而段落作为由若干句子组成的集合体，是介于句子与篇章之间的一个层次。段落的设置能够表达出行文思路中的间歇、转折、强调等潜在思维过程，清晰地反映案例的内在层次和逻辑，彰显案例的结构顺序。同时，灵活的段落结构便于学生阅读和理解，段落间的转换能够给学生停歇的空隙，留出思考的时间。此外，巧妙的段落设计还能够起到强调重点、表达某种情感的作用。

在进行案例草稿编辑时，段落的安排一般依赖于案例作者自身的行文思路，具有较大的任意性。为了充分发挥段落的作用，增加案例的可读性，在设置段落时可遵循以下几点指导原则。

1)设置主题句

主题句是能够表达段落中心思想的句子。一方面，主题句的设置有助于提取段落的核心思想，划定段落的写作范围，增强段落的整体性和内在一致性。另一方面，学生可以通过主题句快速了解段落大意，掌握关键信息。尤其是当段落首句成为主题句时，更有利于抓住学生的注意力，提高案例可读性。

2)适当的篇幅

篇幅是案例作者划分段落的一个重要因素。一篇案例中往往包含了大量的信息，除了案例故事本身，还要对故事发生的环境进行介绍。如果一个段落的篇幅过长，即使段落主题明确，内容紧凑，也会让学生在视觉上感到不舒服，甚至产生阅读压力。尤其是在描述案例背景时，如果不注意段落的篇幅就很容易造成资料的堆砌。此外，案例作者通常会设置较宽一些的段落间距，以减少视觉上的反感。因此，一定要对草稿中所形成的段落进行重新审视，灵活改变段落的长度，增加案例的可读性。

3)依据话题或情节设置

段落是行文思路的体现，依据话题或情节进行设置，是划分段落的有效方式。当思路变化时重新开始一个段落，表明已经完成了某一方面的描述，现在要转变到另一方面。一般来说，思路的变化既可以是话题的转变，如当交代完企业发展历程后，另起一段开始描述企业发展现状，也可以是故事情节的转换，如故事场景的变换或事件情节的依次发展。

3. 完善情节信息，实现合理过渡

情节线确定之后，案例正文大纲的基本框架已经浮出水面。但并不是把所需要的案例素材有顺序地罗列起来就是一篇优秀的案例，要想使案例更加完善，保证情节的饱满，作者就必须在素材之间“添枝加叶”，将素材串联起来，使故事发展流畅，实现情节与情节之间的合理过渡，

这里以《五洲集团组织变革之路》为例，在确定了右面的情节线之后(如图8-5所示)，为了能够让案例更加吸引学生的注意力，作者决定把公司现在对于改革的呼声放到引言中，起到引起学生好奇心的作用。然后，为了让学生更加清楚每部分的大致内容，作者决定将每一部分的关键词语作为小标题。最后，为了让学生了解公司现状，作者打算在背景信息中适当提及公司过去和现在的规模。具体案例正文大纲如图 8-6 所示。

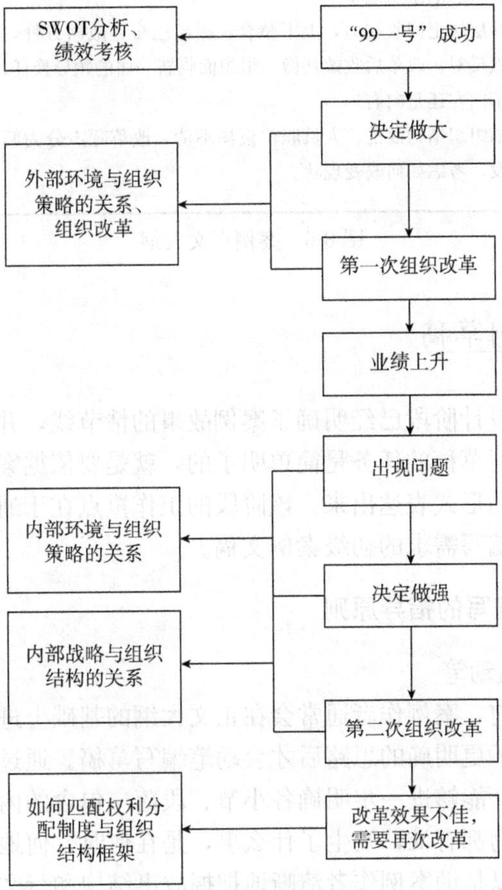

图 8-5　知识线与情节线(二)

五洲集团组织变革之路

摘要：

关键词：

小标题一：公司简介

描写公司的发展历程、主要资质以及人力资源工程。为下文提供背景信息。

小标题二："99 一号"成功带来的思考

"99 一号"成功完成，项目过后公司进入业绩低谷，闲置人员增多，改革迫在眉睫。

小标题三：轰轰烈烈改革走出去

领导决定将企业组织变革为"三级领导、三级预算"，将权力下放，提高员工积极性。一段时期内企业业绩迅速增长。

小标题四：新官上任后的问题暴露

刘总上任后，组织开始暴露问题，项目质量不过关，工作人员业务水平下降，再加上石油产品需求的整体下滑，现有组织体系已危在旦夕。

小标题五："三级到二级"的组织改革

为了解决问题，领导层决定回收权力，上下整合，提出三步走战略方针，将三级改为二级。这一改革引起部分人士的强烈反对。改革后收效甚微，组织面临新一届的领导换任。

小标题六：组织变革向左还是向右

新领导上任后，面临组织结构混乱、人员职位模糊不清、改革呼声分为两派等情况。新上任的孙总不得不重新从大局出发，考虑如何改变现状。

图 8-6 案例正文大纲

8.5 编写案例草稿

案例正文大纲设计阶段已经明确了案例故事的情节线，并以小标题的形式展现出来。因此，编写草稿的任务是简单明了的，就是要依据案例正文大纲将案例素材以句子和段落的形式表达出来。该阶段的工作重点在于通过创造性的思维过程，形成符合案例编写需求的初级案例文稿。

8.5.1 草稿编写的指导原则

1. 先构思， 后动笔

在真正落笔之前，案例作者通常会在正文大纲的基础上进一步构思具体故事内容，在对全文有了更明确的思路后才会动笔编写草稿。通过对大纲中各部分具体情节内容的设计，能够进一步明确各小节、段落应包含的内容及其之间的逻辑关系，如相关的人物都有谁，发生了什么事，是在何时、何地发生的，事件又是如何发展的等，可以帮助案例作者清晰地把握故事结构和行文思路。这种将构思与编写相分离的写作过程，可以在具体写作前界定好草稿的内容，规范草稿行文思路。

2.“一气呵成”

所谓“一气呵成”，就是说在编写案例草稿时，案例作者一定要秉持一种打草稿的态度，避免编辑，不要苛求草稿的细节，不为细节问题所困。重点是在正文大纲的基础上，将恰当的案例素材安排在合适的位置上，并在相对较为自由的条件下充分调动思维，保证写作过程的连贯与流畅，最终形成一篇较为粗糙，但能够清晰描述案例主要故事情节，涵盖关键信息的草稿文本。对于编写中遇到的难题，如某一故事片段的编写思路受阻、现有资料不足等，则可以采取暂时搁置的处理方法，不要让其成为编写过程的障碍。同时，还要避免对字、词、语法和段落等细节问题进行编辑，这些具体工作都是编辑阶段的任务，拘泥于此反而会分散注意力，不利于编写草稿。

3. 保持客观

案例教学是通过一个真实的管理情境来帮助学生主动构建知识并培养能力，这就要求案例必须保持客观性。如果案例作者将自身的观点和看法融入写作过程，所形成的案例草稿难免会将编写者的主观意识强加给学生，限制学生的思维，导致学生难以从独立的视角去构建新的知识，不利于发挥学生的主动性。因此，在编写案例草稿时案例作者就要时刻注意行文的客观性问题，尽量使用素材中的原文或访谈中得到的直接引语，避免任何主观的偏见和个人看法。

4. 使用过去时

案例中所描述的故事情节往往发生在过去，此时使用过去时讲述案例是符合客观实际的。此外，哈佛商学院的经验还表明，采用过去时编写案例可以延长教学案例的使用寿命。

8.5.2　案例标题、摘要及关键词的编写

1. 案例标题

在任何一种文体中，标题都是最能传神会意的，可以说是文章或作品的眼睛。《现代汉语词典》将标题解释为“标明文章、作品等内容的简短语句”。可见，标题是对文章或作品内容的高度概括，反映了文章或作品的主要内容。具体到教学案例中，标题同样发挥着重要的作用。好的案例标题既能够提供案例关键信息，引导学生思考，成为案例线索，又可以通过恰当的修饰来吸引学生的眼球，激发阅读兴趣。本小节在详细分析案例标题构成的基础上，探讨案例标题的命名方式和技巧。

1)案例标题的结构

一般而言，案例标题存在单一结构和复合结构两种结构类型。其中，单一结构的标题只包含一个简短语句，用以反映案例的主要内容或主题，如标题《秀山

茶业 B to C 抹茶产品上市之惑》揭示了案例所要描述的主要内容为 B to C 抹茶产品的上市过程，而《吉利收购沃尔沃：中国汽车自主品牌的突围》则表明案例的主要事件为吉利收购沃尔沃，自主品牌的突围是案例的主题。

当案例作者想要对主标题加以补充、解说或想要强调案例的某个侧重面时，就会在前一个标题后以破折号或冒号连接另一个短语。此时，前后两个标题分别被称为主标题和副标题，两者共同构成一种复合结构的标题。例如，《设施布置原理与方法在医院诊室布置中的应用——人民医院诊室布置案例》的主标题表明了案例的主要事件，副标题点出了案例中所描述的组织；《四维约翰逊——一家中国运钞车企业的海外并购之路》在主标题中揭示了案例涉及的企业，在副标题中描述了案例中的主要事件；《坚守 vs 调整——绿茵阁成就专业化和品牌化的标杆企业之路》的主标题则描述了案例的决策点，副标题概括了案例事件的内容。

总体来看，主标题是案例所必备的，而是否以复合标题的形式命名案例则主要取决于作者是否希望通过副标题来突显或补充信息。本书中主要介绍案例主标题的构成及命名方法，在不特别说明的情况下，文中的案例标题指代的就是案例的主标题。

2)案例标题的常见构成要素

不同的文体对标题有着不同的要求，内容构成可繁可简。例如，文学作品《飘》，题目简洁精练，凝缩了整部作品的核心思想，而公务文书《某某单位关于加强安全生产管理工作的通知》的标题，仅由责任人、事由和文件种类组成，以揭示文书的主要内容与作用。

案例标题的构成也是纷繁多样的，有的反映了文章的内容，有的揭示了案例主题。具体来说，案例标题通常可由以下要素构成，即企业名、案例事件、案例主题、关键问题、人物的姓名或职位名以及描述或评论性短语。这些要素都不同程度地反映了案例相关内容，既可以单独使用，也可以相互结合使用。案例作者可以任意选取、组合这些要素，使标题具备不同的特色，表达不同的思想。以下将详细介绍各要素的习惯使用或组合方式。

(1)单一要素。第一，企业名。使用企业名来命名案例标题时，通常会选取企业或集团的名字，如《拇指互动公司》、《中国远洋运输集团(COSCO)》、《大连中隆仪表有限公司》。这种命名方式操作最为简单，表达也最为直观。学生往往对知名企业或集团具有很强的好奇心，渴望了解企业的相关信息。以知名度较高的企业或集团名字做案例标题可以快速地吸引学生的眼球，激发其阅读兴趣。但相应地，如果案例中的企业或集团的知名程度并不是很高，此种命题方式就很难起到吸引学生的作用。

另外，此类标题并没有揭示有关案例事件、主题等方面的信息，学生在读过标题后，只能凭借自身平日里对企业的重大事件、成就等方面的了解来猜测案例内容，具有较大的想象和思考空间。此时，授课教师对学生思路的引导也更加必要，不能让学生的思路过于发散，偏离课程主题。一般而言，以企业名为标题的案例所涉及的问题较广，信息量大，内容更为丰富，比较适用于综合型或描述型案例。

第二，案例事件。案例事件指的是案例所要描述的主要故事，可以是某一个行为方案，也可以是企业中发生的一段经历。使用简洁的短语概括案例事件并以其作为标题，可以将事件信息较为直接地展示给学生，使其初步了解案例事件，如《选拔总经理》能够告诉学生案例事件为总经理的选拔。相对企业名标题，案例事件作为标题能让学生进一步了解案例内容，以事件引起学生的学习兴趣。但需要注意的是，如果学生对案例事件不感兴趣，这种案例标题也很可能让学生产生失望感，反而产生不利影响。

第三，案例主题。案例主题，即案例事件中内含的知识所属的研究主题或领域。这类标题直接、清晰地展现了案例的核心主题，明确了案例故事的关注点，能够起到引导学生思考的作用。同时，直观的主题也有利于案例本身的归类，提高检索的准确度。但由于标题既没有揭示案例企业名称，又没有较为具体的事件，为了保证标题的吸引力，单纯以案例主题作为标题的情况并不多见。如果案例作者确实计划使用单一要素做标题，那么通常会添加一定的修饰短语来修饰主题，如标题《出人意料的组织变革》用"出人意料"来修饰主题"组织变革"，更容易引起学生的阅读兴趣。

第四，关键问题。关键问题，即案例故事中决策者所面对的困境或难题。由关键问题构成的案例标题通常会以提问的形式出现，如标题《怎样把售后服务卖给中国用户？》和《我的品牌之路在何方？》。此类标题具有很强的指导作用，可以帮助学生将思维迅速聚焦在问题点，促使他们主动思考问题的解决方案，有效提高学生学习的主动性。同时，这种命名方式在一定程度上降低了案例问题识别的难度。例如，当学生看到标题《怎样把售后服务卖给中国用户？》时会很自然地去思考影响售后服务销售的因素，以及推广这一业务的办法。类似地，标题《我的品牌之路在何方？》就会促使学生去思考构建品牌的途径和渠道。

(2)两两要素。以单一要素构成的案例标题只能揭示案例的某一个侧面，效果也较为单一。而采用两两要素的命名方式不仅可以综合不同要素的优势，还可以通过使用某些表达技巧达到突显某一要素的效果。因此，在编写案例标题时，两两要素的组合搭配得到了最为广泛的应用，以下将介绍几种常见的组合形式。

第一，企业名与其他要素的组合。

• 企业名与案例事件的组合

企业名与案例事件相组合的案例标题是被案例作者普遍采用的一种形式，如《河北长天药业分销渠道变革》、《云南省城市建设投资有限公司借壳上市》、《I

公司大型主机能力部的员工招聘》。从《河北长天药业分销渠道变革》这个标题中，学生可以了解到案例所描述的企业单位为河北长天药业，案例的主要内容应该是围绕分销渠道变革这一事件展开的。这种案例标题综合了企业名和案例事件两种命题方式的优点，在利用企业知名度提高案例吸引力的同时，还能给予学生一定的提示，引导他们进入案例情境，把握关键事件，聚焦问题点。

• 企业名与案例主题的组合

一般而言，这种命题方式只是简单地综合了两个要素，标题内容较为丰富，但两个要素之间并没有主次之分。也就是说，企业名与主题在标题中的地位是一样的，并没有强调任何一方，标题主要起到揭示案例信息的作用。如标题《合肥兴泰控股集团的风险管理》、《HC公司的战略选择(A)》和《H电器公司的并购战略》，只是告诉学生案例是有关哪个企业、哪个方面的问题，并没有其他修饰。

• 企业名与关键问题的组合

这一组合形式一般会更加突出关键问题的地位，并通过调整问题的内容和表述形式，发挥不同程度的引导作用，呈现不同的难度水平。如《飞鸿公司的燃眉之急》、《汉王科技该何去何从?》、《春兰与格力的差距为何越来越大?》和《诺基亚在国美：如何提升在家电连锁渠道的销售业绩》四个标题，相对于企业名来说，其中的关键问题更能给学生留下深刻的印象。同时，不难发现前两个标题中的问题较为模糊，仅仅设下一个疑问，而问题的具体内容则无从得知，需要学生根据案例内容自行总结，单从标题来看分析难度相对较高。第三个案例标题的问题则解释了更多的信息，学生可以知道案例重在分析两个企业的差距，而具体是哪方面的差距还需要进一步的分析。最后一个标题的问题是最具体的，学生需要关注的就是采取哪些措施来提升销售业绩。

• 企业名与描述或评论性短语的组合

绝大多数情况下，描述或评论性短语并不会单独作为标题，而与其相组合的要素也以企业名为主。最典型的结构就是，在企业名称后加上一个具有总结性特色的短语，如《桔子酒店：我另类故我在》、《永辉超市：一招鲜，吃遍天》和《ZZY——发展中的有机农庄》。这种标题形式更强调以直接的方式展示出企业的特色，并通过修饰短语激发学生的阅读兴趣。

此外，当标题由企业名与其他要素共同构成时，具体企业的名称经常会被某一英文代号取代，如《M汽车贸易公司的冲突管理》、《A超市的服务质量管理困境》。出现这种情况主要是基于两点原因：一是为了获取案例使用许可。有些情况下，案例所描述的企业并不希望自己的企业名被写入案例，所以为了获得使用许可，必须对案例标题进行掩饰。二是避免“先入为主”。学生对于某些知名企业往往有一定了解，当看到这些企业名称时很可能以原有的思维定式来解读案例内容，这并不总是有利于案例分析的。因此，案例作者会主动将企业名隐去以保证教学的有效性。但要注意的是，英文代号可能会让学生感觉案例中的企业并不是真实的，导致案例的可信度降低，案例作者要慎重使用此种掩饰手法。

第二，人物与其他要素的组合。

案例中关键人物的姓名或职位名也是案例标题的一个重要要素，但案例并不是人物传记，仅以人物的姓名或职位名来命名案例显然是不合适的。所以，一般的做法是以人物的姓名或职位名为主，其他要素为辅，共同构建案例标题。常见的组合形式有：人物与关键问题组合，如《项目经理的去留》、《项目经理小刘的困惑》、《大家为什么离我而去？——房地产公司老板的困惑》；人物与事件或作品的组合，如《朱新礼出售汇源果汁》、《魏德圣与他的〈海角七号〉》。

使用此种命名方式的优势在于，学生能够通过标题快速地进入案例角色，融入案例情境之中，知道应该站在谁的视角进行决策，这有助于教学目标的实现。但学生的思维也更容易受到限制，容易带入自己的主观臆想，不能较为客观地审视案例情境。此时，教师的必要引导和指挥将是不可缺少的。

(3)多要素间的组合。由于标题本身是对案例的高度概括，字数不宜过多，所以即使是由多个要素构成的标题，其一般包含要素的个数也不会超过 3 个，要素间的排序也更富于变化。常见的组合形式主要有：企业名、主题与描述或评价性短语的组合，如《三代成长，十年涅槃——中国建筑第五工程局人力资源管理变革》；企业名、主题与关键问题的组合，如《保健酒的市场战略：如何往前走——内蒙古“御膳春”酒业公司的市场开发案例》；企业名、主题与事件的组合，如《金融危机环境下，管理层舞弊的甄别——从科龙危机透视管理层财务舞弊的特征和手段》。多要素构成的案例标题通常涵盖了较多的信息，能够更好地揭示案例内容，要素间的合理搭配能够发挥综合效果，提示和引导作用更强，更有助于提升教学效果。但此种命名方式会导致案例标题较为冗长，并不十分符合多数学生的阅读习惯，案例作者应当慎重使用。

(4)其他形式。上述内容仅仅介绍了一些常见的标题要素及其组合方式，除此之外，根据案例作者目的和喜好的不同，还存在多种不太常见，但很有特色的标题形式。

第一，产品名、广告词与其他要素。《开心仁瓜子：装满开心赢天下》和《“种子、化肥、永业生命素，一个都不能少！”——永业生命素的营销》是比较典型的产品名、广告词与其他要素的组合。对于有些企业来说，其产品和广告可能更为人们所熟知，以产品名和广告词为标题的基础构成要素更容易拉近案例与学生之间的距离，使学生产生亲切感。

第二，经营理念与集团名。此类标题会具体地点出企业或集团的名称，但对经营理念的描述往往较为抽象，如《“百亿-百年”的温氏集团》和《阿利茄汁面：利己、利人、利天下》。这些标题乍看起来可能会有不明所以的感觉，但这也更容易引起学生的好奇心，促使其主动思考案例可能会涉及的内容。

3)修饰手法

对标题进行一定的修饰可以使标题变得更加具有吸引力，激发学生的阅读兴趣，同时还能发挥引导学生思考的功能。管理案例标题中经常使用的修饰手法主要包括反问句、比喻和拟人。

其中，反问句是一种句式表现形式，以修饰关键问题、案例事件为主。例如，标题《谁来承担项目采购成本上涨的责任?》以反问的形式揭示了案例的成本问题；而《魔力团：团出魔力了吗？——“千团大战”中的美耶公司》提问的内容则为案例的事件。一般来说，反问的句式能够引导学生的思考方向，并起到一定的提示作用。

比喻和拟人的修饰手法可以被用于多种案例要素。举例来说，采用比喻手法的案例标题如《山沟里的金凤凰能否在浴火中重生》将企业比喻为金凤凰，把可能遇到的危机则比喻为浴火；《联想：借船出海——机会还是陷阱?》把企业的国际化过程比喻为借船出海；标题《兰州大学出版社与 A 省新华发行集团的缘起缘尽》则采用的是拟人的手法，将案例所涉及的两个主题拟人化，将两者的合作过程称为缘分的始与终。不难发现，使用比喻和拟人的修饰手法可以将案例材料中最要紧、最本质的东西一语道破，切题、醒目，极易引起学生的关注，并引导学生的思路朝着既定的方向延伸，或是在理论上给予点破，标新立异，增强它的感染力。

4)标题命名的注意事项

综上所述，案例标题的形式多种多样，标题的命名不存在一定之规。那么在具体操作时，又该如何决定标题的构成以及表述方式，保证标题的有效性呢?

首先，案例命名的基本原则就是要保证标题的中性，也就是说标题中的任何内容都不要带有作者的主观意识，或某种观点。作者虽然可以使标题起到某种信息提示作用，但绝对不能让标题限定学生看待事物的视角或价值观。

其次，标题是要服务于案例教学的。因此，案例标题的具体内容和形式都是作者用以满足教学目标的外在表现。在撰写案例标题时，案例作者必须以教学目标为依据，在考虑案例难度水平的基础上设计标题，充分发挥标题概括案例内容和吸引学生等功能。

一个比较好的案例标题要能够反映案例事件的主题，并具备新颖、不落俗套的特点，同时还要兼顾教学对象的能力和水平，使案例的难易度能够与教学对象相匹配，难度不可过高，但也不能过于简单。例如，如果案例作者希望标题能够激发学生的学习兴趣，那么案例标题很可能更富有文学气息，采用比喻或拟人等手法，如《高考宠物伶俐虫如何爬上〈大树〉网游》。如果案例作者希望通过标题使学生的注意力能够快速聚焦于案例的核心问题，那么案例标题就可以带有较为明确的问题倾向，如《宜家成本控制分析》。

具体来讲，描述型案例标题通常会选取企业名、事件、关键问题及描述或评论性短语作为构成要素，各要素的地位可能更加均衡。标题主要是对案例内容概括性的描述，不会过多地揭示案例的关键事件和问题，且多采用比喻和拟人的修饰手法以增加标题的吸引力，如《“老榆树”商标权之争》、《通领科技：海外专利保卫战》。

决策型案例的标题多以反问句式来表现关键问题，以引导学生的思路。此时，作者要更多地考虑案例的难度问题。过于明确的表述会大幅降低案例的分析难度，不能满足教学目标，而过于模糊的表述则容易导致学生需要较多的时间才能发现案例的核心问题，甚至不得不借助教师的帮助，同样难以保证教学的有效性。

专业型案例由于涉及的理论相对较为集中，标题往往会突显某一个构成要素。但在表述形式上并没有太多的限制，既可以平实简洁，也可以富有文学色彩，如《神华集团法人治理结构的建立与完善》、《海航展翅，九万里——一个融资视角的解读》。

综合型案例的内容较为丰富，涵盖面广，在标题中突出哪个构成要素都不太适宜，所以此类案例标题多以企业名与其他要素的组合形式出现，进行较为朴素的描述，不会限制学生的思考范围，如《华谊兄弟 IPO 综合案例》。

2. 案例摘要

1)摘要的内涵与作用

摘要是从原文中摘引或提炼出的，能够反映要点内容的短文。教学案例的摘要应该是对案例故事情境的概括性描述，以及对案例主题全面而又精练的介绍。通过向学生提供有关案例主题、故事、关键问题等主要内容的信息，让学生能在短时间内掌握案例中的关键内容，了解案例的大意。可以说，摘要在某种程度上是对案例标题的进一步补充，担负着介绍教学案例主要内容和吸引学生的重要任务。

此外，案例的摘要往往还会揭示出案例的类型，让学生了解案例分析的主要任务。但在具体编写时，案例类型并不会被直白地点出，而是隐含于摘要文字之中。如例 8-4 中的摘要(1)，这段表述说明案例对事件过程和结果都进行了较为详细的描述，所谈到的主要是合同管理的问题，也就是说该案例为一篇专业描述型案例；相对地，摘要(2)主要提出了案例情境所面对的问题，表明该案例为一个决策型案例。

【例 8-4】

(1)“本案例详细介绍了扶余县汇海酒业有限责任公司与长春榆树大曲集团股份公司针对‘老榆树’商标转让合同引发的一场纠纷的全部过程，以及三次法院判决的不同结果。”

(2)“本案例描述了福源馆这个中国糕点老字号企业的发展过程以及面临的管理方面的难题。福源馆初期通过改制私营化后重获生机并牢牢占据了市场。但是家族化的经营模式在企业扩张上遇到了瓶颈，而职业经理人的引入却举步维艰。”

另外，案例摘要能够将案例的核心内容以较为浓缩的形式展现给学生，使置身于浩瀚的资料海洋中的学生能够快速、有效地找到自己所感兴趣或所需要的信息，缩短资料检索时间，节省精力。从这一点来说，案例摘要还有助于加快信息的传播速度，使信息的检索更加具有针对性。可见，摘要并非可有可无，它是核心，是窗口。它以简练的文字、丰富的内容，成为帮助人们快捷浏览、索取资料的有效工具。因此，建议案例作者在撰写教学案例时，应将摘要的撰写视为一项重要内容，从而推动案例的传播和应用。下文为笔者团队所编写的一篇案例初稿的摘要。此摘要的第一句描述了案例的主要故事情节，并将案例中所涉及的关键问题——“成本责任划分”也揭示给学生，降低了案例的分析难度。而第二句的内容相对来说过于笼统，并没有起到完善摘要的作用，因此该案例作者在后期做了修正。

摘要：本案例描述了中建安装公司通过试点项目推行项目责任成本承包制度的过程，展现了新制度推行下遭遇成本危机、项目与公司矛盾加剧、成本责任划分不清、总经理陷入决策困境的故事。通过本案例的分析，有助于学生了解项目成本管理中责任、权力与利益对等的条件和管理方法，掌握项目激励管理的原则。

2)案例摘要特征

(1)使用第一人称。国家标准《GB6447—1986》中指出，论文的摘要应使用第三人称的写法，这是因为在摘要的行文过程中，不能对原作的主要内容进行任何的评述，而第三人称叙述方式正符合摘要叙述客观性的要求。但需要指出的是，摘要中不加评述的主要内容是指作者自己的研究成果，而对于研究对象，作者是可以进行评论的。实际上，某些论文的创新点往往就来自于研究对象的特殊性。而教学案例所描述的内容实际上就是我们所要研究的对象。在案例摘要中对相关内容进行一定程度的介绍、解释或评述，才能让学生充分地了解案例信息。同时，案例就是要通过营造真实的管理情境，给学生以身临其境的感觉。因此，案例摘要的表述需要使用如“本案例”这类的第一人称进行叙述或评论，引导学生进入案例角色，这也是案例摘要区别于学术论文摘要的一个重要特征，举例如下。

【例 8-5】

《“老榆树”商标权之争》的摘要

“本案例详细介绍了……虽然本案表面上看，仅仅是一起普通的商标纠纷，然而在商标争议的背后，隐藏着极其复杂的国有企业改制背景，同时涉及合同法以及商标管理的问题……”

(2)内容完整。内容的完整性并不意味着摘要必须对案例的各部分内容都进行总结和描述，而是要经过一定的取舍，重点突出案例的关键部分，对该部分要素进行整体的描述，避免遗漏。如果摘要不能涵盖案例的主要内容，那么就无法准确反映原文的要点，也就失去了其应有的功能。此外，作为对案例标题的进一步补充，摘要必须对案例标题所没有涉及的关键内容进行补充和解释，帮助学生全面掌握案例信息，而不能只是对标题内容的简单扩展，这样的补充和说明只能让摘要变得言而无物，可有可无。

(3)语言简洁、精练。案例摘要的提炼必须要保证短与精。短，指的是摘要的篇幅，一般情况下案例摘要的字数应该在 200～300 字，过长的篇幅就使摘要失去了简介的作用。相应地，字数的限制也就对摘要内容提出精练的要求，即摘要必须是对原文精华的提取。摘要不是案例原文的复述，而是对案例内容的高度概括和总结，必须在保证完整性的前提下，突显案例的关键内容，详略得当，语言应该简明、准确，避免出现复述原文内容的情况。

3)案例摘要的结构模式

目前，学术论文摘要的典型结构为四项式结构，内容依次为研究目的、研究方法、研究结果和研究结论。但案例摘要的内容并不能被划分为上述四项内容，它更多的是对案例事件和主题等关键内容的描述，通常情况下要包括以下要素。

(1)内容概述(M1)，对案例主题、事件等内容的总括性描述，通常以“本案例描述了……的过程”的形式来表述，字数一般限定在 50 字左右。但为了进一步强调案例的主要内容，有些案例也会进行相对较为深入的介绍。

(2)关键背景(M2)，一般是对引发案例事件的关键内外环境因素的概述。

(3)企业简介(M3)，简单介绍企业的性质、成立时间、发展历程、主营业务等背景信息。

(4)关键事件(M4)，对案例事件本身的描述或对案例中所涉及的重大事件的简要交代。

(5)关键问题(M5)，通常是对案例所暴露出的主要问题的介绍，问题的表述可以很明确，也可以仅仅是指明一个方向。

(6)关键人物(M6)，通常是对案例中主要决策人的经历、行动等方面的简单描述。

(7)案例的意义(M7)，一般是在摘要最后用一句话点明案例的价值或作用。

其中，M1～M7 是为方便说明而进行的编号。通常情况下，由于篇幅限制，案例作者不会将所有要素都纳入摘要中，而是选取能够突显案例主题、核心内容或案例典型性的要素。同样，多种要素的排序也没有固定的结构。以下总结了几种常见的摘要结构模式及示例，并按照要素是否重复出现进行归类，具体内容如下。

(1)顺序结构。顺序结构指的是摘要中的各要素按照某一逻辑顺序依次排列，同一个要素只出现一次。这种摘要结构的内容相对较为丰富，各要素间的地位主要通过要素内容的详细程度来调整，以突显某个或某几个要素的作用。

举例来说，例 8-6 是一篇专业描述型案例的摘要，其采用的是一种较为典型的模式，即 M1—M2—M4—M7。先用一句话总括性地描述案例主要内容，紧接着简要交代了重要的案例背景和事件，最后对该案例的意义加以说明。对于专业型案例来说，由于其涉及的理论较为专一，有深度，采用此种结构模式可以引导学生逐步、有层次地了解案例信息，逐层展示出案例的核心部分。

【例 8-6】：M1—M2—M4—M7

《价值共享的健康平台——SL 公司的商业模式创新之路》

摘要：本案例描述了 SL 公司如何在医疗信息化行业的激烈竞争中，通过商业模式创新，获取可持续的竞争优势的过程(内容概述)。2009 年 3 月，国家发布《关于深化医药卫生体制改革的意见》，大力推进医药卫生信息化建设、积极构建区域医药信息化平台(关键背景)。SL 公司抓住这个契机，努力联合医疗卫生服务价值链上的各方，建立智慧医疗信息服务平台。该平台在医疗卫生领域是一个全新的商业模式，它的构建需要多方的积极合作、良好沟通。SL 作为医疗信息化平台的开拓先锋，最终突破重重阻力，取得了开创性成果(关键事件)。该案例非常具有典型性，对其他企业利用平台经济进行商业模式创新具有借鉴意义(案例意义)。

例 8-7 的摘要从企业基本情况的介绍开始，接着转入对案例内容的描述，最后通过一系列的问题，不仅点出了本案例的主要知识点和关键问题点，还起到提示和引导学生的作用。与例 8-6 不同，该案例为一篇专业决策型案例，以企业简介开始，可以企业本身的影响力迅速吸引学生的注意，随后对案例内容的概述帮助学生进一步了解情节内容，最后通过一系列的问题给学生营造了一个真实的决策环境，使其带着疑问去阅读下文，调动学生积极思考。

【例 8-7】：M3—M1—M5

《平衡计分卡“太”平衡：规划建设公司战略绩效管理改革的“迷局”》

中国航空规划建设发展有限公司(简称规划建设公司)成立于 2009 年，隶属于中国航空工业集团公司，是由四家航空企业整合而成的国内大型综合勘察设计甲级企业(企业简介)。本案例以中国航空工业集团公司 2009 年在全行业推行平衡计分卡绩效管理体系为背景，重点描述了规划建设公司在整合的进程中同步推进平衡计分卡战略绩效考核体系所遭遇的境况(内容概述)。被多数世界 500 强西方企业验证对战略执行十分有效的管理工具——平衡计分卡，在规划建设公司搭建的看似完美的战略绩效管理体系中遭遇了严重的水土不服，几乎均等的考核结果引发了不小的震荡。公司该导入平衡计分卡吗？平衡计分卡应该平衡什么？平衡计分卡真的那么有效吗？西方的先进管理工具运用到中国情境下的企业推动组织变革时将会面临怎样的挑战？企业又该如何应对这些挑战？(关键问题)

对于综合描述型案例8-8来说，由于是对企业多方面管理实践的描述，所涉及的相关管理理论较为丰富，如果在摘要中强调某一或某几个方面都容易使学生过于关注某一点，而忽略其他信息，不利于培养学生的综合能力，甚至可能阻碍教学目标的实现。因此，该案例的摘要仅仅对企业的创立和发展进行了简单介绍，并通过阐述案例作用揭示了案例的主要内容。

【例8-8】：M3—M7

《华谊兄弟IPO综合案例》

摘要：华谊兄弟传媒股份有限公司成立于2004年11月19日，是国内最大的影视制作及艺人经纪服务企业之一。2009年10月30日，华谊兄弟在创业板上市，成为中国内地影视娱乐业第一股(企业简介)。在本案例中，可以了解到华谊兄弟的发行方案制订、方案实施、股票上市等环节的运行，在对创业板IPO发行做全面了解的同时，也可以对超募资金、股东财富增值等方面进行深入思考，同时还能对华谊兄弟所处行业的发展有一个直观的认识(案例意义)。

例8-9是一篇以人物为核心展开的综合描述型案例，因此在概述了案例内容后，摘要主要介绍了企业的创始人朱新礼的相关事迹，并以其出人意料的选择引出案例的关键点，为学生提供思考方向。

【例8-9】：M1—M6

《朱新礼出售汇源果汁》

摘要：本案例描述了2008年9月可口可乐全资收购汇源果汁的消息震惊全国(内容概述)。朱新礼，这个创办并一直牢牢掌控汇源的企业家，带领汇源冲破了很多成长障碍，引领汇源成功上市，为后续发展获取了有力的资本支持(关键人物及其经历)。然而在自己成为创业者楷模，事业版图正待进一步扩张之时，朱新礼却选择了退出，出人意料的决策背后的原因引人扣问。

(2)循环结构。循环结构与顺序结构的唯一不同在于，摘要中会有1～2个要素出现重复，而当要素再次出现时，往往会揭示更详细的案例信息。这种循环结构能够将摘要的重心放在某一个或几个要素上，突显该要素的重要性，加深学生对于该要素的印象，引导性更强。如例8-10所示，摘要的要素结构为M1—M3—M4—M1′形式。不难看出，M1是对案例内容的一种高度概括，而M1′对案例内容的叙述更加详尽，较为完整地介绍了案例各部分的主要内容。通过要素的重复，学生可以了解到案例重点阐述的是海信集团的技术发展战略，而“信芯”则是该案例的主要描述对象。

【例 8-10】：M1—M3—M4—M1′

《海信集团的技术创新之路》

摘要：本案例着重介绍了中国家电行业的一家领军企业——海信集团从 20 世纪 90 年代到 2010 年间技术创新的历程(内容概述)。海信集团的优势地位来源于其创新导向的战略定位、持续的技术创新投入以及高效的管理体系。从 1992 年开始，海信在研发上持续投入并重建了其研发管理体系，包括相应的组织架构、激励机制、项目管理和团队合作。研发上的投入为海信带来了多项重大的技术创新，有力地推动了海信竞争优势的提升(企业简介)。“信芯”的成功研发就是一个典型的例子(关键事件)。本案例重点阐述了海信集团“技术立企”的发展战略、研发组织结构的演变、研发中心的运作机制以及海信自主创新体系的形成和发展。在此基础上，案例以海信集团具有突破性的技术创新成果“信芯”为例，深入细致地阐述了“信芯”研发的全过程，以及“信芯”产业化的困境和海信面临的新挑战(内容概述)。

综上，案例摘要的撰写可谓种类繁多，主要依据作者想表达的主要内容而定。因此，目前的案例摘要并没有形成较为成型的写作规范。本书在综合期刊、论文等学术文献的较为规范的摘要格式后，认为描述型案例可偏重于以企业的影响力和故事本身的典型性来吸引学生，因此企业简介、关键事件应成为主要描述对象，其他各要素则视情况而定；相对地，决策型案例比较适合以某种困境、难题来激发学者的阅读和思考兴趣，可以通过描述关键背景、关键问题或是关键人物及其困境来撰写案例摘要。

3. 案例关键词

教学案例的关键词指的是直接从案例的题名、正文或摘要中抽取出来的、未经规范化的、具有检索意义的语词。其中，未经规范化指的是关键词不要求在词义(如同义词、近义词、多义词)、词形(如英语中的单复数，汉语中汉字的简体字、繁体字、异体字)上做严格的规范化处理。总体上看，案例关键词与其他文体关键词并不存在本质的区别，主要作用都是服务于文献的检索，提高检索的准确率。同样地，其他文体关键词所存在的问题、应遵循的原则以及标引的步骤也同样适用于案例关键词的标引。因此，以下结合关键词标引的一般性原则和常见错误，通过具体的案例关键词标引实例探讨案例关键词的标引规则，并提出标引关键词的一般性步骤。

1)关键词标引的原则

(1)全面性原则。案例关键词的全面性意味着关键词必须要将案例关键主题内容表达全面，既要体现案例相关信息，也要体现案例所涵盖的主要知识点，避免出现遗漏。对于专业型案例来说，由于涉及的学科范围较小，案例主题也比较明确具体，所以容易实现关键词的全面性。但对综合型案例来说，想通过关键词准确、全面地反映案例主题则需要花费更多的心思。

(2)专指性原则。即所选取的关键词必须与案例的主题相符合，内涵不能扩大，也不能缩小。例如，《华立集团的多元化发展之路：功与过?》的关键词为多元化、民营企业、核心业务；《福尔药业集团所面临的战略决策》的关键词为医药、战略决策、多元化。两篇案例都将“多元化”作为自己的一个关键词，但从具体内容来看，前一篇案例的“多元化”指的是集团业务的多元化，涉及了医药、矿产、石油化工以及通信等多个产业。而后一篇案例的“多元化”指的则是该医药集团产品的多元化，是产品范围的扩展与延伸问题。可见，两篇案例“多元化”的内涵存在着本质的不同，但仅从关键词来说，案例的关键主题并没有得到充分的体现，关键词的内涵模糊，专指性较弱。

(3)专业性原则。反映案例主题的关键词应该具备一定的专业性，一般是某一领域的术语，而不要选用非专业的词。如案例《科尔尼公司的一拖集团战略咨询方案案例研究》的关键词为科尔尼公司、中国一拖、战略咨询、文化冲突、代价与收益。其中最后一个关键词“代价与收益”中的“代价”就属于非专业词，应该换成“成本”。

2)关键词标引的常见错误与对策

(1)遗漏关键词。关键词的漏选是较为常见的现象，原因之一是案例作者在提取关键词时，误认为仅从标题中进行词语的筛选便可，忽视了摘要、案例正文中所包含的关键词语，导致重要关键词的漏选。尽管多数时候标题能够反映案例的核心内容，但案例作者必须谨记关键词是反映案例主题的词语，不应该是标题的缩影。以案例标题作为关键词来源的一个重要前提是，标题已经基本涵盖了案例主题，如案例《A超市的服务质量管理困境》的关键词为“超市”、“服务质量管理”和“服务质量差距模型”。该案例主要描述了A超市如何通过服务质量差距模型分析和应对所出现的服务质量管理问题，所标引的关键词已经充分反映了案例的关键主题。但是，如果案例标题本身具有较强的文学性，就无法仅从标题来提取关键词，如《山沟里的金凤凰能否在浴火中重生》就难以从中提取关键词。造成关键词遗漏的另一个原因主要是由于案例作者对案例主题的把握不够充分。关键词是否完备并不完全依赖于抽取来源，更重要的是所提取的词语必须是能够反映案例核心内容的概念。要实现这一目标就必须准确掌握案例主题，深入分析案例全文。

(2)选取泛义词。所谓泛义词，指的是内涵较为宽泛，适用范围广的词汇。虽然选择关键词时要尽量使用被人们所熟识的词语，但并不意味着词义范围的模糊。如"差异"、"对策"、"环境"、"渠道"等，这些词可以适用于不同的领域，指代的对象也可以千差万别，无法反映具体的一类事物。如果将泛义词作为关键词，学生通过某一个词所检索出来的诸多案例就会成为杂乱的堆砌，不利于案例的阅读与选取。例如，案例《灿坤 3C 连锁店的中国大陆之行》的关键词为灿坤、3C 连锁、商业模式、渠道、对策。其中"渠道"和"对策"两个关键词很难反映案例的主题，不能成为检索的依据。结合具体内容来看，该案例描述了灿坤 3C 连锁店由于战略失误而在中国大陆市场由迅速扩张到被动撤出的过程，反映的是企业战略决策的选择问题，如果说"对策"一词还能够反映战略抉择的内容，那么"渠道"一词就基本失去了概括主题的作用。该文的关键词可以修改为灿坤 3C 连锁店、战略抉择、商业模式。

(3)标引深度不够。标引深度指的是关键词对于案例主题的揭示程度。一般而言，关键词的数量越多，信息越丰富，越有利于加强对主题的解释，但又不可过多。目前来看，案例作者普遍依照学术论文关键词的数量要求来决定案例关键词的数量，多数案例的关键词会控制在 5 个左右。除了数量问题，所提取词语本身的质量对于标引深度有更大的影响。例如，案例《DQ 油田建材制造安装有限责任公司经营发展战略研究》的关键词为建材、战略、环境。该案例的关键词不仅数量少，其词语的含义也过于宽泛，特别是"战略"和"环境"基本无法反映案例的关键内容，缺乏针对性。这类关键词虽然可以尽量确保相关的案例都被检索到，但检索到目标案例的准确度较低，反而增加了检索的工作量。因此，案例关键词的标引深度既要考虑数量问题，更要兼顾质量问题。

(4)逻辑不清。当选定案例的关键词后，案例作者需要按照一定的逻辑关系将各关键词进行排序，而不是随意地排列，但多数作者却往往忽视了这个问题。如《HC 公司的战略选择(B)》关键词的排序为组织变革—战略执行—人力资源管理—组织冲突。不难发现，这样的排序是较为混乱的。结合案例内容来说，因为需要执行新的战略，所以才会对组织结构进行变更，而在变更的过程中难免有组织冲突的发生，此时就需要采取一定的人力资源管理方法进行有效的应对。因此，本案例关键词的排序应该为战略执行—组织变革—组织冲突—人力资源管理。也就是说，按照故事或事件发生的顺序进行排列。除了按照事件发展顺序进行排列，还可以按照一定的层次排列。如案例《"大足神农"的企业使命》关键词的排序是企业使命—使命表述—足浴—大足神农。其中，前两个关键词和后两个关键词分别构成了两对具有从属关系的词语对，即从"使命"到"使命表述"，从足浴行业发展到企业名称，信息由宽泛到具体地逐层揭示。总体来说，按照一定逻辑顺序排列关键词不仅有助于揭示案例主题，还能够帮助作者对案例主要内容进行梳理。

(5)词类不当。关键词的词类也是值得案例作者认真考虑的。如案例《朱新礼出售汇源果汁》的关键词是创始人、出售、创业企业。其中“出售”是动词，作为关键词是基本不具备检索意义的，也不能反映案例的主题，只是作者从标题中随意提取的。一般而言，选取案例关键词时应主要考虑概念明确、含义清晰的名词或名词性词组，而动词、形容词、副词、介词、连词是不宜作为关键词的。此外，表示时间概念的词也不能够单独作为关键词，如“21 世纪”、“古代”等。

3)关键词标引的方法及步骤

目前，关键词的标引主要分为抽词法和赋词法两种。抽词法，是指直接从题名、摘要和全文中抽取关键词，这种方法既可以人为地操作，也可以通过计算机软件来实现，但整体效果较差。赋词法，就是依据题名、摘要和全文进行主题分析，凭借标引人员的知识，人为提炼出能够表达主题概念的关键词。为保证高质量地标引关键词，案例作者可采用赋词法，并按照以下步骤进行关键词的提取。

(1)完善案例标题、摘要和正文。案例的标题、摘要和正文必须符合各自的编写规范，才能为提取关键词提供高质量的词源。因此，在开始提取关键词之前，先要对案例的标题、摘要和正文进行充分的阅读、调整和完善，为关键词的标引打下基础。

(2)阅读案例标题，明确主题。案例标题往往是对案例主题和描述对象的高度总结，通过阅读案例标题能够明确案例最本质的内容，了解案例核心主题所属理论领域，避免主题模糊或杂乱。

(3)细品摘要，掌握主要内容。摘要是对案例主要内容的概括，能够进一步揭示案例的主要内容、关键问题、关键事件等方面的信息，能够让作者进一步了解、细化案例主题的具体层次。

(4)熟悉重点章节，确定关键主题内容。熟悉案例正文重点章节的内容，进行主题分析，不仅可以深化对于案例主题的认识，提高关键词的专指性，还可以补充标题和摘要中所未能揭示的信息，保证关键词提取的全面性。

(5)提炼并排列关键词。经过前四个步骤后，案例作者对于案例主题有了充分的认识，从而可以进行关键词的提炼。此时，首先要根据案例的类型、问题的层次等要求，决定标引的深度。其次，结合主题提炼关键词。最后，按照合理的逻辑顺序进行关键词位置的排列。

8.5.3　编写正文草稿

1. 案例引言

案例引言，或称为案例首段，指的是位于案例正文开头，用以引出下文的言论。引言的撰写为案例作者提供了一个以案例故事吸引学生，使其快速进入案例角色的绝佳机会。好的案例引言有着画龙点睛的作用，一方面可以向学生提供更加具体、深入的信息，准确反映案例主要内容或核心问题，引发学生的思考。另一方面，通过概述将要面对的实际问题，来构建观察案例的视角，以案例故事或困境激发学生的阅读兴趣，使其融入案例情境。

在具体操作中，案例作者主要思考的问题是究竟要在引言中为学生展示一幅怎样的画面，以及交代哪些案例故事要素，是关键人物，还是关键问题，或是令人困扰的难题，也就是说，引言中要呈现哪些情节点，哪个环节决策，包含的具体信息又是什么。

一般情况下，事件背景、起因、需要解决的问题或面临的难题会成为案例引言的首选构成要素。案例作者主要依据案例类型和案例难度需求来决定引言内容。以下将通过具体实例介绍几种常见的案例引言模式。

1)决策型案例的引言

决策型案例重在培养学生的管理决策能力，而为了让学生能够真的站在决策者的角度思考问题，案例引言通常从主要决策人的视角出发，由人物所处环境或某一个具体活动(如会议、庆典等)的描写引出正文。通过对决策者语言、行为、内心等方面的描述，交代有关企业发展历程与成就、企业现状、事件的起因、企业面临的困境等方面的信息。最后，或以提问的方式来引发学生的思考，或以评论性的语句结束引言。具体内容如例 8-11～例 8-13 所示。

【例 8-11】

《成长期企业重组战略的抉择——特变电工》

0 引言

坐在办公桌前的张新远望着窗外那郁郁葱葱的胡杨，这是生活在新疆戈壁上生命力最顽强的植物，它的绿荫下就是张新深爱着的故土，在这片土地上孕育了特变人吃苦耐劳的精神，也将特变电工推向了发展的巅峰。在向全国拓展市场的同时，张新也一直在思考如何能为自己的家乡多做些贡献。眼下自治区的领导找到他，希望特变电工接手一家濒临破产的铝厂，这让张新左右为难，一边是故乡情，一边是企业责任，到底该如何权衡呢？(通过人物视角提出决策问题。)

特变电工的董事长张新 40 岁出头，有着一张典型的西部人的脸，个子不高，言语间极端诚恳甚至透着一种腼腆。张新是土生土长的新疆人，1988 年承包特变电工的前身——新疆昌吉电力变压器厂时只有 26 岁。那时，这个集体性质的街道小厂只有 53 个人，负债却高达 73 万元，濒临破产。

当时很多企业生产的是标准型的变压器，国企基本上是非标准产品不做。而特殊的具有防火、整流性能的变压器没有企业生产，也不被看上眼。张新看准这个空缺，从生产每台 15 元的特种变压器开始，靠拾遗补缺，当年即实现产值 122 万元，盈利 17.8 万元。厂名改成了“特变”，品牌也由此起步。从生产别人不愿意做的特种变压器到生产别人生产不了的特种变压器，今天的特变成为名副其实的“特变”，这两个字，浓缩着一段艰辛的历史。（借人物经历描述企业发展。）

【例 8-12】

《华立集团的多元化发展之路：功与过?》

0　39周年司庆

早上的太阳穿过玻璃，暖洋洋地照着会议桌和坐在桌旁的人们。室内的气氛很轻松，因为人们在讨论着一件愉快的事情，公司39周年司庆。会议开始的时候，行政管理部的主管吴生花了半个小时介绍司庆的筹备工作。吴生去年10月份从上海加入华立，职业背景很强，至今的感觉是如鱼得水，很受器重。董事长汪立成坐在主席位置上，用手支着下巴，安静地听完汇报，然后提出了自己的一些意见。他的发言总是条理清楚，一二三四，而且很喜欢用“我认为”这个词，气场非常轻易地笼罩了全场。司庆每年都会举行，不过今年比较特殊，金融危机、国家60周年大庆，宏观的氛围让人们有种强烈的愿望，回顾历史，展望未来，所以公司上上下下把司庆看得非常隆重。（描写企业的一次司庆，引出决策人。）

开完会后，汪力成和董事会年纪最大、资格最老的成员李董在走廊上一边走，一边聊。“39年过去了，从来没想到华立发展到今天的规模”，李董感慨地说。汪董接了一句：“再过39年，华立会变成什么样子，可是要看今天我们做得怎么样。今天我们可是在一个坎儿上，必须实现集团公司的第三次转型，解决好母公司与子公司的定位问题。任重而道远哪！”（通过人物对话引发问题思考。）

【例 8-13】

《江重集团的绩效管理体系》

0　引言

“…… 谢谢您，老师晚安。”缓缓地挂掉电话，崔志强紧缩的眉头显得更加凝重。崔志强是DLZG集团办公室主任，3年前36岁的他就当上这家大型国有企业的集团办公室主任，可谓是同龄人中的佼佼者。在集团办公室工作过的人都知道，集团办公室在集团内部充当着“大管家”的角色，办公室的工作人员似乎永远没有闲着的时候，周末加班也是家常便饭。崔志强在办公室主任位置上也一直得心应手，能力深得领导赏识。可是最近有些事让他比较烦恼，就拿这次的人员调动问题来说吧，自从年初集团发展战略调整提出“国内行业领先”、“国际知名重工企业”的目标后，规划部就着手开展业务转型与国际化的规划工作，想从几个新兴事业单位上调两个有相关背景又有能力的员工，可是经过人力资源部的多次协调，至今尚未解决。规划部与人力资源部就又把皮球踢到了具有“全面协调……综合服务……”职能的办公室，崔志强也按照人力资源部提供的人选了解情况，一方面，下属公司不太愿意让优秀的员工走，另一方面，这几个人选也不愿意到集团总部，原因很简单——在目前的下属公司工作比集团总部清闲，而且挣得更多(崔志强认为这是最简单、最直接的原因，远不是员工自称的那么复杂)。面对着规划部不断地询问进展，又不能强制性地进行人员调动(崔志强明白自己没有权力这样去做，也不能再次把皮球踢回给人力资源部)，迟迟寻求不到解决办法。这也是这么晚还给自己硕士时的导师张老师打电话的原因，张老师是国内在理论研究与管理咨询两方面都很有成就的知名管理学家，这些年来他的指导与建议也让崔志强在工作中受益很多。令崔志强震惊的是，张老师认为这是DLZG集团绩效管理体系带来的问题，而且随着企业的快速发展，问题会越来越突出。(以对话引出案例人物崔志强，并对人物经历进行介绍。通过描述人物遇到的难题，揭示企业目前的困境。最后，以张老师的判断，点出案例的关键问题。)

同样以笔者团队所采编的案例为例，下文为一篇决策型案例的引言。此种引言的描写虽然揭示了一定的案例信息，但很难引起学生的阅读兴趣，甚至与摘要的作用相类似，仅提出了一个问题，却难以让学生进入案例情境之中。

面对建筑工程市场转型的全新挑战，中建安装创新性地推出了责任成本承包制度和风险抵押金制度的成本管理反击策略，期望打一场漂亮的胜仗。怎料新制度在项目试点的过程中遭遇铜材价格的急剧波动，制度的第一次试点面临着严峻的生存危机。试点项目团队从项目部的角度提出有理有据的解决思路和建议，在这种情况下东北公司的总经理应该如何决策呢?

2)描述型案例的引言

描述型案例的引言除了使用上述决策型案例引言的编写模式外(如例8-14和例8-15)，一般还会使用第三人称对企业的成长历程、成就、现状、困境、案例事件起因等内容进行直接的描述(如例8-16～例8-19)。这种案例引言是对案例故事相关信息的高度概括和精练，但却并不会点出案例关键问题所在，类似于一篇介绍相关企业和事件的客观报道，主要以案例事件的背景、起因等内容来激发学生的阅读兴趣。

【例8-14】

《谭木匠：我善治木》

0 引言

2009年3月25日，受一股冷空气影响，重庆的气温普降6～8℃，并转入春天的阴雨天气。而在重庆市北碚区海宇温泉大酒店的国会山会议大厅却暖意融融，来自全国400多位谭木匠全国专卖店店主(店长)在此召开年会。会场第一排桌面上放着“谭传华”名字的座位空着，董事长谭传华此时正坐在最后一排，望着会场前台年会的主题语“家是温暖的港湾”，听着前面的店长们激情洋溢的互动交流，想着在金融危机的大背景下 2008 年公司加盟店总数达 700 多家，POS 销售额达 2.4 亿元，2009 年 1～2 月 POS 销售额已达 5000 多万元，同期增长 10.8%，此景此时，谭传华感慨万千，思绪又回到了当年的创业时代……(描写企业的一次重大会议现场，并以某一参会人员，如董事长的思考引出案例内容——企业视角。)

【例 8-15】

《华谊兄弟 IPO 综合案例》

0　引言

2009 年 10 月 30 日，国内最大的民营影视制作集团华谊兄弟传媒股份有限公司在创业板成功上市，70.81 元的收盘价不仅造就了众多亿万级明星富翁，更重要的是其对我国文化产业发展尤其是民营文化产业发展具有里程碑式的意义。最近，《集结号》、《非诚勿扰》等国产电影票房收入连创新高，有效抵御了国外电影的入侵，其对中国电影发展的贡献有目共睹。(企业取得的成就)

华谊兄弟的总裁王中军早在一年前就宣称，要打造中国最大的明星持股团队，而他是怎样实现这一目标，华谊兄弟的股东财富又是如何快速增长，上市后华谊兄弟可以获得怎样的发展机遇？(提出问题，引导思考)

【例 8-16】

《价值共享的健康平台——SL 公司的商业模式创新之路》

0　引言

关灯锁门，离开办公室，SL 公司的总经理 Mark 已经不记得这是第几个连续加班的日子了。冬日的深夜，寒风飒飒。但在去停车场的路上，Mark 却步履矫健，丝毫没有受这冬日寒风之扰，他的脸上洋溢着从未有过的欣慰和自豪(人物行为描写)。二十年磨一剑，从开始接触医疗软件的开发，到现在作为 SL 公司的总经理，努力推广普及医疗软件信息平台，他带领整个 SL 团队，在经历重重阻碍、种种困难之后，经过几年不懈的努力，终于在医疗信息平台的构建、推广上迈出了坚实的步伐。(通过人物简介交代企业发展历程及成就。)

【例 8-17】

《“老榆树”商标权之争》

0　引言

作为老字号国有企业的吉林省榆树钱酒业有限公司根据《商标法》规定，将与“榆树钱”相近的名称均申请为注册商标。2010 年 1 月，“榆树钱”商标正式被国家工商总局商标局认定为中国驰名商标，成为榆树市历史上第一个中国驰名商标。然而，作为国有企业的吉林省榆树钱酒业有限公司与其他国有企业同样遇到了发展中的瓶颈。穷则变，变则通，对于任何企业的经营者而言莫不如此，国有企业改制就成为我国市场经济运行中的一道“风景”(外部环境描写)。在榆树市政府的协调下，榆树钱酒业有限公司整合榆树市的酒业资源，成立了大曲集团股份公司，并将榆树酒精厂承包给民营企业家国某，同时亦把“老榆树”商标的所有权在注册前就转让给民营企业家国某，由于事前没有严格按照《商标法》的相关规定订立商标转让合同，留下了后患，为大曲集团股份公司再次引进战略投资者华泽集团造成了巨大的障碍(关键事件起因)。民营企业家国某也深感，为“老榆树”商标所付出的辛苦也随着官司的败诉而化为乌有。本案引发的国有企业改制以及企业商标保护的法律问题及法律风险，值得深思(案例意义)。

【例 8-18】

《研华(中国)公司的竞争战略》

0 引言

研华科技被誉为全球产业计算机第一品牌，在全球二十多个国家和地区设有分公司。研华(中国)公司是最早在中国从事产业计算机制造和销售的企业，技术上的领先地位和时间上的先发优势一度使得研华在中国产业计算机市场独占鳌头(企业成就)。然而近年来，随着中国产业计算机市场以每年 20%左右的速度增长，越来越多的企业加入产业计算机的研发与制造之中，并逐渐缩小与行业龙头的差距。除了像研祥、凌华等大型的自主研发企业，还有一些以生产外包为主，成本低廉的中小型企业也在产业计算机市场展开份额的争夺。在技术发展日新月异的当代，技术领先所带来的竞争优势的时效性越来越差，竞争必然在包括价格、渠道、营销、产业链整合、人力资源、组织资源等多方面多维度展开(竞争环境/事件起因)。

【例 8-19】

《从 PPG 到 VANCL：网络服装销售的商业模式演进》

0 引言

2009 年岁末的冬天，中国两家最负盛名的网络服装销售企业——批批吉服饰(上海)有限公司(简称 PPG)和凡客诚品(北京)科技有限公司(简称 VANCL)——却迎来了冰火两重天。11 月 13 日，在上海的 PPG 大门上被贴上了法院的执行裁定书，宣布冻结其银行存款，并搬走了办公设备；而不到一个月后的 12 月 10 日，由德勤会计师事务所评选的 2009 年度高科技、高成长亚太区 500 强在香港出炉，VANCL 以三年来高达 29 576.860%的惊人增长率名列榜首，这一增长率是榜上第二名企业的 4 倍。如果把时针倒拨回到两年前，2007 年 9 月，彼时的 PPG 刚刚在商界论坛最佳商业模式中国峰会上被评为年度最佳商业模式第三名，正处于风光的顶峰；而随后的 10 月，VANCL 的网站才开始试运行，到了 11 月才正式上线。短短两年间，曾经风光无限的先行者已穷途末路，曾经亦步亦趋的跟随者却后来居上，这种此起彼伏耐人寻味。(介绍企业过去的成就和发展，引发思考。)

2. 案例背景

案例背景，指的就是案例故事本身所处的内外环境。这种环境信息一般来说不会对案例故事的发展产生直接的影响，但它们是案例故事得以展开的环境基础，其间接影响不可被忽视。在开始描述案例前，将必要的背景信息(如宏观经济、政策或文化概况)交代给学生，可以说是对案例情境的初步营造，帮助学生了解他们不曾涉足的行业或企业，让不熟悉该行业或企业的学生也能把握背景概况，进而为分析案例奠定知识基础。此外，管理理论的应用必须与特定的环境相结合才能发挥更好的作用，这也就是管理中的权变思想，因此，只有以具体的背景为依托进行案例的分析与决策，才是有意义的。

另外，尽管案例作者是根据教学需求来编写案例的，但在现实环境中决策者很少能在拥有全部信息的情况下进行决策。同样，所编写的案例也很少能涵盖作者所预期的全部信息，但这种信息的缺失也给案例的讨论创造了空间，迫使学生学会用现有的信息进行分析和决策。而案例背景的介绍能够为后续情节的展开提供一个平台，帮助学生形成对案例环境的基本认识。有时，案例背景还可以成为评价行动备选方案的要素或标准。

至于究竟要介绍哪些内容、详细程度如何等问题并没有统一的标准或规范。背景材料可能会涉及经济、政治、文化等多方面的信息，也可能仅仅包括企业内部状况介绍，如组织结构和生产能力等，编写的内容也是可详可简。

案例背景通常包括政治、经济或文化背景以及行业背景、企业背景。如果案例故事发生在一个学生所不熟悉的政治和文化环境中，政治或文化特征、差异的描述是十分必要的。而行业背景则是从较为宏观的层面简单描述行业的发展历程、现状、未来趋势或困境。相对来说，为了帮助学生尽快进入案例情境，企业背景的内容会更加详细，一般包括企业的地理位置、员工人数、财务状况、产品或服务、发展历程、自身优势等。

在撰写案例背景时，案例作者并不会担心没有足够的资料来阐述内外环境。恰恰相反，由于内外环境的复杂性，调研所得到的大量资料似乎都与案例的背景环境有着或明或暗的联系。案例背景想要涵盖故事环境的全部资料是很难做到的，也是不可行的。过多的资料并不一定有助于案例分析，很多时候反而会冲淡整篇案例的主题，一时间作者往往不知道该如何进行取舍。

那么，应该如何决定一个案例背景的内容和表现方式呢？一般而言，案例背景要素的选择主要取决于引发案例事件的主要影响因素。如果企业面对的问题只是内部的管理问题，那么企业内部环境信息将成为主要的背景信息，如企业的发展历程、主营业务或产品等。此时，背景的描写过程则主要按照时间顺序对企业的相关信息进行逐一交代。相对地，企业外部政治、市场、行业等方面的环境背景则很少涉及，甚至可以不加描述。

例 8-20 描述了南方高科由崛起到没落的过程，旨在探讨由于扩张过快、资金不足、自身核心能力丢失而出现的一系列问题。案例事件的主要起因是企业自身的管理问题，所以背景介绍中主要包括企业的创立、组织结构的设置以及企业主营业务。

【例 8-20】

《南方高科构建核心能力的得失》

一、认识南方高科

广州南方高科有限公司是广州市政府为振兴广州移动通信产业，扶持信息产业发展，优化产业结构，而于 1999 年 5 月成立的一家高科技企业，总部坐落在广州科学城，是一家研究开发、生产和销售移动通信终端产品及相关数码电子产品的国有高新技术企业，也是一家按照现代企业制度建立和运营的 GSM 和 CDMA 手机国家定点生产企业。

公司设立了研究开发中心、产品控制中心、生产制造中心、市场营销中心和相关职能部门。公司由广州华南信息产业集团有限公司、信息产业部电子第七研究所、广州金鹏集团有限公司、北京华虹集成电路设计有限公司、国家开发投资公司国投电子公司和广州市电信实业总公司等国家重点研究、生产、投资单位按强强联合和产、学、研相结合的模式共同组建。其中广州华南信息产业集团有限公司通过直接注资入股，为公司的第一大股东；信息产业部电子第七研究所以其全部人才、设备和知识产权入股，为公司的第二大股东。2002 年以来，南方高科相继组建和成立了信息技术公司、电脑公司、电子技术公司和注塑配件公司，形成了一个多元化现代企业集团的格局。

公司的股东构成与移动电话、移动通信终端产品的纵向产品线相对应，形成从芯片设计到网络运营的系列组合，这无疑使公司从研究开发到市场开发都能获得系列化支持。其中，信息产业部电子第七研究所是国家级 GSM 手机研究开发中心，研发技术为国内最强；广州金鹏集团有限公司是移动通信设备制造商；北京华虹集成电路设计有限公司是集成电路芯片设计生产商；广州市电信实业总公司是网络运营商。

相应地，如果问题的应对需要综合考虑企业内外多方面的要素，那么案例背景中除了企业自身的相关信息外，也不能缺少对于外部行业、市场乃至整个竞争环境的介绍。一般来说，对于行业或产业背景的描述，既可以按照生产、销售、顾客等不同类别来描述，也可以按照产业本身所处的发展阶段，如初始期、发展期、成长期及成熟期逐一交代。如例 8-21 中，案例旨在描述研华(中国)公司面对内外环境的变化，制定并执行新的竞争战略的过程。所以，案例背景中涉及了进行战略决策的相关信息，不仅包括对企业自身情况的介绍，还分析了主要竞争对手的现状。

【例8-21】

《研华(中国)公司的竞争战略》

1. 研华公司简介

1.1 研华的成长历史与现状

研华公司成立于1983年5月，总部位于中国台北，由三位系统工程师合伙建立，从1983年到1988年的这段时间，一直致力于系统整合技术。随着公司规模的逐渐扩大，从1987年开始在全球各地相继开设分支机构，1990年诞生了公司的第一台个人电脑机，标志着公司开始迈上以个人电脑为基础的产业计算机道路。1992年研华登陆中国大陆，在北京成立了分公司。在20世纪90年代，研华开始了全球化的道路，先后在美国、德国、意大利、新加坡、日本、法国等地开设分支机构。1995年连续有个人电脑M&P、个人电脑Series、CPU Boards以及SCM产品问世，同时开发了根据订单设计和根据订单制造等新的服务项目，为不同需求的客户提供及时和精确的产品制造服务。

研华于1999年12月在台湾上市，从此向资本市场迈出了新的步伐。在21世纪的头几年，研华开始了一系列对未来发展起着关键作用的变革，将电子平台事业部和工业自动化事业部的总部分开，并且于2003年在昆山建立了工厂。经过一系列的变革，研华在中国大陆形成了以北京、深圳和上海为中心的发展态势。2005年，研华开始了电子平台和工业自动化的全方位服务，并且制定了未来5年的愿景规划，雄心勃勃地为成为全球产品的整合者而努力。2007年，研华正式迈入了全球整合型企业的新纪元。

到目前为止，研华的营业网点分布于世界18个国家(地区)的39个城市——在欧洲设立了荷兰、德国、法国、英国分公司；在意大利及匈牙利则设有合资子公司；其美国总部设立于辛辛那提及加州的Fremont，另外在Irvine 、圣地亚哥、波士顿分别设立营业据点；在巴西则设有合资子公司；在亚太地区除了中国台北总部之外，设立了韩国、日本、新加坡、马来西亚、澳洲分公司。研华有四个地区性的服务中心，分别位于中国台北、昆山、Eindhoven和Milpitas。

研华在企业规模不断壮大的过程中，销售收入也在不断增加。从1999年的1.435亿美元起逐年稳步增长至2008年的5.23亿美元，以每年20%左右的速度快速增长，超越了产业计算机行业的平均水平……

根据InterBrand的评估，2010年研华科技品牌价值为11亿美元，并且研华在全球和亚太地区产业计算机市场的占有率均名列榜首。

研华自1992年登陆中国大陆后，开始了在大陆的扩张步伐。截至目前已先后开设了共计46个分支机构，覆盖范围北至哈尔滨，南至海口，西至乌鲁木齐，东至目前研华的重点经营区域——长三角地区，并且成立了全球电话中心，24小时处理全球客户的售后服务需求。中国大陆已成为仅次于台北地区总部的经营、研制、销售、售后服务于一体的区域性中心，为研华进一步占领大陆市场提供助力。

根据2009年的统计，大中华地区营收占研华全球营收的比例已达到35%，远远超过其他地区，成为研华在全球的最大市场。

在2008年全球经济危机中，研华公司海外出口受到严重影响，只有中国大陆销量维持稳定，加之两岸经济合作交流日渐紧密，研华公司开始将中国大陆定位为第二总部。研华随后紧跟大陆产业结构调整的步伐，加大服务应用事业群的投入力度，从以工业控制为主转换为以服务为主的企业，重点开发医疗电子、零售通路、智能化生活等领域。

1.2 研华参与的技术标准制定与产业内联盟

研华作为产业计算机行业的全球领导者，在产品研发上投入很大，不断推进产品的技术革新和新的标准制定。2004年，由中国台湾研华、中国台湾凌华和德国KONTRON共同提出ETX的嵌入式标准后，将全球的嵌入式统一到个人电脑/104和ETX架构上。2006年，研华、美国Ampro以及欧洲Congatec三大产业计算机领导厂商宣示共同制定并推动最新的嵌入式系统模块XTX规格标准，以提供原ETX使用者更具经济效益且不需大幅度重新设计底板的方式，升级到最新的技术规格，如个人电脑I-Express、SATA和L个人电脑。通过上述两个全球产业标准的制定，足见研华的先进技术已立于世界前端，且在产业计算机产业界具有巨大的影响。

……

2. 中国大陆产业计算机市场同业竞争现状

中国大陆的产业计算机供应商可以分为三大族群，即跨国企业、台湾企业和大陆企业。由于中国大陆市场的价格敏感度较高，虽然跨国企业拥有很强的技术优势，但是它们主要集中于高端产品市场，其在整体市场上所占的市场份额并不大。与之相反，中国大陆生产企业在销售渠道、人际关系网络等方面拥有诸多先天优势，但其技术能力仍需进一步提高。台湾企业则融汇了跨国企业和大陆企业的共同点：一方面，它们相对于大陆企业拥有一定的技术优势和生产优势；另一方面，它们具有与大陆企业相近的文化背景，从而在了解用户需求等方面比跨国企业更具优势。

目前中国大陆产业计算机市场份额的前三名是研华、研祥和凌华……

2.1 研祥

2.1.1 企业发展及宣传(略)

2.1.2 参与行业标准制定(略)

2.1.3 产业合作(略)

2.2 凌华

2.2.1 企业发展及宣传(略)

2.2.2 参与行业标准制定(略)

3. 案例事件

案例事件是案例正文的主体和核心，是对管理故事内容和情节进行全面而深入描述的部分。在撰写案例事件的过程中，一方面，作者需要思考如何将案例事件的起因、过程或结果展示给学生，重现真实的管理情境。另一方面，还要紧密结合案例教学需求，实现案例的不同难度需求。因此，作者的工作主要分为两部分：其一，依据案例难度需求决定案例事件要包含哪些信息，以及运用何种方式来表述信息。其二，营造案例故事的情境，实现快速引导学生进入决策角色。前一项工作内容的目的在于通过不同的表述方式和技巧，将案例故事的相关信息交代给学生供其决策，以培养学生对有效信息的辨识、理解和运用能力。后一项工作是在确保案例故事的可读性和故事性的基础上，帮助学生融入案例故事情境，使其能够从决策者的角度去思考、分析并解决问题。以下分别从案例表述难度和案例情境化两个角度，对案例事件编写的相关技巧和方法进行介绍。

1)表述难度的处理

(1)信息相关性处理。信息相关性，指的是案例所表述的信息与进行案例分析所需信息的相关程度。进一步来说，信息相关性的处理要解决两个问题，即明确相关信息的具体内容和相关程度。经过前期对案例素材的提取过程，案例作者已经能够确定案例事件相关信息的具体内容。所以，此阶段的工作重点在于信息相关程度的确认与设计。

第一，干扰信息的设置。首先，在案例编写过程中，为了增加案例分析的难度，案例作者通常会有意添加一些与案例主旨不太相关的信息，以培养学生对有效信息的识别能力。我们将这种看似有用，实则无助于甚至会干扰案例分析的信息称为干扰信息。需要强调的是，干扰信息与无用信息是两个不同的概念。设置干扰信息的目的是增加案例信息的识别和提取难度，信息内容与案例背后的管理理论有着相近或类似的关系，而无用信息则多数是由于案例作者对资料选择不当造成的，学生在进行问题分析时可能完全不会考虑此类信息，甚至认为是多余的。

以下是案例《研华(中国)公司的竞争战略》中的一段内容，介绍了研华对自身企业文化与社会责任的培养和宣传，以及所取得的相应成就。相对整篇案例来说，案例的重点在于对研华(中国)公司的竞争战略制定过程的描述，尽管文化也是企业战略规划的一部分，甚至是企业长期建设的重要理念，但就该案例的主题来看，企业竞争优劣势的分析与构建才是案例的核心内容。因此，案例中有关企业文化的资料更多的是帮助学生了解企业，而对于案例分析的帮助并不显著，属于相关性较低的信息。

【例 8-22】

1.3　研华作为企业公民的社会责任

研华公司注重企业文化的培养和宣传，长期与世界各地特别是中国台湾和中国大陆的高等院校通过密切、深入合作举办一系列活动，如自动化软件组态设计大赛、高校实验室(focus lab)、TiC100 创业大赛、经理人校园成长营、精英实习计划等。研华在中国大陆高校中的合作伙伴包括北京大学、上海交通大学、中国人民大学、上海财经大学等著名院校，其中与上海财经大学 MBA 学院于 2009 年 9 月成立了产学研联盟。

研华的发展得到了社会的肯定。2004 年研华荣获台湾出口贸易发展委员会选出的“台湾十大国际品牌”称号，并且各项产品先后在全球杂志排名中名列前茅；2006 年和 2007 年，连续两年，《远见》杂志对研华在企业社会责任和与大学合作教育上的努力授予荣誉；在 2008 年“台湾十大国际品牌”评选中，研华时隔 3 年再度入选；2009 年伊始，研华荣获中国自动化网评选的“2008 年度社会责任奖”。

第二，紧急/重要问题的编排。案例的故事情节以当前问题为核心展开，为了解决这个核心问题，往往涉及一系列更加细化的次要问题的处理。而核心问题以及各次要问题的紧急/重要程度通常是有所区分的。重要性，指的是案例中的问题对于组织的影响程度，如这个问题会提高组织的竞争力，还是会导致组织失败。问题的紧急性揭示了案例情境的紧迫感，如决策是否关键，为了这个决策是否要放弃其他的东西，是否可以等一段时间后再进行决策。

紧急/重要问题的设计与编排能够在案例故事中呈现大大小小的、可引发学生思考的争议点，进而起到启发学生课堂讨论的作用。有的案例作者喜欢给学生展示出企业一片混乱或是问题百出的故事情境，以此来培养学生对核心问题的识别和分析能力。但需要注意的是，情境的混乱不代表核心问题与次要问题之间的混乱。案例作者虽然需要思考将核心问题较好地掩藏在次要问题之中的方法，但作者首先要明确案例中各问题的紧急/重要性，否则所编写的案例很容易出现主次不分、缺少重心的现象，这才是真正的“混乱”。

【例 8-23】

例如，在案例《五洲集团组织变革之路》中，刘总在推行第二次组织变革前面对着一系列的潜在问题，如公司的扩张速度过快，很多区域公司管理人员的选拔并未严格执行筛选制度，这使得区域公司的管理水平受到威胁，一些急功近利、滥竽充数的项目团队开始出现；一些项目缺乏严格的项目合同审核，对于业主的信誉、资质等信息也放松了要求，最后造成大量的“烂尾”项目，项目款项拖欠，甚至出现一些收回可能性极小的坏账等。经分析不难发现，这些问题虽看似紧急，但却属于由组织结构不合理而引发的次要问题，对企业的重要性相对较低。因此，该案例通过描述刘总对企业现状的反思，逐步将问题的重点追溯到组织结构的设计和调整上来。

具体来说，案例作者可以通过使用《毅伟商学院案例学习(第四版)》中所提到的案例问题紧急/重要性矩阵，来区分各问题的影响，如表 8-3 所示。

表 8-3　案例问题紧急/重要性矩阵

紧急＼重要	低	高
低	Ⅰ	Ⅱ
高	Ⅲ	Ⅳ

(2)信息隐晦性处理。隐晦性指的是信息的隐含程度，也就是语句或篇章背后潜在信息的多少。进行信息的隐晦性处理主要是为了锻炼学生对信息的提取能力，一般通过两种方式来实现信息的隐晦性。

第一，内容的隐晦性。即仅仅通过白描的方式揭示表面信息，而对于信息的潜在含义不做说明。例如，在一家合资企业中中方股权占到 40%，而外方股权占到 60%，但企业的总经理却是中方人员。如果案例作者仅仅将上述现象简单地描述出来，那么该表述就具备了一定的信息隐晦性。学生需要结合其他案例资料思考、分析由小股东派设总经理的原因。如果在现象描述后直接给出原因，那么信息的隐晦性也就随之降低，案例表述难度水平也就下降了。

又如，案例《HC 公司的战略选择(A)》中矛盾与危机一节中的一段描述见例 8-24。

【例 8-24】

但在 HC 发展的初期，HC 的效益并不是很好，其中泵房业务尤其不理想，并且两个人都属于个性十分要强的人，在企业的经营中总是不能统一意见，所以经过两人的协商，赵总将自己的股份全部转让给了张总，而赵总提出来的条件是要为张总打工，张总也答应了他这个要求，委派赵总作为 KM 公司的代表担任 HC 的总经理。张总一直从政，1993 年下海经商后从事中介的工作居多，所以对于管理企业，特别是管理劳动密集型企业也不是很在行，所以任命具有管理经验的赵总来管理企业也是顺水推舟之举。对于赵总来说，从合作者变成打工者，属于规避风险的无奈之举。如果一旦机会成熟，可能不会甘心一直为别人打工。

这段描述中揭示了赵总和张总两人各自的特点，也为赵总最后的离开埋下了伏笔。假设将最后对赵总转变职位的原因删去，那么学生在考虑赵总离职原因的时候就需要回到这一段描述，细品赵总转让股份的内在原因。

第二，结构的隐晦性。也就是通过结构顺序的安排来调整信息的隐晦程度，其关键是对案例信息的分散和整合处理。就像在描写人物外貌时，既可以在人物出场时就对其五官进行细致的刻画，突显人物外貌特征，也可以在不同的场景中分别描述眼睛、鼻子、耳朵等，让某一方面的特征与所在场景充分融合，使该人物的形象特征更加具体形象。同理，在案例内容的表述中也可以通过此类结构布局来实现信息的传递。

例如，在案例《灿坤 3C 连锁店的中国大陆之行》中，作者为了为灿坤 3C 连锁店由迅速扩张到关闭埋下伏笔，依次描述了灿坤 3C 在上海、厦门和北京三处的连锁店的特征及其优劣要素。其实，三家连锁店在一些要素上确实存在共同之处。例如，都将优质的服务作为主要的竞争优势，而在店址的选择问题上都或多或少地存在不足。案例原文采用的是将案例分析所需的信息分散融入案例资料，首先以店铺位置作为划分依据，其次分别论述各店面的特征和不足，属于一种信息分散的结构。学生在分析灿坤 3C 连锁店在大陆失利的原因时，就需要兼顾前后不同店面的优劣势，总结共同特征，相对来说案例分析的难度较大。相反，如果对此部分资料进行集中的整合处理，将导致灿坤 3C 连锁店最终不得不转让的主要共同要素进行集中论述，那么案例的信息较为集中，隐晦性也会相应地降低。

2)情境化的构建

管理案例教学的一个重要特征就是可以重现真实的管理故事，通过故事情节来营造决策环境，进而将学生带入其中。学生在扮演决策者的过程中思考问题，在应用中掌握相关的理论和方法。为了实现这一目标，案例不仅要具备较强的可读性来激发学生的阅读兴趣，还要以较为曲折的故事情节、激烈的矛盾或问题快速地将学生带入角色，引导学生积极扮演决策者。下面将从表述视角、人物塑造、戏剧性情节和结尾几个方面，介绍构建案例故事情境的方法和技巧。

(1)表述视角。第一，叙述人视角。叙述人视角，就是从案例作者的角度来描写案例事件中出现的环境、主体(人物/企业)和情节。这一视角使得案例作者能够以全面的视角展开故事的描述，环境的变化、不同人物的语言和举动、企业的行为以及事情发展的来龙去脉，作者都一清二楚。因此，作者可以对故事片段中及片段之间的一切进行描述，不会因受到人物性格和观察点的限制而不能描述事件的全貌。

鉴于以上优势，叙述人视角通常被应用于描述型案例，尤其是以企业为事件主体的描述型案例。

【例 8-25】

案例《HC公司的战略选择(A)》主要通过客观描述的方式讲述了企业整个战略决策与执行过程。首先，介绍了由于公司组织结构和高层人员的一系列变动，而引起的人才流失问题。其次，由于国家政策性调整，自来水集团的行政垄断地位受到了威胁，企业不得不思考自身未来的发展出路。企业在自我检查中，逐步发现了有关质量、技术、组织结构等方面的问题，即案例的问题点得以暴露。最后是对战略制定过程、具体内容以及结果的描写。该案例中企业本身就是案例事件的描述主体，案例重在展现事件的起因、经过和结果，采用叙述人视角能够保证描述过程的客观性和详尽性。

当案例事件的主体是某个人物时，或者说案例故事是以人物为核心展开描述时，也会采用叙述人的视角。例如，案例《朱新礼出售汇源果汁》是以朱新礼作为故事的人物线进行表述的，其中对出售过程的描述如下。

【例 8-26】

在出售汇源的整个过程中，朱新礼同样没有为汇源方面聘用独立投行。瑞银集团投资银行部中国区主席蔡洪平以财务顾问身份给朱新礼提了些建议，但却“参与有限”。交易各方在深圳谈判期间，蔡洪平在给一位知情人士的电话中不无抱怨加无奈地说：“我就看见朱总在房间里一个人转来转去，也没人商量……”朱新礼出售汇源还是引起了民间的诸多猜测。业界流传一种传闻，说朱新礼的出售是受到了二股东达能的胁迫。2007 年 2 月，达能在汇源果汁 IPO 时又行使优先认购权，投资 1.223 亿美元增持至 24.32%，但随后遭遇汇源行使“超额配售选择权”，摊薄至 21.3%。

对于这一“阴谋说”，朱新礼回应道：“谁能强迫我卖？我是大股东，这个公司的实际控制人，员工哪一个跟我没感情？哪个中层不是我手把手培养起来的？谁能说我必须卖？我今天说，就是送给哪个企业，我要不合作，它也玩儿不了。”他再次提到自己一年前的一个提法，“企业应该当儿子来养，当猪一样卖”。并这样解释为什么卖给可口可乐：“可口可乐与汇源的业务合并将形成双赢的合作关系，把可口可乐作为一家全球性饮料公司的专长与汇源对中国饮料市场的了解和认识结合起来。”“可口可乐与汇源致力于提供多样化、优质饮料产品供中国消费者选择，我们之间相同的愿望和共同的承诺构成了本次交易的坚实基础。与可口可乐的合作将使汇源品牌在竞争激烈的全球饮料市场上得到进一步发展，并为汇源的业务和员工提供更具竞争力的平台。”

虽然人物是该案例的叙事主线，但案例作者并没有从人物的主观视角出发，而是从旁观者的角度描述了朱新礼出售汇源果汁的行为和由此引发的一些质疑，并通过人物的真实语言来揭示出售汇源的某些内在原因。其既展现了人物的内在性格，让学生能够体会到当事人的切身感受，又保证了描述过程的客观性。

第二，人物感受视角。通过主人公的感受来了解和认识整个案例事件，能够更加深入人物的精神世界和心理活动，进而借助人物的心理、语言和行为来反映情节发展。所描述的场景尽管仅限于人物自身的视野范围，但也加强了故事情节的真实感，能够让学生透过决策者的视角看待管理实践问题，更加真切地体会决策者的感受，融入角色，真正站在管理决策者的角度发现和思考所暴露出来的问题，实现案例情境的真实化。因此，人物感受视角往往成为以人物为叙事线索的决策型案例的首选表达方式。例如，案例《北方钢铁集团的“150 万吨不锈钢”生产线》中对管理问题的暴露描写如下。

【例 8-27】

“设备和技术引进都做了缜密的研究和论证，不应该出现问题啊，难道是外来的技术水土不服?”林亚冬这样想着。

“这帮记者，真难缠啊”，总经理张建业快步走进了林亚冬的办公室，“连150 万吨生产线的事情都知道，消息够灵通的”，“亚冬，替你应付了那些头疼的记者，准备怎么感谢我啊”。林亚冬笑了笑，“那你好事做到底，把这次质量问题的根源找出来、彻底解决，我大摆酒席重重地谢你。”“哈，就知道你没那么爽快，问题出在哪我知道，怎么解决还得你想办法。”“哦，快说快说”，林亚冬一下子来了精神头。

“你猜问题出在哪?”张建业像是故意来吊林亚冬的胃口，一脸坏笑地看着林亚冬。林亚冬恨不得掐死这个老搭档，他们对彼此的性格实在太熟悉了。“其实不止这一批不锈钢有问题，其他批次也存在问题，只不过没这批这么明显，这批的问题可以说是盖也盖不住了，所以当初我建议你先想处理办法，然后再找原因”，张建业点了一支烟，随手拖了张椅子，坐在林亚冬的对面，“谁曾想你搞得这么大，直接回炉，这下可轰动了。”“藏着掖着也不是长久之计，设备技术都是国际上最好的，我们生产的还是残次品，情理难容啊，而且是在这个节骨眼上”，林亚冬有点激动。

是啊，不久之前，林亚冬在班子会上提出了一个新想法——再新建一个 150 万吨不锈钢生产线，将现有的产能提升一倍，成为全球产能最大、装备工艺最先进的不锈钢生产企业！张建业对当时的情景记忆犹新，班子成员罕见地达成了共识——一面倒地反对，刚刚竣工的改扩建项目尘埃未定，又要上马这么大的一个新项目，技术、资金、市场、管理……到处都是问题，以至于大家以为林亚冬在发烧说胡话……

“到底问题出在哪啊?”林亚冬焦急的询问将张建业的思绪拉回现实。“其实，技术和管理上都存在问题，这批不锈钢的问题表现得最集中。我让质监部彻底核查了一下，技术中心认为问题是由于工人没有严格按照生产参数和操作规程进行操作造成的；而一线工人反映的情况是技术中心提供的生产参数和操作规程同生产线差距太大、形同虚设，生产时还是靠有经验的老师傅和技工们自己摸索；设备的维护也是问题，从国外引进的设备、电控、计控这些高科技，出了问题往往是工人看不懂、技术中心弄不明白，只能等外方来人，能不出问题么？另外不锈钢仓库进出随意，带进一些小石子和铁屑，造成一部分不锈钢在运输中被划伤……”

该案例的故事情节完全从事件主人公林亚冬的视角展开，通过语言和内心塑造了一个由于管理问题不断暴露，苦求解决方法的人物形象，并借助人物间的对话逐步剖析了事件问题点和亟待解决的问题，将一个真实管理困境展现在学生面前。

(2)人物塑造。案例事件中的冲突往往都是以人物为核心的，一个生动形象、个性分明的人物能够感染学生，增加案例故事的可读性，促使他们从人物的视角去观察、解决问题。而为了塑造一个令人满意的人物形象，通常需要考虑以下几点内容。

第一，人物背景。人物背景，通常指的是案例核心决策者的职位、责任与权力以及过往的工作或教育经历等相关信息。向学生提供决策者个人背景信息，如职责和权力、受教育程度、过往成就等，可以使人物形象更加丰富、饱满，塑造更为真实的故事角色，拉近学生与关键人物的距离，有助于学生理解决策人所面临的真实管理情境，并站在决策人的角度看待和思考问题。通常情况下，案例人物的背景信息与企业的发展过程是存在互动关系的。也就是说，人物很可能会伴随着企业的发展而不断成长，如《五洲集团组织变革之路》中的一段描述。

【例 8-28】

与王总不同的是，刘总并不是从一线一步一步成长起来的，刘总大学毕业后就直接到了集团战略规划部门工作，后来被派到一个分公司担任副总经理，工作有思路、有魄力，很受吉化集团高层领导的重视。刘总为人稳重，有多年的管理经验，最难得的是有着处事冷静又果敢坚毅的品质。此次调任，刘总是在众多候选人中脱颖而出的，刘总当然也是满怀信心和希望走马上任的。因为之前对王总领导下五洲集团的发展历程有所耳闻，认为自己可以在前任的成绩之上再创辉煌。但是，上任后不久，他开始逐渐察觉到，公司高速运转的外表下实际隐藏着很多问题。

该段先后描述了刘总的学历、在该企业的成长过程、能力等个人背景，让学生感受到了一个真实的决策者形象，依据这样的人物角色特征，学生能够结合人物视角进行案例的分析与讨论。同时，也增加了案例故事的可信度。

第二，人物困境。也就是说故事主角要承担一定的任务，需要实现某个目标，如解决某一危机或应对某一阻碍等。这种任务目标会成为促使人物采取一系列行动以及心理变化的根本因素。例如，某某公司应收账款额周期不断加长，让整个企业的运转举步维艰。面对这一难题，副总裁张某决定要采取相应措施来改善这个局面。

第三，独特观点和性格。有着鲜明的性格特征和独到的个人见解的主人公会给学生留下深刻印象，学生也很容易进入管理情境。所以在案例正文当中，要塑造主人公独特的性格和清晰的观点。人物的语言、行为以及内心活动的描述都可以成为构筑人物独特性格的要素。此外，有时候简单的客观描述也能达到良好的效果，如例 8-29 所示。

【例 8-29】

1. 徐老师其人

徐老师生在中国西北的一个小城市，从小学到高中毕业一直是班里的佼佼者，后来考入了这座海滨城市的大学。当初之所以放弃北大、清华这样的一流院校，并不是徐老师成绩的原因，而是因为这座海滨城市有自己的亲叔叔，更是因为叔叔、婶婶没有孩子。徐老师还有两个双胞胎弟弟，所以，他就被父亲指派到叔叔家这儿读书，以便日后为叔叔养老送终。

叔叔、婶婶教了一辈子书，桃李满天下，在当地很有名气。徐老师在叔叔、婶婶的影响下，更加好学上进，大学毕业后被保送研究生，并获得了硕博连读的机会。就在徐老师读博士期间，婶婶突发心脏病，倒在了讲台上，不治而亡。从此，叔叔变得抑郁寡欢，徐老师只好从学校搬到了叔叔家，边照顾叔叔的饮食起居，边准备博士论文。

这是一篇关于徐老师本人是否需要进行纳税申报的案例。虽然他的经历、性格和叔叔的情况与他最终是否需要申报没有直接关系，但是这两个段落生动地体现了徐老师的性格、人品和家庭背景，让人不由自主地将自己想象成了徐老师本人，然后身临其境地去了解接下来的情节。

(3)戏剧性情节。戏剧性的情节，就是要求案例故事的描述应建立在实事求是的基础上，力图实现情节的曲折。既有矛盾或冲突的积累过程，又要有高潮点的迸发，甚至包含结果的出人意料，以增强案例的可读性和故事性，紧紧抓住学生的眼球，促使学生跟随关键人物共同经历真实的管理故事，如例 8-30 所示。

【例 8-30】

3.1 铜材市场价格的高速上涨危机

……然而，令小林和王总都没料到的是，占据项目成本相当大比例的铜材的市场价格竟然在项目实施的过程中持续地大幅增长，而且完全没有回落的趋势，项目铜材采购成本风险越来越脱离了可控范围。

……

没料到的是，持续的观望背后暗藏着风险。吉林广电项目是从 2005 年 4 月开始正式启动运行的，到了 2005 年 7 月、8 月，铜材的价格开始爆发式上涨，下半年建材市场的铜材价格竟然涨到了 35 000 元/吨，虽然 11 月又回落到了 30 000 元/吨，但这种居高不下的价格一直持续到了 2006 年 6 月。在此期间，公司总部的物资采购部一直在犹豫该不该开始预订铜材，还期待铜材价格能有下降的空间。到了 2006 年 6 月，小林考虑到项目的施工进度要求和铜材价格回落的较低可能性，又向公司提出了申请，建议必须要进行铜材的采购。如果继续等待很有可能价格更高，原本整个项目的利润就已经很小了，团队又向公司缴纳了很大一笔风险抵押金，万一由于铜材的涨价而影响了项目的收益，小林觉得自己没有办法跟项目成员交代。然而，此时进行采购的话，对照合同成本，一吨铜将亏损 4000 元左右，但此时如果不进行采购的话，铜材的价格还可能继续上涨，公司的物资采购部也陷入了进退两难的境地。

3.2 业主变更的工期拖延

正当公司总部的物资采购部门不知如何抉择的时候，业主方面又传来了另一个意外的消息，由于业主方面出现了大的人事变动，更换了新的领导人，其对工程总体的要求发生了变化，要求必须进行设计变更，中建安装承包的机电安装工程进度也要配合着进行调整。

项目整体设计的变更最直接地导致了机电安装施工图以及施工组织设计的变更，重新计划组织的过程同时影响了项目原有的施工计划，整个施工过程受到很大程度的影响。更突出的是，业主的设计变更不仅影响了施工的进度，还使得项目母线、电缆的安装使用时点和使用量也发生了变化。但是，更出人意料的是铜材的价格竟然达到了一发不可收拾的地步……

3.3 项目部的担忧与提议

……

因此，铜材的成本偏差已经必然存在和不可控了，对项目经理小林和整个项目部而言，这样的材料价格变动风险都是无法接受的。小林仔细计算过，如果按照这样的价格进行采购，那么对项目部而言，项目不可能存在盈利的情况。不仅如此，项目团队也根本不能完成风险抵押金返还的指标，对应成本承包责任制中的奖惩措施，不仅项目部上缴的风险抵押金都要被扣除，项目部还要承担相当程度的项目亏损。在这种形势下，整个项目团队人心惶惶，而且继续实施项目对项目团队而言已经毫无意义，之前预期的用来激励的项目收益也迅速变成了泡影。

示例中描述了案例人物小林所面临的困境。先是原材料价格的上涨导致难以把控项目成本。随后，业主设计的变更又加剧了成本管理的难题。最后，难以控制的成本又导致项目团队气势的下降。案例情节可谓一波三折，麻烦接连不断。在这样戏剧性的波折中，学生很容易就被带进小林的角色，仿佛亲身经历着这一切。

(4)结尾。结尾，也就是案例的结束语，是案例正文的终结。一般是指案例的最后一个层次或者段落。案例结尾的编写需要作者关注两个问题，即在什么时候停止故事，以什么样的形式结束。

第一个问题主要涉及了案例的分析难度的设定。如果是1级难度，那么就需要作者描绘出完整的案例故事，从问题的识别到决策的制定，直至方案的实施。2级难度则要求作者隐去问题的备选方案。而在3级难度的案例中，是否要进行决策可能都是不确定的。同时，这一问题还会与案例的类型相关，如描述型案例更倾向于介绍故事的全貌，而决策型案例则会选择在故事完结的中途停止案例。此外，现实中故事的发展进度也会对此产生影响。

一般来说，案例结尾会采用提问的形式再次强调关键决策点，或决策者的困境。这种结尾方式能够进一步推动学生思考，学生角色的扮演并不会因故事的结束而停止。同时，还能够做到首尾呼应。

【例 8-31】

调整后的新公司由原五洲集团副总经理孙总出任总经理一职。孙总是伴随五洲集团成长的老员工，从项目经理一步步被提拔起来。公司这些年的成长、调整，公司高层的更换，战略方向的变动，组织结构的变革，他都亲身经历。孙总曾经是王总时代的优秀区域公司经理，是刘总时代被提拔的副总经理，尽管他对裁撤区域公司有不同的看法，但他也认为那个阶段公司的飞速发展的确带来了不少的隐患。然而，他对五洲集团的明天仍充满信心，认为只要坚持“做强 EPC，做大海外”的努力方向，五洲集团会重现辉煌。

但是，现在令他头疼的事情是，刘总“三级到二级”的组织变革仍未彻底完成，重组调整后公司有大量的人事调动，整个五洲集团组织体系结构混乱，人员职位权限模糊不清，亟须重新定位，清晰规划。而公司高层管理团队出现了两派截然不同的观点：左边坚持要回到王总时期的三级管理结构，右边认为坚持实施刘总的二级管理体系改革才是正确的选择。五洲集团下一步的组织结构应该如何选择，现存的组织问题又该如何解决，孙总在角色变化后不得不重新慎重考虑这些事关企业发展全局的问题。

4. 案例注释

案例注释，是对案例中词语、内容、背景、引文做介绍或评议的文字，目的是对案例中的疑难处进行解释、标注和说明，使学生能够更准确、完整地理解相关内容。诸如字词音义、时间地点、人物事迹、典故出处、时代背景等都可以是注释的对象。

在形成案例草稿阶段，作者对案例资料最为熟悉，此时进行资料的注释工作，能够及时、准确地指明资料的来源和含义。同时，随着案例编写逐步进行注释，操作更加便利。如果在形成草稿后再来进行注释，不仅要重新寻找需要标注的资料，增加注释的任务量，还容易产生遗漏，甚至无法找到原有出处。

通常情况下，根据在书籍或文章中所处的位置，注释可以划分为多种类型，如脚注、夹注、尾注等。在管理案例中，主要使用首页注释和脚注两种类型。首页注释，顾名思义，是位于案例首页下方的注释，一般用横线将其与正文分开，并在案例标题处以上角标进行标注。首页注释主要是关于作者、使用权限以及案例整体相关信息的说明，内容一般包括作者简介（姓名、单位、职称或职位等）、掩饰处理情况、编写目的说明以及版权情况四部分，如例 8-32 所示。

【例 8-32】

AMDQ 公司一波三折的数字化工厂项目[1]

摘要：……

关键词：……

引言：……

---

1. 本案例由大连理工大学管理与经济学部的闵庆飞副教授、MBA 学员卢阳光共同撰写完成，作者拥有著作权中的署名权、修改权、改编权。未经允许，本案例的所有部分都不能以任何方式与手段擅自复制或传播。

版权所有人授权中国管理案例共享中心使用，中国管理案例共享中心享有复制权、修改权、发表权、发行权、信息网络传播权、改编权、汇编权和翻译权。

由于企业保密的要求，在本案例中对有关名称、数据等做了必要的掩饰性处理。

本案例只供课堂讨论之用，并无意暗示或说明某种管理行为是否有效。

脚注，就是我们通常所说的注释。一般位于相关内容同页的下方，字体要比正文小，也由横线将其与正文分隔开来，并同样在原文处以上角标进行标注。在管理案例中，脚注的内容主要包括数据来源（如公司年报或其财务报表）、专业名词释义、专有名称说明（如非案例主要企业的名称）以及参考文献。其作用一方面在于解释文中出现的专业词句，以帮助学生理解文意；另一方面则是表明相关资料的出处或来源，是行文规范性的要求，也是对被引数据或文献作者的尊重。需要注意的是，脚注的篇幅不宜过长，一般用 1～3 句话进行说明，具体如例 8-33 所示。

【例 8-33】

《海信集团的技术创新之路》

2. 中国彩电行业竞争态势

中国彩电生产始于 20 世纪 80 年代。1980 年长虹从日本引进第一条彩电生产线，随后国内多家电视生产厂商纷纷从国外购进了彩电生产线。到90年代初，全国有97家企业共引进彩电生产线120条。1995年已形成彩电生产能力4476万台，而当年的实际产量只有2058万台，市场销售量不足2000万台[4]。据统计，1995年彩电生产能力平均利用率仅为46.1%，生产能力严重过剩。尽管如此，由于规模扩张被奉为市场竞争的重要手段，新项目还在继续引进和兴建，到1998年，全国彩电库存超过1500万台[5]。

[4] 其中相当部分是进口彩电。

[5] 来源于中经网统计数据库。

5. 小结

从案例正文各要素的功能和重要性来看，案例背景和事件可以说是教学案例正文的主体，是进行案例描述，实现管理实践情境化的过程；案例标题和引言通过对案例的高度概括，在反映案例主题或内容的同时，主要起到激发学生阅读兴趣的作用；而案例摘要则是对案例重要内容客观、简明、确切的记述，从而使学生快速了解案例的主要内容。教学案例格式是一个形式问题，必须以服务于内容为前提。以上案例正文的典型构成要素并不是每个案例都必须涵盖的，只要保证案例能够将学生带入一个真实的管理情境中，实现最初的教学目的，案例作者就可以对各要素进行取舍。

8.6 编辑案例草稿

编辑就是对案例草稿进行反复修饰、完善和提高的过程，即按照8.5节所述的方法、原则等对草稿进行进一步的完善，是不断调整和完善案例的过程，是确保案例质量、提高案例规范性所必不可少的程序。以下将从草稿编辑的指导思想、图文化、语言风格以及附表与附录的设置几个方面具体描述编辑的原则与方法。

8.6.1 编辑的指导思想

1. 适当的间隔期

在打草稿与编辑阶段之间留出一定的时间间隔将有助于编辑工作的开展。经过一定时间的休息，打草稿时所形成的构思被暂时搁置，案例作者的思路可以得到解放，能够以开放性的思维重新审视草稿，发现其中的不足，提出新的修改意见。

2. 由主到次

所谓“由主到次”，指的是在刚进入编辑阶段时，不要一开始就进行草稿细枝末节的调整，如措辞和修饰等。而是应该从较大的问题入手，如行文逻辑是否合理顺畅，文字是否表达了作者的思想，内容是否真实地反映了案例故事等。然后，再对全文的段落、词句等细节问题进行调整与完善。

3. 持续完善， 把握时间

草稿的编辑是一个任务相对繁杂的工作，既涉及全文整体布局的框架性修缮，还包括段落、词句的细节调整，往往需要反复的思考与调整。因此，编辑工作并没有一蹴而就的技巧，而是需要案例作者耐心、细致地逐步完善。但编写案例的时间是有限的，编辑工作尽管繁杂，但也不可忽略整个案例编写工作的进度，这也就要求案例作者要注重对时间的把控，合理地安排任务，保证工作效率，避免拖沓。

8.6.2　图文化

图文是培养学生分析能力的有效工具，案例正文中通常会使用一些图文，或将原始数据进行图文化，以简洁、直观的形式表达需要大量文字才能说明，甚至难以说明的案例信息。图文能够迅速、直接、生动地传达信息，更有助于突显信息间的关系，帮助学生快速、有效地掌握案例信息。案例中常见的图文主要包括表格、图形和照片三大类，其各自的具体分类及介绍如下。

1. 表格

1)数据表

用表格的形式将量化的数据信息按照时间、类别等顺序呈现出来，其本质在于客观地展示相关数据信息，说明某一现象或事物。由于此类表格一般是插在案例正文之中，因此数据表中数据的数量就要受到一定的限制，不可过多，而旨在展示关键信息。具体来说，通常会用数据表进行列示的数据包括主要竞争者盈利状况、企业市场份额以及经济性指标等，现以表 8-4～表 8-6 举例说明。

表 8-4　2006 年度变压器行业十强企业盈利状况(单位：万元)

单位名称	销售收入	利润
江苏华鹏变压器有限公司	232 417	12 190
西安西电变压器有限责任公司	196 666	13 035
保定天威保变电气股份有限公司	194 937	21 878
特变电工沈阳变压器集团有限公司	154 341	9 591
特变电工衡阳变压器有限公司	150 325	6 196

续表

单位名称	销售收入	利润
山东达驰电气股份有限公司	150 241	7 806
杭州钱江电气集团股份有限公司	148 599	7 459
顺特电气有限公司	141 359	5 244
青岛青波变压器股份有限公司	120 461	8 150
常州西电变压器有限责任公司	81 174	3 842

表 8-5　南方高科 CDMA 手机市场份额(单位:%)

时间	2004 年第一季度	2004 年第二季度	2004 年第三季度	2004 年第四季度	2005 年第一季度
市场份额	7.04	6.35	5.28	4.23	3.81

资料来源：易观国际

表 8-6　2005～2006 年公司的经济性指标

年份	销售增长率/%	净资产增长率/%	主营业务利润增长率/%	新产品研发费用/万元	总资产增长率/%	净利润增长率/%	主营业务利润率/%
2005	22.78	−143.89	34.41	124	−2.70	−57.71	−2.34
2006	−0.33	0.86	−6.39	64	−4.13	−91.82	−0.30

2)信息表

信息表与数据表的主要不同之处在于信息表重在文字信息的列示，一般不包括量化的数字信息。将文字信息按照某一标准进行类别划分，并以表格来展示，能够将具有同一属性的多条信息更加清晰、有条理地传达给学生。常见的列于信息表中的信息主要有产品/服务类别、企业行为/事件以及某些分析性资料等，以表 8-7～表 8-9 举例说明。

表 8-7　传统硬件维护的 9 类服务

服务等级	服务内容
基本服务(人员保障)	1. 硬件维护 2. 主动监控检查
增强服务(技术层面)	3. 监控服务 4. 基础设施服务 5. 资料备份和恢复服务 6. 信息安全服务
增值服务(流程层面)	7. 资产管理服务 8. 信息管理服务 9. 系统运营服务

表 8-8　华立集团在医药产业的资本运作

业务板块	收购事件
特色资源药	1998 年，借壳 ST 川仪上市，现更名为华立药业 2000 年 5 月，组建重庆华阳自然资源开发有限公司 2000 年年末，收购重庆武陵山制药厂 2001 年，整体收购湖南吉首制药厂 2001 年 12 月，组建广州华立健药业有限公司 2002 年 11 月，组建北京华立科泰医药有限责任公司 2004 年 5 月，华立药业入驻四川同人泰药业有限公司
植物药	2002 年 8 月，华立集团斥资 1.7 亿元购得昆药 29%的股权，成为第一大股东
中成药	经过三次增持，至 2006 年 4 月，华立以 23.647% 的股份相对控股武汉健民

表 8-9　快乐购节目呈现特色分析表

节目呈现特色	具体阐述
提前预告	观众很难在电视购物频道节目 24 小时滚动播出时，一直守候在电视机旁边，提前预告可方便观众挑选自己钟爱的产品或者服务
精选对象	以家庭主妇、白领人士、时尚青年为目标人群，细分目标群体，根据目标群体的生活节奏来安排电视购物节目
固定时段	紧扣“家庭购物”的理念，重点针对家庭妇女的时间安排不同时间段的节目，将产品的销售按目标受众的活动方式推出，在固定时间出售固定商品，便于目标消费群体的收视，以便形成明确的消费者期待
形式的多样性	以电视节目形式出现，有情节，有故事，经过精心设计和包装，既含信息，又有广告，欣赏性、娱乐性较强
节目的技巧性	适时采用心理暗示，在销售商品时，以“倒数”方式显示出库存量的减少，或是在节目中显示一种商品连续上涨的销售量，同时辅以各种价格上的优惠或是折扣，如“今日价”、“特价品”等，诱导消费者做出决策
受传的互动性	在节目播出的过程中，电话行销部人员接到客户询问商品信息的来电，制作人通过内部对讲装置提醒购物专家哪些问题需要强调，哪些信息需要提出，购物专家得到相关信息后便及时反馈给观众

2. 图形

1)数据图

数据图是案例常用的一种数据展示形式。数据以图形的形式列出后，能够将数据间的关系、规律等信息更为直观、清晰地表达出来，让学生能够较为深入地掌握数据所揭示出的潜在信息。

数据图的种类有很多，每种类型的图对数据特征和规律的表达有着不同的效果。案例中经常使用的主要有：柱状图，将数据按照一定的区间进行分组，主要用于呈现变量的分布状态，如图 8-7 所示；折线图，可以显示数据是如何随着时间的推进而连续变化，有助于揭示在相同时间段内数据的变化趋势，如图 8-8 所示；饼状图，用不同的颜色代表不同的类别，并显示各类别占总和的比例，如图 8-9 所示；条形图，可以显示一段时间内的数据变化情况，或显示各项数据之间的差异，如图 8-10 所示。

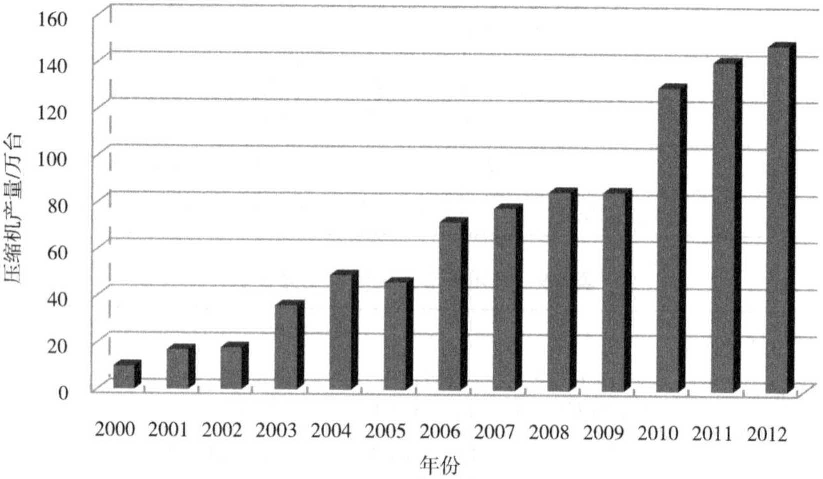

图 8-7 2000～2012 年大连三洋压缩机产量情况

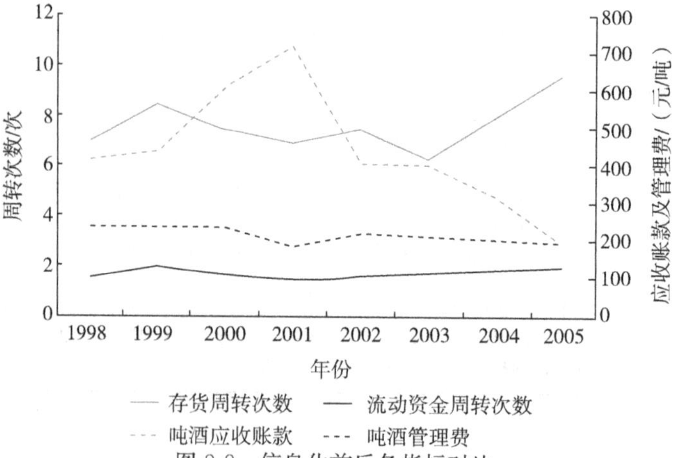

图 8-8 信息化前后各指标对比

2)流程图

流程图是将步骤、思路等过程性信息可视化的有效方法。使用一些标准形状或符号代表过程中的关键点，并以线段或箭线进行连接，往往可以将系统的、较为复杂的过程性信息更为清晰地展现给学生。流程图并没有固定的格式，需要根据具体情况进行设计，销售渠道图、某些思路或路径图等是案例中较为常用的流程图，以图 8-11 和图 8-12 举例说明。

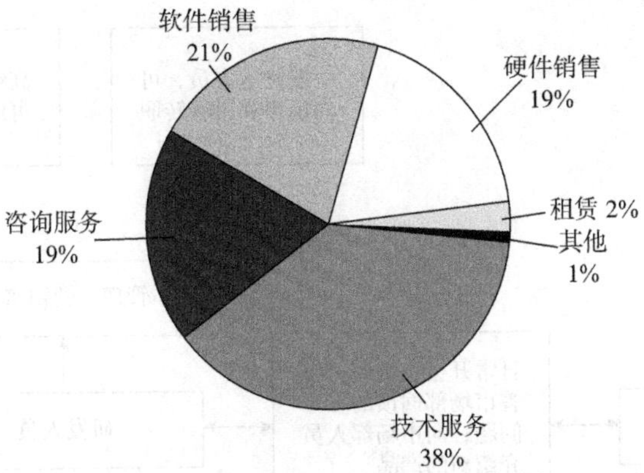

图 8-9　M 公司各类业务收入比例图

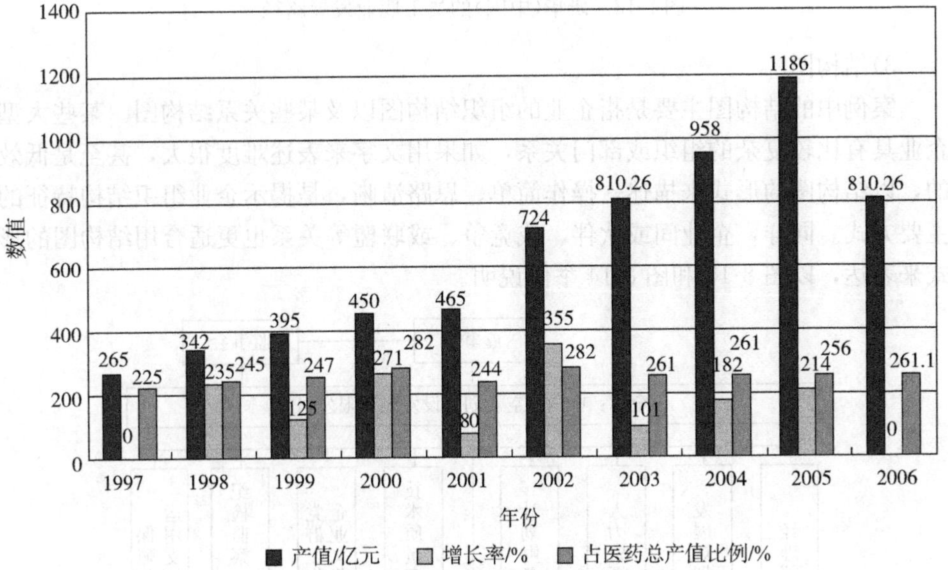

图 8-10　中药产业近年来产值分布图

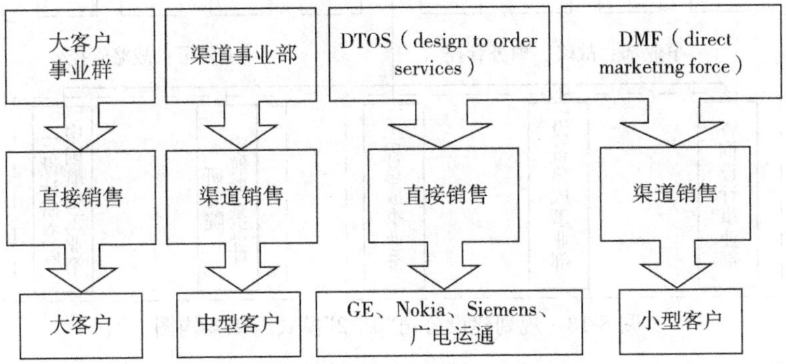

图 8-11　研华(中国)原有销售渠道图

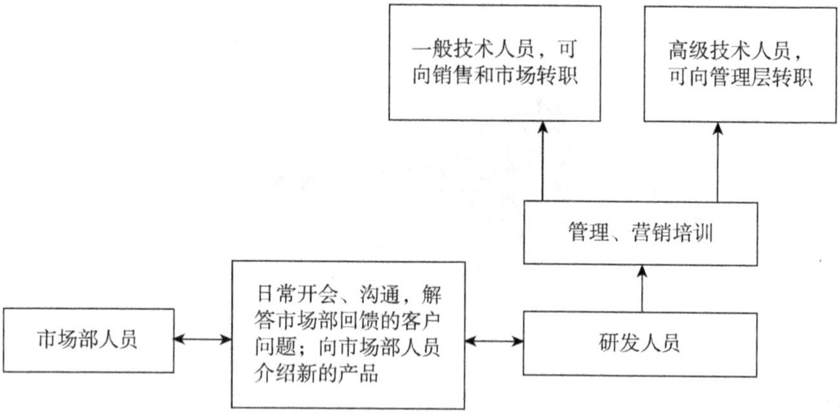

图 8-12　研华(中国)的员工职业发展路径

3)结构图

案例中的结构图主要是指企业的组织结构图以及某些关系结构图。某些大型企业具有比较复杂的组织或部门关系，如果用文字来表述难度很大，甚至是低效的，以结构图的形式来描述，操作简单、思路清晰，是揭示企业组织结构特征的主要方式。同样，企业间或伙伴、或竞争、或联盟等关系也更适合用结构图的形式来表达，以图 8-13 和图 8-14 举例说明。

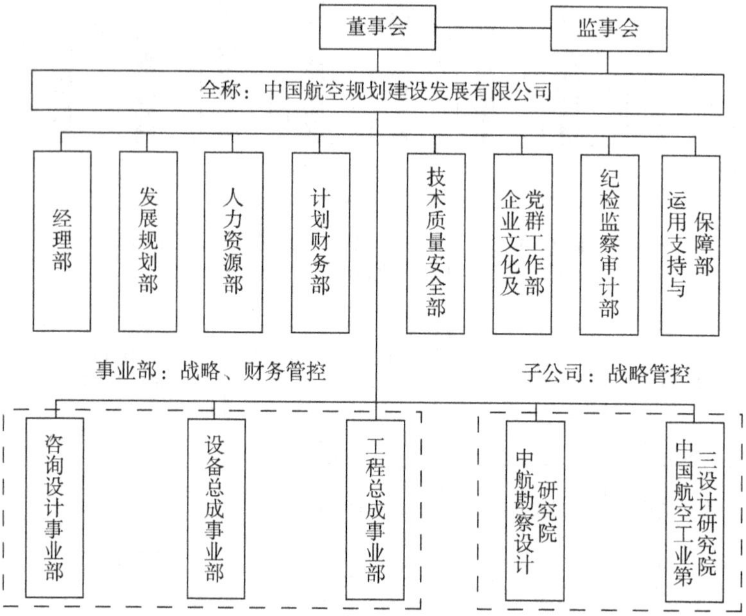

图 8-13　规划建设公司“3＋2”模式组织架构图

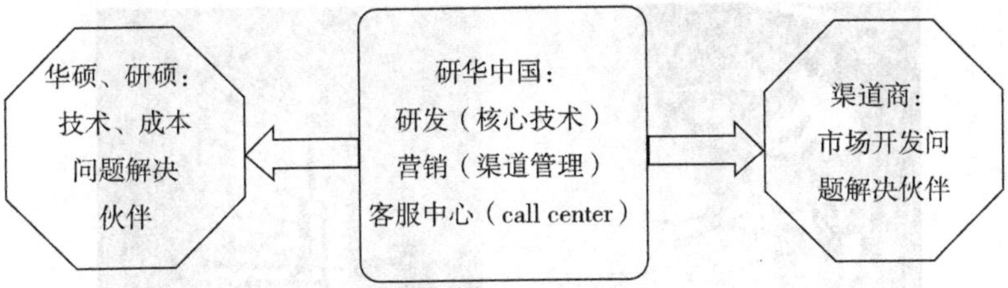

图 8-14　研华(中国)伙伴关系网络

4)地图

除了以上所介绍的主要图形外，案例中还会有某些用以揭示企业其他相关信息的地图。例如，在案例《研华(中国)公司的竞争战略》中，作者就使用了地图来揭示地理、区位或企业分支等信息，如图 8-15 所示。

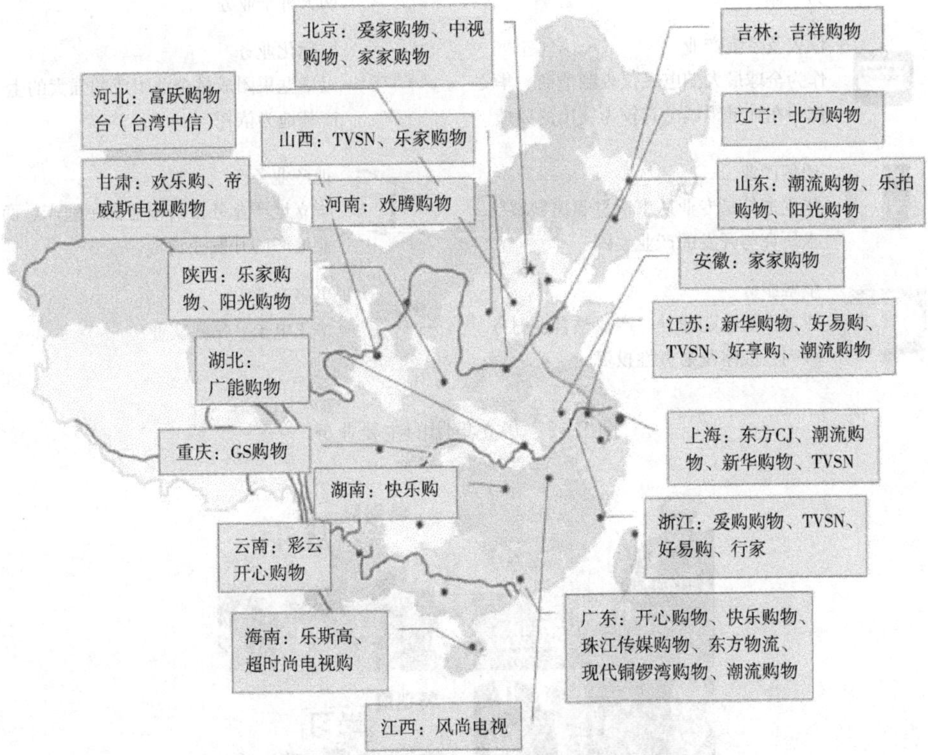

图 8-15　目前中国主要电视购物频道分布图

3. 照片

将实际拍摄的照片放入案例能够让学生看到真实的企业环境或事物，有助于提高案例的真实度和可信度。案例中照片的内容主要为企业工作环境、产品/服务、企业网站的宣传照等，如图 8-16～图 8-18 所示。

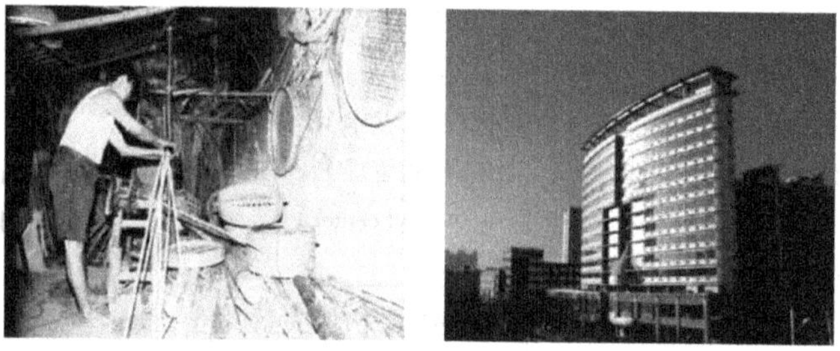

（a）做竹器雨具时期的华立　　（b）华立集团总部

图 8-16　华立集团发展初期及目前厂址展示

医药产业

集药物研发、生产销售和国际化经营为一体

仪表及系统产业

作为全球最大的电工仪表制造商，华立仪表在计量领域已有较为突出的成绩

通信产业

华立通信是专业从事信息通信领域技术研究与开发的产业集团

金融服务

业务涉及收购兼并、产业整合及财务顾问、战略及财务性投资

矿产和石油化工产业

矿产和石油化工产业是华立培育中的两大种子业务

HOLLEY

国际化业务

以华立集团成员企业组成的强大的生产基地为依托

地产业务

华立地产业务目前覆盖民用地产、商业地产的开发经营

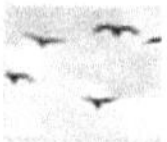

更多产业

华正电子、华凯实业

图 8-17　华立集团的主要业务

图 8-18　特变电工的核心价值观

4. 图文的插入原则

在案例正文中插入图文是为了更好地传递案例信息，以更有效的表达方式代替文字描述。但作者必须谨记图文是案例正文有机整体的一部分，是服务于案例内容的，不可让图文喧宾夺主。在选取图文的时候需要遵循两条原则：第一，图文的内容、种类和形式必须与案例信息相适应，也就是说，图文要能表达出信息的主要内容，避免以图文误导学生。第二，图文的篇幅不可过长，篇幅过长会破坏案例正文的整体性和连续性，较多的图文资料应列于案例附录中。此外，案例中的图文要有统一的格式。所有出现在案例中的图文都要有自己的标题(标题中包括图文的序号和标题)。如果图文或数据不是来源于案例贡献企业，那么就要在图文的底部明确注明资料的来源。

8.6.3　语言风格

所谓“语言风格”，简单来说就是文章语言给学生所留下的感觉，或诙谐、或华丽、或朴实。不同的体裁，不同的作者，甚至是在不同时代或文化背景下，文章的语言会具备不同的风格特征。就案例而言，为保证案例内容的真实性和客观性，案例的语言总体来说不会像小说、戏剧等文体那样具备多样的文风。通常情况下，案例的语言应具备以下特征。

1. 用词严谨简练

作者需要通过故事将案例信息系统地、有层次地介绍给学生，供其进行案例分析。因此，首先，案例语言必须严谨，能够准确、客观地传达信息，避免模糊甚至错误的表述。其次，简练性则要求案例的描述语言要避免太多的华丽辞藻。案例不是文学作品，其最终目的不是以绚丽的文采赢得学生的青睐，所以不要花费过多的精力来考虑修辞和铺陈。语言应当简洁精练，客观平实地表述案例故事的发展。

2. 含蓄隽永

案例语言并不一定是平淡、机械的陈述，案例意在激发学生的思考，进而培养他们提取信息、分析问题等方面的能力，所以案例的语言应该藏而不露，保持一定的含蓄性。也就是说，案例语言不应仅限于白描阶段的平铺直叙，而应是富含深意，能让学生自己主动思考。但同时也要避免过于隐晦，不能给学生造成一种不知所云的感觉。

3. 形象生动

为了保证案例本身的可读性和故事性，激发学生的阅读和分析兴趣，一篇优秀的案例往往具备文笔流畅，形式引人入胜，内容曲折跌宕，语言生动形象、耐人寻味等特点。尤其是在塑造人物形象、构建客观情境的过程中，生动活泼、富有变化的语言更有助于展现人物特征，营造更具真实感的故事情境。

下文为笔者团队所编写案例中的一段文字。从表达上来说，这段文字以连续提问的方式来结束案例内容，希望起到引导思考的作用。但是综合全文来看，这种连续提问的表达有些过多，学生一下要面对一系列的问题，容易产生阅读障碍。虽然提问有助于调动学生的思维，但也需要恰当使用。

在这种情况下，作为东北公司总经理，王总应该怎样决策才能同时保护项目团队和公司的双方利益呢？怎么划分采购成本的风险是最合理的呢？面对业主变更索赔的机会，索赔成功的话固然好，但是索赔收益又要怎么分配呢？王总在公司利益和项目利益之间进退两难，到底怎样才能真正发挥新制度的激励效应呢？

8.6.4 附表与附录

1. 附表

实际上，附表与上文所介绍的表格与图形并无本质区别。之所以将这些表附于案例正文之后，而非列入文中，是因为这些表的内容过多、所需篇幅也较大。尤其是在管理案例中往往要列入企业的财务数据表、组织结构图、产品生产工艺流程等较大的表格或图形，如果将其融入正文，既不便于查看，且容易影响文字的连贯性。相反，以附表的形式提供给学生，则能更好地发挥图表的作用。

为了保证附表的规范性，附表应依其在案例中出现的顺序进行编号，如附表1、附表2。同时，附表均应有明确的标题，指明附表的主要内容，如“附表1：建材公司产业及产品结构表”。最后，在每一附表的下方还要标明材料的来源与出处。

2. 附录

《辞海》对附录一词的解释是：“附印于图书正文后面的有关文章、文件、索引、资料等，便于学生查考，或有助于学生理解正文。”附录是用以提供补充有用信息的材料，通常以字母标示，如附录A、附录B等。

具体到教学案例中，通常被纳入附录中的资料主要包括企业或产品发展史简介、行业发展现状等，其目的主要是为分析案例提供信息，供学生在必要时进行参考。换句话说，附录中的资料也是正文的一部分，是进行案例分析所必需的。但由于这些资料内容通常较多，且多起到辅助性作用，如果放在正文中，资料可能由于与案例故事的关联性较低，影响案例情节的连贯性，造成喧宾夺主的现象，因此不宜安插在正文之中，而是以附录的形式提供给学生。

一般来说，资料本身的有用性和篇幅是判断其是否应归入附录的重要依据。如果资料对案例事件仅起到辅助说明的作用，那么此类资料就应被加入附录之中，避免干扰正文故事。如果资料是案例主题和案例分析所必需的资料，但内容过多，篇幅过长，那么该资料也应该被列示在附录中。反之，则应尽可能地作为案例背景进行交代，或通过案例事件描述与正文结合在一起，便于学生阅读或使用。

【例 8-34】

案例《技术立企，坚守海信“百年企业”梦》的主题是技术创新，案例正文以海信的技术发展历程为主线，重在描述海信是如何确立技术发展战略，如何培育技术基础，以及如何进行技术创新的。而有关集团本身发展历程、产品发展史以及产业布局等方面的资料虽然是了解企业背景、分析企业发展战略决策影响因素等问题所不可或缺的信息，但由于篇幅过长，且与案例故事线联系不是很紧密，难以融入案例正文，而被置于附录中。

由于附录是由一组不宜或无法放入案例正文，但又是案例所必需的资料组成的，所以各项资料之间往往不存在联系。此时，需要案例作者按照以下几点设置和编写附录，以充分发挥附录资料的作用。

(1)确保有用性。附录中收录的资料必须是对正文内容的补充或是有价值的。也就是说，选入附录的资料必须是有用的，或补充说明案例正文的相关内容，或成为案例分析的必要信息。案例采集时会形成大量的案例资料，必须对这些资料进行取舍，不能将附录当做资料的堆砌之地，想放什么就放入什么。

(2)文字简洁，内容精练。附录不同于案例正文，其行文无须修饰，更不要拖泥带水，应该尽量以简洁明快的文字将资料的主要内容呈现出来。同时，附录的内容不可过于泛泛，篇幅也不宜过长，否则会产生赘余感。

(3)标示统一，排序合理。为了便于阅读和使用，避免产生杂乱无序之感，需要对案例附录中各项资料的标示进行统一的规范，以明确的标示名进行标注。此外，尽管各项资料之间并不存在必然的联系，但也不可随意排序各项资料。一般情况下，案例作者会按照各项资料在案例正文行文中出现的顺序，或进行案例分析时使用的先后对各项资料依次排序。

第 9 章

案例使用说明

为了提高案例使用的有效性，案例正文编写完成之后，案例采编人员需要准备一份案例使用说明，供教师进行案例课堂教学时参考使用。目前，国内外对案例使用说明的重要性基本达成共识，撰写案例使用说明已成为案例采编工作的重要环节之一。

然而，对于案例使用说明是什么，何时、由谁来写等问题仍存在各种争议，如何有效完成一篇有价值的案例使用说明，困扰着大多数案例工作者。本章将综合国内外现有对案例使用说明撰写的成功经验，从认识案例使用说明入手，探讨案例使用说明包含的架构要素，总结一系列案例使用说明编写的操作步骤和技巧。案例使用说明编写的工作结构如图 9-1 所示。

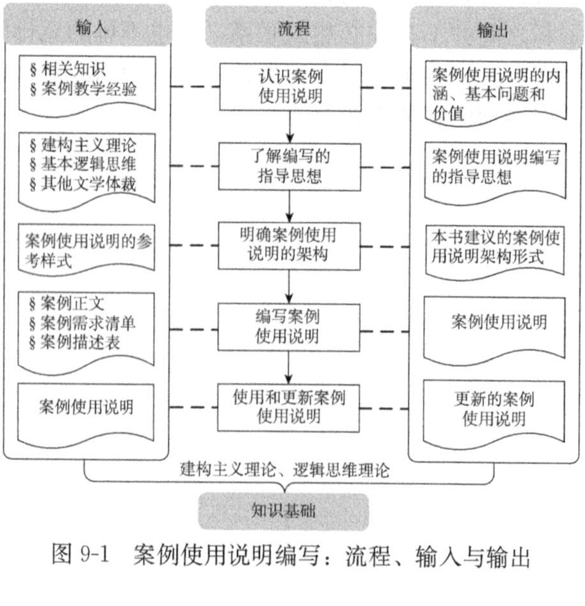

图 9-1　案例使用说明编写：流程、输入与输出

9.1 案例使用说明概述

9.1.1 案例使用说明的内涵

有效的教学案例不是对管理事件的简单描述，而是将管理概念或理论蕴涵其中，为传授特定的理论知识服务。这些由教学目标所布局的概念和理论，以知识线的形式贯穿于案例采编工作的全过程，指导案例采编围绕案例教学目标而展开。在知识线的指引下，案例采编者设计调研提纲，获取能够支持理论教学的案例素材，并按照知识线，对应案例素材梳理出故事圈，从中选择特定的情节线对案例素材进行加工，编写成文。因此，案例正文是以情节线的形式来展现知识线，蕴涵着案例教学所关注的主要知识点。课堂教学中要使隐藏于案例正文中的知识线被学生们识别、理解和融会贯通，才能够真正实现案例的教学功能。如何在课堂上实现案例的特定教学目标，正是案例使用说明所要解决的问题。

案例使用说明也被称做“教学指导书”，是帮助教师为案例课堂教学做准备的指导说明书。作为案例教学的指导材料，案例使用说明旨在将内含于案例正文情节线中的知识线梳理出来，清晰展现并引导教学过程中的案例分析和知识传授。因此，本书认为案例使用说明的本质内涵是提供从案例情节分析中获取知识的途径，它实现了由情节线向知识线的回归，从而完成了知识线到情节线，再到知识线的完整回路，如图 9-2 所示。同时，这也印证了案例需求识别阶段图 2-2 所阐释的案例采编闭环框架，说明提供案例教学指导的案例使用说明与案例需求识别的结果具有一致的内在逻辑。

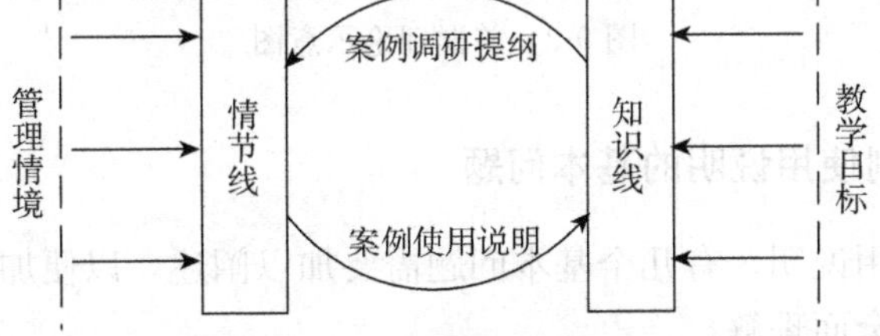

图 9-2　案例采编的两线一圈

为了全面实现需求识别得到的案例教学目标，案例使用说明强调基于知识点和案例情节的案例分析思路与分析过程的设计，不仅要考虑对知识点的传授，更要在案例分析过程中关注对学生能力的培养和某些观念的改变。因此，开发一个相应的案例教学方案，促使教学目标能在案例分析与讨论中完成，是案例使用说明的主要内容。这些内容是建议性的、指导性的或预见性的，通常包括：建议在什么课程里，针对什么样的学生群体来教授该案例；可以设置哪些启发思考题；可以按照何种提问逻辑开展课堂教学；预期中的问题讨论顺序与方向；如何使用黑板和其他工具等。无论案例使用说明的内容和形式如何，它都是基于案例需求识别结果，围绕着既定的教学目的，为实施案例教学服务的。

该过程与“羊群理论”相似，如图 9-3 所示，牧羊人在赶羊的途中通过使用篱笆、鞭子等工具不断诱导羊群进入羊圈。在案例教学过程中，教师相当于牧羊人，学生相当于羊群，案例课堂教学的逻辑线相当于羊群路径，案例教学目标相当于羊圈，而教师所使用的课堂引导技巧相当于篱笆等工具。课堂上，学生可以积极地、发散性地思考案例问题、分析问题和解决问题，但思考问题的范围与方向是教师通过启发思考题、课堂提问、板书等技巧进行把控的，虽可以有所发散与偏离，但是教师会始终以教学目的为战略指导目标，引导学生完成由案例情节到知识点转化的逻辑过程，以最终实现案例教学目的。案例使用说明正是协助案例使用教师实施案例教学的参考依据。

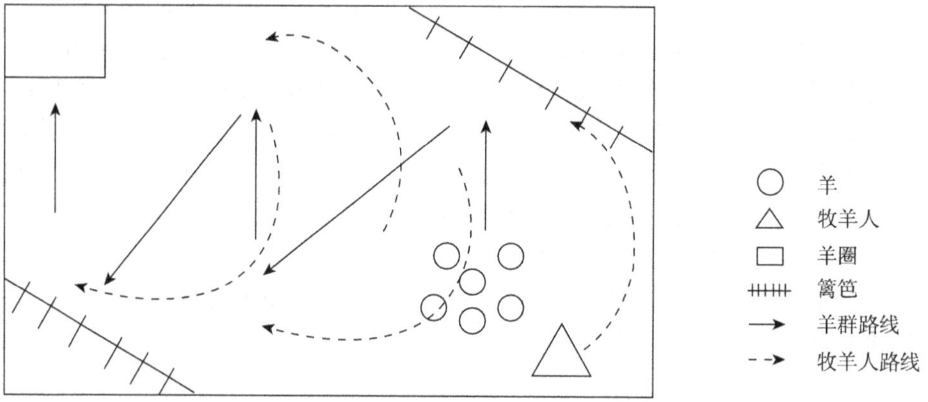

图 9-3 羊群理论示意图

9.1.2 案例使用说明的基本问题

对于案例使用说明，有几个基本问题需要加以阐述，以便加深对编写和应用案例使用说明的全面理解。

第一，要不要有案例使用说明。对此，目前学术界仍存有争议。加拿大毅伟商学院要求只要是该院自编的案例，必须配有案例使用说明；我国的“全国百篇优秀管理案例”评选中，案例使用说明作为参评案例必备的要件，在打分表中占据 40%的分值。但也有学者认为，案例使用说明与教师自身的目标、偏好和教学习惯密切相关，案例采编者根据自己的教学目的和课程内容而编写的案例使用说明，在用于不同教学环境时的参考价值十分有限。尤其是当案例采编者缺乏案例教学经验时，由其编写的案例使用说明可能与真实教学实践有所出入，有时还可能会影响或限制案例使用教师的创造性，并不能达到预期的参考使用价值。

在这个问题上本书的态度是肯定的，案例使用说明是一篇教学案例的重要组成部分，编写案例使用说明的过程更是采编案例必不可少的阶段。首先，教师采编案例是为了在课堂教学中使用，教师能不能很好地运用案例进行教学，关系着案例采编目标的最终实现。对于案例采编者自身而言，案例使用说明的编写过程是对案例教学过程的设计和构思，相当于课程教学备案，可以使其对案例的课堂教学有充分的认识和准备。尤其对于案例教学经验尚浅的教师而言，编写案例使用说明可以检验自身是否能够很好地驾驭所采编的案例，通过编写过程中系统思考、反复推敲甚至多方请教，以在课堂教学中按部就班地达成教学目标。其次，案例使用说明的编写过程也是案例采编者对案例正文的自我重新审视，可以检验与核对案例正文是否完成案例描述表所规定的内容。通过梳理案例教学目的，可以反思案例正文是否很好地实现了既定的教学目标；通过梳理案例涵盖的知识点，可以检验案例正文是否涵盖了目标课程所关注的基本概念、理论与技术；通过设计案例分析过程与课堂讨论问题，可以检验案例正文是否包含了用于分析和相应决策的背景信息与素材。最后，实现案例的广泛共享与应用是案例采编的重要价值体现。为了让更多的案例使用教师能够很容易理解并在课堂中充分地灵活应用该案例，案例采编者也有必要附一个案例使用说明。它不仅可以辅助案例使用教师深入理解案例内容和写作思路，帮助他们准确地把握案例重点；同时，也是案例采编者与其他案例使用者之间进行交流与沟通的重要媒介。

综合考虑我国目前的案例教学发展情况，对于大多数高校和教师而言，案例教学方法仍处于探索阶段，一份详尽的案例使用说明是十分受欢迎的。

第二，何时编写案例使用说明。目前国内较为常见的做法是，在完成案例正文的编写后再编写案例使用说明，此时，案例采编者对案例素材和案例正文都有了更深入的理解与把握，可以更好地对案例正文情节线中的知识线加以梳理，使案例使用说明的思路与案例正文内容相对应，从而为案例使用教师提出更具体、更恰当的教学建议。此外，也有学者提出，应该在案例正文编写前就先撰写案例使用说明，确定明确的教学目标与知识点，用案例的分析思路指导案例正文的编写，以使案例正文的思路更加清晰，内容能够更有助于教学目标的实现。而迈克尔・R. 林德斯认为案例使用说明应该与案例正文同时进行，撰写完案例正文草稿后开始撰写案例使用说明的草稿，一边撰写一边相互检验并进行完善。该过程是循环持续的，用案例使用说明检验案例正文是否达到案例教学目标的要求，然后再次编辑、修改案例正文，梳理案例情节和分析思路，完善案例使用说明。

本书比较赞同迈克尔・R. 林德斯的观点，案例采编者在进行案例正文写作的同时，应该同步构思案例将如何用于课堂教学，将案例教学目的始终作为编写案例正文与案例使用说明的指导思想。通过将案例分析过程与案例正文相对应，有助于实现案例情节线与知识线的明暗对应与闭合回归关系。案例采编者可以遵循案例正文草稿、案例使用说明草稿、案例正文初稿和案例使用说明初稿的编写顺序，与案例正文同期完成案例使用说明。通过这样的交互过程，既可以提升案例正文写作的目的性，又可以促进案例使用说明的有效性。

第三，由谁来编写案例使用说明。对此，本书的建议是由案例采编者撰写案例使用说明，由案例使用教师更新案例使用说明。案例采编者带着明确的教学目标进行案例采编，掌握了大量有关案例的信息，将教学目标所涵盖的知识目标、技能目标等“埋藏”在案例中，对案例的理解最为深入和彻底。在撰写案例使用说明时，案例采编者可以依据案例需求识别的教学目标，将对应的理论知识、应用知识和技能锻炼工具等一一罗列出来，提出启发思考题，给出整个案例分析的关键和基本路径，并提出相应的课堂教学建议，供其他案例使用教师参考。虽然参考价值可能因案例采编者自身的教学经验和能力而有所差异，但在经历了案例采编过程后提出的案例教学指导建议，始终是有参考借鉴的必要性。而且，对于缺乏案例教学经验的采编者而言，为了在编写案例使用说明时克服“经验不足”、“想当然”的缺陷，可邀请经验丰富的教师共同讨论完成，以此提升案例使用说明的参考价值。

同时，正所谓“横看成岭侧成峰”，不同的案例使用者可能会从不同的角度对案例进行分析，并在案例教学课堂实践以及与教学对象的互动反馈后，产生更多的案例使用体会，使一篇案例发展出多个案例使用说明。因此，案例使用教师可以在案例采编者提供的案例使用说明基础上，根据具体的案例使用情况加以更新。

9.1.3 案例使用说明的价值

教学案例是为知识传授服务的，知识传授始终是管理案例采编的最初动因和最终目的。但是，由于知识线被“埋藏”在案例情节线中，不同人对案例蕴涵的概念和理论知识的理解角度、层次都不尽相同，为了尽量减少教学中对案例的理解和使用困难，提升案例使用效率和效果，有必要为教学案例配备案例使用说明。总体而言，案例使用说明具有以下三方面的价值。

第一，强化案例使用效果。案例使用说明的编写是围绕案例采编的需求，以案例教学目标为指导，根据学生类型的不同，系统设计由案例分析和理论学习结合而成的案例教学过程。案例教学是一种教与学两方参与，共同对案例及其中管理问题进行讨论的合作式教学方法。这个特点决定了案例教学必须注重针对特定教学对象的课堂设计，才能收到良好的教学效果。因此，编写案例使用说明的第一个重要价值就是促进案例采编者和案例使用教师对案例教学过程的系统思考，并针对性地设计案例的教学应用。

通过编写案例使用说明，教师将案例教学的准备工作与案例教学目标、案例课堂学习进行对应，可以做到有的放矢，因材施教，有助于强化案例的教学使用效果。

第二，提升案例使用效率。案例采编完成进入共享使用阶段后，将被同领域的其他教师作为素材在其课堂上加以使用。此时，案例使用说明的重要价值就体现在可以使案例教学更加容易地被复制，以提升案例在不同课堂中的使用效率。

基于案例采编者的教学方案，案例使用说明中展现了一套完整的案例教学设计，包括对案例教学目标、授课对象及课堂设计等的说明。当案例使用教师面临相似的教学目标和内容时，案例使用说明就可以作为教师进行案例备课的参照。案例使用教师可以在现有案例使用说明的基础上，补充和完善自己的案例教学方案，从而大大提升案例使用效率。

第三，积累案例教学经验。对于目前案例教学的发展而言，教师的案例教学经验是重要的限制条件，有效的案例教学方式和课堂讲授技巧是推进案例教学向前发展的重要因素。教学经验的积累不仅需要时间上的保障，还需要以有效的方法作为手段。编写案例使用说明就是积累案例教学经验的重要途径。

恰如日常生活中对于很多生活用品的使用一样，很多人会因经验主义作祟，而自认为自己对这些物件的应用十分清楚。我们曾经在课堂上做过一个简单的实验，随机提问拥有手机的人是否认真阅读过手机的使用说明书？是否会用手机？对于这两个问题，绝大多数的人的答案是没有看过使用说明书，但是他们认为自己会用手机。当再问到有谁能写出手机的使用说明时，几乎没有人可以做到。问题在于，写不出手机使用说明可以算得上是真正的会用手机吗？这个例子反映了“略知一二就以为会了”的经验陷阱，很多人总是认为自己有经验，其实对于事情的内在逻辑和本质的理解并不是很清晰。

类似的观念在案例教学中也同样存在。很多人认为案例教学简单而有趣，随堂发挥即可，没必要编写案例使用说明。但如果不能提前规划好案例教学过程，撰写出系统合理的案例使用说明，说明采编者自身就较难将案例很好地带入课堂，这样就更难于将自身经验传递给其他案例使用教师。而且，编写案例使用说明的过程本身就是将零散、模糊的授课思路落实为具体操作方案的过程，在这一过程中，教师可以对以往的案例教学经验进行梳理，检查对于教学细节的把握与理解。同时，相对于只进行课后经验总结，在案例使用之前进行系统的设计与规划，并在教学实践中针对以往经验进行查漏补缺性的检验，更有利于实现教师案例教学经验的有效积累。

9.2 案例使用说明的编写

9.2.1 编写指导思想

为了系统地设计案例使用说明，使之成为案例课堂教学的重要指导工具，在编写案例使用说明时，需要遵循一定的指导思想，融入相关的理论基础，多方参考、借鉴有效的写作思路，从而使案例使用说明的编写系统连贯，可操作性强。

1. 建构主义理论

案例教学是由教师组织、学生参与，运用相关的理论知识和实际经验，对案例材料进行剖析研究，揭示案例中各现象之间的内在联系和本质，从而加深对理论在实际中运用的理解，寻求有效的管理手段、方法和技巧的过程。案例教学是一种启发式教学方法，整个学习过程是学生对自己所学知识的综合运用过程，是激发和强化头脑思维的过程，同时也是学习新知识和不断提高自身分析问题和解决问题能力的过程。这种通过学习者自身意义建构而获取知识的方式，被称做“建构主义”。案例使用说明的作用就是协助案例使用教师完成这种建构主义式的案例教学，以最大化地激发学生自身潜力，因此，其编写过程是要建立在建构主义思想的指导下，以学生学习案例的角度，为案例教学提供一套有效的认知学习方案，说明学习如何发生、意义如何建构、概念如何形成，以及理想的学习环境应包含哪些因素等。

基于建构主义理论，要发挥教学过程中建构思想的作用，必须遵循一定的教学原则。这些教学原则体现在案例教学活动中，要求在编写案例使用说明时要做到以下几点，从而有效实现案例教学中学生自身知识的建构过程。

(1)教学目标应该与学生的学习目标相符合，设定的思考问题应该与学生的自身实际相联系。

(2)设计真实的任务，使课堂教学中融入日常的活动或实践，以此整合多重的内容或技能。

(3)设计支持和激发学生思维的思考问题和学习环境。

(4)给予学生解决问题的自主权，启发学生的思维，引导他们自己分析问题、解决问题。

(5)支持学生对所学内容与学习过程的反思，发展学生的自我控制技能，使其成为独立的学习者。

(6)鼓励学生在社会背景中检测自己的观点。

建构主义理论中的情境认知与理论学习也可以为案例使用说明的编写提供一

定的理论指导。案例教学是情境教学的一种，是在情境认知与理论学习的基础上通过实践探索而形成的教学模式。情境认知与理论学习的核心观点是“情境是一切认知活动的基础”，情境既是知识的载体，也是实践的环境。知识只有在它们产生及应用的情境中才能产生意义，学习知识的最好方法就是在情境中进行。案例教学的核心特征即情境体验性。案例教学通过创设的情境引发学生的认知和体验，这种情境以案例反映的真实事件为基础，进而有效促使了学生在案例分析中实现对知识技能的理解吸收。而案例使用说明是连接知识与情境的桥梁，案例使用说明的编写应该借鉴情境认知与理论学习，将情境认知与理论学习有机融合，进而将理论学习融入案例分析中去。

2. 三种逻辑思维

案例教学的开展目的就是要使学生从被动听课、记笔记的被动型学习方式转变为参与分析决策的主动型学习方式，并能在理论与实践相结合的关键点上培养学生管理与创新的实际能力。为了使案例教学能够达成知识传授和能力培养的目标，案例教学过程中始终离不开三种内在连贯的逻辑思维的支撑，它们分别是归纳逻辑、演绎逻辑和类比逻辑，不同的逻辑锻炼将对不同的能力培养和知识转化过程发挥着不同的作用。案例使用说明也正是基于这三种逻辑的指导思想，设计案例教学过程，以协助案例使用教师在课堂实践中完成具体事实与一般理论间的交互学习过程，达到知识传授与能力培养的目标。需要说明的是，这三种逻辑在案例教学过程中并不是单独存在的，而是同时交互作用于课堂教学中的。

首先，案例使用说明要突出案例教学中的归纳逻辑。案例以一系列管理事件或人物经历的素材呈现给学生，要求学生能够以这些素材为依据，寻找出其反映的基本规律或共同规律，学习案例背后所关联的知识点。由具体事实到一般理论，案例使用说明就是要提供这种引导学生对案例内容加以归纳，从而达到知识学习的途径，将归纳逻辑内化到案例分析思路和提问逻辑中去，从而实现案例教学中的“由具体事实到一般理论”的归纳过程。案例教学中归纳逻辑思维的引入可以促使学生主动收集和整理与案例相关的材料，从案例现象中分析、推断和总结出有价值的方法、技巧和观点，强化其综合分析与概括的能力，为深入理解理论知识打好基础。

其次，案例使用说明中还要充分体现演绎逻辑。案例教学建立在一定的理论基础之上，具有明确的知识传授目标。这些知识通过案例的方式向学生传授，其独特性就在于，可以激发学生自身的想象力与学习兴趣，在由一般到特殊的演绎过程中实现对理论的学习和理解。案例使用说明的编写既要将案例所基于的理论知识交代明白，协助案例使用教师引导学生自主思考所提供的一般理论在案例所处的特殊情境下的适用性与具体应用形式，同时要提供通过对理论的应用来分析案例事件的分析思路，以协助案例使用教师在课堂实践中培养学生的自主逻辑思考能力，使其形成严密、连贯的逻辑思维，并在自我思维发挥空间中逐步形成创新精神，从而实现案例教学中“由一般理论到具体事实”的演绎过程。

最后，案例使用说明的编写还受到类比逻辑的影响。触类旁通是案例教学所要达到的重要目标，由于每个案例提供的都是具体企业中真实的管理实践情境下的具体现象，类似的现象也很有可能会在其他企业或者更大的范围内出现。因此，案例教学的重点并不是教会学生对于某一特定问题的处理办法，而是引导学生掌握类似分析问题和提出解决方案的能力。因此，在案例使用说明编写中，要注重协助案例使用教师引导学生“由此及彼”地思考，引导学生站在某个特定角色和岗位上进行决策，从而实现案例教学中对相关情境、相关问题的类比认知过程。这样，案例教学才能真正实现对学生战略决策能力和实践管理能力的培养，为学生日后有效处理管理问题奠定基础。

3. 指南针思想

案例是对客观事实的描述性介绍，在编写理念上与多种文学体裁是相通的。例如，案例在最初的素材采集阶段，倾向于新闻的写作思想，即要通过对真实事件的调查来形成客观、合理的报道，展现事件发展的真实原貌；在案例形成初稿的同时，还需要采纳小说的写作风格，使案例具有故事性、情节性，从而增强案例的可读性，提高学生的案例学习兴趣。

对于案例使用说明的编写，则应该更多地借鉴剧本的写作思路，尤其是剧本提倡“指南针式”的写作理念。一方面，指南针思想体现在剧本为演出提供了一个明确、易于贯彻的主题。剧本写作中强调演出才是最终目的，没有演出和观众的戏剧谈不上是戏剧。剧本对于戏剧而言，就如同指南针一样，指引演出的发展方向，以有效传达戏剧的主旨思想。另一方面，指南针思想还意味着剧本仅是提供了一个方向，很多抒情描述与内心活动是不会出现在剧本中的，以此留给演员与观众更多的发挥和联想空间。

案例教学如同表演戏剧一样，只有创造良好的课堂效果、达成知识传授与能力培养的目标，才算实现其最终价值。案例使用说明是这场表演中的指南针，一则要紧紧围绕教学目标设计整个教学过程，明确案例教学所要达成的主要知识学习和能力锻炼目标；二则要重新架构思路，轻细节描述，为案例使用者提供一份教学指导建议，而非详细的操作手册。案例使用教师可以根据特定环境、自己的教学经验和对案例的理解，对案例使用说明进行更新与修订，形成授课教案，如此灵活的变动也为学生参与课堂互动保留了灵活处理的空间。学生们在课堂结束后，能够清楚了解所聚焦的知识点或能力锻炼主题，而且有机会参与到案例讨论之中，那么案例使用说明就实现了其“指南针”的作用。

因此，好的使用说明要兼顾知识性与指导性，将参与其中的学生也考虑在内，既注重教学的结构布局，又关注教学中的细节设计，提供给教师一份如何将“案例课”演好的剧本。此外，剧本写作中运用到的搭建结构、陈述逻辑、塑造演员说服力等理念和技巧，同样可以应用于案例使用说明的编写。

9. 2. 2　案例使用说明的架构

对于案例使用说明的架构及其包含的要素，目前尚没有统一的规定。本书通过对国内外现有案例使用说明的结构和内容进行统计、整理，总结了三种代表性架构体系，如表 9-1 所示。

表 9-1　国内外案例使用说明代表性架构体系一览表

哈佛商学院	毅伟商学院	中国管理案例共享中心
(1)案例学习的执行步骤	(1)案例标题	(1)教学目的与用途
(2)如何提第一个问题	(2)案例情节简介	(2)启发思考题
(3)提问的顺序是什么	(3)教学目标	(3)分析思路
(4)预期中的讨论方向	(4)追切问题	(4)理论依据与分析
(5)如何应对预期外的方向	(5)基本问题	(5)背景信息
(6)如何使用黑板和其他工具	(6)建议的额外阅读材料	(6)关键要点
(7)如何进行总结	(7)可能的教学辅助工具	(7)建议课堂计划
	(8)建议的学生作业	(8)相关附件
	(9)潜在的课堂讨论问题	(9)其他教学支持
	(10)案例分析	
	(11)另外提出的观点	
	(12)教学建议	
	(13)案例教学计划	

可以看出，虽然每种案例使用说明架构不同，但是内容都是基本相同的。哈佛商学院提出的案例使用说明是以教师为核心对象，目的是作为服务于案例教学的一个实施计划，教授教师如何在课堂上启发和引导学生、分析和总结案例，重在授课技巧。毅伟商学院的詹姆斯·A. 厄斯金教授总结了现有案例使用说明的内容标题，基于简介案例内容、明确教学目标与案例教学重点、提供教学辅助材料与教学建议、辅助教师教授学生等目的，提出了较为全面的框架结构。中国管理案例共享中心目前是国内倡导案例教学和案例使用说明编写的重要阵地，其提出的案例使用说明要素主要参考教学建议书的格式，将案例使用说明分为介绍案例内容、案例适用条件、案例基本理论及案例教学重点与建议四部分。

案例使用说明是辅助教师进行案例教学，引导学生完成演绎、归纳、类比逻辑过程的工具，因此，案例使用说明的编写应以授课教师为核心对象，由浅入深，涵盖案例教学课前、课中、课后的全过程，以及案例的简要情节与相应理论。其中，教学目的与用途、理论依据与分析、启发思考题、补充阅读材料、案例核心问题与基本问题等可以帮助授课教师在课前了解案例的主旨大意，并对其如何引导学生进行课前准备工作提供参考；案例分析思路、课堂教学计划、课堂讨论题和课堂板书设计等主要为教师的授课过程提供思路和框架。教学目的与用途是案例教学的最终目标，案例核心问题与基本问题是案例授课的主线，案例分析思路与课堂讨论题是教学内容。分析思路是教师沿着教学主线引导学生的逻辑过程，在课堂中依靠课堂讨论题进行展开，课堂讨论题是启发思考题的深化与具体形式，根据分析思路的逻辑进行设计。课堂教学计划是整个的授课安排，其与课堂板书都是课堂讨论题、分析思路的表现形式。

由此看来，案例使用说明应至少包含教学目的与用途、理论依据与分析、启发思考题、补充阅读材料、案例核心问题与基本问题、案例分析思路、课堂教学计划、课堂讨论题和课堂板书设计九个基本要素。另外，根据案例目标企业的发展情况及企业许可情况，可以补充案例企业的后续进展状况，作为案例使用说明的辅助要素和案例的补充材料，但要说明的是这部分内容在教学中需要谨慎使用。

这些基本要素的关键性在余凯成教授提出的“导游理论”中得到了很好的印证，在该理论中余凯成教授将案例教学比做导游带团旅游，生动形象地诠释了案例教学的特点和案例使用说明在其中的价值体现。

首先，导游对这趟观光该从哪开始，还是有一定支配权的。如果观光区是北京，导游有可能建议游客们在景点中的某处集合，如正北的北海。导游可以先向游客发出通知，还可预先发给他们计划要去的各风景点名称和有关简介材料，使游客们知道要在哪里集合，并为享受好这天的观光活动做些知识上的准备，同时还可吊起他们的胃口，激发他们的游兴。

要是导游告诉游客们从动物园出发，可是自己却到天坛去等候他们，游客们多就会大感恼火。他们白费劲先到了动物园，而且还会把他们搞得糊里糊涂，晕头转向，也许那一整天也没明白过来。导游也可事先不发什么通知，预计大家反正早上会上旅行社办事处来，到那里再一并商定从哪里出发。这当然会多费些时间，但对那些来过北京且较有经验的游客，这个办法还是有一定好处的。

选好出发点以后，导游就会有意或无意地决定一下自己对这批游客究竟该控制到什么程度，要不要具体制定出一条观光路线，详细规定要在哪些观光点停留和停多长时间。或者观光路线由游客自己决定，在每站他们想看什么，以及下一站他们要看什么。当然，游客们的兴趣和经历不同，如果他们没来过北京，导游可能希望把观光安排得有条理些，管得较严些。如果游客们对北京已经较熟悉，导游就愿意让他们沿途做些选择了。

不管游客是新是老，反正导游对哪些风景点最有兴趣，自己心中自有一笔账。例如，导游预先可能想好了，北京一日游应该包括天安门广场、故宫、景山、北海，最后是上“仿膳”餐厅吃顿宫廷席。此外，对于每个风景点到底哪些方面较重要，值得提醒游客注意，导游也可能早有自己的看法。他可能决定，旅游团走到故宫午门，凡是称职的导游就该提醒游客注意它的功能、它的高度、它的建筑学方面的特点以及它的历史，别的导游可能只愿意考虑他认为游客们会感兴趣的其他方面。把这些风景点名称和它们的重要特点组合在一起，就成了我们要编绘的游览线路图上的点，只不过这些点相互之间，至今还没有表示其关系与运动方向的连接线罢了。

现在假设导游先跟游客们联系过，说好要他们来天安门碰面。到时候他来了，游客也到了。这就面临一项决策，到底由导游来选择下一站往哪去，还是游客们自己选择。其实，每到一站导游都会面临同一决策。如果导游决定由自己来定出发点，他可能说：“咱们先从天坛开始吧。”于是，把大家领上了空调旅游大客车。到达天坛后，导游可能问：“各位游客，觉得祈年殿或回音壁这些建筑最突出的特色是什么？”在讨论的过程中，游客们可能会把导游腹稿中那些重要特征全提出来了，也可能只提到一部分。但如果导游相信他所想到的那些特点确实都很重要，那么在没让游客们全部考虑到以前，他多半是不会让他们离开那里的。当然可能有些游客对建筑学不感兴趣，甚至根本就没留意这方面，这样一来，导游看见这些人漫不经心或蓦然无所动，也可能就不向他们做解释说明了。

如果这位导游善于察言观色，可能在观光时从游客的对话中就听出来，他们喜欢走哪条路线。如果每次都直截了当地问游客，他们下一站想去哪里，会有损游客对导游能力的信任，觉得他毫无主见，对情况很不熟悉。所以他觉得这是该处理巧妙的地方。于是，他在自己制订的导游计划上，也许甚至就在那张北京市地图上，沿着各种不同观光路线，标注着几句简短的过渡引导语或提问，他能不露痕迹地、自然地把游客的注意力引导至下一个观光点。这样，不管游客们可能提哪个方案，或者他们什么主意也不出，导游都胸有成竹，对每站之间的走法已有了完善的准备。

随着时间的推移，旅游就按这种方式进行下去，一站一站地参观预先选好的风景点，注意每一处有意义的重要方面，然后决定下一站去哪里。可能有些旅客在客车经过大栅栏时，偶尔提出要停下来进去看一看。导游就该注意一下这位游客兴致有多高，迅速估计一下整个旅游团队对这里是不是也感兴趣，还剩下多少时间，然后再决定该怎么回答。这类临时心血来潮的动议如果太多，每处都去逗留一下，会使游客糊涂起来，搞不清今天究竟主要看了哪些地方，甚至因答应原来要去的地方没去成而大为恼火，所以导游对响应这种临时动议的次数和停留时间的长短，必须谨慎掌握，避免失控。

其实，只要留心观察一下其他导游是怎么做的，就会发现，导游新手往往会喜欢坚守他们预先定好的观光路线，强制要求游客们遵循这些路线游览，这样，有时会使游客感到大煞风景，索然无味，甚至反对和抗议。有经验的导游则宁可更关心游客的情绪而较少注意那些风景点本身。他们愿意随机应变，沿途临时做些调整，随时注意掌握好游客、风景点和他们自己的兴趣与经验间平衡关系的分寸。

我们的导游认识到，要能做到偏离自己既定的观光路线而按照游客的建议行事，不但要对自己、对各观光点的情况及其之间的关系了如指掌、很有把握，而且要对游客们能做出正确判断深具信心。聪明的导游还知道，虽然完全照游客的主意办，他们最后会对这趟北京之旅深感满意，但时间可能会拖得很长。所以我们这位导游决定，在兼顾自己内行的判断和游客的兴趣方面，一定要掌握得恰到好处。反之，即使导游既定路线上各观光点都游遍了，但游客不欣赏，那充其量只等于硬拽着一群不甘情愿的外地人，在拥挤的城市兜了一圈罢了，这种观光实在没意思。

最后，在这“一日游”要结束之际，导游向顾客们建议，在返回旅馆之前，是不是在“老舍茶馆”喝上一杯龙井。呷着热气腾腾的香茗，游客们回味着一天的收获，各自谈起一天中印象最深和最感兴趣的方面。有时，有些游客还有没搞明白的地方，导游就向他们做一番简短的小结，还可以邀请他们今后有机会再来，重新领略一次类似的观光。但要注意，有时游客对游览的主题已经很清楚，再做一次小结就显得多此一举了。

余凯成教授将一堂案例教学课和引导一次观光旅游做了一番对比，而想要“导好游”与想要“讲好课”的道理是相通的，导游需要做好自身的带团路线计划，而教师则需要做好案例教学计划，案例使用说明就是教师的“带团指南”。整个旅游过程都是在既定的目的地范围内的活动，根据不同类型的游客，导游应对旅游景点与讲解形式做相应调整，案例教学过程也如此。案例使用说明是一直围绕既定的教学目标撰写的，也因此建议了适合的授课群体与授课方式，但教师可以根据具体授课群体类型在授课方式上做一定范围内的相应调整，以更好地实现既定的教学目标。旅游前导游事先发下的通知和指南相当于课前启发思考题，而那些名胜古迹的背景材料，则相当于案例使用说明中的补充阅读材料。各观光点相当于教师课堂讨论题，而每处观光点的重要特征则是与各问题有关的重要理论依据。导游建议的观光路线相当于案例分析思路。导游计划相当于课堂教学计划，而旅游过程中依游客的反应做的相应调整，则相当于教师对课堂授课做的临时调整。关于观光路线的评价，相当于教师从一个主题过渡到另一主题时所用的引导性提问。在各风景点所做的说明或介绍，则相当于教师在讨论中插进的简短解释和信息补充。最后茶馆中的谈话，就相当于课堂结束时教师所做的评价总结。

9.2.3 关键架构要素的编写

1. 教学目的与用途

案例使用说明中教学目的与用途是指在某一特定类型的课程上，针对某一合适类型的群体，通过该案例的教学所要达到或预期达到的教学效果。通过教学目的与用途，案例采编者可以详细阐述采编案例的目的，以帮助授课教师明确案例的教学目的，评估案例的教学效果。它是采编者在采编案例前根据教学大纲要求制定的教学目标的深化版，是经过案例需求识别到素材采集再到案例编写的聚焦过程后，将教学目标不断详尽细化的结果，是案例教学过程的核心指导思想。恰如"羊群理论"所阐释的，教学目的就像是羊圈，学生就像羊群，无论教学过程如何实现，教学的最终目的都是引导学生很好地完成教学目标。因此，教学目的与用途贯穿于整个案例采编与教学过程，是案例采编与教学的路标，在案例教与学的过程中具有重要的战略意义。

在内容上，案例教学目的与用途一般包括适用的课程、适用的对象和教学目标规划三部分。为了更好地讲述如何撰写该部分，此处引用《五洲集团组织变革之路》案例使用说明的"教学目的与用途"部分作为示例。

1)适用的课程

案例主题与知识点在案例需求识别阶段就已经确定，案例所调研的素材、案例正文的编写都是在既定的知识点范围内展开，这意味着案例正文适用的课程与课程章节是在整个案例采编前期就已经确定的。在案例使用说明中，可以对案例所适用的课程加以建议，通常一篇专业型案例会对应明确的专业课程，而综合型案例可能会涉及多门相关课程，如"战略管理"、"企业管理"、"市场营销"、"人力资源管理"等。还可以将案例所针对的具体教学内容，即案例主题及主要知识点，如战略计划制订、企业结构设计、4Ps 营销组合策略[4Ps 包括产品(product)、价格(price)、渠道(place)、促销(promotion)]、360 度绩效考核等，向案例使用教师加以提示，以协助其安排课程内容与制订授课计划。

例如，案例《五洲集团组织变革之路》适用于"项目管理"、"项目组织与人力资源管理"和"组织管理"，也可以将该案例作为"战略管理"课程的辅助案例。

2)适用的对象

在适用的对象部分应该具体指出案例适用的教学对象。教学对象的设定与案例的难度等级定位相关，通常低难度的案例更适用于本科生或低年级研究生，而高难度的案例可以用于 MBA 或 EMBA 以及高年级研究生的课堂教学。在案例需求识别中，案例采编者从分析维度、概念维度和表述维度对所要采编的案例难度进行了设定，因此，在该部分也可以从具体维度的难度等级上考虑教学对象的适用情况。例如，分析难度定位于高级的案例，更适用于拥有实际经验且有一定理论基础的MBA或EMBA学生；而概念难度定位高级的案例，更适用于理论知识储备丰富的高年级研究生。

例如，案例《五洲集团组织变革之路》难度适中，概念难度2，分析难度2，陈述难度2，适用对象包括高年级管理专业本科生、MBA、项目管理工程硕士和低年级管理专业硕士研究生。

3)教学目标规划

案例需求识别阶段所确定的知识、能力和观念三个层面的教学目标，经过案例采集和编写后，具体化为依托特定管理情境来实现的学习目标，进而被列入案例使用说明中，成为指引案例教学的纲领。因此，基于案例需求清单与“案例难度立方体”理论，案例使用说明的教学目标规划部分包含知识传授点、能力训练点和观念改变点三部分。

知识传授点所反映的是案例教学对概念维度的需求，教学目标通常表述为对相关概念和理论的了解、理解或掌握，教学目标的难度等级以将所学概念和理论应用于解决案例问题的难易程度为划分标准。传统非案例教学重视对学生概念维度的锻炼，教学目标主要以知识传授为主。而案例教学中，增加了对分析维度和表述维度的教学需求，从而使教学目标扩展到能力训练和观念改变的层面。对于能力训练的教学目标而言，融合了分析、决策、沟通、信息处理等能力的锻炼目标，不再仅局限于学术技能的培养。能力训练的难度等级也因案例在分析维度和表述维度的难度定位而产生差异，例如，分析难度高的案例对应在分析、决策等能力锻炼的教学目标上就有较高的要求。观念改变点是影响最为深远的教学目标，它建立在对知识和能力的目标实现基础之上，是案例学习带给学生的认识、理念和思想上的更新。观念改变的难度通常与案例三个维度的综合难度相关，高难度的案例倾向于要求学生形成较为深刻的观念更新。例如，案例《五洲集团组织变革之路》的教学目标规划包括以下内容。

(1)知识传授点：

- 项目组织的基本形式及其特点。
- 项目组织结构与战略的匹配关系。
- 项目授权。
- 成本中心与利润中心。
- 集团管控理论。
- 项目前端控制理论。

(2)能力训练点：

• 学会分析组织变革的驱动因素，尤其是项目驱动型企业组织变革与公司战略选择之间的影响关系。

• 通过分析项目管理对组织结构的需求，明确在项目管理环境中选择组织结构的思路，掌握重新规划组织结构的内容和步骤。

• 基于案例中两次组织变革的过程及结果，通过讨论对整个案例进展进行深入解析与评判，培养学生在复杂环境里的综合分析能力和决策能力。

• 学会在特定的组织情境中界定职能部门和项目部门之间的管理边界，确定适宜的项目授权程度。

• 学会通过组织结构的调整，设计大型企业中成本中心和利润中心的管理模式。

(3)观念改变点：

• 管理规范是企业拓展市场的保障，企业只有在一定的规范制度下进行授权才是有效的。

• 管控模式只是显性的控制手段，隐性的制度控制一定要与显性相配合。财务管控不是只管财务指标，而是需要以管理制度规范作为采用该模式的前提。

• 分公司越强，总公司的能力也应该越强，这样才能实现真正意义上的管控。公司的大与强是不可分离的。

案例采编者在撰写教学目的与用途时，有几个编写原则值得引起注意。首先，目标应该是明确的，不能含糊其词。对于教学目标中涉及哪些知识点的学习，涉及哪些能力点的训练以及哪些观念的改变，都应该尽量一一列出。其次，条理要清晰，避免逻辑混乱。案例的教学目标与用途应该是系统规划的，描述时要遵循内在逻辑和层次，便于案例使用教师阅读参考。最后，内容要有引导性和启发性，而非狭隘的局限。不同的使用教师可能会有不同的案例教学目的与用途，所列的教学目的与用途更多的是建议的作用，应留有开放性思考的空间。

2. 理论依据与分析

由于案例的编写是围绕一定教学目的和实现该教学目的的理论和思想而设计的一组教程的方案，在案例使用说明中明确出案例教学可能用到的基本理论和知识、基本原理和事实，对于案例的教学和学习都十分有必要。案例使用说明中提供的理论依据与分析通常与学生的课程学习及理论知识与方法的应用有关，是教师有效引导学生展开讨论的理论基础，也是学生有效开展案例分析与讨论所要储备的基础知识，因此，其是教师与学生对于案例的分析与解答的基础与凭证。理论依据是案例教学目的知识传授点的详细解释，是教师完成案例教学和学生完成案例分析都应掌握和学习的理论与概念。理论分析是指基于案例所需传授的理论，提供给教师在分析案例情节中应用理论的思路。因此，理论依据与分析部分是案例情节与知识点的对应呈现，是协助教师更加深入理解案例知识点的教授重点与方法的工具。

理论依据与分析需要介绍支持案例分析的所有管理理论，从案例主题密切相关的理论到案例情节分析中可能会涉及或延伸到的理论，都应该在此部分一一介绍。

例如，《五洲集团组织变革之路》案例使用说明中提供了六方面的理论知识内容，分别为“组织结构与战略匹配理论”、“项目组织结构的形式与优缺点”、“成本中心与利润中心”、“集权、分权、授权”、“集团管控理论”、“项目前端控制理论”。其中“组织结构与战略匹配理论”、“项目组织结构的形式与优缺点”是与案例密切相关的核心知识点，其他四个知识点是在案例分析中会涉及的相关理论。这些知识点既反映了案例目标课程的主要知识结构内容，又是与案例情节线密切关联的知识线。

然而，目前很多教师在使用案例时，发现参考案例使用说明的过程中可以识别出案例所需要依据的理论，也能够详细地罗列此理论的主要知识内容，但关于案例分析的哪个问题会用到该理论的哪个知识内容，如何使用理论来支撑案例问题的分析等始终困扰着多数授课教师。由此看来，案例使用说明中如果仅列举理论而不提如何应用理论分析案例情节，那么理论依据对于案例使用教师的辅助作用将不复存在。因此，在理论依据与分析部分，案例编写者既要点明所涉及的理论，更要对这些理论的运用做必要的分析。

采编者在编写理论依据与分析时，每个理论一般分两部分撰写。第一部分是理论简介，根据案例分析可能会使用到的理论点，介绍理论的基本定义、涵盖内容、所属学科等，进行类似百科式的简单概念介绍，如需求层次理论、公平理论等，可以作为案例使用教师的辅助教材，为教师在整理案例分析思路前做理论铺垫，同时也可以作为布置给学生课前预习与学习的资料，以使学生在案例学习之初对案例所涉及的知识框架有大致的了解，并通过该理论内容提供学生进一步深入学习理论的渠道，促使他们为很好地理解案例而提前进行知识储备，奠定一定的理论基础。

第二部分是理论分析，基于第一部分的理论，提出其相对应的案例情节故事，然后再结合案例情境对该理论的运用做必要的分析，将之交融对应，说明在教学中如何由案例情节分析得到理论，再结合理论分析情节。案例采编者需要将案例采编过程中由理论到撰写情节的演绎逻辑逆向阐述，以指导授课教师理解并能够引导学生完成由情节到理论的归纳逻辑过程，从而做到运用理论来解释案例现象，解决案例问题。

例如，《五洲集团组织变革之路》案例使用说明的理论依据与分析的部分内容，第一段是从该理论的提出人入手，介绍理论的概念与内涵，第二段是结合案例对该理论进行分析。组织结构与战略匹配理论中，作者重点综述了战略与组织结构的相互影响关系，即“战略变动促使组织结构变化，组织结构服务于战略”的思想，在结合案例对该理论进行应用分析时，作者也是从该相互影响关系出发，将两次组织变革中战略的变化与结构的变化相对应，说明组织变化基于战略变动的关系。具体内容如下。

最早对战略与组织结构关系进行研究的人是美国学者钱德勒，其提出“组织结构服从于战略，公司战略的改变会导致组织结构的改变，最复杂的组织结构是若干个基本战略组合的产物”。即企业要有效地运营，必须将战略与组织结构相匹配。只有使其相匹配，企业的目标才能顺利地实现；与战略不相适应的组织结构将会限制、阻碍战略发挥其应有的作用。另外，组织结构的变动也是引起战略调整的主导因素。如果在组织结构上没有重大的改变，那么也就很难在战略上发生实质的改变。综上所述，企业应当根据外部环境的要求去制定发展战略，然后根据新制定的战略来调整和改革企业原有的组织结构或者重新选择一个合适的组织结构。

本案例中，五洲集团第一次组织变革正是基于王总“走出吉化，开拓外部市场”的战略规划而开展的，为了保证开拓市场的战略方向，将组织结构设计为充分发挥市场开发主动性的“三级管理体系”；第二次组织变革中，刘总秉持“整合、规范、加强控制”的战略理念，将“三级管理、三级预算”的组织体系变革为“二级管理、二级预算”的组织体系。这些都很好地印证了战略与组织结构设计之间的影响关系。

3. 启发思考题

启发思考题是案例采编者提供给读者的准备资料，需要通过问题的回答，促使读者尽快进入决策角色，保证对知识点进行提前储备和对案例核心问题的重点把握。启发思考题一般要指明案例中需要解决的突出矛盾问题，以带领读者尽快进入案例决策者的状态，同时也要指明与情节线相对应的理论问题，通过隐含的教学意图，引导案例读者在理解案例情节的同时，主动补充相应的理论知识，以使其具备能够充当案例决策者进行决策的知识与能力。

针对不同的读者群体，启发思考题有着不同的作用：对于授课教师来说，启发思考题起到了建议教师如何使用该案例的作用，帮助教师进行课前准备，建立理论知识到案例实践的演绎逻辑；对于学生来讲，启发思考题起到了启示思考、预习案例的作用，教师可以将其作为课前预习作业，提前布置给学生，给学生一些提示，以督促学生了解案例涉及的相关知识，帮助学生尽快地进入案例决策角色，更深入地理解案例的核心问题。

由于启发思考题发挥较强的启发导向作用，因此作者在设计思考题时应该启发式引导，情境式设问，以引起学生的心理共鸣，同时保持问题之间的关联性，造成一定悬念，诱发学生的学习兴趣和求知需求，以提高思维的主动性，从而调动学生学习的积极性。问题的设置一方面要结合案例核心内容，围绕教学目标，与知识相关、经验相关和题材相关，具有启发性，督促学生主动学习与挖掘案例背后的理论知识，以分析问题、解决问题，而不是靠机械的记忆来回答问题。另一方面，问题设置要简洁、微妙、精练，问题内容应具有一定的开放性、延展性和归纳性，尽量不要直接提问相关理论知识原理或将问题设定得太大，以免引起学生枯燥无聊的抵触情绪。具体可以总结为以下四方面原则。

(1)关键原则。启发思考题要启在关键上，启在要害处。问题的设置点一般集中于突破知识、能力或观念改变的重点和难点处，或者是学生思维容易受阻的地方。

(2)实效原则。启发思考题要根据不同的案例难度和适用对象的特征(如知识水平、技能水准、接受能力等)有针对性地进行设计。要做到针对实际，讲求实效；启而有发，问而有答；因人而异，因材施教。

(3)引导原则。启发思考题重在引导性，切忌代替读者思考；充分唤起学生自主思考的意识，促使学生主动补充知识，寻求问题的根源，使学生真正成为学习的主人。

(4)逻辑原则。启发思考题应该有一定的逻辑性，结合案例使用需要可以采取由浅至深、由具体到宽泛、与案例知识线一一对应、顺应案例的理论逻辑框架等多种形式。

从启发思考题的设计目的出发，可以将启发思考题分为两种类型。一种是以情境式设问，引导学生在案例特定的情境内设身处地地思考决策者所处的位置与情境，理解案例的核心问题。该类问题一般仅一道，设置在启发思考题的开头或结尾，采用“如果你是……”的句式，引导学生以管理者的思维思考问题，目的在于培养学生更好地抓住当前问题，综合分析案例中的各种因素，积极思考，以更好地梳理案例情节，为课堂案例分析与讨论做准备。例如，《五洲集团组织变革之路》的案例使用说明中的第 6 道启发思考题，采用标准的“如果你是……”的句式，将学生直接带入决策者当前所面临的紧迫环境中，要求学生基于之前的两次组织变革情境，决策是否要进行第三次组织变革，思考该决策的关键决策要素。

另一种是与案例教学的知识目标紧密相关的问题，是为了督促学生更好地理解案例涉及的知识点，阅读相关的理论素材而设置的。问题设置一般从案例情节出发，询问情节背后的原因、后果，以此启发学生通过认真对待和合理处理案例情节，总结与发现这些问题背后的理论与通用方法，完成具体问题到通用理论的归纳逻辑过程。这些问题一般更具有普遍性，解决这些问题的过程会帮助学生提升应对其他类似管理问题的能力，以达到传递知识与培养能力的目的。例如，《五洲集团组织变革之路》案例使用说明中的第1道启发思考题，就是典型的基本问题，引导学生对组织结构进行思考。该案例使用说明中的启发思考题包括以下内容。

(1)组织结构都有哪些？五洲集团第一次、第二次变革前后，组织结构都发生了哪些变化？

(2)第一次、第二次变革前后，组织的战略有什么变化？这对组织结构的调整有什么影响？

(3)从权力的角度看，第一次组织变革后，王总对区域公司授予了哪些权力？第二次变革刘总对组织权力又进行了哪些调整？

(4)第一次、第二次变革前后，组织的利润中心与成本中心分别是什么？

(5)企业对下属公司进行管控的模式有哪些？有什么前提条件？

(6)如果你是新上任的总经理孙总，你会如何设计接下来五洲集团的组织结构，又会采取什么样的措施来保证公司的稳定发展？

4. 补充阅读材料

由于案例正文篇幅有限，案例情节仅仅展现的是采编案例过程中一部分目标企业的管理问题与情境，调研获得的一些其他企业信息对于理解企业情境等也会有一定的帮助，这些资料就可以作为案例的补充阅读材料。同时案例理论依据与分析部分提供的仅是一些关键理论的基础概念与内容，这里如果案例采编者认为还有其他相关的理论有必要提及，会加深教师与学生对案例中管理现象的理解，也可以在此部分提供。例如，与案例所反映的关键问题相关的前沿理论，如果已有不同学者从不同角度进行了思考与探索，那么这些见解和成果将是很好的补充阅读材料，有助于加深教师对案例的理解。

总之，补充阅读材料是指要完成案例分析所应该参考的有关资料，可以与案例企业有关，也可以与教学理论有关，包括企业基本信息、行业基本信息、理论详细介绍等。案例采编者可以根据案例知识线与情节线的内容，以及个人教学经验，提供有助于案例教学与学习的任何形式资料，如相关文章、参考书、文献、报纸、幻灯片、杂志剪辑、网站、视频等。作者还可以根据材料的重要性将其分为必读与选读部分，这样可以提高学生与教师的学习效率。这些补充阅读材料不仅可以作为教师课前准备的资料，以加深对案例的理解，有助于较好地完成案例教学，同时也可以作为教师课后研究案例的参考资料，以便于教师将案例发展为案例研究的依据。当然，还可以与启发思考题共同作为学生的课前作业，一起布置给学生，以帮助学生更好地理解案例内容，做好课前准备。

5. 案例核心问题与基本问题

案例核心问题与基本问题是整个课堂教学的主线。核心问题是案例本身呈现的问题，是案例中的核心决策者当前所面临的决策问题、转折点、挑战、机会或困难等，也就是案例的关键决策点。它是案例情节线展开的依据，也是案例所要传达的核心知识目标的载体。在决策型案例中一般是案例正文结尾段中决策者面临的问题，在描述型案例中一般是案例中突出的矛盾点，是始终围绕着决策者的核心问题。在案例使用说明中明确地指出“核心问题的内容”是为了帮助教师更好地把握案例，以引导学生围绕该问题展开讨论。

核心问题背后隐藏的决策要素和理论是案例教学的主要目的，基本问题就是案例教学过程中为了解决核心问题而不断要解决的问题，涵盖了所要考虑的决策要素与理论。基本问题往往与案例教学的知识目标紧密相关，在案例正文中较难找到明确的表述，通过课程大纲中列举的主题以及相关的理论阅读材料得以体现，与案例情节的发展相对应。其从属性上来说是更具代表性、更具普遍性的问题，是教师把这个案例选择到课堂的本质原因。它与案例采编过程中的决策点清单内容相关，但不完全一样，决策点清单是访谈前设计的，而辅助决策点是从访谈素材经筛选后撰写成的案例中梳理出来的，与案例内容相匹配。教师通过了解案例基本问题，与教学目的、理论依据、启发思考题、案例正文相对应，能够更好地明确与理解案例教学所要传授的理论框架，同时更加理解案例情节与知识点在案例中的对应关系，以完成演绎与归纳逻辑的转换过程。

例如，《五洲集团组织变革之路》的核心问题：五洲集团组织结构应该如何设计，应该推行三级预算、三级管理还是推行二级预算、二级管理？

围绕核心问题，相关的基本问题如下：

- 企业的组织结构应该如何设计？哪些因素影响了组织变革？
- 企业战略与组织结构如何匹配？
- 利润中心和成本中心该如何设置？
- 如何进行适度的项目授权？
- 如何选择合适的管控模式？这与企业内部规范度有什么关系？
- 项目前端控制该如何实现？能够有效地解决项目实践中的哪些问题？

6. 案例分析思路

案例分析思路指的是教师在课堂中引导学生进行案例讨论的内在逻辑。设计分析思路的本质就是以教学目标为指导思想，沿着案例基本问题和核心问题的教学主线，设计课堂讨论题的提问逻辑。案例分析思路中确定了如何沿着案例基本问题和核心问题展开讨论，如何将讨论引向深入，如何让案例讨论遵循一定的逻辑进行等问题，它对于案例讨论课的组织实施具有重要指导意义。

余凯成教授形象地将案例分析思路比喻为导游根据自己对景点地形的了解，提前设计的一条可供选择的观光路线。导游根据此次旅游的主要目的和对游客们的了解，会提前设计一条合适的“线路图”，以那些重要的风景点和它们的特色、特点贯穿整个游览线路，并在线路间穿插游客们可能感兴趣的景点，这样整个观光计划既不会偏离主线，又存在可调整空间。案例采编者提前设计了供参考的、与案例相匹配的分析思路，为案例课堂教学确定了一个合理预计的范围，不管课堂中案例讨论沿何种途径发展，教师对讨论的概貌或细节都能预先做到了然于胸。这样不仅有助于提高课堂讨论成效，而且能够推动教学目标的实现。

另外，案例分析思路的主要作用是协助教师引导学生重新梳理案例情节与决策点，根据案例核心问题和基本问题，对案例素材进行肢解与剖析。案例采编是通过梳理决策点将知识点埋藏在案例情节之下的过程，而案例分析是逆向呈现案例采编的过程，是通过梳理案例情节，将埋藏在每一决策点下的知识点进行剖析的过程。因此，分析思路可以基于特定的教学目的，沿着案例核心问题和基本问题的主线，按照决策要素和决策流程两种逻辑路线展开讨论。

1)按照决策要素的逻辑路线

按照决策要素展开讨论的形式是发散式的，分为“由外到内”与“由内到外”两种。所谓“由外到内”的逻辑路线是指先根据案例基本问题引导学生逐一讨论决策要素，再逐渐引出案例核心问题的讨论，如图 9-4 所示。“由内到外”是指首先提出案例核心问题，在讨论过程中逐渐根据案例基本问题引导学生逐一讨论决策要素，如图 9-5 所示。

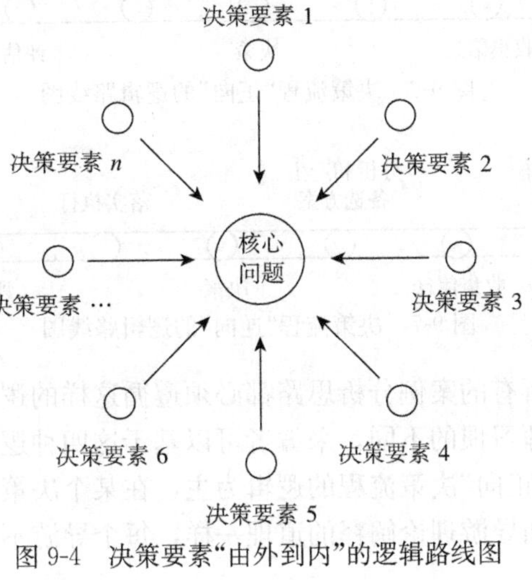

图 9-4　决策要素“由外到内”的逻辑路线图

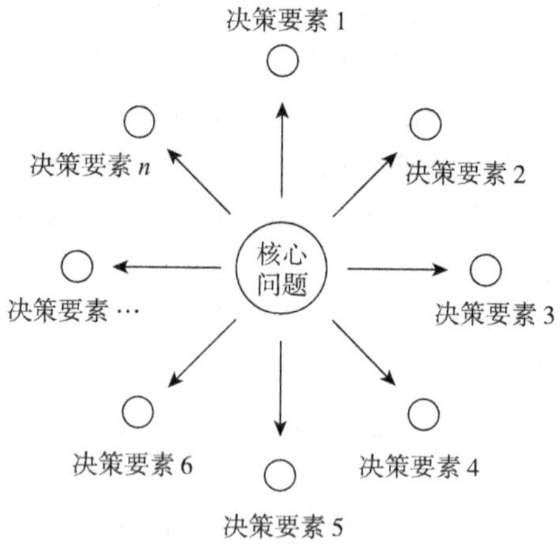

图 9-5 决策要素“由内到外”的逻辑路线图

2)按照决策流程的逻辑路线

按照决策流程展开讨论的形式是线性式的，分为“正向”与“逆向”两种。所谓“正向”的逻辑路线是指根据图 7-2 所示的决策流程展开，即决策者发现问题并确定需求、收集信息、分析和产生备选方案、决策、落实执行、评估，从决策者发现问题开始逐一剖析直到案例核心问题，即采编案例时确定的决策分割点(可能是决策流程中的任意一点)，如图 9-6 所示。“逆向”是指从案例核心问题的讨论出发，逐一按照决策流程的逆向顺序剖析，直到决策者发现问题，如图 9-7 所示。

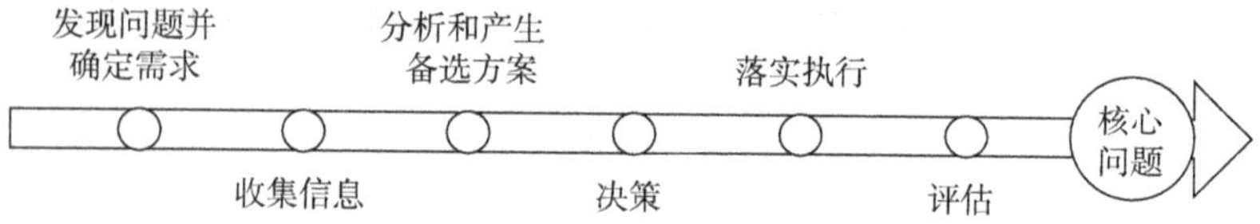

图 9-6 决策流程“正向”的逻辑路线图

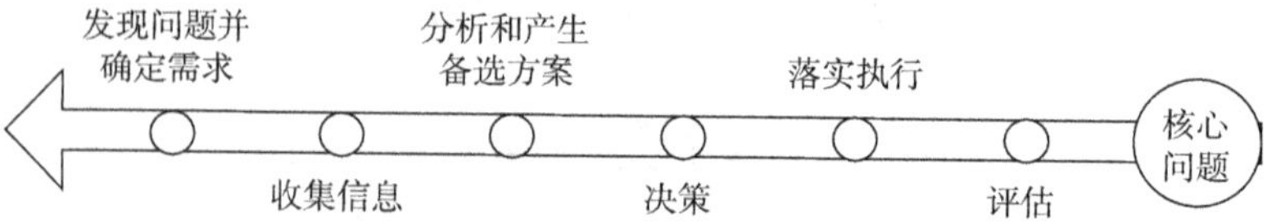

图 9-7 决策流程“逆向”的逻辑路线图

当然，并不是所有的案例分析思路都必须遵循这样的逻辑设计，根据课程安排、案例教学及教师习惯的不同，采编者可以基于这四种逻辑思路混合使用，自由发挥。例如，以“正向”决策流程的逻辑为主，在某个决策流程点处按照要素再进行展开分析。正如导游理论阐释的道理一样，每个导游不可能都按照同一个旅游路线引导游客，也不会直接将游客领到最终目的地，但他们总会事先安排一定的路线，沿途经过既定参观的景点后到达目的地，以实现观赏所有景点的目的。教师引导学生分析案例亦是如此，分析思路可以有所不同，但是一定要事先设定好一定的逻辑顺序，通过引导回答特定的问题，以学习不同的知识点，完成既定的教学目标。

该部分不仅要提出案例的分析逻辑，还应适当地对案例所提出的分析问题加以剖析，给出解决这些问题的可能方式、对问题分析的框架性建议，如分析问题的维度、引导学生思考的角度等。这对于教师的案例教学是有启发作用的，尤其对于案例教学的新手而言，可以视其为案例分析的范本。

例如，案例《青山公司新生产线建设项目管理模式选择的困惑》中，核心问题是“选择什么项目管理模式，是 EPC 还是 DBB?”这也是教学目的中的一个关键知识点“项目管理模式”。按照决策要素“由外到内”的逻辑，首先分析业主具有哪些能力，他能做什么，然后又通过为什么要这么做，引出市场上有没有这样的成熟承包商，再深入挖掘到底想通过这个做些什么，引出公司的战略意图，这也是一个重要的决策因素。这样就先从三个决策要素“业主能力、市场情况、公司战略”入手，基于这些基本问题，不断引导学生自己探索出核心问题的答案，过程中通过一步步引导性询问，也不断实现了案例教学的知识目标，这种逻辑过程就是案例分析思路。

7. 课堂教学计划

课堂教学计划是案例采编者给教师提供的建议教学执行方案，教学计划中包括课堂的组织过程、时间安排等，需要案例采编者根据自己对案例内容的理解和个人教学经验对每一环节提出相应的教学建议。

一次案例课堂的教学组织过程包括案例概述、小组讨论、班级讨论、评价与总结等众多环节。为使教学时间得到有效利用，制订课堂时间的分配计划很有必要，特别是对那些教学经验少的教师更是如此。案例课的课堂时间建议总体控制在 80～90 分钟，具体的时间分配计划可以根据课堂安排的不同进行调整，表 9-2 是建议的具体时间分配计划。

表 9-2　建议的具体时间分配计划

环节	时间
案例概述	5～10 分钟
小组讨论	15～25 分钟
班级讨论	45～60 分钟
评价与总结	5～10 分钟

教师在整个案例教学过程中充当导演的角色，以组织学生进入案例角色，通过小组讨论启发思考题，再按照案例分析逻辑引导学生讨论课堂讨论题的过程，层层深入地剖析案例情节，以归纳出案例所内含的理论知识。

首先，在授课之初，应该设计案例课堂的"开场白"，对此次案例教学进行概述。这包括教师吸引学生注意力的授课技巧，对案例主题的简要介绍，对课前布置的阅读资料的简单提问，以及对案例故事的回顾。教师需要通过简单的提问检验学生对资料的理解程度，再简短地带领学生回顾案例内容，梳理案例中的关键情节线，明确案例的关键问题和基本问题，为案例分析与讨论做热身准备。

其次，正式进入案例分析与讨论阶段。讨论的模式一般是定义问题、分析案例数据、形成备选方案、选择决策标准、分析与评估备选方案、选择首要方案、制订行动方案与实施计划。需要提到的是，这些步骤仅是一般讨论需要经历的，但并不一定每次讨论都会按照这个特定的模式进行，很多案例课堂中并不会得出首要方案，但是每位学生可以自己有相对首要的解决方案，不需要全班统一。该部分的重点是教师如何引导学生讨论问题，讨论的形式是多种多样的，可以是教师提问学生的一对一的形式，也可以是教师设置问题、小组讨论的一对多的形式，或者学生发现问题、班级共同讨论的多对多的形式。案例教学中比较常见和有效的讨论形式是小组讨论和班级讨论，教师提供问题，经小组讨论后，再以选派小组代表或老师直接提问的形式开展班级讨论，这两个过程是不同观点不断碰撞、情节背后的知识点不断突出、学生对案例理解不断深入、学生积极性不断提升的过程。

1）小组讨论

教师按照一定的分组原则将学生分成小组讨论启发思考题，小组成员以4～6人为宜。该过程是小组内部头脑风暴的过程，老师仅提供讨论思路与问题，并不带领学生进行讨论，学生可以集中各成员的智慧，提前分析案例情况，补充分析案例所需的基本知识，取长补短，达成共识。其同时更是学生尽快进入角色的必备环节。

该部分需要案例采编者根据案例难度、教学目的和对象给出教师建议的分组原则，教师也需要根据具体课堂内的学生人数进行小组划分和任务分配。分组时要事先了解学生背景，特别是案例应用于MBA、EMBA或研究生教学时，学生具有不同的专业和就业背景，案例采编者需要根据案例正文内容和教学对象，建议教师应提前了解学生哪些方面的背景信息，并提出合理的小组人员分工建议。

例如，在《谁来承担项目采购成本上涨的责任?》案例使用说明中的分组原则："本案例如果应用于MBA、EMBA或研究生教学的设计时，分组时要事先了解学生的就业背景和专业背景，尽量让每一个小组中有一位和财务或成本管理专业相关的学员在其中，这样有利于成本计算的讨论。”该案例主题方向是采购成本管理的内容，正文中涉及较多财务数据和成本管理的专业知识，因此建议教师对学生分组时能尽量保证每组至少有一位相关专业的学员，以便于讨论的顺利进行。

当出现以下情况时，建议教师安排课前小组讨论，以提升案例课堂教学效果。

(1)教学形式导致课堂时间有限，不能留出充足的小组讨论时间。

(2)案例难度较高或涉及数学计算过多，学生需要大量的分析讨论时间。

(3)案例涉及专业名词较多，学生专业不一致，需要花费大量时间普及必备的基础知识，以讨论达成共识。

(4)课堂人数较多，小组讨论空间不足。

当首次上课或者课堂气氛不够活跃时，建议教师安排课上小组讨论，以提升课堂气氛。同时，当授课对象为本科生时，建议教师安排课上小组讨论，以利于学生基础知识的积累与总结。

2）班级讨论

班级讨论是经过小组讨论后由各小组派出代表进行陈述，小组其他成员可补充，同时不同小组间可以相互提问与质疑。该过程是教师引导全班学生讨论的过程，教师需要按照案例分析逻辑进行提问，以促进学生积极参与讨论。这是学生相互学习的最佳时间，同时也是教师引导学生从案例情节逐步归纳出案例知识线的过程。在该部分案例采编者需要根据教学经验给出教师相关建议，如组织学生积极参与的方法、建议的课堂讨论问题等。

教师在组织案例课堂讨论时，可以将以下内容纳入讨论：引导学生确认事实，讨论对案例的整体认识，如“是谁、何事、何时、何地”；引导学生讨论与分析，对“为什么这样、应该怎样”的问题发表自己的观点；引导学生对于特定情境进行更深入的思考，对讨论提出挑战，如“现在的这种情形下又该怎样，有什么影响”；启发学生进行行动的探讨，如“如何应对这样的情形”；引导更加开放的思维发散，提出各种假设情形供讨论，并对案例的发展做出预测。

不仅如此，授课过程中教师可能使用的教学辅助工具将会成为提升案例教学效果的点睛之笔。教学辅助工具主要以视听辅助手段为主。视听辅助手段是指教师可得到的，能与案例一起使用的照片、报纸、杂志剪辑、电影、录像带、幻灯片、样品和其他相关资料，这些资料不仅可以提高案例故事的现实感，刺激课堂讨论，还能促进参与者对案例有更深的理解，提升其参与课堂讨论的兴趣。这里需要案例采编者提供一些容易获取的纸质资料、视频文件的网址，以及如何在教学中使用它们的建议。

最后，需要设置评价与总结环节。评价与总结是教师对教学内容、学生表现等全过程进行评价的过程，同时也是对案例知识线进行整体梳理的过程。教师对案例讨论进行归纳总结，并进一步启发学生沿着几个问题或视角进行课后探讨，加深学生对案例学习的思考与理解。

课堂教学计划中还应该提醒教师对班级规模和教室布局加以规划。案例授课班级人数不宜过多，应该控制在30人以内，可以分为5～6个小组；理想的教室布局是让所有的课堂参与者围坐四周，使其都很容易听到和看到对方。教室中应具备投影仪、桌子、黑板等设备，同时为了方便学生更好地参与到案例课堂讨论中，教师应在课前提醒学生准备座位名牌等，以更好地营造轻松的讨论氛围。

8. 课堂讨论题

教师在课堂上为促进讨论并深入剖析案例，必须使用一系列的问题。案例采编者需要根据案例正文内容和教学经验，按照案例分析思路，将启发思考题更加深入与细化，为教师提供案例课堂讨论的提问建议。

提问是一门艺术，教师如何设计课堂问题，如何安排问题提问的顺序，都将影响最终案例课堂授课的效果。在合适的时间使用合适的问题，是保持案例讨论顺利进行的技巧。问题的设置应该是开放式的，具有可讨论的空间，这样学生才不会担心回答错误。同时，尽量采用“你的观点是什么”、“为什么”等提问形式，引导学生充分地表达自己的想法，而不要设置类似“公司这样做对不对”的问题，因为学生很容易在给出“对”或“不对”的作答后，就停止思考，这就阻碍了学生对案例问题的深入分析，进而影响学生课堂讨论的热情。

首先，按照问题在课堂教学中的不同功能，可以分为流程问题、分析问题、概念问题及陈述性问题。其中流程问题是每位教师每节课都提出的一般性讨论问题，是推进授课的连接性或过渡性问题，根据场景需要随时提问，适用于任何课程。例如，“请你简短地总结下刚才所说的观点好吗?”其余三种问题是结合案例难度立方体中的分析、概念和表述维度进行划分的。分析问题覆盖了案例准备的各方面内容，如“问题的决策、困难或挑战是什么?”概念问题与课程特定的理论内容有关，如“哪种理论适用于这个情境?”陈述性问题与存在何种信息、在哪里获取这些信息相关，如“案例中哪个地方是支持你的观点的?”关于案例的特定问题均可以从一般性分析、概念和陈述性问题直接扩展而来。例如，“在你的分析中都有什么内容?”可以转换为“表2中的财务报表披露了什么内容?”又如，“哪些理论或概念可能有用?”可以转换为“如果产品价格为7.50元，你认为盈亏平衡点应为多少?”再如，“有哪些信息被遗漏了?”可以转换为“你如何知道目前的业主可能会以怎样的价格出售公司?”

其次，按照教师提问的出发点、侧重点和考察点的不同，可以考虑设置以下十种不同类型的问题。

(1)开放式问题（What），提问者不向回答者提供任何具体问题回应的方向，或是可能的答案的选择，而是让回答者根据自己的想法对问题做出回答。

(2)诊断型问题（Why），提问者给予回答者问题回应的方向，请回答者给予比较性、选择性的回答或询问发生的原因。

(3)信息型问题（Information），提问者询问回答者与案例中所提及的信息相关的问题。

(4)挑战型问题（Disagree），提问者请回答者评断案例发生的事件是否妥当。

(5)行动型问题（How），提问者请回答者提出具体做法。

(6)顺序型问题（Process），提问者请回答者排出行动的优先级。

(7)预测型问题（When），提问者请回答者提出案例可能的发展。

(8)扩张型问题（Other case），提问者请回答者思考在其他情境下可能产生的结果。

(9)一般化问题（Theory），提问者请回答者将案例的解决方案抽象化为一般性理论。

(10)假设型问题（If），提问者请回答者假设自己为案例中的角色，说明自己可能的做法。

对于以上问题的提问顺序，哈佛商学院建议根据对能力培养的关注点进行随机调整。例如，如果教师希望重点培养学生对专业知识的掌握和运用能力，可以将开放式问题和信息型问题设置在较靠前部分提问，并更多地采用行动型问题和假设型问题。如果教师的关注点在于锻炼学生的独立思考能力，则可以采用由诊断型问题入手，通过挑战型问题和预测型问题来激发学生的深入思考与分析。

由此可见，问题提问顺序的不同对案例教学目标的实现是有影响的。大多数教师问题提问的逻辑是由浅入深的，通过层层递进式的问题讨论，使学生逐步进入案例角色，进而可以深入思考案例的关键决策问题。

在此，我们结合贯穿本书的“两线思想”给出案例课堂问题提问的建议，将案例知识线作为问题设置的逻辑，以案例知识线与情节线对应的结合点作为课堂讨论题，使知识在案例实践中得到反映，以便学生通过讨论案例中的情节发展，深入理解相应的理论知识。具体逻辑设计如图 9-8 所示。

在这种提问逻辑的设计中，根据提问的出发点不同，问题可以分为以下三种。

(1)已知理论知识，需要确定相应的案例情节。

(2)已知案例情节，需要确定相应的理论知识。

(3)已知理论知识与对应的案例情节，需要评价对应过程是如何实现的、为什么等。

在《谁来承担项目采购成本上涨的责任?》案例使用说明中的课堂讨论题如下。

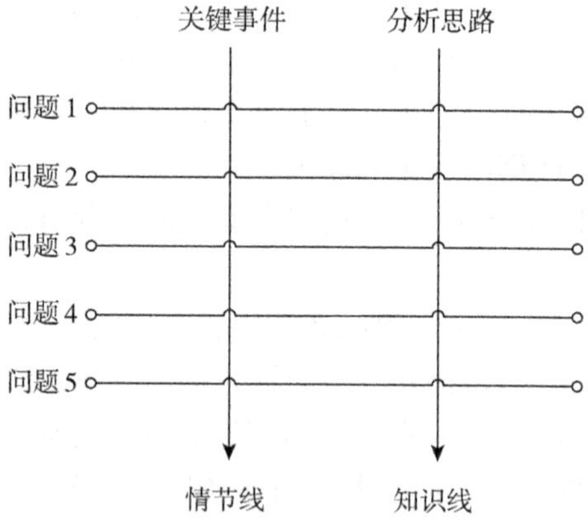

图 9-8 问题提问的逻辑设计

(1)为什么要做责任成本承包？案例企业的项目利润如何体现？

(2)案例项目的目标体系是什么？是否合理？

(3)针对责任成本降低目标，项目团队的收益构成结构是什么？

(4)项目超额收益的40%在项目团队内部分配，这个比例是否合适，为什么？项目经理该如何分配超额收益？

(5)应该如何评价项目团队的绩效？

(6)公司的采购模式有没有问题？

(7)项目的责任成本由哪些部分构成？项目部对各个部分有什么责任？

(8)铜价上涨的原因都有哪些？

(9)项目部有哪些项目决策的权力？总部有哪些权力？

(10)项目的激励是怎么失效的？

(11)项目索赔收益包含哪些部分，应该怎么分配？

(12)东北公司总经理应该如何解决这次危机？责任成本承包制度应该做哪些修改？

(13)项目是否是公司的利润中心？

(14)风险抵押金返还方案能不能保证激励的弹性？项目经理的超额奖励分配权有哪些潜在风险，如何防范？

其中问题的设计逻辑符合案例分析思路：“在案例分析中引导学生讨论和描述项目成本管控过程，本案例可以以项目成本预算的几个数据为逻辑主线，分别是初步预算、中标价、施工成本预算、项目成本控制目标和实际完成成本。同时要引导学生讨论项目绩效评价的基本结构体系。”问题(1)、(2)、(3)、(7)、(9)、(13)的提问逻辑属于类型一，问题(8)、(11)、(12)的提问逻辑属于类型二，问题(4)、(5)、(6)、(10)、(14)的提问逻辑属于类型三。

9. 课堂板书设计

在教师进行课堂授课之前，提前制定一个案例教学的板书安排，对案例课堂讨论有一定的促进作用。有经验的教师在做案例教学的板书计划时，主要是对那些重要问题和重要内容做一些强调，对不同内容的书写方式和保留时间等做一些区分，以加强对学生的引导等。因此，案例采编者可以根据案例内容与自己的教学经验，提出建议的案例板书计划，对教师课堂板书进行合理安排，以使其总体效果更好。同时，案例采编者应建议教师在黑板上需要从头到尾地保留包含重要内容和重要问题的板书，这些会对学生有着非常重要的提示和指导作用。

板书可以有幻灯片与黑板板书两种形式，课堂讨论的可预测性与信息量决定了教师采用幻灯片还是黑板板书。如果课堂讨论的可预测性较高，弹性较小，可以使用幻灯片；如果课堂讨论的不可预测性较高，弹性较大，可以使用黑板板书。如果信息量较大，可以使用幻灯片；如果信息量较小，可以使用黑板板书。如果课堂讨论的不可预测性较高，且信息量较大，可以结合使用黑板板书与幻灯片。

板书实际上就是课堂讨论题的书面形式，课堂讨论题的提出逻辑就是板书的书写逻辑。在《谁来承担项目采购成本上涨的责任?》的案例使用说明中，板书设计以知识线——初步预算、中标价、施工成本预算、项目成本控制目标和实际完成成本为主线，以情节线和课堂讨论问题为分支，按照顺序展现在黑板上，逻辑如图 9-5 所示。表 9-3 是基于标准的问题解决模型的主要步骤而设计的建议板书计划，可把班级讨论汇总部分写在黑板左边，知识点梳理与分析写在中间，决策和实施计划写在右边。其中，知识点梳理与分析的板书内容应以图 9-4 的逻辑形式展现。板书的具体内容还要根据教师每次使用时的课程情况而定，因此，板书计划需要频繁更新。

表 9-3　建议板书计划

班级讨论汇总		知识点梳理与分析	决策和实施计划
问题一			
问题二			
问题三			

9.3　案例使用说明的使用与更新

9.3.1　案例使用说明的使用

案例使用说明编写完成后，如何应用在教学备课之中，指导案例教学的有序进行，也是至关重要的问题。案例使用说明的使用过程中有以下几个问题需要引起注意。

1. 始终围绕案例教学目标

案例使用说明在指导案例课堂教学的同时，也是支持案例教学目标有效实现的工具之一。案例使用说明中会将案例教学目标进行列举，提醒教师在课堂中所要完成的教学任务和要达成的教学目标。因此，教师在参考案例使用说明时，需要时刻将案例所要传授的知识点牢记心中，聚焦课堂提问和讨论于知识点的消化理解上，使整个案例教学看上去“形散而神不散”。

“形散”对于案例课堂授课是必要的，因为这意味着教师的讲授取材广泛，学生的讨论自由，不受过于严格的规范条例限制。为了带动学生参与到案例讨论中来，教师的教学风格趋于轻松自然，材料组织和编写方式也不拘一格。

而“神不散”对于案例教学则至关重要，主要是指教师课堂授课要表述的中心思想必须明确而集中，要严格围绕教学目标。所谓的“神”是内在的，是教师的授课意图，并不一定直接表达出来，也不一定可以被学生们明显察觉到，但恰是这种内在的思想，主导着教师如何提问，从何问起，重点讨论哪些话题等。一个案例中可能存在几件相关的或是貌似不相关的事，尽管信息量大，关系驳杂，但案例教学所围绕的只有一个主题。围绕这个主题，教师按照一定结构将众多相关信息关联到一起，用以解释案例现象。为了很好地达成“神不散”，教师授课应该遵循一定的线索来呈现“形散”的授课内容，这样的线索可以是案例中主人公的所见、所闻、所思、所感，或案例公司在某方面的经历变迁。“神不散”的结果可以促使学生自己总结出案例的发展主线，进而实现案例教学的主要目标。

2. 重视案例参与式讨论

案例教学对学生的培养主要体现在参与式的学习和讨论过程中，由学生通过对案例的分析和讨论自主形成建构式学习成果。因此，对案例使用说明的使用，过程重于结果，分析过程重于正确答案。只有重视案例使用说明对学生讨论和分析的引导作用，启发学生积极参与和思考，进而形成对案例问题的判断和决策，才能够真正发挥案例使用说明的指导建议书作用。

案例教学授课过程中，要格外关注四种参与讨论问题，分别为参与不足、低质参与、过度参与和不良参与。参与不足意味着案例教学课堂上存在很少参与甚至没有任何参与的学生。在案例教学这种要求高参与度的教学方法中，不参与讨论将使学生感到无法介入课堂授课和学习团队中，很容易产生挫败感。为了达到良好的案例教学效果，教师要重点强调参与的重要性。教师可以通过合理的课堂讨论设计和引导，或者专门向那些以前没有机会发言的学生提较简单的问题的方式，避免使某些学生出现不参与的现象。低质参与是指学生们虽然参与到案例分析讨论中来，但是精神状态和质量都不理想。他们有可能没有很好地准备，结论或许缺乏深度或者不着边际。防止低质参与的有效手段就是在课前向学生提供案例正文和启发思考题，而且指出可能用到的相关理论，使学生有针对性地进行知识储备。提升学生课堂讨论的参与质量可以有效保证案例教学目标的实现。过度参与同样要受到教师的关注。案例讨论中如果存在过度活跃的参与者，则可能侵占其他同学的发言机会，使其他同学失去参与课堂讨论与发言的动力。但是，这种情况在现实操作中较为容易管控，只要教师将每个人的发言机会限制在特定次数内就可以避免。不良参与是指在案例讨论中出现的空洞、无关或不恰当的评论。为了保证案例讨论的有效开展，教师在讨论偏离主题或出现激烈对抗时，必须适时地介入并提醒发言者和全班同学，从而对整个课堂讨论加以正确引导。

3. 提问过程与分析过程同步

案例教学通过课堂提问来实现对案例分析的引导，在合适的时间使用合适的问题，是保持案例讨论顺利进行的关键。提问包括教师为引导出适当的案例内容而提出的问题类型和数量，也包括提问的时间选择。在开展案例教学过程中，提问的内容和类型是否能够体现分析逻辑，提问的技巧是否能够符合案例教学的要求，是关系案例教学成败的重要问题。

首先，提问的逻辑决定着案例教学目标是否能够顺利实现，有效的提问过程应该内含案例分析的逻辑，是对情节线与知识线有效结合后的渐入式引导。案例使用说明设计了教师的基本提问逻辑，要想在课堂教学中通过提问来促进课堂知识传授和学生的思考与讨论，必须注意将提问过程与案例分析过程紧密结合，随着提问的开展构建出一条清晰的案例分析框架。

提问的类型既包括特定的案例问题，也包括其他一般性问题。特定案例问题是与案例知识点的分析和讨论同步的，教师需要根据自身的教学目标具体案例具体分析，本书在“课堂讨论题”部分有深入的探讨；而一般性问题是相对通用的，通常是有关讨论流程的问题，重点在澄清问题、激励发言、讨论引导与总结评价等，目的是使课堂教学与提问更加自然流畅。有时，提问如此自然以至于参与者都无法意识到教师是在提问，则可以激发更加积极的思考与发言，充分发挥案例教学“体验式学习”的功能。

其次，提问的技巧在案例教学中也不可或缺。能够激发学生的学习兴趣，帮助学生形成学习动机是案例教学的重要优势，而如何运用提问的技巧来提升课堂的趣味性是很大的一门学问。案例使用说明只能列举有限的操作性建议，要达到良好的效果还要靠教师课堂中的现场发挥。但无论通过何种方式，将传统的“教师提问、学生回答”的被动式教学，转变为“教师引导、学生参与”的主动式教学，对于提升学生的学习积极性和学习效果都是十分有益的。

4. 慎重给出案例答案和结果

在案例使用说明的编写和使用中，存在一个有争议的问题，那就是如何处理案例分析的答案和实际进展。虽然学生对于二者十分感兴趣，希望能够了解教师对于案例分析的解决方案以及企业实践中的真正决策结果，但教师必须慎重对待，处理不当将会降低案例教学的预期效果。

如果教师对案例分析提出了个人的解决方案，而且表明将在课堂结束之前提供，那么学生就很可能失去深入思考和探索自己的解决方案的动力，而且，会促使他们去猜测教师到底喜好哪一个备选方案；而对于教师提供的方案，大部分同学可能会将之接受为“正确”的做法，即便有个别同学认为不妥，也并不会很有效地提出挑战或反对意见。于是，案例答案的提供将会严重影响案例教学目标的实现。明智的做法是，教师可以将自己的分析结果包含在案例使用说明中，但在课堂授课总结时提出，而且应该提醒学生这是一个观点而非答案。

对于大多数案例编写者而言，案例企业后续进展状况很难获取。这一方面是由于事情的客观发展是有一定时间期限的，很多案例提供的决策方案并不会在短短几年内看到成效，为此案例决策的后续进展便不可过早下论断；另一方面，案例的编写也是有周期性的，能够延续地对一个企业的发展进行跟踪与观察，这样的机会十分难得。因此，如果一旦发现与案例有关的事件或决策有进一步的发展结果，教师通常很希望将其添加到案例的使用说明中。但是，这在案例课堂授课中也要慎重处理，既要考虑到案例采编的保密和掩饰原则，又要使学生理解公司的实际决策未必是最佳解决方案，只是各种影响因素促成的解决方案之一。案例讨论中的结论可能与此相似，则证实了案例讨论设定的情境与实际发展的情境，其考虑的因素是一致的；如果案例讨论的结果与事实进展相悖，则教师可以引导学生一起对其中存在的可能影响不同结果的因素进行分析，进一步强化对案例发展的把握。正确提供案例后续进展对案例的教学和学习是有帮助的，可以加深教师和学生对案例的透彻理解，并在理论联系实际中提升其判断能力。

9.3.2 案例使用说明的更新

一万个读者就有一万个哈姆雷特，案例使用说明也有如此的特点，一百个教师便会有一百个案例使用方法。这就注定了案例使用说明不是一成不变的，不是教条固化的，而是需要教师根据各自的教学设计和课程目标进行针对性调整，或在实践中加以补充、修正，从而实现不断优化与更新。

案例使用说明的更新依赖于课堂实践。因此，在对案例的课堂教学过程或课后评价总结中，需要有针对性地对案例使用说明进行反馈和调整。为了实现案例使用说明的针对性更新，教师可以重点从以下几个方面进行观察与总结。

1. 学生提问与参与度

为了检验新案例的使用效果，观察案例教学课堂上学生们的反应最为直接。首先，可以关注学生提问的数量和内容。问题提问意味着参与者感兴趣或有好奇心，是所讨论话题具有分析性或值得探究的表现。案例使用教师应当引导学生积极提问，甚至是在小组或班级范围内相互提问，必要时还可以向教师发问。提问问题较多的讨论一般质量较高，可以统计学生们提出了多少补充问题或具有挑战性的问题，并将这些问题归纳整理后更新到案例使用说明的问题设置部分。

其次，学生的参与度也可以为案例使用说明的更新提供线索。自愿参与是学生对案例讨论很投入的一种表现。当许多人举手时，或者当同学们主动发言时，意味着案例讨论已经吸引了他们的注意力。当有很大比例的学生自觉参与讨论时，这种氛围也会感染那些并不是很积极参与讨论的学生，从而达到带动全体学生积极讨论与学习的良好授课效果。教师应该及时记录引发学生高度参与的讨论话题，在案例使用说明中强化课堂讨论的关注点，有助于对案例分析思路的进一步清晰化，提高案例学习的效率。此外，对案例授课中有效调动学生参与的经验进行总结，是丰富完善案例使用说明的重要途径。例如，在案例讨论的不同阶段，选择点名或选择自愿讨论，哪个更有助于激发学生参与讨论的意愿呢？学生发言的顺序应该怎么选择，有行业知识背景或经验的同学早些还是迟些发言更好呢？对这些课堂参与效果的回顾与积累都将为后续的案例教学提供重要的经验。

2. 案例课堂讨论效果

案例教学的突出优势在于提供了学生通过案例分析与讨论从而达成自主学习与锻炼的机会，因此，考察课堂讨论效果可以为评估案例教学、改进案例使用说明提供重要依据。

首先，需要关注案例课堂讨论的过程。成功的案例讨论过程往往遵循既定计划、节奏鲜明、进程适当、连贯统一。如果一场讨论进行得毫无章法，存在许多尚未完成的细节、未发掘的枝节问题，以及许多不能得出确切结论的论点或主张，而且讨论的提纲也模糊不清，这样的案例讨论不可能是逻辑合理、进展顺畅的讨论。如果案例的讨论缺乏连贯性，主要的论点或见解也很难被学生记住，这样的案例讨论肯定不是成功的。当课堂讨论中出现以上情形时，意味着教师需要更加科学地制订案例讨论计划，合理地掌握案例讨论节奏，适当地控制案例讨论进展，并将以上调整及时反映到案例使用说明中，确保案例使用说明对后续案例讨论的有效指导。

其次，应该聚焦案例讨论的效果和细节。通常，学生在案例讨论中的活跃程度，反映了他们的兴趣度和投入状态，讨论得越活跃，说明学生对讨论的材料和论题越是关心。也就是说，能否保持一个较好的活跃程度，对讨论的质量和效率会有较大影响。一个表现出渴望、进取心和激情的活跃群体，从案例讨论课中收获的东西更多。如果案例讨论课在持续活跃的情况下结束，案例教学目标就更容易成功实现。如果一场很好的讨论在结尾阶段逐渐衰弱、失去水准或连贯性，那么这次案例讨论对学生的总体影响就会减弱。约翰·巴赫(John Boehrer)曾说过："如果你的学生出了教室仍然在谈论课堂上的案例，就可以认为你这堂课是成功的。"

在观察了案例讨论的活跃程度和效果之后，教师需要对其背后的原因做进一步分析，如可能与对理论的掌握程度有关，可能与案例的分析难度有关，也可能与案例的思考题设置有关，明确了原因后就可以启发教师对案例使用说明的修改和完善。

3. 教学计划实施情况

除了从学生的课堂反映和学习效果出发改进案例使用说明，还可以通过考察既定教学计划的实施情况，针对性地更新案例使用说明。例如，课堂组织过程是否顺利？课堂时间安排是否符合现实？课堂授课内容是否有助于达成教学目标？板书设计行得通吗？将实际教学中发现的新情况和新想法，增加到案例使用说明的教学计划中，可以为未来的案例教学提供有价值的参考。

即使原来的教学计划再出色，实际的课堂组织过程中总会出现意想不到的情况。例如，课前准备中指定的阅读材料，教师认为学生可以自我理解，实际上班里的大部分同学却难以解读；或是小组讨论中，大家讨论异常激烈，教师并不希望加以控制而中断学生的热情；或是某个平日很少参与的学生主动发言，教师希望多给予他时间，使他能够最大限度地发挥；或是涉及与课程主题并不是很相关的一个当下热点话题，所有的参与者都很想就此展开讨论；或是必须对案例的某一个表格进行大量的解释；或是某一参与者提出一个全新的说法，这个说法没有在案例使用说明或教师备课中考虑到。上述问题的出现都会改变课堂组织过程的按计划执行，但只要这种变化可以给课堂教学带来更好的效果，则应该补充到案例使用说明中去。

案例使用说明中对于时间的计划需要经过课堂实践后，才能调整得更为合理。教师应该及时回顾课堂进程，发现最大时间偏差出现在哪个地方，原因何在；是原来的时间安排不合理，还是课堂中出现意外的事情打乱原来的时间计划；如果没有按计划时间进行，是不是实际的做法或预期的做法更好。由于参与式教学过程很难控制，案例使用说明的实际安排出现偏差问题十分正常，关键在于课后如何评估，如何进行案例使用说明中的时间安排更新。

对于课堂授课内容，教师需要重点回顾是否所有的问题或知识点已经得到充分的讨论，出现了哪些计划外的讨论关注点，如何设置案例问题以取得更好的效果，是否需要重新安排某些问题的提问方式等。课堂授课内容与板书设计是相关联的。教师在思考如何更新案例授课内容的同时，应该考虑到板书设计有何改进的空间。有些教师喜欢在每次案例课程结束后，到教室后面观察下板书是否清晰、符合逻辑，将不合理的地方记录下来，下次加以调整，这是一个值得借鉴的方法。

4. 课后综合评估与更新

在案例课程结束后通过正式的程序收集课堂评估和反馈意见，对案例教学的课程设计和实施都是十分有价值的。这些有用的反馈信息可以来自于学生，也可以来自于案例使用教师。学生可以通过课后的学习反思，对自己在个人准备、小组讨论和班级讨论三个阶段的表现、体会和学到的东西加以总结；教师可以对课堂讨论的流程加以评估，标注出学生喜欢和不太喜欢的内容，列举出有用的阅读资料和待强化的知识背景。课程结束后的及时评估是更新案例使用说明的基础，可以通过预先设计的表格进行规范评价，获得有效的反馈信息。表 9-4 是课后综合评估表的一个模板。

表 9-4　案例课堂综合评估表

按 1(非常不同意)、2(不同意)、3(持平)、4(同意)、5(非常同意)回答以下问题：					
学生版			教师版		
1	对案例有足够的兴趣		1	学生对案例表现出足够的兴趣	
2	付出足够的努力预习案例		2	学生付出足够的努力预习案例	
3	得到足够的激励及关心		3	给予学生足够的激励及关心	
4	积极参与案例讨论		4	学生有积极参与案例讨论的兴趣	
5	案例情境具有真实感，可以联系实际和所学知识进行案例分析		5	学生能够融入案例情境进行思考，运用相关知识点进行分析	
6	课堂是自由的，允许失败和冒险		6	课堂允许学生失败、冒险、体验	
7	课堂气氛愉快、有趣，大家以友好和智慧的方式相互对待		7	课堂气氛愉快、有趣，大家以友好和智慧的方式相互对待	
请根据本堂案例课的体验，反思以下问题：					
学生版			教师版		
1	你是否完全理解案例?		1	学生是否彻底理解了案例?	
2	从案例中学到了什么?		2	希望学生从案例中学到什么?	
3	案例课堂上学到了什么?		3	希望学生在课堂上学到什么?	
4	你为小组讨论做了什么贡献?		4	希望学生在小组讨论中贡献什么?	
5	你们小组为班级讨论做了什么贡献?		5	希望小组在班级讨论中贡献什么?	
6	怎样使你在准备和参与中表现更好?		6	怎样使学生更好地准备、参与?	

最佳的案例课堂评估时机是下课以后立即进行。获取到反馈信息后，教师最好能够及时将反馈建议更新到案例使用说明中。但值得注意的是，案例使用说明多为案例采编者执笔，而使用该案例的教师或许并不认为有义务对案例使用说明进行更新，或是会自己另行建立一份案例使用说明，对自己的案例使用体验进行

记录。所以，这就要求案例采编者在提出案例和案例使用说明后，做一个后续的跟踪记录，甚至是进入案例的使用课堂，收集案例使用的反馈信息，有针对性地对案例使用说明进行更新。也要号召和组织案例使用教师根据案例课堂讨论的具体情况，对案例使用说明进行更新完善，并在更大范围内共享、推广。

第 10 章

案例掩饰与许可

案例掩饰属于案例写作当中的细节问题，案例许可也不是案例的主题内容，但是它们对于一篇案例能否发表，以及能否在课堂上使用却起到至关重要的作用。本章将对案例掩饰和案例许可的相关内容进行说明。

10.1　案例掩饰

在案例当中，作者需要对一些名称和数据进行掩饰，其目的主要是消除企业对信息曝光可能带给它们不良影响的担忧，使企业不愿批准的案例或案例数据也能获得使用许可。因此，掩饰实际上就是把资料来源匿名化，以保护信息数据的安全。

10.1.1　掩饰的必要性

未经掩饰的案例所具有的真实性使案例更加生动鲜活，容易引起读者的兴趣，使他们身临其境地展开讨论，进而从中学习经验、吸取教训。然而不经掩饰的案例也会给案例企业带来不必要的麻烦。因此，出于对案例企业和案例中人物的保护，有必要进行适当的掩饰处理。

对案例企业而言，一方面出于对信息安全的考虑，不会轻易同意公开企业内机密性文件、技术及相关数据，想要尽可能地避免企业在市场竞争中的不利影响。因此，一般会要求案例作者对信息数据进行掩饰处理，以免泄露企业机密。另一方面，企业出于对自身形象的考虑，也不会愿意向外界公开自身存在的问题。这样就需要通过对企业名称进行匿名处理的方式来保护企业在大众心目中的形象。

当案例作者充分考虑企业的顾虑后，进行适当的掩饰处理满足了案例企业的要求，将会大大提高获得案例最终许可的可能性。但有时即便案例企业愿意公开企业名称和信息数据，案例作者也会考虑实名案例会带给企业的可能风险而告知企业需要做必要的掩饰处理。例如，这些真实名称和信息可以让读者询问到案例情节实际发生的情况，会给案例企业和人物带去不必要的困扰；也有可能因泄露的敏感信息会被竞争对手追溯或复制而使企业的经济利益受损。

10.1.2 掩饰的真实性原则

案例的真实性是教学案例最基本的特征，掩饰必须遵循真实性原则。案例掩饰的真实性即指掩饰不能脱离企业真实的决策情境而弄虚作假，掩饰后的案例要为学生提供一个真实的企业决策环境。

就案例内容而言，对案例企业和人物名称的掩饰并不能否定案例来源的真实性。得到案例企业许可的案例在流通使用时必须注明案例来自真实的企业，但为了保护企业的隐私而做了一定的掩饰处理。

案例情境的设计也要在遵循真实性的基础上进行适度修饰。案例情境来自真实企业管理情境，不能为了追求可读性而对案例进行过度的修饰加工，以免给人以虚构的感觉。因此，不能脱离真实的企业管理情境而随意编造故事。

10.1.3 掩饰内容

对于究竟应该掩饰哪些内容，由于案例作者和案例企业的出发点不同而时常会有相互冲突的观点。案例作者通常想要尽可能减少对案例的掩饰，以提高案例的真实性，拉近与读者的距离，进而达到良好的教学效果。企业则出于对自身形象和信息安全的考虑，更青睐于在案例当中把企业的名字和所有人物的姓名以及敏感性数据都加以掩饰。

案例教学教师(同为案例作者)和案例企业对所要掩饰内容的关心程度，如图10-1所示。

图10-1表明的是案例作者和案例企业对掩饰内容关注的一般顺序，从中可以看出，双方就是否对产品、日期和地址进行掩饰并没有产生很大的分歧，可视为基本达成共识，双方的冲突点具体体现为以下几个方面。

(1)人物姓名的掩饰，是教师与企业双方较为容易达成共识的部分。企业认为保护个人隐私是最重要的，因而最想掩饰人物姓名；而案例作者并不介意对人物姓名进行掩饰，因为他们更关注企业及其管理情境带给学生的真实感。

(2)企业名称的掩饰是矛盾最为突出的部分。这是案例作者最不想掩饰而企业又非常想要匿名的环节。企业不希望使用真实名称，以免被人诟病损坏企业名誉和形象；案例作者则希望保留企业实名，越是知名企业越容易引起学生的兴趣，更能够提高他们的课堂参与意识。

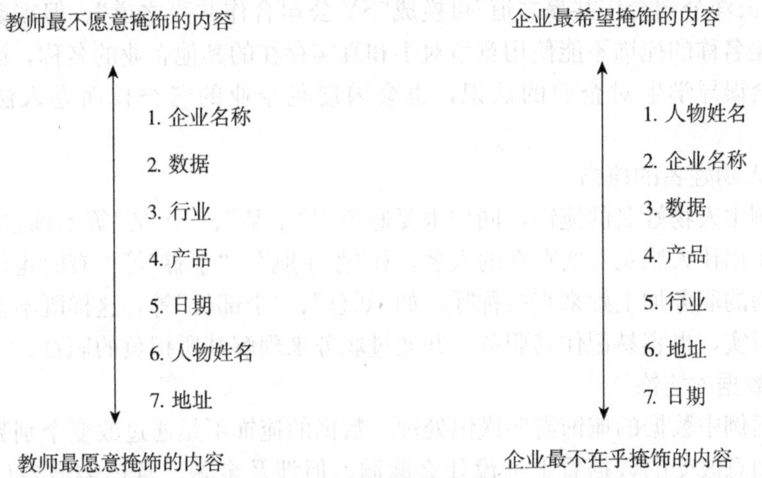

图 10-1　教师和企业对案例内容掩饰意愿的比较

(3)数据的掩饰也是较为突出的矛盾点。企业担心敏感数据的泄露会被其他同行企业追踪而不愿公开真实数据；案例作者则希望保留真实数据，尤其是对于金融、财务类案例，这有助于学生对案例信息的分析。

(4)行业的掩饰也略有分歧。企业不太在意是否对所属行业进行掩饰处理，对它们而言，企业名称、人物姓名和数据的掩饰显得更为重要；案例作者相对看重行业的掩饰，行业背景信息直接反映案例的决策情境，因此不愿意对其进行掩饰。

当然，图 10-1 并不代表案例作者和企业对案例内容掩饰的要求都是千篇一律的，也会有例外或其他限制条件，应根据案例采编时的具体情况而定。如关于人物姓名的掩饰，案例作者也会有不同的态度，如果案例主人公是名人，案例作者则不希望被掩饰，因为名人效应能够吸引学生的注意力，使他们更加积极主动地融入案例情境、扮演角色，从而充分参与到课堂讨论。

10.1.4　掩饰技巧

采用合适的方式对案例进行掩饰，不仅能够保证案例的质量，也能取得良好的教学效果。下面介绍几种掩饰的技巧。

1. 企业名称的掩饰

在对企业名称进行掩饰时，不要用模糊不清的表述，应尽量采用看上去比较真实的名字去替代，如“某公司组织变革之路”写成“五洲集团组织变革之路”会显得更加真实可信(事实上并不存在五洲集团)。另外，企业名称的掩饰可以用字母代替，有不少案例用简单的单一字母代替写成“A 公司的战略选择”等，虽无大碍，但略显随意。用字母代替的简单易行的方式就是将企业名称所含字母拼在一起，如“三洋公司合作共赢之道”可换成“SY 公司合作共赢之道”。但需要注意的是，企业名称的掩饰不能使用竞争对手和真实存在的其他企业的名称，因为这样做不仅会误导学生对企业的认识，也会因侵犯企业的名誉权而卷入法律纠纷之中。

2. 人物姓名的掩饰

案例中人物姓名的掩饰，同样也要避免用“李某”、“A 某”等不确定的名字，应尽量使用让人感觉真实存在的人名，如“张宇航”、“李睿”等。有时也可以用案例中人物的职务加上姓来直接称呼，如“刘总”、“李部长”等，这样既不会使学生感觉不真实，也容易记住其职务，并通过职务来理解其所担负的职责。

3. 数据的掩饰

对案例中数据的掩饰需要谨慎处理。数据的掩饰不是通过改变个别数字就可以的，随意改变的数据看上去没什么漏洞，但涉及金融、营销类需要计算营业额、成本等的案例，会因数据的不匹配而得不出结果或根本无法进行计算。通常可以用一个常数(如 0.98 或者 1.05)乘以原有数据的形式，或者采用百分比来表示。这样，既不会泄露真实信息，又不会给案例造成负面影响。

4. 其他信息的掩饰

对产品和行业进行掩饰容易产生不良影响，通常提出这种要求的企业也是极少数。越是规模大且在行业内具有一定影响力的企业，其产品和行业信息就越不易掩饰。如果案例决策问题与行业或产品无关，如重在描述组织行为、团队协作等管理问题时，则可以适当修改产品和行业信息，但要注意选择相近的产品和行业为宜。

案例中日期也不能随意修改。如案例情境具体发生的时间是在 2008 年金融危机时，而改成现在的时间就显得不合时宜。但如果时间跨度不大则不会对案例情境造成大的影响，如 2014 年 2 月改成 2014 年 5 月，或者春天改成夏天等。当然这也要视行业的特征而定，如服装行业会对季节的变化比较敏感，因此不能随意修改季节。

企业地址的掩饰也要考虑地域特色而定，如有南北方气候差异、东西部经济发展水平的差异，也有不同省市政策制度的差异等。因此，要综合考虑不同层面的差异来确定企业地址的掩饰。

10.2 案例许可

案例在出版或在课堂中使用前必须得到案例企业的正式授权。因此，案例许可是指案例作者与案例贡献企业签署的同意出版和使用该企业采编的案例的正式承诺。

10.2.1　案例许可的重要性

是否得到案例企业的授权决定了案例能否在课堂上使用。它的重要性体现在以下几个方面。

首先，案例许可能够证明案例来源的真实性，即表明案例作者真正到案例现场进行了实地调查和访谈而形成案例。其次，案例许可保证了信息数据的准确性，即案例描述的情节和所涉及的数据是对当时企业真实管理情境的再现，而非虚构和编造。同时，案例许可能够确保使用案例的安全性，即通过在扉页处注明版权声明和免责条款为案例的使用提供法律保障，这样可以有效避免因企业的变卦而可能导致的纠纷。此外，案例许可对案例作者和企业之间保持良好的合作关系起到桥梁作用。这种诚信合作能够促进企业和案例作者的相互信任，为今后继续合作奠定良好的基础。

10.2.2　案例许可的类型

案例许可通常采用的是一般性许可，除了一般性许可，还包括其他形式的许可。具体有以下许可类型。

1. 一般性许可

一般性许可是指允许版权所有者基于教学目的使用案例，并可授权给其他人或机构使用此案例。

2. 限制性许可

限制性许可是指案例的使用范围受到严格限定，即只允许案例作者用于特定的课程，或授权给指定的出版社及案例中心等机构。未经授权的人或机构不得使用此案例。

3. 延迟性许可

延迟性许可是指案例完成后不能马上使用，而要按照条款中规定的时限使用。因为，案例情节可能是近期发生的，其中涉及一些敏感的问题或数据，不宜马上公开，因此会要求过一段时间后再使用此案例。

4. 再许可

如果得到许可的案例在课堂中使用时没有达到预期的教学效果，案例作者就会根据测试结果针对性地修改案例，如果修改涉及实质性的内容变化，则要向案例企业获取再许可，当然，若只是文字或表述上的修饰就不需要再许可。

5. 无须许可的情况

案例素材来源于公开信息(如网络、报纸、期刊文献等)的案例不需要许可即可用于教学或出版。需要注意的是，通过这种二手资料形成的案例必须严格注明其出处，以免发生不必要的侵权纠纷。即便如此，如果有条件最好与企业取得联系，一方面表示对企业的尊重，另一方面沟通良好的话也能够确认信息的准确性，如果运气好还可能获得更多有效信息来丰富已完成的案例。通过主动与企业联系沟通的方式，不仅能够避免因二手数据信息不可靠而造成不利影响，也为今后双方长久合作奠定了良好基础。

以上几种许可是较为常见的类型，为了更好地展示许可的内容，图 10-2 展示了企业授权案例的一般示范。

> ×××大学×××老师：
>
> 我们已经阅读了《　　　　　　》的案例，案例符合本企业的实际管理情况，无须修改/按照标明的要求修改后（在相应内容上打√），同意您使用及发表（限于非商业目的）该案例，特此授权。
>
> 企业负责人：　　　　（负责人签章）
>
> 企业名称：　　　　　（企业公章）
>
> 年　　月　　日

图 10-2　案例授权书

10.2.3　获取案例许可的策略

获得企业对案例的认同和授权并非易事，获取最终案例许可不能等到案例完成后再找企业签署授权，这样容易造成因企业对案例内容不满意而拒绝签署的情况。这就要求案例作者在整个案例采编过程中及时与企业方沟通，使他们明确案例的写作过程，及时了解案例的内容和进展，这样企业方既能够感受对他们的尊重，也能够及时提出不同意见，这对案例作者及时修改、完善案例具有重要作用。其具体包括以下几点。

(1)完成案例初稿后要与企业保持及时沟通。案例初稿是通过调研，在与企业协商确定案例大纲的基础上形成的，可谓案例的雏形，完成后应及时提供给企业方以确认案例内容。如果企业认为案例内容与其期望不符，如掩饰处理不当、描述过于主观等，将会提出修改意见。案例作者在尊重企业意见的基础上，对案例进行修改完善。

(2)完成案例后为企业提供一份案例写作总结十分必要。总结包括案例是否按计划完成，整个案例采编过程中有哪些得与失。通过这份总结报告，企业方能够了解到案例采编团队的专业精神，对案例许可的获取大有裨益。

(3)案例定稿后，案例作者亲自到企业请求对方给予案例许可。去的时候最好准备一份作者以前发表过的范例及其授权书，这有利于取得企业方的信任。如果再附上一封感谢信，感谢企业及有关人员的大力支持和积极配合，表明有了他们的支持和配合本案例才得以顺利完成，企业方会更乐于为案例的许可签上字，这种良好的沟通能有效促进双方今后长远的合作。

第 11 章

案例检测与修订

教学案例是开展案例教学的主要工具，是以管理实践为核心的教材。为了确保所编写的案例能够真实地反映管理实际，营造身临其境的管理情境，有效地传授管理理论知识，并培养学生识别、定义、分析和解决问题的能力，案例编写者需要依据一定的标准，并结合有效的方法对教学案例的质量进行检验和修订。本章主要从案例检测内容、检测指标、检测方法以及案例修订四个方面介绍案例检测与修订的相关内容。

11.1 案例检测内容

由前文可知，管理教学案例的采编应包括案例正文和案例使用说明两个部分，相应地，案例检测的对象也就是正文和使用说明。本节从正文的选题、布局、内容，以及使用说明的教学目的、启发思考题和课堂教学计划几个方面来介绍一篇优秀案例所应达到的标准，具体内容如下。

11.1.1 案例正文的检测

1. 案例选题

1)符合教学需求

案例的选题应当从教学需求出发，选择能够满足课堂教学目标和要求的案例。此外，教学的目的不仅仅是传授理论知识，更重要的是要帮助学生有所成长，培养他们应对现实问题的能力。因此，案例的选题应当符合学生所处的社会环境，应是当前管理实践中的典型管理问题，这样有助于学生真正从案例的学习中模拟实际情况、紧跟当前形势。

2)典型性

案例的典型性指的是案例中的知识点要具备一定的代表性，能够反映某一领域中当前管理实践中的真实现象。教师所要教授的管理知识可能很多，但并不是所有知识都适合以案例的形式来教授。在案例教学中应当以具有典型性的问题来作为课堂讨论的核心，从该问题出发逐步扩展知识点或范围，帮助学生通过案例学习深入了解当前企业面临的问题，并在学习后能够通晓一类问题的应对措施，从而达到案例的学习目的。

3)特殊性

选题的特殊性所反映的是案例情境的特殊性，这也是案例教学的魅力所在。尽管案例背后的知识点可能是具有一般性的理论，但在不同的情境中理论的适用程度、应用方式很可能千差万别。而这种情境的特殊性并不是刻意的设置，而是管理实践中所不可避免的难题。因此，选择具有一定特殊情境的案例，不仅能够帮助学生了解该类问题的多种应对措施，还能使学生从中学习到案例中解决方法的不同之处，并且从中掌握更多的知识和技能。

2. 案例布局

1)结构合理

案例谋篇布局要综合考虑案例的主线和素材，情节主线要清晰明了，并与案例素材合理匹配。如果一篇管理案例的内容很翔实、精彩，但叙述顺序混乱，情节主线不清晰，教师和学生可能需要更多的时间来理解案例的表层含义，难以进入案例深层次的分析和探讨，导致学生失去研究兴趣，阻碍教学目标的达成。而一篇案例情节结构是否合适，可以通过回答以下两个问题来检测。

第一，情节的发展是否符合逻辑。案例作者往往通过知识点来抽取、筛选案例情节片段，这就使得故事情节的连贯性容易受到破坏。因此，在初稿形成之后，作者一定要再仔细检查这条情节线，揣摩情节线上的情节是否符合逻辑，避免出现生搬硬套的现象。

第二，无用情节是否过多。有时候，为了让故事流畅完整，案例中会添加许多并没有体现知识点的情节，这些情节对于案例也很重要。然而过多的辅助情节会使学生忽略情节背后所涵盖的知识点，反而失去了案例教学的目的。

2)决策点恰当

案例正文内容多围绕一个具体的事件而展开，在这一个事件中通常包含多个决策点。但并不是所有的决策点都是案例的重心，案例应当以理论为依据围绕核心决策点展开，而其他决策点则是为了解决核心问题所应具备的要素。因此，核心决策点的选取和设置是决定一篇案例质量优劣的关键。核心决策点应能够恰当体现案例内容的主要冲突，同时决策点的设计和叙述应能够帮助学生学习领悟该决策点背后潜在的知识点，应与课程教学目标相对应。另外，辅助决策点的数量也要适宜，要以服务于核心决策点为依据。决策点过多，将导致学生缺乏案例学习的针对性和有效性，过多的决策点会分散案例的重点。决策点过少，则可能无法涵盖教学目标，也不利于引导学生思考。

3)知、情合一

所谓知、情合一，指的是案例的知识线与情节线相匹配。一篇优秀案例应围绕某一核心理论知识，并通过相关的辅助知识点进行展开，同时还能在阐述中用丰满的故事情节将知识点串联，将理论知识回归管理实践，以具体的故事情节反映知识点，让理论知识内含于案例故事之中，从而形成一条隐含在故事情节之下的知识线。多数案例作者在制定案例大纲时就应规划好案例的知识线与情节线(详见第8章)，在写作的过程中应注意采用特定的写作技巧和手法将二者有机结合。

3. 案例内容

1)材料真实

案例必须以真实的管理情境为素材进行编写，案例素材多是经过作者实际调研和访谈获取的第一手资料，如果是从网络或其他渠道获取的二手资料，作者在使用时也应从目标企业处得到证实和确认。管理案例之所以能够行之有效，很重要的原因是案例取自现实问题。案例的珍贵之处，也在于案例不是凭空捏造出来的，而是通过调研、整理、编写等一系列的工作得出的结果。因此，一篇优秀的案例依赖于相关材料的真实度。

2)信息完整

信息，指的是案例故事中潜在的、希望通过案例传达给学生，用于案例分析的知识。案例需要提供充足的信息才能满足课堂分析的需求。案例是否包含了进行分析所需的必要信息、信息是否准确等问题都是进行案例信息检测的重要内容。具体来说，案例检测一般包括信息的完整性、准确性、清晰性三方面的内容。案例作者可以通过以下几个问题对案例信息进行检测。

第一，是否丢失了相关定性或者定量的信息。这一点涉及案例是否全面完整。丢失了相关定性或者定量的信息会使案例缺少依据或不通顺，这样一来案例的整体质量就会大打折扣。

第二，信息是否准确。准确的信息是案例保持真实的前提。只有信息准确，才能向学生展现出最真实的环境，从而达到案例教学的真正目的。

第三，描述或者解释是否清晰。这是从文字的角度对案例进行评估。在案例中，信息的表达往往以文字为主要表现形式，这种描述或解释一定要做到言简意赅，不可过于冗长。

3)反映知识点

教学案例的目的之一就是传授相关的理论知识，因此，案例正文必须能够反映相对应的知识点。具体来说，需要从两个角度分析教学目标的实现情况。

(1)相关的概念和理论是否在案例中都有所体现。这一点最为关键，如果漏掉了某个理论或概念，那么教学目的就会不完整。所以在完成初稿之后一定要将知识线上的每一点对应到案例情节当中去，保证所有的知识点在案例当中都有所体现。

(2)案例的难度与之前所预想的是否一致。案例难度是根据学生情况而设定的，所以为了能让学生更有效地接受案例所要教授的知识点，案例难度一定要符合之前的设定。作者要从案例难度的三个方面一一去检查，确保难度的适度。

4)表述清晰、可读性强

表述清晰，指的是行文按照一定的逻辑顺序展开，并且语句通顺、流畅，使用的词语能够清楚地表达意思，语言简洁、精练。案例的可读性越强，案例的使用者越能够透过管理案例学习并运用知识。案例用词生动、简洁，语言平实且表述清楚，内容叙述贴近学生最常见的描述方式和思维逻辑，这样的案例才更有可读性，才更能吸引学生的阅读兴趣，使学生在阅读过程中能够进入案例中的真实管理情境，从案例中的人物角度出发进行分析和决策。

11.1.2　案例使用说明的检测

1. 教学目的

案例的教学目的，是指在某一课程上，针对某一群体通过该案例的教学所要达到或预期达到的教学效果。在内容上一般包括适用的课程、适用的对象和教学目标规划三部分。其中，教学目标规划部分主要包含三方面内容，即知识传授点、能力训练点和观念改变点。在评价知识传授点时，应重点评价该案例使用说明中对于理论知识的覆盖是否全面且有侧重，是否能够达到知识传授的目的；评价能力训练点和观念改变点时，应重点从表述是否清晰、逻辑设置是否合理、与案例内容是否匹配三个方面进行考量。

案例的教学目的在表述上，既要突出重点、高度概括，又要合理确切地陈述使用本篇案例教学的特点。在设置教学目标时应有重点，使得通过学习和讨论能够对某一个具体的问题深入了解、重点聚焦，而非在设置教学目标时仅仅扩大教学目标的广度而忽略教学目标的深度。由于每一个企业都有其独特的企业文化和发展路径，因此，每一篇优秀案例在内容上都要有其特殊的意义和特点。这样能够帮助教师在选择所用案例时有所侧重、提高效率。

2. 启发思考题

1)媒介作用

案例使用说明中设置的启发思考题，是教师在教学过程中实现教学目标的有力工具。好的启发思考题能够针对案例的具体情节帮助学生学习理论，也就是说，对启发思考题的思考能够使得学生体会到该情节中所蕴涵的理论知识，并且认识这些理论知识是如何被运用的。启发思考题的设计是情节和理论结合的过程，是从情节到知识点和理论框架的转换。因此，对于启发思考题这一维度的评价，先要看其是否能够作为连接知识与情节的媒介，即能否通过启发思考题的设计有效涵盖案例的所有知识点。

2)结合教学目标

启发思考题的设计要与教学目标紧密联系，且要紧密围绕案例的决策点，其问题内容及逻辑顺序的设计应有利于案例教学讨论的进行，这样才能够有效地为案例服务，帮助学生有针对性地思考案例中所涉及的内容，从而有效地促进学生对于案例中知识点的理解和运用，实现教学目标。

3)启发导向作用

优秀的启发思考题应在文字叙述上尽量采用含蓄的表达，不应将答案和知识点直接给出，同时也应避免问题的设置过于宏观，避免偏离教学目标。在具体评价时可以从关键、实效、引导、逻辑四个方面来进行评价。关键原则指的是启发思考题要启在关键点上，如突破知识的重点、难点、易错点，或者是学生思维容易受阻的地方。实效原则指的是，启发思考题要根据不同读者群体和已有的知识水平、技能水准、接受能力来设计。引导原则是指启发思考题要引导好，切忌代替读者思考，充分唤起学生主体意识的觉醒，实现学生主动寻求知识背景的目的。逻辑原则是指启发思考题应该有一定的逻辑性，可以采取由具体到宽泛或与案例知识线一一对应等多种形式。

3. 课堂教学计划

1)安排适当

评价课堂教学计划时，先要看其课堂组织安排和时间安排是否合理、适用(本书在 9.2.3 小节中详细阐述了这一部分内容)。优秀的课堂教学计划应该在组织安排方面保证案例学习目标的顺利实现，同时在时间设计安排上应能够保证学生的学习深入、完整、压力适中等，以保证教学效率。

2)考虑周密

首先，周密的课堂教学计划应当给予教学对象足够的重视，从教学对象的类型和特征出发，并以此为主要依据，有针对性地进行课堂教学设计。其次，还要考虑在案例使用说明中是否包含了相应的课前准备、板书计划、辅助工具和额外的阅读材料等，且应考虑课前准备和板书计划的设置是否详细、合理、可操作，辅助工具的相关性是否恰当，教师与学生对于该辅助工具的可获得性，以及所列出的额外阅读材料是否具有相关性、建设性和及时性等。完善的课堂教学计划应将一切与教学相关的准备都涵盖其中，以此保证案例教学的质量和进度。

11.2 检测指标

在统计学中，信度与效度是用来评价数据质量的两个指标。本章借用统计学中信度与效度的名称，并赋予其新的内涵，提出教学案例信度与效度的概念，在其基础上讨论进行案例信效度检测的思想和可行方法。

11.2.1　案例的信度

案例的信度，指的是案例中所描述的管理事件相关信息及情境的可信度。这种可信度主要来自于案例正文内容，且包括两方面的内容。

(1)案例内容的真实度，即案例是否真实、客观地反映了管理实践。将真实发生的管理事件以案例的形式呈现给学生，让学生接触企业管理实践活动，并将课堂所学的管理理论真正的应用于实践之中，是开展案例教学的主要目的之一。这就要求教学案例的编写必须以真实的管理事件为基础，准确、客观地还原事件本身，保证案例的真实性。如果案例内容无法反映事件的真实情况，则可能影响案例情境的形成，阻碍教学的实施，甚至产生某些错误信息，误导学生得出错误结论。因此，保证案例内容的真实性既是案例教学的前提，也是保证教学有效性的基础。

造成案例内容失真主要有以下几个方面的原因。

第一，由于案例作者自身案例编写能力不足，未能严格遵循案例编写原则和规范，而以自己的主观视角来描述案例事件，导致案例故事准确性下降。此外，在现实中，教学案例的编写往往得不到案例作者足够的重视，不够严谨的工作态度致使作者不能将精力和时间投入案例编写工作中，导致案例内容失真。

第二，由于案例资料采集工作和案例编写工作分别由不同的人员负责，这就可能导致具体编写案例的人不能准确、充分地认识和理解案例资料，从而无法保证编写成果能够符合案例的真实性要求。

第三，由于案例资料本身的冲突性而产生的失真。案例资料的冲突指的是所收集的某些案例信息对于同一现象或问题的描述存在不一致的现象。这种现象在以访谈形式收集案例资料的过程中较为普遍。由于受访者自身职位、视角或观念等因素的影响，其对于某一实践问题存在不同甚至相互矛盾的认识和表述。这些表述也许能够从多种角度诠释案例事件，但也会干扰案例采编人员对关键问题的辨识，增加案例资料的处理难度。

(2)案例情境的可信度，即案例所营造的故事情境能够被学生相信是真实的。构建客观、生动、令人信服的案例情境不仅是案例教学用以激发学生阅读兴趣，使其主动参与学习的工具，还是引导学生走入管理实际，切身体会和参与实践问题的重要途径。如果案例故事不能得到学生的认可和信任，即使案例本身是真实的，所编写的案例也很难引起学生的共鸣，更无法实现教学目标。因此，当确保了案例事件的真实性后，案例作者就需要思考采用何种方式来描述故事内容，才能更好地促使学生相信故事是真实存在的，使其产生身临其境的感觉，并以决策者的身份走入案例情境。

案例可信度的高低主要在于案例的编写。同一个故事，由不同的人来讲述，其效果往往是不同的。人物的设定、情节的安排、场景的渲染等案例表述的手法和技巧都会影响整篇案例留给学生的印象。即使是真实的事例，如果表述不当也会给人不真实的感觉。另一个导致可信度降低的原因是案例故事本身的问题，即虽然故事是真实的，但由于事件发生的偶然性较大，难以令学生信服。在 Yin 等所编写的《管理案例编写指南》一书中，作者就举出了如下的例子。

格兰特："这是一个真相比虚构更令人不可思议的例子。这就是鲁滨逊案例，说的是一个小教区的牧师，刚刚继承了一大笔钱财，就要退休了。他的问题是如何投资。这是一个在投资收益和坐吃山空二者之间做出权衡的问题。实际情况中，此人是个看门人，而不是牧师。可笑的是，学生并不认真对待一个看门人的决策，他们不相信看门人能有这么多的钱。结果几堂课都不成功。后来我们就重写案例，把看门人改成牧师。现在学生觉得这件事非常可信。"

11.2.2 案例的效度

案例效度指的是案例对于教学目标的实现程度。具体来说，效度的检测就是要评价案例是否反映了所要教授的相关知识点，能在多大程度上培养学生的能力。因此，案例效度的检测对象不仅仅是案例正文，更重要的是要对案例使用说明的内容进行检验，并依据所设计的案例潜在知识结构来评价案例正文的优劣。

通常情况下，影响案例事件起因、经过和结果的因素涉及了多个不同的方面，案例内容可能不仅反映了所要教授的知识点，还体现其他管理领域的知识。如果不加区分地让所有知识混杂在一起，案例内在的知识点就会变得零散，无法形成系统的线索。同时，案例所要教授的主要知识也会被淹没，案例主题模糊不清，学生可能根本不知道案例究竟在讲些什么，更不用说去学习深层次的理论知识。所以，在案例编写过程中，需要依据教学目标对案例所蕴涵的管理知识点和实践问题进行筛选，既要保证知识点的完整性和系统性，还要突显案例的主要问题和关键决策点。

就能力而言，效度的检测还包括对案例难度的类型及水平的评价。举例来说，如果教学任务要求培养学生对于管理实践问题的识别、定义、分析和解决能力，那么在进行效度检测时，一方面要明确学生是否能够通过案例来锻炼这四项能力；另一方面，则要考虑案例难度水平是否符合要求，过高的难度将会给教学造成困难，而难度过低则无法有效发挥案例的功能。

与案例可信度相似，案例的效度问题也主要受到编写过程的影响。尽管需求清单中列示了案例所应涵盖的知识点以及需要达到的难度类型和水平，但如何去实现则存在不同的方法，效果也是各异。案例知识线与情节线的匹配、信息相关性与隐晦性的处理都会因表述方式和技巧的不同而呈现不同的程度。这需要案例作者通过不断地学习与练习来体会其中的技巧。

11.3 检测方法

11.3.1 团队内部评审法

团队内部评审，就是通过案例采编团队内部讨论的形式对案例进行自我检测。具体来说，就是对案例编写的内容、知识线与情节线的设置等内容进行重新审定的过程。此种方法既可以检测案例的真实度，也可以检测案例的效度，但针对不同的目标应有不同的侧重点，具体说明如下。

1. 检测真实度

相对其他方法来说，团队内部评审更适用于案例真实度的检测，尤其适用于检测在 11.2.1 小节中提到的由于后两种原因而造成的失真程度。首先，在以团队内部评审进行真实度检测时，案例采编团队可以采用三角验证的方式识别资料冲突引起的失真情况。具体来说，就是通过访谈、企业网站信息以及新闻等多种途径获取案例素材，并针对矛盾资料进行多方对比验证。同时，还可以依据理论知识对某些管理现象进行深层次的剖析，以理论指导矛盾资料的识别与筛选工作，分析是否存在由于资料选取不当而引起失真现象。其次，应当以案例调研人员的审查为核心，以采集的案例资料为依据，对案例内容进行核对，评价案例行文的准确性、客观性，来识别由于分工所产生的失真问题。

内部评审的方式并不十分适用于案例情境可信度的检测。案例采编团队的所有人员都或多或少地参与了案例的采编工作，近距离地接触了确实发生的管理实践，他们从主观思想和心理上就已经认定了案例事件的真实性，相信案例中所发生的每个情节。这种先入为主的印象使得他们对于案例情境的怀疑度降低，一般不可能提出更有建设性的意见，从而也就无助于案例情境可信度的检测。

2. 检测效度

以团队内部评审方式进行案例效度检测时，案例需求清单和案例使用说明是开展检测的重要基础。其中，案例需求清单列示了案例需要实现的目标，是检测案例是否涵盖所需知识点，难度是否合理的有效工具。而案例使用说明中既包括案例关键问题和决策点的概括和总结，又描述了案例的应用对象、分析思路等内容，可以说是从教师角度对案例正文设计思路的分析，是对案例知识线的系统描述。

然而，需要注意的是，需求清单和案例使用说明也是由案例采编人员设计和编写的，它们并不一定完全正确、合乎教学目标。在进行效度检测之前必须对检测工具进行充分修整。这一任务涵盖了从教学目标的设定到资料的收集，再到最后案例编写的整个过程，所以不仅是对需求清单和案例使用说明的检测，还要重新审视编写案例时所使用的一系列清单工具，即教学大纲、需求清单、案例大纲和案例使用说明等。

由于各工具清单之间通常是以输入与输出形式相互联系，即某些清单将成为其他清单编写的重要依据。所以，对各项清单内容的分析与审核不应孤立进行，而是整个采编团队共同参与，按照一定的顺序进行逐一确认。为了确保各清单内容准确无误，可以按照编写顺序分别进行正向和逆向两次检测。正向检测时重点分析是如何得出后续清单内容的，逆向检测则主要检查各清单是否有效满足了前一清单的需求或目标。

在完成工具的重审后便可以进行正式的团队内部评审工作。首先，应在团队内选择两名对教学大纲以及案例需求具有较深认识的人员，分别担任会议主持和讨论指导的角色。会议主持的首要任务是明确讨论边界，限定讨论范围，避免讨论偏离主题或讨论不重要的问题点，确保讨论顺利进行。讨论指导的主要职责包括及时解答有关教学大纲和案例需求的疑问、纠正错误认识和统一各方意见或观点。虽然团队讨论的目的是为了从不同的视角对案例进行检测，但如果团队成员对于某个问题始终各执己见，无法得出较为一致的修改意见，那么这样的讨论也是徒劳的，所以讨论指导应当在保证充分收集各方意见的基础上，有效推动各成员达成较为一致的修改意见。

其次，在正式讨论中，会议应主要包括三个环节，即说明环节、讨论环节和总结环节。在说明环节，主持人需要将会议的议题、成员任务和时间进度进行简要的说明，统一各方认识。在讨论环节，团队其他成员应成为主要发言人，依据需求清单和案例使用说明的内容，对案例正文的知识点和难度问题展开探讨，分析案例是否有效满足了教学需求，是否体现了所要讲述的关键问题和基本问题。主持人的工作重点在于激励成员表达意见，并注意时间的把控。从心理学的角度来看，人的注意力的集中时间一般为 20～30 分钟。因此，每个议题的讨论时间不可过长，否则难以保证讨论的质量。如果议题较多可考虑安排多次讨论，但相近或联系紧密的议题要尽量在一次会议中进行讨论。讨论指导则要重点关注讨论的内容，听取和总结各方意见，并适当地引导讨论进程。每次讨论结束后都要对讨论进行总结，将统一的评价结果记录下来，并形成书面文档作为修改案例的参考。

11.3.2 专家测评法

专家测评可以被视为一种团队间的定性检测方法，由具有相关理论知识和采编经验的专家对案例的内容进行评审，指出案例中的不足，说明原因并提出修改意见。这一方法主要适用于案例可信度和案例效度的检测，专家小组需要针对案例内容、知识点以及难度等问题进行较为详细的分析和评价，其具体程序如图 11-1 所示。

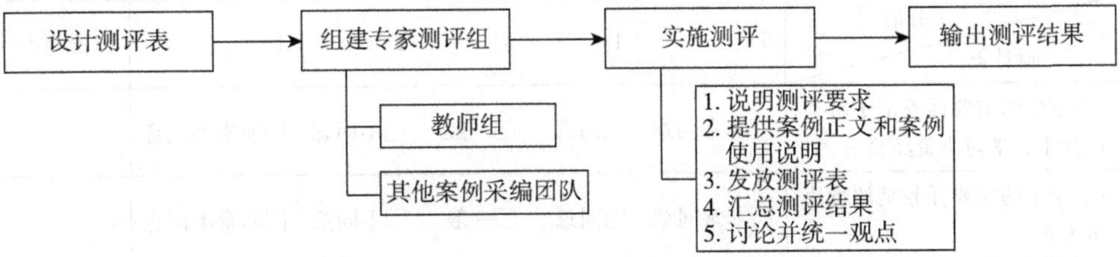

图 11-1　专家测评流程

1. 设计测评表

测评表是进行专家测评的主要工具，如表 11-1 所示。其中列示了案例作者对于案例可信度、知识点、难度的设计与处理的相关信息，要求专家在阅读案例正文后对其进行评价，并说明打分的理由或修改意见。

表 11-1　专家测评表

案例编号			案例名称			
(一)案例可信度						
设计点 \ 分值	5	4	3	2	1	评价理由
(1)保留企业名称以增加可信度	□非常可信	□可信	□一般	□不可信	□非常不可信	
(2)……	□非常可信	□可信	□一般	□不可信	□非常不可信	
(二)案例效度						
1. 知识点						
设计点 \ 分值	5	4	3	2	1	评价理由
(1)案例的基本问题为……	□非常同意	□同意	□一般	□不同意	□非常不同意	
(2)基本问题具有典型性	□非常同意	□同意	□一般	□不同意	□非常不同意	
(3)案例的关键问题为……	□非常同意	□同意	□一般	□不同意	□非常不同意	
(4)决策点 ①	□非常清晰	□清晰	□一般	□不清晰	□非常差	
(4)决策点 ②	□非常清晰	□清晰	□一般	□不清晰	□非常差	
(4)决策点 …	□非常清晰	□清晰	□一般	□不清晰	□非常差	
(5)知识点 ①	□非常清晰	□清晰	□一般	□不清晰	□非常差	
(5)知识点 ②	□非常清晰	□清晰	□一般	□不清晰	□非常差	
(5)知识点 …	□非常清晰	□清晰	□一般	□不清晰	□非常差	

续表

案例编号		案例名称	

（二）案例效度

2．案例分析难度

分值 设计点	5	4	3	2	1	评价理由
(1)学生的主要任务是了解案例故事，学习决策经验	□非常同意	□同意	□一般	□不同意	□非常不同意	
(2)学生的主要任务是评价决策方案	□非常同意	□同意	□一般	□不同意	□非常不同意	
(3)学生的主要任务是识别、定义问题并制订解决方案	□非常同意	□同意	□一般	□不同意	□非常不同意	

3．案例概念难度

分值 设计点	5	4	3	2	1	评价理由
(1)案例中涉及的相关概念包括……	□非常同意	□同意	□一般	□不同意	□非常不同意	
(2)较难理解的概念包括……	□非常同意	□同意	□一般	□不同意	□非常不同意	
(3)案例分析主要应用到的理论包括……	□非常同意	□同意	□一般	□不同意	□非常不同意	
(4)较难掌握和应用的理论包括……	□非常同意	□同意	□一般	□不同意	□非常不同意	

4．案例表述难度

分值 设计点	5	4	3	2	1	评价理由
(1)分析案例所必需的信息包括……	□非常同意	□同意	□一般	□不同意	□非常不同意	
(2)必要信息的隐晦处理 ①	□非常同意	□同意	□一般	□不同意	□非常不同意	
(2)必要信息的隐晦处理 ②	□非常同意	□同意	□一般	□不同意	□非常不同意	
(2)必要信息的隐晦处理 ③	□非常同意	□同意	□一般	□不同意	□非常不同意	
(3)必要信息的隐晦处理恰当	□非常同意	□同意	□一般	□不同意	□非常不同意	
(4)案例中的干扰信息包括……	□非常同意	□同意	□一般	□不同意	□非常不同意	
(5)干扰信息的设置恰当	□非常同意	□同意	□一般	□不同意	□非常不同意	

续表

案例编号		案例名称				
（二）案例效度						
5. 编写逻辑						
分值 设计点	5	4	3	2	1	评价理由
(1)案例情节流畅	□非常同意	□同意	□一般	□不同意	□非常不同意	
(2)谋篇布局合理	□非常同意	□同意	□一般	□不同意	□非常不同意	
(3)知识点恰当地分布在故事情节之中	□非常同意	□同意	□一般	□不同意	□非常不同意	
(4)案例整体难度设置适用于教学对象	□非常同意	□同意	□一般	□不同意	□非常不同意	

2. 组建专家测评组

一般来说，专家自身能力和水平越高，对案例测评的质量就越高。但结合实际来看，高水平的案例测评专家是很难获得的。因此，这里所说的专家并不一定是相关领域有名望、学术地位高的学者，而应该选择对案例主题和理论有较深的理解，了解案例采编知识，并具有相关工作经验的人员。从可操作性的角度来说，专家的人选主要有两种类型：小组成员由具有相关知识和经验的教师组成，或邀请经验较为丰富的其他案例采编团队进行测评。

当全部以教师来组建测评组时，考虑到教师自身的知识、经验比较丰富，以及教师人选的可获得性，小组规模一般以 3～4 人为宜。当选择其他案例采编团队作为测评组时，由于不同团队的规模各异，不同人员的分工也可能存在较大差异，因此需要对参评人员进行一定的筛选。首先，指导教师通常是必选人员，其丰富的知识和经验对测评工作将起到重要帮助。其次，对于其他成员的选择，则应选择在资料采集和编写阶段中承担任务的主要责任人，他们更熟悉案例采编的具体操作，提出的意见也更具可操作性。同时，为了保证测评的效率，此时测评组的人数也不宜过多，以 5～6 人为宜。

组建测评组时，最为理想的情况是每个成员都应具备两方面的知识，即管理理论知识和案例编写知识。但现实中，这种理想条件通常难以实现。有些备选专家可能具有较深的理论基础，但没有案例编写经验，有些则可能不了解案例所涉及的理论。面对这样的情况，无论采用何种方式来组建专家测评组，最重要的原则就是要保证测评组知识结构的平衡，确保整个团队具备两方面的知识。同时，在实施测评前应先将相关基本知识介绍给每个测评人员，以弥补知识的不足。在实施的过程中，对于专家的反馈也需要客观冷静看待，有选择性地听取。例如，有关案例知识点与情境的评价，可主要听取对理论有较深掌握的成员的意见；有关案例信度、难度问题，可多参考有采编经验的专家的观点。

3. 实施测评

进入测评后，组织者首先需要将测评的目的、内容、依据以及方式等相关信息简要、清晰地介绍给每位专家，使其能够清楚了解自身的工作任务。其次，将案例正文、案例使用说明以及测评表提供给每个专家，要求他们按照自己对案例的认识，依据自身的知识和经验来给案例打分。在填写测评表的过程中，建议将材料分别寄送给每位专家，由其独自填写，尽量避免专家之间的讨论，以便鼓励专家从不同的视角审视案例，各抒己见。接下来，组织者需要对反馈回来的测评表进行初步的分析，把比较集中的、相同或类似的意见统一起来，排除个别意见，最终汇总形成一份调查报告。

然后，组织各位专家召开讨论会。应尽量保证每个参评专家都能出席会议，进行面对面的交流与讨论，保证沟通的有效性。会议上需要针对汇总反馈意见展开更深入的讨论，尤其是对于不一致的观点，要求每个专家解释自己的填写理由，展开探讨并统一认识。此时，会议组织者的任务在于鼓励专家表达意见、解答专家有关案例基本情况的疑问以及维持会议秩序，引导意见的统一。这种形式的讨论并不仅限于一次，讨论的目的是帮助专家就案例质量问题达成共识，所以在达成这一目标前可组织多次会议，但要确保每次会议的有效进行。此外，如果不能组织专家进行面对面的讨论，则可以采用类似德尔菲法的形式进行。

4. 输出测评结果

经过团队内部评审和专家测评后，内部评审意见和专家测评结果是该阶段的主要产物。检测人员需要认真收集检测过程中的反馈意见，并将修改意见文档化，形成正式的反馈文本。这些输出的检测结果将成为进一步完善案例的重要参考资料。

11.3.3 课堂检测

课堂检测可被视为实验研究的一种，是按照教学对象的特性选取一个小型的实验对象，将所编写的案例应用于课堂教学，通过观察、记录等形式收集有关教学过程质量的信息，以检测案例信度与效度的过程。

课堂检测对一篇新案例来说是必要的，尽管案例经过了团队内部和专家的检测，但案例的真正“顾客”——学生，尚未接触到案例，无法切实地检验所编案例是否能够实现既定的教学目的。正所谓“实践是检验真理的唯一标准”，课堂检测能够在案例应用的过程中更加客观、直接、有针对性地收集信息，进而能够帮助案例采编者有效地评估案例质量。此外，在教学的过程中，还能够对案例使用说明的内容，如启发思考题、分析思路及课堂设计的有效性进行验证。但相对地，课堂检测也存在花费时间长、参与人员多以及实施难度较大等问题。因此，尽管课堂检测有着其他方法所不及的优势，但案例采编者也需要根据自身条件，量力而行。

图 11-2 列示了课堂检测的基本流程，以下将对实施课堂检测各阶段的关键问题进行说明。

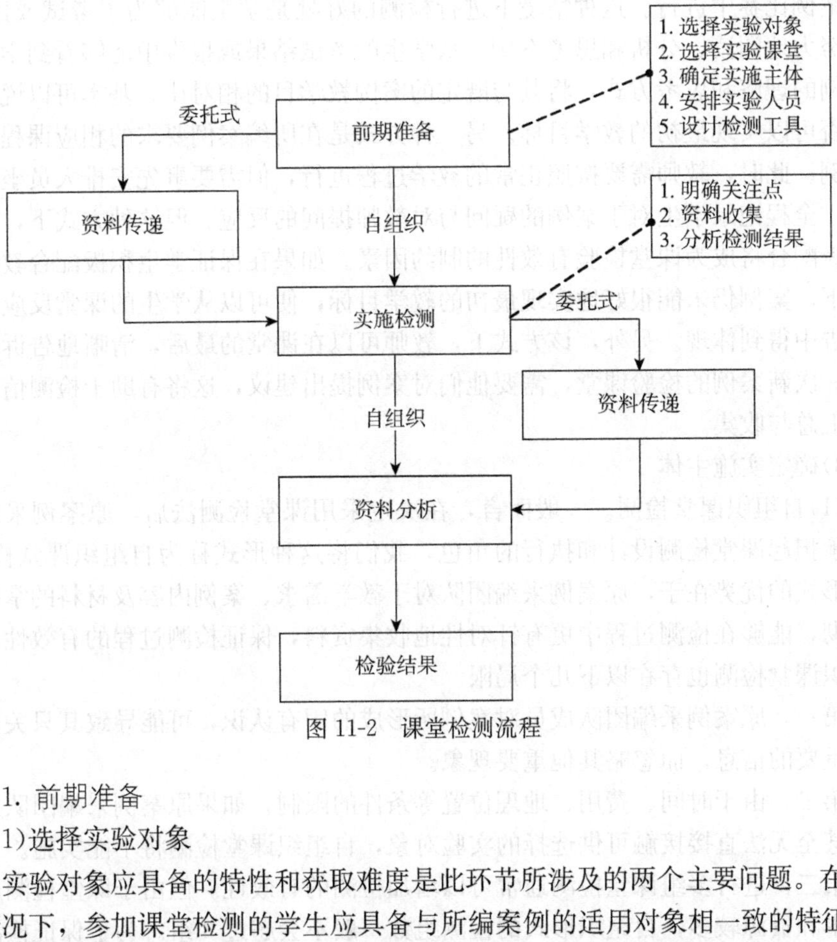

图 11-2 课堂检测流程

1. 前期准备

1)选择实验对象

实验对象应具备的特性和获取难度是此环节所涉及的两个主要问题。在理想的情况下，参加课堂检测的学生应具备与所编案例的适用对象相一致的特征，甚至说实验对象就是从教学对象中抽取的一部分人员。但这样的标准往往增加了获取实验对象的难度。如果教学对象为普通高校的本科生，由于可选择资源较多且共性较大，完全可以按照教学对象的标准抽取实验对象。但是如果教学对象是 MBA 学员，不但学生的数量有限、特征各异，还很难保证其参加检测的可能性。

因此，原案例采编团队应关注的是如何根据现实条件合理地调整选择标准，既要保证实验对象的质量，也要考虑其可获取性。基于上述原因，在实际操作中通常会尽量保证实验对象在学历、知识储备和能力水平等关键指标方面与教学对象保持一致，以保证课堂检测的有效性。相对地，年龄、性别或籍贯等非关键指标可有较大的变动。

2)选择实验课堂

课堂的选择，指的是要在什么情境下的课堂中进行检测。迈克尔·R. 林德斯和路易斯·A. 林德斯指出，比较流行的做法是在某一次考试、报告、学生演讲或案例比赛中进行。这种情境下进行检测的好处是学生能够为了考试或比赛，非常努力地阅读、分析和思考案例。从学生的考试结果或报告中能够看到学生对于案例的理解和思考方式，将其与既定的案例教学目的相对比，基本可以说明案例是否可以实现最初的教学目标。另一种方式是在所编案例要求的相应课程中教授案例。此时，教师需要按照正常的教学过程进行，但需要事先安排人员坐在学生中，全程记录学生对于案例的疑问与对教师提问的反应。但这种方式下，学生的积极配合将成为课堂检验有效性的制约因素。如果在保证学生积极配合教师的情境下，案例仍未能很好地实现最初的教学目标，便可以从学生的课堂反应、案例报告中得到体现。另外，该方式下，教师可以在课堂的最后，清晰地告诉学生这是一次新案例的检验课堂，需要他们对案例提出建议，这将有助于检测信息的再次汇总与收集。

3)确定实施主体

(1)自组织课堂检测。一般而言，在决定采用课堂检测法后，原案例采编团队会承担起课堂检测设计和执行的角色，我们将这种形式称为自组织课堂检测。这种形式的优势在于，原案例采编团队对于教学需求、案例内容及材料的掌握更加透彻，能够在检测过程中更有针对性地收集资料，保证检测过程的有效性。但自组织课堂检测也存在以下几个局限。

第一，原案例采编团队成员对案例所形成的固有认识，可能导致其只关注自认为重要的信息，而忽略其他重要现象。

第二，由于时间、费用、地理位置等条件的限制，如果原案例采编团队成员难以甚至无法直接接触可供选择的实验对象，自组织课堂检测将不能实施。

第三，进行多组课堂检测通常可以增加检测的有效性。但由于课堂检测所需的成本和资源较多，自组织形式的检测组数一般不会超过 3 组。为了保证检测结果的有效性，每一次课堂检测都要具备较高的有效性，这无疑也提高了检测的实施难度。

(2)委托式课堂检测。为了弥补自组织课堂检测的不足，可采取委托式课堂检测，即由原案例采编团队对课堂检测过程、工具等进行设计，然后选择多名有案例教学经验的教师，将教学大纲、需求清单、案例以及调查表等开展案例教学所需的基础性和工具性资料提供给对方，委托这些教师按照其组织人员，开展课堂检测。一方面，非采编团队教师的参与拓展了检验资料收集的视角，更有利于对案例的检测；另一方面，委托式课堂检测能够使原采编团队间接获取实验对象，使适当增加检测组数成为可能，但一般不超过 10 组。

委托式课堂检测实现了检测设计与执行的分工，原案例采编团队主要负责对检测的内容、标准、流程以及所需工具的设计，并将这些资料详细、准确地传递给委托对象，确保受托方能够理解和掌握。同时，如果条件允许，原案例采编团队可以外派几个人，以"旁观者"的身份进入受托方的课堂，帮助收集数据。相对地，具体的执行工作则由接受委托的教师及其团队来负责。这一过程并不需要受托方过多地发挥自主性，而是按照检测设计逐步开展工作，并将重心放在资料的收集过程，确保资料的准确性。

不难发现，委托式课堂检测虽然通过分工减少了原案例采编团队的工作量，但由于无法直接接触实验对象和课堂，原案例采编团队对检测执行的控制力度有所降低。为了避免由此导致的检测质量问题，原案例采编团队需要重视以下两方面的工作。

第一，受托方的选择。所选教师及其团队的能力水平是影响执行质量的关键因素。一方面，教师必须具备相关的管理理论知识和案例教学的实践经验，才能有效推动课堂检测的进行；另一方面，由受托教师所组织的检测团队最好具备与案例授课相关的经验，否则在检测之前需要对其进行一定的培训，传授相关的管理理论和案例采编知识。

第二，资料传递。采用委托式课堂检测方法时，委托方与受托方之间需要建立一条有效的沟通渠道，既要保证教学大纲、需求清单和案例使用说明等案例检测所需的基础性资料能够清晰、准确地被受托方掌握，又要确保检测所收集到的资料能够被及时反馈，并被正确地解读。

4)安排实验人员

参与课堂检测的实验人员通常包括四类，即授课教师、"潜伏者"、旁观者和分析人员。

案例采编团队的指导教师通常是自组织课堂检测的授课教师，而在委托式课堂检测中指导教师则由受托教师担任。他们的主要任务是按照案例使用说明开展案例教学，根据实际课堂教学效果，从教师的角度做出针对案例信度与效度的评价和建议。"潜伏者"则以学生的身份进入课堂，加入实验对象的讨论，通过观察实验对象的语言、行为和态度，来收集分析材料。旁观者的身份类似于我们常说的听课教师，既不参与教学，也不参与讨论，而是以第三方的视角来观察整个课堂教学过程，收集有关学生反应，以及教师提问逻辑、课堂安排等方面的信息。其优点在于以更加客观的视角反映检测过程，实现检测的多方验证。分析人员主要负责对所收集的实验数据进行整理，根据教师和实验对象对案例的反应，分析影响案例信度与效度变化的原因，并寻找应对方法。

5)设计检测工具

总体来说，课堂检测主要是针对案例可信度和案例效度的检测。新案例是否令学生信服、是否能够实现教学目标、案例的表述是否恰当等问题都需要通过课堂教学过程中所收集的信息予以探讨。因此，课堂检测中所使用的工具主要是用于收集课堂信息的调查表，而检测人员只是从不同的视角来收集反映案例质量的信息，他们所关注的基本内容是一致的，因此不同的检测人员可以使用同样的调查表，调查表的具体内容如表 11-2 所示。

表 11-2　课堂检测调查表

案例名称			填表人角色	□ 授课教师　□ “潜伏”者 □ 旁观者	
一、导入过程					
分值 设计点	5	4	3	2	1	评价理由
(1)学生阅读了课前布置的参考资料	□非常同意	□同意	□一般	□不同意	□非常不同意	
(2)学生准确理解了资料内容	□非常同意	□同意	□一般	□不同意	□非常不同意	
(3)学生觉得资料对于案例分析没有太多帮助	□非常同意	□同意	□一般	□不同意	□非常不同意	
(4)学生能够提出较有深度的问题	□非常同意	□同意	□一般	□不同意	□非常不同意	
二、阅读过程						
分值 设计点	5	4	3	2	1	评价理由
(1)学生没有质疑案例的真实性	□非常同意	□同意	□一般	□不同意	□非常不同意	
(2)学生对案例故事很感兴趣	□非常同意	□同意	□一般	□不同意	□非常不同意	
(3)学生能够站在决策者的视角看待问题	□非常同意	□同意	□一般	□不同意	□非常不同意	
(4)学生不会觉得案例内容过于晦涩难懂	□非常同意	□同意	□一般	□不同意	□非常不同意	
(5)学生能够理解案例中出现的新概念	□非常同意	□同意	□一般	□不同意	□非常不同意	
(6)学生可以洞悉案例的潜在基本理论	□非常同意	□同意	□一般	□不同意	□非常不同意	
(7)学生知道应该使用什么定性/定量分析工具	□非常同意	□同意	□一般	□不同意	□非常不同意	

续表

案例名称		填表人角色	□ 授课教师　□ "潜伏"者 □ 旁观者			
三、提问过程						
分值 设计点	5	4	3	2	1	评价理由
(1)多数学生能够踊跃发言	□非常同意	□同意	□一般	□不同意	□非常不同意	
(2)学生的回答基本满足老师的期望	□非常同意	□同意	□一般	□不同意	□非常不同意	
(3)学生能准确把握案例中的决策点	□非常同意	□同意	□一般	□不同意	□非常不同意	
(4)学生能够识别出分析案例所需的必要信息	□非常同意	□同意	□一般	□不同意	□非常不同意	
(5)学生能够较为准确地回答思考题	□非常同意	□同意	□一般	□不同意	□非常不同意	
(6)学生能够制订出较为有效的管理方案	□非常同意	□同意	□一般	□不同意	□非常不同意	
(7)学生不需要教师过多的引导和启发	□非常同意	□同意	□一般	□不同意	□非常不同意	
(8)启发思考题能够引导学生掌握案例内容	□非常同意	□同意	□一般	□不同意	□非常不同意	
四、讨论过程						
分值 设计点	5	4	3	2	1	评价理由
(1)多数学生都能积极地参与小组讨论	□非常同意	□同意	□一般	□不同意	□非常不同意	
(2)学生需要经过一定的分析和讨论，才能准确回答提问	□非常同意	□同意	□一般	□不同意	□非常不同意	
(3)学生对于案例关键信息不会产生过多的分歧	□非常同意	□同意	□一般	□不同意	□非常不同意	
(4)学生的讨论不会仅仅以某几个人为主	□非常同意	□同意	□一般	□不同意	□非常不同意	
(5)学生乐于倾听他人的观点	□非常同意	□同意	□一般	□不同意	□非常不同意	

续表

案例名称		填表人角色	□ 授课教师 □ "潜伏"者 □ 旁观者			
五、课堂流程						
分值 设计点	5	4	3	2	1	评价理由
(1)教师和学生之间的互动程度高	□非常同意	□同意	□一般	□不同意	□非常不同意	
(2)学生不会因老师的态度而不敢发表意见	□非常同意	□同意	□一般	□不同意	□非常不同意	
(3)教师能够按照案例使用说明把控每个环节或问题的讨论时间	□非常同意	□同意	□一般	□不同意	□非常不同意	
(4)教师完成了课堂设计的全部任务	□非常同意	□同意	□一般	□不同意	□非常不同意	
(5)教师熟悉每个学生的个人信息	□非常同意	□同意	□一般	□不同意	□非常不同意	
(6)教师会根据每个学生的情况进行提问和引导	□非常同意	□同意	□一般	□不同意	□非常不同意	
评审意见： 填表人签名： 日期：						

2. 实施检测

1)明确关注点

虽然在授课内容和教学流程方面，课堂检测与实际的案例教学是完全一致的，但两者的工作重心不同，课堂检测的重点是收集有关案例信度与效度的信息，而案例教学则更关心教学效果。虽然案例信度与效度的高低会影响教学效果，但是否能够取得高水平的教学效果却不是仅仅由此来决定的，教师的知识储备、案例教学能力和经验等也都是影响教学效果的重要因素。也就是说，案例质量是影响教学效果的一个前因，教学效果是案例质量导致的一个结果，课堂检测正是通过收集能够反映结果的资料来分析潜在原因的。这就要求检测人员要有目的、有针对性地收集资料，如果不加筛选地记录所有信息，不仅增加了资料收集与分析的工作，还可能使真正关注的信息被掩盖或遗漏。

2)资料收集

授课教师和"潜伏者"是真正参与课堂的人，也是负责资料收集的主要人员。

在课堂教学过程中，授课教师主要负责课堂的整体效果把握，通过提问、讨论等与学生之间的互动过程，了解学生对涉及案例信度与效度问题的反应，以及案例使用说明对于教学指导作用的大小。相对来说，授课教师所能观察和收集到的资料更侧重于结果性，需要对诸如学生是否被案例故事所吸引、是否以决策人的视角在看待问题、课堂参与度如何、学生是否准确理解了案例的表述、回答的准确度等问题进行记录、描述和评价。另外，具体的授课经历还能够帮助授课教师更加客观地评价案例使用说明的质量。课堂活动排序是否合理、每项议程的时间是否有效、提问名单能否切实起到作用等都将是授课教师所要考虑的问题。

“潜伏者”有着双重身份，既是课堂讨论组的成员，需要参与小组的讨论，又是检测人员，需要近距离地观察学生的反应。他们能够直接接触小组讨论的真实过程，记录下学生的对话、态度和想法，收集更加具体的细节，如学生是否相信案例故事是真实存在的，学生更关注哪些故事情节，案例的哪些表述增加了学生的理解难度，哪些问题点是学生较难识别的等。需要注意的是，“潜伏者”虽然需要参与讨论，与小组一起完成课堂任务，但应以引导性的意见为主，尽量避免发表对某些关键问题的看法，如案例决策点的识别、决策依据的辨析等，更不能主导整个小组的讨论。

旁观者在收集资料时要注意观察对象的切换，在案例阅读过程和小组讨论过程中，要将观察的重点放在学生身上，而当教师提问时则要同时观察教师和学生两者的反应，以保证信息的全面性。

3)分析检测结果

课堂检测所收集的资料会移交给分析人员，如果采用的是委托式课堂检测，分析工作一般由原案例采编团队成员负责，此时就要确保资料传递的有效性和准确性。

课堂检测所提供的资料多是检测人员对课堂教学过程的描述，分析人员需要通过分析这些外在的现象，寻找潜在的影响案例及使用说明质量高低的原因。授课教师和资料收集员对现象的初步分析和评价，将有助于资料分析，是重要的参考资料。

这是一个逐步细化的过程，例如，学生对某一表述的理解普遍感到困难，那么很可能就是案例的表述难度较高所导致的，而难度过高一方面可能是难度本身的设置不当，另一方面则可能是对学生理解能力的评价过高引起的，这就需要分析人员重新审视这两方面的内容，找到真正的原因。

值得注意的是，课堂检测通常可以提供大量的资料，分析人员需要对资料的有效性进行识别和判断，重点关注每次课堂检测中均存在的现象或问题，而对于个别现象则应根据具体情况考虑是否剔除。同时，分析人员还需要将导致案例及使用说明质量高低的原因、处理意见等分析结果文档化，形成一份检测报告提供给案例采编团队，作为案例修订的主要依据。

此外，课堂检测后案例通常会被重新修改或调整。有些修改可能仅仅是文字上的简单完善，如变换修辞、避免歧义等。有些修改可能是要弥补某些重大缺陷，这时，重新修订后的案例必须再次获取许可才能被应用于教学。

11.4 案例修订

案例修订，顾名思义就是对案例进行不断的修改、完善，直至最终定稿。这是针对案例成稿质量的一个反复修缮的过程，其修订的主要对象为案例正文，但由于影响案例信度与效度的因素遍布于案例采编的整个过程，各个采编环节又相互联系、相互影响，在正文中暴露出的问题很可能是其他环节的错误所致，所以，修订的范围也会扩展到整个采编过程，如对案例使用说明的修改，甚至是对教学大纲和需求清单进行调整。

同样基于上述原因，案例修订所需要的基础性资料不仅包括案例正文，还需要涵盖教学大纲、需求清单、编写素材和案例使用说明。而实施修订的依据则来自于信度与效度检测所得到的反馈意见及相关检测资料。根据检测报告中列示的问题、原因和意见，并结合基础性资料，采编团队便可以开展案例的修订工作。但在修订的过程中，修订人员不能仅仅是机械地服从检测报告，对意见不加区分地一一接受。这是因为所提出的修改意见往往倾注了意见提出者的主观意愿，而这些意愿有时是不合理的，或是难以实现的。例如，为增加案例的真实性，采编者可能会更倾向于使用不加修饰的量化数据，或是使用企业的真实名称，但这两方面的信息企业却通常不想被写入案例之中，作者只能进行掩饰处理。

也就是说，案例的修订虽然需要参考检测结果，但应该从教学大纲和需求清单这些基础性的材料出发，结合实际条件，在分析思考后接受合理的、具有可操作性的意见，进行合理的调整和修改。

参考文献

蔡燕农，丁蔚，王根海，等.1995. 市场营销案例分析[M]. 北京：中国物资出版社.

林德斯 M R，厄斯金 J A. 1991. 管理案例编写指南[M]. 张吉平译. 大连：大连出版社.

林祖华.2005. 管理学科案例教学中的教与学[J]. 管理科学文摘，8：29.

卿涛，王幼军. 2006. 管理新论：知识经济条件下的管理问题研究[M]. 成都：西南财经大学出版社.

塞德曼 I. 2009. 质性研究中的访谈：教育与社会科学研究者指南[M]. 周海涛译. 重庆：重庆大学出版社.

吴源鸿. 1998. 营销案例基础教程[M]. 广州：中山大学出版社.

谢良安. 2000. 案例法中的教与学[J]. 湖北财经高等专科学校学报，12(6)：56～58.

谢琳. 1999. 寻找建构主义与多媒体组合教学的契合点[J]. 华南师范大学学报（社会科学版），(4)：77～82.

余凯成，张丽华，大连理工大学管理学院，等. 2002. 管理案例研究：Managerial Case Studies. 2001 年卷. 第一辑[M]. 大连：大连理工大学出版社.

Erskine J A，Leenders M R，Mauffette-Leenders L A，等. 2011. 毅伟商学院案例教学[M]. 赵向阳，黄磊译. 北京：北京师范大学出版社.

Leenders M R，Mauffette-Leenders L A，Erskine J A. 2011. 毅伟商学院案例写作[M]. 赵向阳，黄磊译. 北京：北京师范大学出版社.

Mauffette-Leenders L A，Erskine J A，Leenders M R，等. 2011. 毅伟商学院案例学习[M]. 赵向阳，黄磊译. 北京：北京师范大学出版社.

Wilson R A，Keil F C. 2000. MIT 认知科学百科全书[M]. 上海：上海外语教育出版社.

Brown J S，Collins A，Duguid P. 1989. Situated cognition and the culture of learning[J]. Educational Researcher，18(1)：32～42.

附　　录

案例 1：谁来承担项目采购成本上涨的责任？[①]

案例正文

摘要： 本案例描述了中建安装工程有限公司通过试点项目推行项目责任成本承包制度的全过程，展现了新成本管理制度推行下项目遭遇主材价格上涨危机、项目团队与公司总部物资采购部门责任划分不清、总经理陷入决策困境的故事。通过本案例的分析，有助于学生了解项目激励发生效用的条件，理解项目中责任、权力与利益对等的内涵，掌握项目权责分配、项目激励和项目绩效管理的原则。

关键词： 责任成本；风险抵押；项目激励；中建安装

0 引言

中建安装工程有限公司(简称中建安装)是在应对建筑工程市场变化的背景下，在中国建筑工程总公司内部重新组建的建筑安装施工企业，实行施工企业典型的项目运作模式。作为一个成本导向型的工程企业，在刚刚重组完成之际，公司急需解决的首要问题便是如何全面地提升公司的项目管理效益，降低项目成本，以继续保持市场竞争优势。经过一系列的调研和讨论，中建安装推出了一套组合拳——项目责任成本承包制度和风险抵押金制度的双策略，将项目成本降低的责任承包给项目团队，通过新的责任和奖励制度来实现对项目团队的约束和激励。然而，就在中建安装下属东北公司的新制度试点项目如火如荼地推进时，项目却遭遇了工程主材价格的急剧波动，主材成本超支严重超出了项目团队的可承受范围，项目管理团队的积极性急剧下降。针对这个问题，项目团队和中建安装公司的总部物资采购部均不认为自己应该承担这次主材采购成本上涨的责任，项

---

① 本案例由大连理工大学管理与经济学部的朱方伟、于淼撰写，作者拥有著作权中的署名权、修改权、改编权。未经允许，本案例的所有部分都不能以任何方式与手段擅自复制或传播。

由于企业保密的要求，在本案例中对有关名称、数据等做了必要的掩饰性处理。

本案例只供课堂讨论之用，并无意暗示或说明某种管理行为是否有效。

目团队还对新制度产生了质疑，一并把诉求反映给了东北公司的总经理。东北公司总经理意识到这是一个“烫手的山芋”，如果处理不好的话不仅项目难以顺利完结，新制度的推行也将遭遇严峻的生存危机。面对项目团队和公司总部的双重压力，总经理一面反思着新的成本管理制度，一面不断反问自己，到底这个棘手问题的最优解是什么？

1 绝地反击的成本管理妙招

中建安装是一个综合性的建筑安装施工企业，一直作为中国建筑工程总公司下属的三级工业设备安装公司开展着石油化工工程、机电设备安装工程、市政水务环保工程等建设业务，创造了不少骄人的业绩。然而，随着中国建筑工程业的快速发展，建筑工程市场发生了相当大的变化。建筑安装业务越来越成熟和专业化，已不再是建筑工程的附属业务，越发趋向于独立的工程项目。项目的组织方式也趋于成熟，开始由单一的施工总承包转向更加优越的工程总承包。建筑安装的市场竞争也越来越激烈，中建安装不仅要与国内的建筑安装企业进行低价竞争，还要与国外先进的工程企业比拼高端工程的竞争力。外部环境的变化对中建安装市场地位的威胁越来越显著，新的挑战摆在了它的面前。

要想继续保持优势竞争地位，中建安装必须要做出回击。与国外优秀的建筑工程公司相比，国内的项目管理效益相对比较低。中建安装的专家小组通过对国内十几家建筑企业的调研发现，工程项目的人工、材料、机械的成本可降低比例平均达到了10%的程度。其中中建安装自身的工程变更和返工概率也很高，存在的浪费现象也比较多，没有尽可能地通过规划布局来节省材料，也没有充分开发利用项目的边角料。专家小组分析认为，主要是项目层面没有建立一个很完善的责任管理与激励机制，大家的成本管理意识还相对薄弱，主动提升项目效益的积极性也相对较低。而且，中建安装原来只是中国建筑工程总公司下属的三级子公司，与总公司其他工程局下属的三级建筑安装企业一样从事同类的建筑安装工程，对中国建筑工程总公司而言难以发挥规模效应，既存在着内部的恶性竞争，也不利于塑造建筑安装企业的品牌。因此，为了解决这一系列问题，2005年中国建筑工程总公司整合了公司内的建筑安装工程资源，正式成立了中建安装作为直属二级子公司来独立地负责公司所有的建筑安装工程业务，力争站上中国建筑安装行业金字塔的顶端。

重组后的中建安装首先部署了全新的发展战略：要在业务上做大做强石油化工、大型机电、市政水务环保三大传统主业，同时向钢结构安装和工程设计领域扩展；要在经营模式上积极探索EPC、BT、BOT等高端模式，向产业链上游扩展；要在工程项目管理上进一步完善管理制度，实现企业的精细化管理。为了落实新战略，公司的项目管理延续了总部、区域公司和项目部的三级管理模式(附

图 1-1)，总部负责制定项目管理文件并监控区域公司和项目部的项目管理业务，区域公司负责执行项目管理办法并协调、监控项目部的项目管理业务，项目部则负责做好项目管理的具体工作，完成项目目标。中建安装认为这种三级项目管理模式，向上能够通过总部来制定项目管理的整体规划和管理制度，有利于管理的统一和规范，能够发挥集团管控的优势，向下能够给予项目部管理具体项目的权力，匹配相应的职责和收益，有利于充分发挥项目部的积极性。在主材采购上，中建安装也采用集中采购的模式来发挥规模效应，针对各个公司工程项目通用且使用量大的占 60%～80%工程成本的原材料物资，由项目部在计划阶段上报有关材料型号、规格、数量、技术要求、使用时间等方面的需求计划，然后再由总部的物资采购部统一向供应商采购并进行物资运送。这种规模采购又进一步在成本管理上发挥了三级管理模式的优越性。

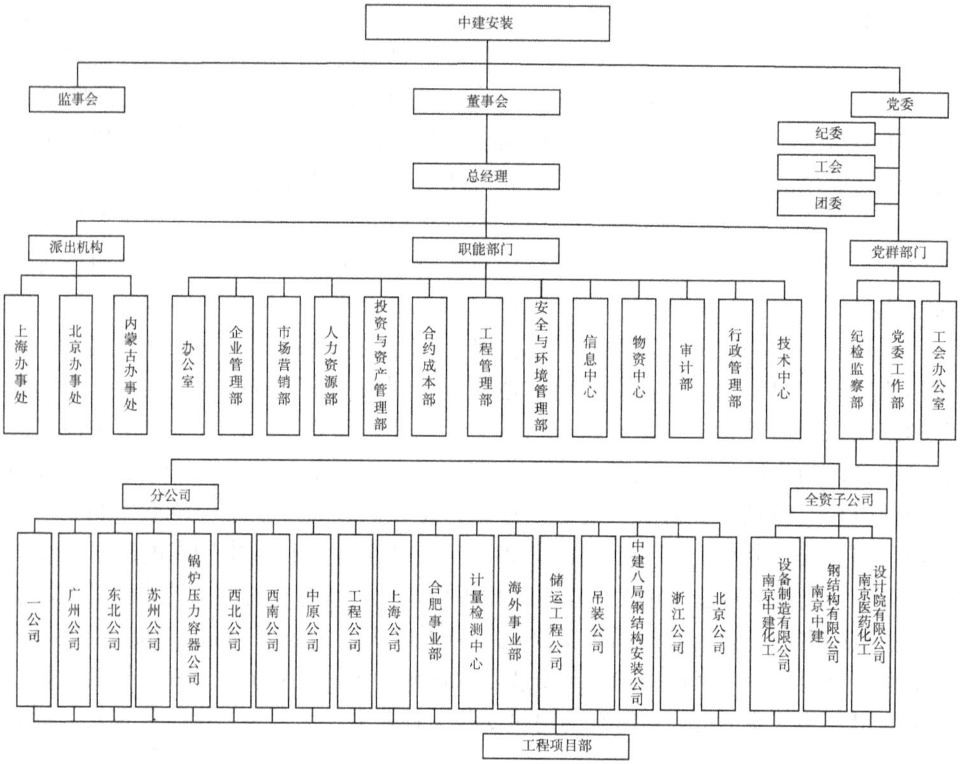

附图 1-1　中建安装的组织结构图

但是作为一个由成本决定效益的工程项目驱动型企业，能够有效地保障项目团队进行成本管理的积极性和责任意识，是提高项目效益的关键。对此专家小组想到了内部承包制和模拟股份制。经过广泛的讨论、征求意见和研究确定，公司总部终于在 2005 年 4 月向全公司范围内下发了《项目责任成本管理办法》，公布了公司项目管理的责任成本承包制度和风险抵押金制度。其中，责任成本承包制度最突出的宗旨就是以项目成本管理为中心，最大限度地调动项目团队的积极性，把项目全体成员都纳入成本管理体系中，由项目团队来承担项目成本管理的责任和风险，然后通过项目管理效益评价机制来实现项目激励和约束。

项目责任成本承包制度的执行路径是先确定每个项目的成本管理目标，然后将目标下放到项目团队，形成公司内部的项目承包制。这就要求在确定项目施工预算成本之后，要根据总部事先选定的项目管理效益率(也即成本降低率)计算项目责任成本①，也就是项目部承包成本目标，然后由项目经理代表项目部与区域公司签订《项目责任成本承包合同》，在明确主要承包指标和奖惩办法的基础上进行积极的项目成本管理。

而为了责任成本能够承包到位，中建安装还同时推出了风险抵押金制度。这是一个保障项目管理团队的责权利落实到位的制度，它要求项目部在签订责任承包合同后，根据项目的合同造价系数上交一定的承担项目责任成本的保证金。通过明确的项目风险抵押金计算方法②，把抵押金落实到项目团队每个成员，来实现约束和激励。每个项目的风险抵押金都会设立单独的账户，等项目考核结束后再决定是返还或是扣减。项目竣工结算之后，如果满足合同指标，完成既定的成本降低率和上交利润率③，公司会全额返还抵押金，还会将超额上交利润的40%作为奖励分配给项目团队；但如果没有实现既定的降低率，公司将按照指标的完成程度来判断和决定抵押金的返还比例。

新制度的推行文件在全公司范围内引起了热烈的讨论，各个项目都跃跃欲试。虽然这样项目部需要承担成本降低的责任，但是成本管理的收益确实很诱人，非常值得一试。作为拟定《项目责任成本管理办法》的首席顾问，同时也是中建安装副总经理和东北公司总经理的王总，也希望自己公司的项目能够争取到新制度试点的机会，为其他分公司树立一个好榜样。恰好东北公司刚签了一个机电安装的小型项目——吉林广电中心机电安装项目(简称“吉林广电项目”)，综合考虑项目的典型性、风险和规模，专家小组一致认为这个项目非常符合试点项目的要求，把它作为试点项目应该能够起到很好的示范效应。经过反复的考量，总部终于下发了试点项目确定的文件，吉林广电试点项目被选中了！

---

① 项目责任成本=项目施工预算成本×(1-项目管理效益率)。

② 项目经理的风险抵押金最低额要求为项目部风险抵押金总额的30%，项目其他管理人员缴纳的风险抵押金为70%或以下(其中项目副经理、技术负责人、商务经理不低于项目经理的50%)。

③ 上交利润率=上交的利润/竣工结算造价(此时假设竣工结算造价与中标价相同，不存在变更)；项目上交的利润=中标价-项目责任成本。

2 方兴未艾的责任成本承包

吉林广电中心工程项目总占地面积 79 057 平方米，总建筑面积 89 399 平方米，总项目由吉林省建筑工程学院设计院设计，主要功能是用来进行广播电视制作，包含大剧院和 10 多个演播厅。其中机电安装项目是总项目的独立发包项目，主要范围涵盖总项目中的通风空调系统、电气系统、给排水系统等部分的安装工程。2005 年 3 月，通过吉林广电项目技术、经济可行性的分析，中建安装东北公司正式发出了项目启动令，组建了投标小组来筹备和开展各项投标工作。作为中建安装打入吉林市场的重要转折点，这个项目受到了东北公司的高度重视。

在王总的带领下，东北公司的总经济师、总工程师、经营副经理共同牵头进行了项目的初步预算编制和技术方案编制。投标准备过程中王总也亲自把关，监督东北公司成本管理、工程管理等部门的相关人员围绕工程量清单和当前主材市场价格，做了充足的准备工作，来保证项目成本初步估算的准确性。最终计算确定项目投标的施工成本预算为 4500 万元。但是东北公司认为吉林广电项目的社会效益远远大于目前的经济效益，所以在投标报价时采取了低价报价的策略，按照以前的经验预计能够基本保持盈亏平衡。2005 年 3 月底，公司以 4847 万元的合同总价顺利中标，合同工期为 27 个月，即从 2005 年的 4 月 1 日到 2007 年的 7 月 1 日。中标的工程内容主要包括通风空调系统、给排水系统以及电气系统的供应和安装。

为了好好抓住这次试点机会，王总亲自召开了整个东北公司的动员大会，来调动全公司上下执行新制度的积极性。考虑到这次项目的特殊性，王总非常重视项目经理的选择。他考虑过公司里几位资历较深的项目经理，但总是觉得他们身上好像缺少点什么。思来想去，王总想到了小林。小林是几年前才到公司来的，他不仅专业基础扎实，而且群众基础好，对内有凝聚力，会充分考虑项目团队的利益，对外也能处理好和客户之间的关系。最重要的是他年轻，有拼劲，有激情，还顾全大局，王总对小林一直也很器重。这次公司新制度的试行，正需要这样勇于接受、敢于挑战新事物的人，最终东北公司任命了小林出任吉林广电项目的项目经理，并协助他迅速组建了项目团队(附图 1-2)。能成为试点项目的项目经理，小林非常振奋，在感到压力的同时也看到了诱惑。小林知道，按照新制度，项目必须要完成规定的成本降低率，否则不仅没有奖励，可能连风险抵押金也拿不回来。可是，只要完成了规定的成本降低率，项目团队不仅能拿到全额返还的风险抵押金，同时拿到公司垫付的 40％的风险抵押金奖励，还能够分享 40％的超额利润的分配，这些收益确实很诱人。但毕竟是新制度的初次运行，谁也不知道在这个过程中会遇到什么难题。项目成本管理的绩效又与项目团队的利益息息相关，小林也反复提醒着自己还是要谨慎一点。

在项目责任成本承包制度中，各项成本责任指标是否准确合理至关重要。因

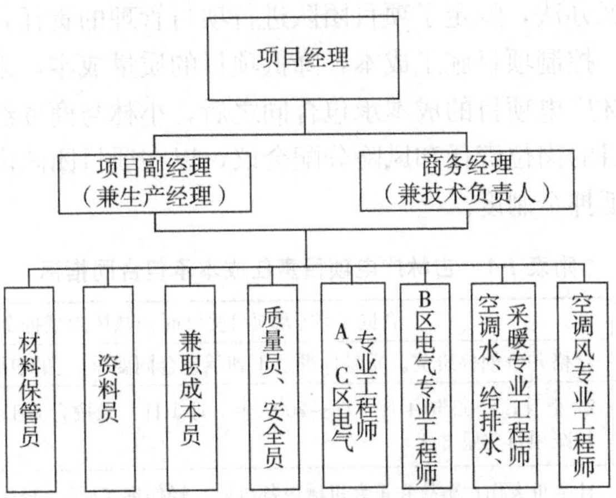

附图 1-2　吉林广电项目的项目组织结构图

此，小林领着项目团队首先进行了施工预算成本的重新测算。通过工程量清单的重新计算、施工组织设计的重新规划，结合当前建材市场中的主材价格，项目团队得到了新的施工预算成本。由于这个施工预算成本与投标的预算成本有些许差异，在与东北公司成本管理部门协商后，双方将项目施工预算成本确定为 4478 万元。随着预算成本测算方法越发成熟和规范，区域公司施工成本预算的准确性越来越高，与项目团队的分歧也越来越小，这次确定的预算成本也得到了双方的共同认可。

确定的项目施工预算成本是客观测算的，是公司内任何项目团队都能够实现的预算成本，还需要激发项目团队的管理效益。因此，通过分析吉林广电项目的特点以及项目团队的管理能力和经验，结合国内十多家建筑型企业同类项目人工、材料、机械的可降低成本，东北公司和项目团队一致认为选取 8%的项目管理效益率比较合适，也就是说项目团队要在之前确认的施工预算成本基础上再降低 8%的成本，最终保证项目的施工责任成本目标和控制基准为 4119.76 万元。项目成本降低率确定之后，项目团队也相应计算了项目的上交利润率和上交利润额。按照责任成本承包制度的要求，项目的上交利润额是项目考核和奖励分配的重要依据，如果项目团队在规定上交利润额基础上实现了超额利润，那么除去上交给公司的 60%的超额利润，余下的 40%的超额利润就将作为项目奖励分配给项目团队。

在完成责任成本和上交利润率等关键指标的测算后，小林确实感受到了与以往不同的压力。让项目团队作为责任主体来承担项目的成本降低责任，这在公司里还是头一回。但想到成本降低之后可能带来的收益，小林还是觉得对项目团队来说这是个难得的机会。最终小林代表吉林广电项目团队与东北公司的成本管理部门签订了《项目责任成本承包合同》(附表 1-1)。合同中确定了项目的主要承包指标和相应的奖惩办法，规定了项目团队进行项目管理的责任，要求其要严格控制现场管理费用，控制项目施工成本，降低项目的质量成本，来实现项目管理效益。在签订完吉林广电项目的成本承包合同之后，小林与商务经理、生产经理一同组织召开了项目的岗位责任和风险分配会议，以在项目团队内部落实责任成本承包制度和风险抵押金制度。

附表 1-1 吉林广电项目责任成本承包合同指标

指标	合同要求（无项目奖励时扣减风险抵押金）
1. 工程质量	合格并争创鲁班奖。质量标准达不到承包合同要求，扣减项目奖励 2%
2. 工期	27 个月，2005 年 4 月 1 日～2007 年 7 月 1 日。未按合同工期完工，每推迟一天扣减项目奖励 3%
3. 施工安全	杜绝重大伤亡事故和重大机械设备事故，轻伤率≤4‰。轻伤率超过 4‰将扣减成本提成奖 2%，发生重大伤亡和机械设备事故扣减项目奖励 3%，并追究个人责任
4. 文明施工	（公司、局、总公司、市、省）文明工地。达不到业主要求，扣减项目奖励 0.5%
5. CI 战略	（公司、局、总公司）级达标。CI 标准达不到公司要求，扣减项目奖励 0.5%
6. 科技进步率	1.8%
7. 工程款回收率	执行业主合同中的相应条款。达不到业主合同规定，扣减项目奖励 3%
8. 总分包结算	单位工程完工后 70 天内办理完分包结算（包括财务结算）；竣工后 180 天内按总包或业主合同约定完成总包结算（包括财务结算）。未按合同规定实践完成总包结算（包括财务结算），每推迟 1 个月，扣减项目奖励 0.5%；未按规定完成分包结算（包括财务结算），每推迟 10 天，扣减项目奖励 1%
9. 重大经济纠纷	无。发生重大经济纠纷，扣减项目奖励 10%，经济纠纷造成的损失由项目部承担
10. 劳务作业层招议标率	100%。每有一家未进行招议标，扣减项目奖励 1%
11. 物资招议标率	100%。每降低一个百分点扣减项目奖励 0.5%
12. 合同签订率	100%。每少签一份合同，扣减项目奖励 0.5%
13. 资料归档率	竣工后 1 个月内归档率 100%。一个月内未归档，扣减项目奖励 5%；再每推迟一个月，扣减项目奖励 3%
14. 责任成本	本项目施工预算成本为 4478.00 万元，预算成本降低率为 8%，成本降低额为 358.24 万元，责任成本为 4119.76 万元（工程量发生增减，责任成本做相应调整）
15. 风险抵押金	超过 30 天未缴纳的，停发项目经理和未缴纳人员工资；超过 45 天未缴纳的，取消项目经理承包资格
16. 项目考核	分为过程考核和最终考核，各占考核评分的 30%和 70%。其中过程考核是东北公司合约管理部每月按工作完成情况对项目部进行综合考评，作为项目岗薪、绩效薪发放的依据。绩效薪由项目经理分配，发挥激励作用。最终考核是竣工后的全面考核，涉及奖励发放和抵押金返还

小林向团队成员详细介绍了责任成本承包制度的核心思想和一系列要求，重点强调了现在需要将项目责任成本落实到每个项目成员，也就是要签订一个岗位

责任合同。这个岗位责任合同将详细说明各自岗位的职责和义务，各岗位所分配的责任成本目标、成本降低率以及各自缴纳的风险抵押金金额，岗位责任合同的完成情况将作为项目过程考核和竣工决算考核的重要依据。

为了加大制度推行的力度，公司已经特别规定了不签订岗位责任合同的人将不能参加项目超额奖励的分配，所以大家对这个岗位责任合同都特别重视。同时，因为岗位对应的成本降低率和责任成本是经过项目经理和各岗位人员共同讨论来确定的，而且也直接关系到项目效益的分配(项目奖励的40%将由项目经理按照岗位责任和绩效在项目团队内分配，60%将按照风险抵押金上交的比例分配)，因此大家都表示对确定各自成本降低指标的部分没有异议。但是针对风险抵押金的缴纳，大家却存在一些疑惑。有的成员不清楚风险抵押金缴纳的计算方法，有的成员质疑风险抵押金返回来的可能性。针对这些问题，小林一并进行了解释。

“根据《项目责任成本管理办法》的要求，我们团队需要缴纳的风险抵押金是由合同金额系数计算出来的，一共是37.32万元。但是为了新制度的顺利运行，东北公司决定这次我们团队只需要缴纳全部风险抵押金的60%，也就是22.39万元，剩下的40%就先由公司以预发项目奖励的方式垫付。也就是说，只要我们按照承包合同指标完成项目，返回来的风险抵押金就是37.32万元，光风险抵押金就将实现40%的收益率，这将作为项目的初步奖励。至于这个风险抵押金怎么交，公司规定了项目经理上交的风险抵押金最低额是总额的30%，也就是我上交的风险抵押金不能低于6.72万元，而项目副经理、技术负责人和商务经理的风险抵押金最低额是项目经理的50%，也就是不能低于3.36万元，其他人的上交金额就可以按照各自岗位的责任成本目标和职责来协商上交。另外，因为这个风险抵押金上交的比例还决定了项目超额奖励60%部分的分配规则，所以公司也鼓励大家主动增加上交的风险抵押金额度。至于我们项目的风险抵押金返还，根据要求，只要我们在竣工决算考核时完成了8%的成本降低率，公司就会全额地返还风险抵押金，还会发放40%的超额奖励；如果我们只完成70%以上的成本降低率，公司还是会全额返还风险抵押金，但就不能再获得项目的超额奖励；如果只完成40%～70%的成本降低率，公司只能按比例部分地返还风险抵押金；但如果我们连40%的成本降低率指标都完成不了，或者项目已经亏损了，那么公司就不会再返还风险抵押金。从目前项目的各项指标来看，相信我们团队是有能力很好地完成这次任务的，大家一定要齐心协力地积极管理项目、降低成本!”

经过小林的详细说明和积极动员，项目团队都了解了责任成本承包制度和风险抵押金制度，觉得这个新制度对项目团队来说还是很合理的，也都很有信心能够实现项目的承包目标。经过岗位指标讨论和研究后，大家纷纷签订了岗位责任合同，上交了各自岗位的风险抵押金(附表 1-2)。接下来，小林和技术负责人、生产经理带领着项目团队积极认真地制订了项目的实施计划，分析了实施过程中可能的降低成本的控制点，项目团队有条不紊地开始了项目的过程管理。

附表 1-2 吉林广电项目的风险抵押金缴纳情况

管理岗位	风险抵押金缴纳金额/万元	金额占比/%
项目所需抵押金总额	37.32	—
东北公司垫付	14.93	40
项目团队支付	22.39	60
项目经理	6.79	30.34
项目副经理	4.00	17.86
技术负责人兼商务经理	4.00	17.86
空调水、给排水、采暖专业工程师	2.30	10.26
B 区电气专业工程师	1.30	5.81
A、C 区电气专业工程师	1.00	4.47
空调风专业工程师	1.00	4.47
质量员、安全员	1.00	4.47
材料保管员	0.50	2.23
资料员	0.50	2.23

3 仓皇失措的成本上涨危机

这次项目作为室内的机电安装项目，需要大量的母线、电线和电缆，而这些基础的材料全部都要靠金属铜来实现二次加工。吉林广电项目在中标时，东北公司的市场营销部门和成本管理部门在建材市场中获得的铜单价是 28 000 元/吨，考虑到公司总部长期供应合作的伙伴关系和材料批量采购的优势，投标小组编制的铜材的预算为 26 000 元/吨，每吨铜能保证 2000 元左右的盈利。再加上铜材到电缆的二次加工过程中还能产生一部分的利润，这样计算下来，28 000 元/吨的中标价格还能保证一定的盈利。因为中建安装对工程主材采用的是公司总部集中采购的模式，所以在项目开展的过程中，吉林广电项目团队只按时上报了物资需求清单和使用计划，由总部来实施采购。而在本项目中，由于电缆、母线的使用主要集中在 2006 年的下半年，所以公司总部的物资采购部也没有急着批量采购铜材，而是一直等待着采购的好时机。

没料到，持续的观望背后暗藏着风险。到了 2005 年 7 月、8 月，铜材的价格开始爆发式上涨，下半年的铜价竟然涨到了 35 000 元/吨。虽然 11 月又回落到了 30 000 元/吨，但这种居高不下的价格一直持续到了 2006 年的 6 月。在此期间，公司总部的物资采购部一直在犹豫该不该开始预订铜材，如果此时进行采购的话，对照合同成本，一吨铜将亏损 4000 元左右，但此时如果不进行采购的话，铜材的价格还可能继续上涨，总部的物资采购部陷入了两难的境地。2006 年 6 月，小林考虑到项目的施工进度要求和铜价回落的低概率，向总部提出了申请，希望尽快开始铜材采购。小林觉得，如果继续等待，不仅会拖延项目工期，铜材价格也很可能继续走高，这将给项目成本管理造成很大的压力，项目团队很可能连风险抵押金都没办法拿回来，到时候自己实在没有办法跟团队交代。

总部的物资采购部一时间也拿不定主意，还对铜材价格下降抱有期望。恰好这时项目的施工计划需要重新调整，所以就暂缓了采购计划。谁也没想到，铜材的价格竟然达到了一发不可收拾的地步。从 2006 年的 9 月一直到 2007 年年初，铜材的上涨趋势远远大过之前的峰值 35 000 元/吨，最高时达到了 76 000 元/吨，并且长时间地居高不下。到了 2007 年 3 月，根据调整后的施工计划，必须要进行铜材的采购，否则项目的工期就要受到极大的影响。由于东北公司与业主签订的是工程量清单合同①，对于主材部分是不可调单价的，也就表示着项目使用的铜材量越大，项目面临的亏损越多。对照 2005 年中标时的 1300 多万元电缆、母线等与铜材相关的材料成本，2007 年 3 月铜材的价格保持在 50 000 元/吨，同等的材料成本将涨到 2500 多万元，也就意味着仅仅铜材这一项成本就将让吉林广电项目亏损 1200 多万元，项目的成本偏差已经必然存在。尤其是在 2007 年的 10 月、11 月，吉林省还要在广电中心举办一系列的庆典活动，工程的竣工节点必须要保证在此之前，采购成本和工期的双重压力无疑使得项目成本降低目标的实现雪上加霜。

4 进退维谷的采购成本归属

对整个项目团队而言，这样的材料价格风险无论如何都是无法承担的。如果按照这样的价格进行采购，项目不可能盈利，项目团队也根本不能完成风险抵押金返还的最低指标(成本降低率的 40%)，不仅项目团队上交的风险抵押金都要被扣除，项目团队还要承担相当程度的项目亏损。在这种形势下，整个团队人心惶惶，继续实施项目对项目团队而言已经毫无意义，之前用来激励的丰厚的预期收益也迅速变成了泡影。

面对项目成员的泄气和不满，小林终于按捺不住，和项目的商务经理、生产

---

① 使用工程量清单的合同，明确标明了项目的各项工程量及其单价和总价，一般工程量的单价将不允许再发生变化，而工程量则可以随工程的实际情况有所增减。

经理召开了紧急的项目会议，集中讨论解决办法，并决定将项目团队的想法传达给王总。

“按照公司这次试行的《项目成本管理办法》和吉林广电项目签订的《项目责任承包合同》的要求，项目团队确实是要对项目的管理成本、施工成本、质量成本、采购成本和资金成本负全责。像施工预算责任成本中的机械费、人工费、措施费和一些现场管理费用由我们来负责是没有问题的，但是占这么大成本比例的主材材料成本我们实在负担不起。况且这次主材价格上涨导致的成本超支，主要还应该归因于外部市场价格不受控制和公司总部采购时机的失误。您也了解，确实由于咱们公司采用的是集中采购，我们只需要也只能保证及时上报采购计划，总部的物资采购部才是真的控制着采购实施的决策大权，所以这次采购时机的延误物资采购部应该承担主要责任甚至是完全责任。”

王总仔细听着小林的分析，明显感受到了小林为项目团队争取利益的迫切和焦急心情，也表示了理解，安抚小林不要太激动。小林又进一步地表达了项目团队的立场：“对于责任成本和标价之间的差额亏损，应由实施采购的总部物资采购部来负责。如果让项目团队承担这个责任，真是非常不公平，我们真的没有办法在这种情形下继续开展项目。您也清楚，这不是我们一个项目的事儿，还关系到新成本管理制度的推行，我们也想成为一个好榜样，所以也希望公司能够体谅和支持我们。”

王总自然也了解吉林广电项目对新制度推行的重要性，面对小林的迫切请求，也不能随随便便地给出答复，只是说：“你们的处境和立场我都明白，但这毕竟也不是我一个人说了算的，也要权衡公司和项目共同的利益，你先回去，我和总部商议一下再给你答复，你先稳定好大家的情绪。”

小林走后，面对项目团队提出的申请，王总也开始沉思，一方面是自己得力的下属和寄予厚望的项目，项目团队的利益要考虑，积极性要保护；另一方面，公司的利益也要考虑，集中采购模式涉及全公司的采购管理，一直以来也没有出现过问题，总部的物资采购部也不能随便承担这个责任。目前这个问题的解决确实又迫在眉睫，不仅关系到项目的效益，还关系到责任成本承包制度推行的效果。王总自然希望公司的责任成本承包制度能在吉林广电项目中顺利地推行下去，但又不能草率地对这次项目采取特殊待遇，真是成了一个烫手山芋。

这时候，王总又突然想到，前段时间吉林广电项目的业主因为出现了大的人事变动，提出了广电大楼整体设计的变更要求，机电安装工程也要配合着进行调整。这次变更不仅导致了机电安装施工图和施工组织设计的变更，也影响了项目母线、电缆的安装使用时点和使用量，虽然打乱了项目原来的计划，但也为项目提供了一次争取变更索赔的机会。项目团队是不是可以抓住这次机会弥补一下铜材成本的亏损呢？但转念一想，王总又觉得把变更索赔回的款项算做项目的管理效益有些不妥，个中关系还需要重新梳理。

在这种急迫和复杂的情况下，王总作为东北公司总经理真的犯了难，他不禁反问自己，到底应该怎样处理才能同时保护项目团队和公司的双方利益呢？问题一定要处理，可王总却心生疑惑，这次主材价格上涨危机的背后到底是个成本问题、权责问题还是激励问题？另外，王总自然也觉得业主变更索赔的机会应该抓住，但是索赔收益的分配又成了难题。问题千丝万缕，到底怎样才能够真正发挥新制度的激励效应呢？

看来，此次的项目试点只是中建安装完善项目管理制度的开端。

案例使用说明

一、教学目的与用途

本案例的教学目的是通过讲述中建安装在责任成本承包制度试推行项目中所体现出的成本风险归属与利益分配冲突的故事，引导学生以项目成本管理为切入点，分析项目管理中典型的权责分配与激励问题，讨论责任成本承包制度背后的使用条件、项目激励原则、权责利设计准则与绩效评估准则，以强化学生的项目管理观念与能力。

1. 适用的课程

本案例适用于“项目管理”、“项目计划与控制”等项目管理相关课程，案例可用于项目绩效管理、项目激励以及项目管理制度设计等部分的教学。

2. 适用的对象

本案例综合难度等级为中等(分析维度、概念维度和表述维度均为中等难度)，适用对象包括高年级管理专业本科生、MBA、项目管理工程硕士和低年级管理专业硕士研究生。对于相对缺乏实际经验的本科生、研究生，可以引导其将项目激励管理、绩效管理理论与案例相结合，对相关因素进行分析。对于拥有实际经验的 MBA 或 EMBA 学生，可引导其以总经理的视角分析面对冲突时的决策观念。

3. 本案例教学目标规划

(1)知识传授点：

• 项目激励原则。
• 项目权责利的弹性匹配原则。
• 项目多级管理模式。
• 项目的成本构成。
• 模拟股份制的内涵。
• 项目绩效评价概念与体系。

(2)能力训练点：

• 如何依托激励理论，制订符合项目的团队激励和个人激励方案。

• 如何根据激励方案构建合理的项目管理目标评价体系并跟踪反馈，实现激励与绩效评价的匹配。

• 在项目激励方案推行时，如何同时匹配组织的支持和适当的权责设计。

• 项目多级管理模式下，如何确定各层次项目管理主体的权责利划分原则和模式。

• 如何根据权责利对等原则，制订项目收益分配方案。

• 针对项目潜在风险，如何进行全过程的风险管理。

• 如何界定项目管理过程中各成本指标变化的责任归属，如何分析项目索赔收益的收益主体。

• 如何构建项目团队的内部管理职责与股份制风险抵押金的良性互动关系。

(3)观念改变点：

• 项目激励的实施需要以项目管理制度设计下合理的责权匹配为基本前提。

• 项目激励需要区分团队激励与个人激励，匹配利用正向激励与负向激励，制定符合具体项目的复合激励模式。

• 项目部与总部的权利配置存在多种模式，需要综合考虑企业发展阶段、项目部管理能力、资源整合需要等多种因素。

• 项目授权时必须要考虑到受权者的风险承担和控制能力。

• 项目通常不是企业的利润中心，不应将项目当成利润中心来设计管理体制。

• 项目团队应该将项目风险通过项目计划体系进行转移和管理。

二、启发思考题

(1)项目责任成本合同中，公司的利润构成结构是怎样的?

(2)在项目责任成本承包制度实施的过程中，有哪些实施的关键点?

(3)项目责任成本承包制度如何实现项目团队的激励?

(4)采用项目责任成本承包和风险抵押金制度可能带来哪些风险?

(5)项目管理团队在责任成本承包制度中有哪些权力和责任?

(6)假如你是东北公司的总经理，你将如何处理这次的成本超支问题?

(7)本项目发生的索赔属于何种索赔类型? 如果索赔成功，如何进行索赔收益分配?

三、分析思路

本案例可以从东北公司和项目经理小林的角色组织学生进行讨论，通过学生的分组讨论和教师组织课堂大讨论，对吉林广电项目的责任归属冲突进行分析。可以在学生讨论的过程中，根据学生对问题的分析程度，适当提出一些假设条件，以增加对问题分析的复杂程度。本案例的主决策点是：

• 铜价上涨导致的成本超支应该由谁来承担？

• 对业务进行索赔获得的收入是否该算做项目团队的项目管理效益？

围绕这两个主决策点，需要延伸讨论的决策点有：

• 项目责任成本承包的目标设定有没有问题？

• 承包制度涵盖的激励模式合不合理？

• 总部的主材集中采购模式合不合理？

• 项目部对责任成本中哪些部分拥有决策的权力？与所承担的职责之间是否匹配？

• 项目团队绩效评价结构该如何设计？

• 项目团队的收益分配设计是否合理？

• 项目经理对项目团队收益分配的权力会存在哪些风险？

在开始案例讨论时，为引导学生一步步找出成本超支责任不清、激励制度失效的根本原因，首先要结合几个比较明显的线索，讨论为什么目前项目进展不下去。

第一，在案例分析中引导学生讨论和描述项目责任成本承包制度设计的逻辑是否合理，本案例可以以项目成本预算的几个数据为逻辑主线，分别是初步预算(4500万元)、中标价(4847万元)、施工成本预算(4478万元)、项目成本控制目标(4119.76万元)。在这个过程中讨论责任成本承包过程中公司的主要思路是什么，公司的利润构成情况如何，项目团队要承担施工预算成本降低8%的责任是否合理，除成本指标外的其他非财务指标是否合理，目标的设置对项目承包有什么影响。从提高项目积极性的初衷以及目标确定的过程出发，仅考察公司设定的责任成本降低目标，学生应该会认为其相对合理。

第二，在讨论承包制度之后，要进一步讨论项目的激励模式是否合理。首先要引导学生识别项目的正向激励有哪些，在案例中，项目团队可能面临的收益分为两个部分：风险抵押金实现全额返还时公司垫付的40%风险抵押金奖励，具体到个人，按照风险抵押金缴纳比例分配；实现成本降低率和利润上交指标时超额利润40%的项目奖励，具体到个人，60%按照风险抵押金缴纳比例分配，40%由项目经理按照岗位绩效分配。在此分析过程中需要引导学生思考这种正向激励的意图，引导出激励理论中的需要理论、期望理论、目标设置理论等，分析正向激励实现的过程以及项目正向激励设置的合理性。其次，要引导学生讨论项目风险抵押金的负向激励，讨论不同情况下风险抵押金返还的情况，以及这种类似模拟股份制的风险抵押金缴纳会对项目部产生哪些约束和激励，引出激励理论中的强化理论，探讨这种激励是否合理。这一讨论过程中，从激励意义的角度出发，公司激励制度的设计表面上看也是相对合理的，但这里要为后面针对性的激励制度的保障、激励制度的弹性的相关讨论设下伏笔。

第三，要讨论项目实施过程中总部采用的集中采购模式是否合理，总部采用集中采购的意图，集中采购的步骤，集中采购可能会带来的影响，集中采购模式使用的条件。本案例中由于企业项目业务类型较为集中，主材用量大，总部采用集中采购具有明显的规模效应，是具有合理性的。

第四，讨论完以上三个明显的线索，在看似均相对合理的情况下，学生的思路可能会陷入僵局。这时教师需要引导学生思考，在承包制度、激励制度、采购制度都看似没有什么问题的情况下，再回到最开始进行的承包制度分析环节，在此基础上来分析责任成本主要包括哪些部分，制度规定项目部在这些责任成本上要承担哪些责任(制度要求项目部要承担采购成本、管理成本、施工成本、质量成本以及资金成本的全部责任)。在此基础上，再进一步分析项目部针对这些成本的管理都拥有哪些权力。权力配置的分析要围绕总部和项目部的对比来进行，进而引导出采购决策权由总部掌控的现实。然后围绕项目铜材上涨的事实，来引导学生分析导致项目铜材成本上涨的原因，在案例中主要体现为：①外部市场价格变动带来的非人为的环境因素；②公司集中采购制度下的总部物资采购部采购时机失误，导致采购成本将出现大范围的变更；③项目团队对铜材价格变动趋势的敏感度不足也使得在项目承包合同签订过程中忽视了采购成本可能的风险；④业主的设计变更也在一定程度上导致了铜材采购的延误。除去外部市场环境和业主变更的不可控，项目部采购决策权力缺失和采购风险全部责任承担、有限权力和无限责任之间的矛盾就突显出来，这就可以引导出解决矛盾的两种模式，即公司物资采购在享有采购决策权的同时要承担采购风险，或者项目部在享有采购决策权的同时要承担采购风险。面对两种模式的选取决策，需要从公司过去的采购模式、项目部能够承担采购风险的能力等角度引导讨论，实际上作为占据项目总成本60％～80％的主材采购成本，项目部是不具备完全控制采购风险的能力的。要分析讨论项目是否是公司的利润中心，通过讨论让学生明确本案例中项目不是完全意义上的利润中心，因此不能拥有相应的权力和责任。而在对项目部授权时必须要考虑其风险承担的能力，所以由总部来掌握采购决策权是合适的，但是同时也应该将采购风险管理的责任划分到总部。

第五，在权责匹配分析基础上，还要讨论这种权责不匹配时如何影响项目责任成本承包制度的执行，如何使得项目激励失效。这种全部责任反映在了责任成本之中，项目正向激励和负向激励的要求基础均是责任成本的实现。因此，一旦由主材上涨导致的责任成本不可控，项目的目标不能实现，那么所有项目的正向激励都会消失，同时项目的负向激励(惩罚)也会无限放大，这就使得项目进展不下去，项目团队不可能再有积极性去完成项目。这时，就可以得到项目的有效激励要与项目的权责体系相匹配的结论。同时，基于激励的弹性理论，还可以围绕之前讨论的项目激励模式，来辅助分析一下项目抵押金扣减范围的设置是否合理，是否存在激励无效的情况，项目奖励分配的40%和60%的比例是不是合理，项目经理的超额奖励分配权是不是合理，会怎样影响个人激励、项目团队整体积极性和内部凝聚力，激励目标如何与绩效评价进行匹配，进而扩展对项目激励管理的分析。

第六，针对意外出现的项目变更和索赔机会，要讨论什么情况下会发生索赔，在项目合同中应该如何约定索赔的发生情境和处理方式，以及讨论本次索赔的类型、索赔的内容、索赔的责任和收益主体。在本项目中，业主的索赔既涉及工期的索赔，也涉及费用的索赔，其中费用也涉及铜材用量的变化。按照当前的责任成本承包合同，项目索赔的收益应该算做项目部的收益，用于进一步贴补工期和工程量变更的费用，如有剩余就算做项目部的管理效益。但基于前面的权责分析，如果项目部不应该承担价格上涨和采购成本上涨的责任，那么也不应该获取采购成本索赔的收益，也即项目索赔的收益也应该划分为两个部分。

第七，最后讨论本案例实质问题的解决措施。在对基本过程和内容了解、分析的基础上，启发学生对案例中待解决的责任成本冲突进行分析、判断、决策，引导学生回答采取怎样的解决措施是合理的，鼓励学生站在决策人的角度提出自己的观点。最后，可以综合学生的观点和意见，做出讨论小结。

针对本项目，供参考的解决措施是：首先将铜材采购成本划出项目的施工预算成本之外，也即项目部负责降低的责任成本中不再包含铜材采购的成本，项目部在扣除采购成本的基础上继续实现8%的项目管理效益率。其次，积极进行索赔，并将索赔收益中涉及采购成本的部分也进行扣除，将余下的部分作为项目管理效益来进行考核。通过这两项调整，来保证项目的继续开展以及项目团队的积极性。但同时，除了本项目的针对性解决措施，教师还应该引导讨论对案例企业项目责任承包制度以及激励制度的改进意见，总结项目激励管理和权责管理问题的一般规律，给学生提出有思考性的问题，为后续课程内容讲授进行准备。

供参考的总结性规律和待思考的问题如下。

• 项目激励需要匹配的项目权责配置体系作为保障才能发挥效用，企业需要系统思考项目的激励与权责配置。

• 项目激励要能够围绕团队激励和个人激励两个层次、正向激励和负向激励两种模式进行合理设计，同时要保持一定的弹性。

• 项目的目标管理要设置清晰、准确、可激励、可测量的目标，同时需要匹配完善的绩效评价体系和评价机制，以实现有效的监督、反馈和激励。

• 项目的权责分配是一种适度的、弹性的匹配，本案例企业在考虑制度调整时还应该思考是否所有项目都要扣除掉采购成本，或者考虑项目部也存在一定的管理责任，应该在采购成本变动多大范围时进行扣除，如何与企业组织环境、运营模式等相结合，保持弹性的项目权责配置也是项目管理的重点。

• 针对项目经理的超额奖励分配权，如何防范项目经理滥用职权的风险？

四、理论依据与分析

1. 项目激励的相关理论

20 世纪 50 年代以来，激励问题逐渐成为现代管理科学的重要范畴。经典的激励理论可以划分为内容型激励理论、过程型激励理论以及综合激励理论。内容型激励理论以马斯洛的需求层次理论、赫兹伯格的双因素理论为代表，探讨个体在组织中的需要。过程型激励理论以弗洛姆的期望理论、斯金纳的强化理论以及艾德文·洛克和盖瑞·兰森的目标设置理论为代表。期望理论认为人们采取某项行动的动力或激励力取决于其对行为结果的价值评价和预期达成该结果可能性的估计。组织奖励、个人努力、个人绩效、组织绩效会形成组织激励的良性循环。强化理论认为人的行为是由外界环境决定的，外界的强化因素可以塑造行为，人们的行为是对其以往所带来的后果进行学习的结果，包含正强化和负强化。目标设置理论认为，通过目标的设置可以激发动机，当目标是具体的、挑战性的并被有关组织成员接受时，目标是最具有激励作用的。综合激励理论综合考虑内外部因素，认为激励力量的大小取决于诸多激励因素共同作用的状况，其中内在的激励因素包括对任务本身所提供的报酬效价、对任务能否完成的期望值以及对完成任务的效价，外在的激励因素包括完成任务所带来的外在报酬的效价。激励管理突出的原则体现为合理性原则、正激励与负激励相结合原则以及权责匹配原则。即激励的措施要适度，保持一定的弹性，同时要协同使用正向激励和负向激励措施。并且激励要建立在合理授权的基础上，依靠权责保障个体对激励价值的感知、对个人效力的感知以及保持实现目标过程中的正面情绪，强化个体努力的承诺，激发和保障工作积极性。在项目激励中，由于项目的特性，激励的必要性更为显著。激励的期望理论、目标设置理论、强化理论、激励保障原则等在项目激励中能够有效解释和指导项目激励行为，同时项目激励也需要结合具体项目特性考虑激励实现的前提条件，设计具有针对性的合理项目激励模式。项目激励存在团队激励与个人激励两个层次，需要在不同层次考虑激励模式的设计、评价和反馈。

本案例中，企业采用责任成本承包制度的出发点就是依托期望理论、强化理论和目标设置理论去推动激励过程的实现，通过期望行为的正向激励、非期望行为的负向激励，结合项目团队和个人的需求设计项目激励模式。但是，公司在设计激励制度时，缺少几方面的考虑。首先是激励的弹性和合理性，过量激励和不足量激励不但起不到真正的激励作用，有时甚至会起反作用，造成对成员工作积极性的挫伤。其次，从中建安装的激励标准来看，负向激励的强度过高，即对非期望行为的惩罚力度过大，这也导致了出现问题时激励直接失去了效用。但这种负向激励相对过高、激励目标不合理背后的本质是项目激励与项目权责配置不匹配的问题，权责对等才能激发成员的工作积极性，才能消除自我效力的障碍，激励才会成功。

2. 项目责权利的适度匹配原则

权责对等原则，强调的是在授权的时候要授予相称的职责。权大于责会导致权力滥用或官僚主义、以权谋私等失控现象，责大于权则会限制下属能力的发挥，影响作业效率甚至直接导致任务流产。在项目驱动型企业的管理中，存在多个项目管理层次，各个不同管理层次权责的性质和大小会存在一定的差异性，突出体现为总部与项目部的权责分配。权力配置向总部极度倾斜，有利于发挥公司整体资源的整合优势，提高整体资源的利用效率；有利于进行统一指挥、集中领导、果断决策；能有效地拟定和贯彻公司的经营战略与文化；能够防止局部利益的盲目膨胀，有利于实现企业价值最大化；有利于形成管理系统，能有效对企业的整个组织及经营活动实行全面控制，控制重大风险。但同时，总部集权管理体制决策的周期长、反应慢，也容易挫伤或压抑项目部的积极性，从而造成管理效率下降，不利于对环境变化的快速响应。权力配置向项目部极度倾斜，有利于保持项目管理的机动、灵活、及时，具有很强的执行力和效率，有利于保证项目部层面的积极性。但同时，也可能导致公司现有资源利用率的下降，造成横向协调的困难，忽视企业整体利益。因此，项目驱动型企业不同层次的权力配置，需要系统考虑组织的历史条件、项目层次的管理能力、项目业务的层次与模式、项目在企业中的定位、企业信息化水平、管理完善度、内外部环境变化剧烈程度、业务区域的密集度、业务相关性等多种因素，围绕主要因素制定具有针对性的权力配置模式。同时在考虑权力配置的同时也要考虑责任的合理匹配，考虑不同层次承担不同责任的可能性和合理性，实现项目管理各层次主体权责利的适度匹配。

在本项目中，最突出的权责利匹配问题就表现为项目采购决策权与采购风险承担责任以及采购管理收益的不匹配。总部在享有采购决策权的同时不承担采购风险，项目部在享有非常有限的采购管理权限时要承担全部的采购风险，同时享有采购成本降低时的管理效益，三者的不匹配导致采购价格产生上涨风险时出现了责任划分的冲突。从权责配置的考量因素出发，案例中项目采购权力向总部集中是具有合理性的，项目经理的权力也是有限权力，因此在权力配置确定的基础上，就应该进一步保证责任和收益的合理匹配，以支撑项目的有效管理。

3. 模拟股份制的适用条件

项目模拟股份制是对项目分红权的机制创新，是企业与项目部对项目所实现的超过既定利润目标的利润进行分成，从而调动项目团队的积极性，提高项目效益，实现企业、个人以及国家的多赢的机制。项目模拟股份制，属于责任制模式的范畴，由企业向项目团队下达利润目标、质量目标、安全目标、工期目标、创优目标等责任目标，项目团队按照授权管理项目，企业主要按照利润目标完成情况对项目团队进行超额利润分成，是实现激励约束的一种办法。但是项目模拟股份制不但包含考核、分配问题，而且涉及职责权限、管理界面、资源配置、企业文化等诸多方面。不仅是采取超额利润分成，还要建立相互协调、相互制约的激励约束机制。激励约束机制的基本框架体系包括公司治理结构、目标管理体系、业绩考核体系、职业发展通道、激励约束手段、企业文化等多个方面。因此，模拟股份制激励效用的发挥必须要建立在全面管理体系构建的基础上。

在本案例中，项目风险抵押金制度和责任成本承包制度就是一种模拟股份制，是一种正向激励和负向激励相结合的激励机制，通过超额奖励权和惩罚权来保障项目激励和约束。但是本案例中的模拟股份制没能够发挥它的激励效用，主要是企业还没有建立全面的激励管理体系，没能够将激励体系与企业其他管理体系相结合，因而导致了模拟股份制使用的受限。

4. 项目责任承包与绩效管理

绩效管理是 20 世纪 80 年代美国企业界和管理界提出的企业管理模式，其意义是通过企业战略目标逐级分解并层层传递给各级部门直至每个员工，以及对绩效考核的持续反馈和改进、部门及个人的绩效聚焦，共同支撑企业战略目标的实现。项目责任承包是一种依托内部管理承包的绩效管理方式，并非是经营承包，在项目责任承包中项目不会作为利润中心而存在。项目责任承包包含项目团队承包和个人承包两个层次，即项目部承包责任制和项目岗位承包责任制，与之相对应的是项目的团队激励和个人激励。在项目责任承包中，组织为项目团队设定目标，团队成员为实现目标而相互协作、共同努力，从而实现团队目标，团队因此而得到组织的激励，成员个人也受到相应激励，而这种激励反过来又强化了成员之间的努力协作，有利于团队目标的进一步实现。基于目标管理理论和绩效管理理论，项目承包责任制要求承包的内容与指标具有准确性、合理性、可预测性与可测量性，要能准确地估计团队的整体绩效以及每个成员在团队中的重要程度和贡献程度，通过科学有效的绩效考核制度和体系实现对目标的跟踪、控制和激励。绩效评估时还应剔除更多外部不确定因素的影响，使团队报酬与团队成员努力程度之间的关系更为密切，从而更好地调动团队成员工作的积极性。

本案例中基于绩效管理与目标管理的项目责任成本承包制度，就建立了以项目成本管理为核心的项目目标体系以及相应的绩效评价机制和方法，分别在项目团队层面和个人层面签订了项目责任成本承包合同和岗位责任合同，将成本降低的指标逐层下放，并针对不同层面制定了相应的绩效考核办法，全面体现项目承包的考核点与关注点，以保障承包目标的实现。虽然本案例中承包目标的设定存在一定的问题，但是其承包目标与绩效考核的匹配模式仍相对成熟，在适当调整的基础上能够进一步有效推动项目责任承包制度的激励效用。

五、关键要点

(1)要引导学生意识到项目责任成本承包制度的优越性和激励效用的发挥，需要企业多方面管理体系的充分配合，特别要注意避免出现权责模糊的情况。

(2)要从项目试运行责任成本管理制度的过程中了解成本矛盾与冲突的所在，收集相关的典型问题、发展脉络和影响因素，如案例中描述的责任承包制度的落实过程，采购成本风险变动的演变过程和前因后果，从而进行案例讨论和案例分析。

(3)案例讨论的过程中，需要将自己置于案例主人公的环境中，考虑从案例主人公的角度分析案例，充分分析成本风险冲突背后的根本原因，有依据地做出合理的决策和解决方案。

(4)要引导学生从主决策向辅助决策扩展，实现本案例教学目标设计的内容。

六、建议的课堂计划

课堂计划体现为案例教学过程中的时间安排、黑板板书布置、学生背景了解、小组的分组及分组讨论内容、案例的开场白和结束总结以及如何就该案例进行组织引导、提出建议等内容。

分组原则：本案例如果应用于MBA、EMBA或研究生教学的设计，分组时要事先了解学生的就业背景和专业背景，尽量让每一个小组中有一位和财务或成本管理专业相关的学员在其中，这样有利于成本计算的讨论。

案例讨论时间：本案例可以作为专门的案例讨论课来进行。下面是按照时间进度提供的课堂计划建议，仅供参考。

案例课的课堂时间控制在80～90分钟。

(1)课前计划：提出启发思考题，请学员在课前完成阅读和初步思考。

(2)课中计划。

案例概述：(10分钟)简要的课堂前言，带领学生回顾案例内容，明确主题。

分组讨论：(20分钟)本科生可以将此部分安排在课外进行，然后补充相关理论知识的介绍。

集体讨论：50分钟。

知识梳理：5分钟。

问答与机动：5分钟。

(3)课后计划：如有必要，请学员采用报告形式给出更加具体的解决方案，包括具体的职责分工，为后续章节内容做好铺垫。

本案例的教学课堂讨论提问逻辑为：

(1)为什么要做责任成本承包？案例企业的项目利润如何体现？

(2)案例项目的目标体系是什么？是否合理？

(3)针对责任成本降低目标，项目团队的收益构成结构是什么？

(4)项目超额收益的 40% 在项目团队内部分配，这个比例是否合适，为什么？项目经理该如何分配超额收益？

(5)应该如何评价项目团队的绩效？

(6)公司的采购模式有没有问题？

(7)项目的责任成本由哪些部分构成？项目部对各个部分有什么责任？

(8)铜价上涨的原因都有哪些？

(9)项目部有哪些项目决策的权力？总部有哪些权力？

(10)项目的激励是怎么失效的？

(11)项目索赔收益包含哪些部分，应该怎么分配？

(12)东北公司总经理应该如何解决这次危机？责任成本承包制度应该做哪些修改？

(13)项目是否是公司的利润中心？

(14)风险抵押金返还方案能不能保证激励的弹性？项目经理的超额奖励分配权有哪些潜在风险，如何防范？

本案例教学说明黑板计划按照一块矩形黑板设计，具体内容如附图 1-3 所示，如果教室布局多块黑板，可根据教室黑板情况做适当调整。

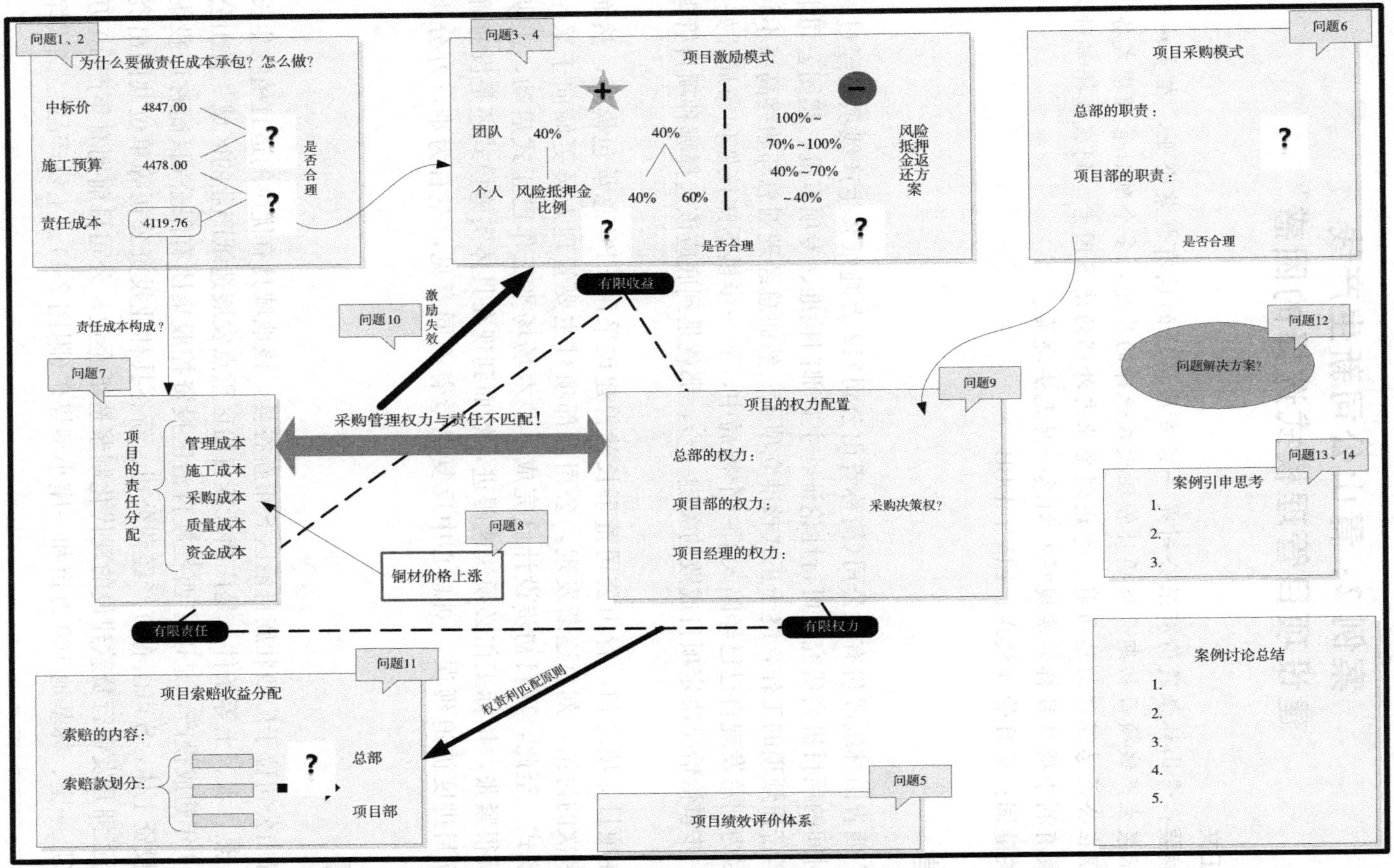

附图1-3　板书设计示意图

案例 2：青山公司新生产线建设项目管理模式选择的困惑①

案例正文

摘要：青山林纸股份有限公司是一家发展迅速的国有制浆企业，在实施 12 万吨纸浆生产线项目初期面临项目管理模式选择的难题，多个项目管理模式备选方案摆在公司总经理刘总面前。考虑到企业内外部的诸多因素，到底选择哪种方案才最有利于项目目标的实现呢？刘总一时无法决策。

关键词：项目管理模式；EPC；DBB

0 引言

广西青山林纸股份有限公司（简称青山公司）12 万吨纸浆生产线项目经过一年多时间的项目机会研究、可行性论证、主管部门核准、专项审批、集团公司审批等辛苦而烦琐的工作，终于正式核准立项了。然而总经理刘总却始终高兴不起来，因为刘总发现自己已经陷入了一个禅局中，下一步棋不知该如何布局才好，而这一步棋恰恰是决定项目成败的关键一步，那就是到底应该选择哪种项目管理模式？

在项目立项之初，青山公司董事长就曾建议采用 EPC 总承包模式，然而经过多次的讨论，刘总逐渐发现，公司内部项目主要管理人员更倾向于采用 DBB 模式。至此，项目初步设计已完成，贮木场场平工作已正式启动，工期原本就很紧张，招标工作必须快速跟进，然而到现在具体实施模式还是没有确定，项目进度被迫延误，刘总心中反复思量着不同意见，左右为难，万分焦急……

1 背景

青山公司位于广西壮族自治区 S 市新谷县，该地域具有优越的适宜植物生长的光、热、水、土等条件，是广西壮族自治区重点发展造纸产业的区域。青山公司 1996 年建成投产，是以广西壮族自治区投资控股集团有限公司（简称广投集团）为投资主体，S 市国有资产经营公司、新谷县林业投资公司等单位共同出资并利用亚洲开发银行贷款建设的现代化制浆造纸企业。公司目前拥有年产 10 万吨纸浆厂一座、林基地 100 万亩和一座小型煤矿（附图 2-1）。主要产品“三星”牌

① 本案例来自中国管理案例共享中心，由大连理工大学管理与经济学部朱方伟、宋彬撰写。

针叶木浆畅销10多个省(自治区、直辖市)，具有较强的市场竞争力。青山公司共有员工800多人，平均年龄为33岁，人才专业结构包括制浆造纸、营林造林、林产化工等30多个领域。

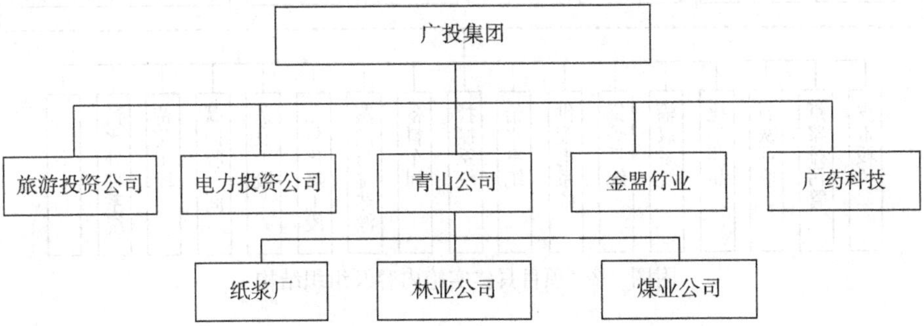

附图 2-1 广投集团控股公司

纸浆厂一期工程设计规模为年产8万吨，于1997年建成投产，投资13.08亿元。一期工程工艺技术先进，采用国际竞争性采购和国内配套结合的方式进行物资和设备的采购工作。2001年广投集团投资1.2亿元对纸浆生产线实施了“8改10”的技改项目，公司产量大幅提高，生产经营逐步好转，现年生产能力为10.5万吨。随着造纸行业的快速发展，公司10.5万吨/年规模的局限性逐步显现，国内外纸浆厂经济规模已提升到年产20万吨以上，并且原有生产线由于每年承担巨额折旧费用，连年亏损，在行业中处于竞争劣势。因此青山公司提出增加产能的计划，即新建12万吨纸浆生产线。项目已经通过自治区经济和信息化工作委员会核准，并确定为省2009年重点投资项目。

12万吨纸浆生产线项目按照项目实施过程主要划分为前期规划与准备、设计、采购、施工、开车、验收6个主要阶段，项目实施内容主要由25个子项目组成。项目估算总投资11.76亿元，项目于2009年7月8日动工建设，计划总建设工期为24个月。

12万吨建设项目实行项目经理负责制，由青山公司技术副总经理马志成担任项目部经理。项目部从各分厂、部门抽调工程管理和专业技术人员，充实项目部力量，专职负责项目建设日常管理工作。项目部设立设计、采购、施工、开车、控制、财务、质量、行政等专职岗位，并对各个车间、工段设立专门负责人，同时从外部聘请技术和管理支持人员协助进行项目管理(附图2-2)。项目部中有3人曾全程参与一期工程和完善工程建设，另有少数人员部分参与过，积累了一定的管理经验。

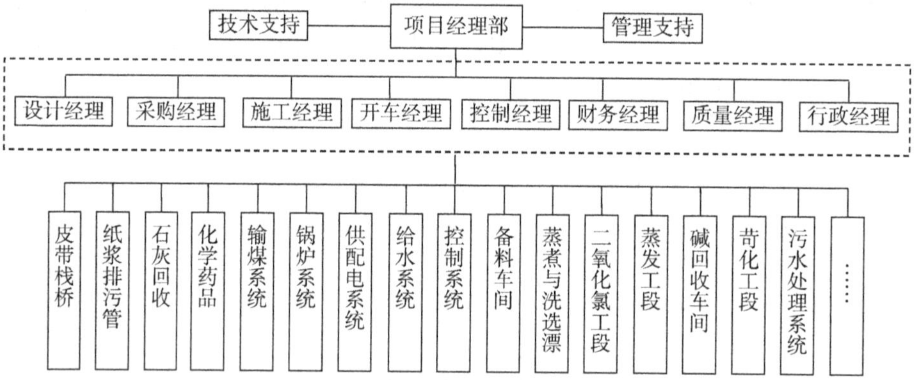

附图 2-2　项目具体实施内容及组织结构

2 董事长的想法

广投集团前身为广西壮族自治区开发投资有限公司，是直属于广西壮族自治区人民政府、由区国资委履行出资人职责的大型国有独资企业。为了加强对青山公司的集团管控，任命集团副总裁王总担任青山公司董事长。王董事长曾任自治区副主席秘书，后任自治区发改委副主任，1995 年起任广投集团副总裁。王董事长一直非常重视 12 万吨纸浆生产线项目，早在项目还未正式立项的时候，王董事长就曾找刘总探讨该项目所采用的项目管理模式问题，并谈了许多广投集团对于投资该项目的一些战略规划，最重要的一点，就是借助广西壮族自治区内的资源优势和国家政策扶持，将林纸产业作为集团实业投资的重要板块之一，打造林纸一体化战略发展格局。王董事长对刘总说，“我们的目标就是把青山公司作为孵化基地，让它在 12 万吨项目中逐步锻炼、发展、成熟，等项目结束后，青山公司就能够为林纸产业输出项目管理模式、生产技术、人才队伍等关键资源”。刘总会意地点了点头，对王董事长坚定地表示：“适逢通货膨胀、人民币升值，进口设备采购成本降低，同时下游纸板需求增长拉动纸浆价格不断上升，这是个千载难逢的上项目的好机遇，我们一定要竭尽全力把握住工期，早日将项目建成投产。”想到集团领导的多次恳谈，又想到区委领导多次来青山公司实地考察，刘总心中倍感压力。

项目正式立项后，王董事长在公司董事会上，正式提议采用 EPC 总承包模式实施 12 万吨项目，即委托一个承包主体承担设计、采购和施工工作的总承包方式。王董事长在会上指出 EPC 总承包模式主要有六大方面的优势：“其一，我们只需与总承包商签订一个合同，招标发包的工作量大大减少，并且总包合同签订后，只需对项目实施过程进行总体、宏观的管控，组织协调的工作量大大减少，这恰恰适应了老线正常生产运作工作量繁重、新线建设项目团队力量不足的现状；其二，EPC 总承包模式能够充分发挥承包商的专业优势，有利于减少项目实施过程中的矛盾冲突；其三，采用固定总价合同模式，有利于将投资严格控制在 11.76 亿元以内；其四，EPC 模式下，设计院牵头进行工程总承包，可以边设计边施工，能够节约大量工期，这是其他项目管理模式所不具备的；其五，我希望将 EPC 模式打造成广西壮族自治区林纸产业投资项目的标准项目管理模式，以后进一步将这种模式推广、复制到其他目标区域去；其六，EPC 模式有利于避免各种'关系'干扰项目管理者决策。"王董事长的意见得到了部分董事会成员的赞同，同时，与会人员针对 EPC 模式自身的优势和劣势进行了讨论。

董事会后，青山公司全体经营班子在刘总的组织下认真学习了集团公司的战略规划并讨论了王董事长采用 EPC 总承包模式的建议，随即，公司聘请项目管理专家针对 EPC 总承包模式编制了《项目执行管理方案》，但是就在项目组内部讨论具体实施方案的过程中，刘总听到了诸多不同的声音。其中，最大的不同声音来自于项目经理马志成。马经理今年 42 岁，毕业于国内知名大学制浆造纸专业，1996 年来到青山公司，参与了青山一期项目的建设全过程，并长期负责生产和技术管理工作，具有较丰富的项目管理知识和技术管理经验。在马经理对 EPC 项目管理模式提出不同意见的同时，在项目初步设计论证评审会上，专家组也认为："目前国内 EPC 总承包市场尚不成熟，实施完全的总承包风险较大，可根据实际需要选取部分非关键子项目实行总承包模式。"

青山公司经营班子多次开会讨论项目管理模式选择的问题。一次讨论会后，刘总把项目经理马志成单独留下，意味深长地说："老马啊，这个项目可是广西壮族自治区委和集团公司关注的焦点，做好了，就是样板，以后再建 30 万吨、50 万吨，在广西建、到国外建都有重要借鉴价值，要是做砸了，毁的可不只是你我的声誉，而是关乎广西壮族自治区林业投资板块的战略发展啊！"听刘总说完，马经理点头道："所以，我们不能草率决定采用哪种模式啊，集团公司是投资型公司，从便于投资管理的角度看，采用 EPC 固然有其优势，但是我们青山公司是生产型的企业，很难用这种模式管好项目。国内缺乏成熟的 EPC 总承包商、合同谈判难度大、公司内部人才培养不易实现、建成后运营成本难以控制……从这些方面来看，实施 EPC 总承包模式都有很大困难，控制不好，极有可能是投资没控制住，项目管理经验也没学到啊！"刘总听后，回想起刚才班子会上各抒己见的大讨论，若有所思地点点头，觉得项目管理模式的选择关乎项目成败，不可仅听一面之词，在做最终决定之前还需要进一步充分论证。

3 论证会上的讨论

刘总经过深思熟虑，决定组织召开一次公开的项目管理模式论证会，论证会邀请王董事长、青山公司项目相关的主要领导参加，同时还邀请负责编制《项目执行管理方案》的项目管理专家冯教授以及山西太阳纸业的王经理、湖北泰格林纸的谢经理共同参与讨论。刘总希望在论证会上，各方对项目管理模式的选择提出具体建议，并充分讨论其利弊。

论证会如期在青山公司 2 号会议室举行，会议的主题就是项目管理模式的选择问题。刘总首先简单介绍了与会人员，并强调了召开本次项目管理模式论证会的重要意义。刘总说："本次扩大产能项目比新建一个同样规模的纸浆厂难度更大，不仅工期长、投资总额高、技术复杂性高，并且青山公司现有管理、技术人员数量有限，老生产线的生产运作工作量大，新线的建设也不能影响老线的正常生产作业，因此需要经过充分论证从而选择与该项目实际情况真正匹配的项目管理模式。本次论证会主要集中讨论 EPC 模式和 DBB 模式的选择问题，请大家各抒己见，当然也可以建议其他合理模式。"

刘总简单介绍完项目情况后，就请各位与会人员发言。

马经理首先发言："我们项目组内部讨论认为，采用 DBB 模式更加切实本项目实际。EPC 模式虽然有其独特优势，但对于一期工程建设中暴露的诸多问题都很难通过 EPC 模式来克服，比如说，一期工程建设中，公司需通过总承包商与其他分包商交涉，延误了一些问题的处理时间；并且，我们怎样才能选择到合适的 EPC 总承包商呢，目前国内的 EPC 总承包商普遍缺乏管理经验、组织协调体系不健全，不能有效实施过程控制，如果我们把总投资额高达 11 个多亿的大项目全权委托给一家 EPC 总承包商进行管理，很难让我们放心啊；即便存在能力强的总承包商，但不容忽视的一点是，目前中国八大轻工业设计院都是'中国轻工业国际工程设计院'统一领导的子公司，因而有可能出现投标者之间相互串标，一致抬高投标报价、先内定中标人、轮流中标之类的围标事例，造成 EPC 合同总价虚高；而我们作为业主与 EPC 总承包商信息严重不对称，项目正式开始实施前不确定因素多，根本无法制定准确的成本预算，对合同总价的谈判没有一点优势……"

"即便争取到了比较有优势的合同总价，业主也不是百分之百胜算"，湖北泰格林纸的项目经理谢经理开口了。谢经理是 40 万吨漂白针叶木硫酸盐浆项目的项目经理，具有丰富的技术和管理经验。他结合自己多年管理项目积累的经验提出，"现在的总承包商讲究'中标靠低价、盈利靠索赔'，也就是说可能他以低价中标，但是在项目执行过程中，利用自身专业上和信息上的优势，钻业主的空子，追加赔偿费用，因为过程管控的信息都掌握在总承包商手中，而业主呢，吃了哑巴亏还说不清道理"。王董事长听取了马经理和专家提出的几点疑虑后，在笔记本上记录下了自己的一些想法。

"的确如此啊！我们和 EPC 总承包商之间的信息实在太不对称了，谈判阶段，项目还没开始执行，太多不确定性因素无法提前预知，一个 EPC 总承包合同难免有疏漏；还有我最最担心的一点就是，EPC总承包商可能为了增加自身盈利，单方面降低工艺水准，从而压缩工程建设成本，那等项目建成后，势必运行维护的成本很高，到头来吃亏的还是我们业主自己啊！”马经理补充道，“所以我认为本项目更适合采用DBB模式，将设计、采购、施工分段发包，只有这样，公司自身才能对工程实施各阶段进行严格的监督和控制，进而才能保住工程质量，节约运营成本。”

听了马经理和谢经理的观点，刘总觉得二人立足于项目建设与生产全生命周期成本最低，从技术和生产角度对EPC模式的适用性提出质疑，具有一定的道理，接着，他把目光投向了负责编制《项目执行管理方案》的冯教授。冯教授是国内知名大学项目管理研究中心的项目管理专家，有多年从事项目管控咨询的经验。“冯教授，您持有什么样的看法呢？”刘总问道。冯教授放下手中翻阅的项目材料，回答说：“EPC模式确实存在刚才各位所提及的种种局限性，但是EPC模式自身的优势也是其他模式所不能替代的，发达国家的成套生产线建设也大多采用了EPC总承包模式。青山公司项目部成员中仅极少数人员全程或部分参与过一期工程，管理经验虽有所积累，但是仍显不足，EPC模式在当下最大的优势就是可以缓解管理资源的不足，而这一点恰恰是DBB模式做不到的。DBB模式下，需要由业主出面进行设计、采购、施工等接口之间的协调，这就需要设置较庞大的管理机构、投入较多的管理人员才能做到。另外，由于DBB模式下施工承包商无法参与设计工作，可能导致设计的可施工性差，设计变更频繁，发生争议的可能性较大，以上原因都极有可能导致工期延误。而EPC模式的一个重要优点就是设计、采购、施工等工作由EPC总承包商一个单位统筹组织协调，将采购需求纳入设计考虑，进行设计的同时满足施工可行性，各阶段之间信息沟通与综合协调的效率更高。据我多年从事项目咨询了解，近些年来国内很多以EPC总承包模式建设的重大石油化工项目都取得了巨大成功，所以倘若能够在项目前期准备阶段做好充分的市场信息调研，在外部技术专家、管理专家的协助下对合同条款进行细致全面的研究，并在青山公司项目部设立强控制矩阵组织结构，对实施过程中进行较深的跟踪和管控，是可以规避EPC模式所带来的绝大多数风险的，根据历史经验来看，如果控制得好，可以节约20%以上工期。”一些与会者会意地点了点头，觉得冯教授的解释有一定道理。

马经理对于冯教授发言中提到的协调工作量问题提出了不同意见，他认为，“正是因为青山公司目前所拥有的项目管理力量较为薄弱，所以我们更应较深地介入工程项目管理的实际工作中来，EPC模式不利于我们的队伍在实践中进行学习和锻炼，很难真正培育出一批管理经验丰富、业务素质较高的人才队伍；至于您所提到的管控经验方面的劣势，项目部打算聘请像您和王经理、谢经理这样在项目管理、工艺、设备、施工等领域具有丰富经验的专家对项目进行全过程的跟踪和指导，以弥补自身经验不足”。

太阳纸业的王经理听完两种观点后，提出了自己的看法。王经理主持的太阳纸业 15 万吨木浆新生产线建设上年通过验收，正式投产，运营状况良好。“从我做纸浆项目的经验来看，建议比较成熟、独立的车间和工段可以进行分段总承包。因为此次 12 万吨新线建设不是在平地上新建工厂，而是在老线的基础之上进行扩建，新线和老线要共用许多供水供电供气以及供化学原料的管网设施，在建设过程中新老线势必有很多交叉衔接，完全采用 EPC 总承包模式的话，新线的建设不可能不对老线的正常生产造成影响，甚至可能造成更大的停工损失，现在的总承包商还是站在自己的利益角度实施项目的。所以，我还是建议对那些跟老线衔接紧密、利害相关度高的部分以青山公司自己管控为主。”

会上大家你一言我一语地针对各种项目管理模式的适用性展开了讨论。论证会的其他成员也提出了一些建议。有人基于王经理的建议进一步提出了“DBB+EPC”的混合项目管理模式。这样就做到了抓大放小，优势互补。但同时，也有代表提出反对意见，认为这种模式在某种程度上也增加了青山公司项目部协调管理的难度和复杂度。

还有与会代表提出采用 DB 模式，因为项目设备购置费约占项目总投资的 67%，只要控制住了采购的费用、进度和质量，整个项目就成功了一半，所以可由一家承包商对设计和施工进行总承包，青山公司自行组织进行招标采购。刘总对此给出了自己的意见，认为：“DB 模式运作的现状通常是由施工承包商牵头整合设计资源，可是我国现有施工承包商能力较弱，自身不具备设计能力，也不具备整合设计院资源的能力，所以在项目实施过程中可能遇到无法妥善处理设计变更的难题，影响项目目标的实现……”

4 尾声

会议上提出的各种项目管理模式都存在一定的优势和劣势，大家讨论了一下午仍没有达成一致意见。刘总只得暂时休会，让大家把几种备选方案拿回去再仔细考虑考虑，到底采用哪一种项目管理模式，还要拿出一个统一的标准来权衡利弊。

会议虽然暂告一段落，但是论证会上大家提出的方案和理由还依然在刘总的脑海中萦绕，项目已经正式启动三个月了，但项目管理模式还未确定，详细设计招标、设备采购招标、施工单位招标等各项工作都停滞不前。目前纸浆市场价格约每吨 2000 元，若项目不能按期竣工，每月造成的经济损失将超过 2000 万元，想到这里，刘总心中愈加忐忑不安，面对这么多的备选方案，到底该采取哪种项目管理模式才能保证项目目标顺利实现呢？

案例使用说明

一、教学目的与用途

本案例的教学目的是通过讲述青山公司在新生产线建设项目中对于项目管理模式选择的决策困惑，引导学生在分析各种项目管理模式优缺点的基础上，讨论在选择项目管理模式的过程中应该考虑的因素、各种项目管理模式对业主的能力要求、战略与市场情况对项目管理模式选择的影响、项目计划的作用、组织结构扁平化的前提等。

1. 适用的课程

本案例适用于“项目管理”、“项目计划与控制”等项目管理相关课程，案例可用于项目管理特征、项目管理模式部分的教学。

2. 适用的对象

本案例难度适中，概念难度 2，分析难度 2，表述难度 2，适用对象包括学习项目管理课程的本科生、研究生以及 MBA 或 EMBA 等各层次的学生。对于缺乏理论知识的本科生，可以引导其通过案例内容的了解，重点分析各种项目管理模式的优劣。对于缺乏实际经验的研究生，可以引导其将项目管理理论与案例相结合，对每一环节和相关因素进行分析，可以在分析项目管理模式选择的基础上，拓展分析项目计划的作用、项目管理团队的职责。对于拥有实际经验的 MBA 或 EMBA 学生，可重点让其了解公司和案例的相关资料，分析面对冲突时的决策观念，重点分析在选择项目管理模式的过程中应该考虑的因素、各种项目管理模式对业主的能力要求、组织结构扁平化的前提等。

3. 本案例教学目标规划

(1)知识传授点：

- 项目管理的概念与特征。
- 项目管理流程。
- 项目管理模式(PM、EPC、DBB)概念、特征及优缺点。
- 项目计划与控制。
- 战略规划。

(2)能力训练点：

- 通过引导学生分析组织内外部环境，明确在项目管理环境中选择项目管理模式所要考虑的因素。
- 通过分析各种项目管理模式的优缺点，明确在各种项目管理模式下，业主扮演的不同角色，以及对业主能力的不同要求。
- 通过分析 PM 模式，明确项目管理团队的工作内容与职责。
- 通过分析 EPC 模式，明确 EPC 签署合同的困难点，以及制订项目计划在项目管理中的重要性。

• 通过分析 DBB 模式，明确保障“组织结构扁平化提高组织效率”的前提条件。

• 基于案例中组织内部多次针对项目管理模式选择的讨论会议，将学生迅速带入该问题的分析与讨论中，培养学生在复杂环境中独立思考与分析判断的能力。

(3)观念改变点：

• 业主要直接采用 DBB 管理模式，前提是要扮演 EPC 与 PM 的角色，对业主能力要求最高。

• EPC 的本质是将若干个模块进行分包，其具备架构管理的能力和能够达到规模效应是决定其能够具有市场前景的必要条件。如果业主要做 DBB，其实质要扮演 EPC 的角色，要求其必须要具备这些能力。

• 项目团队应该在项目运行开始前先制订详细的项目计划，将管理重心前移，才能保证项目有条不紊地进行。

• 组织结构扁平化并不一定能保证组织高效，而要以专业化为基本前提。

二、理论依据与分析

1. 项目与项目管理

国际项目管理协会(International Project Management Association，IPMA) ICB 3.0 中对项目的定义为：项目是受时间和成本约束的，用以实现一系列既定的可交付物(达到项目目标的范围)，同时满足质量标准和需求的一次性活动。其包含了三层含义：第一，项目是一项有待完成的任务，这项任务由一系列相关的活动或者工作构成，完成这些相关的活动或者工作是一个动态的过程；第二，完成这些活动或者工作需要利用有限的时间、人员和资源，在特定的环境和约束下进行；第三，对于这些活动或者工作是否已经完成，完成得好不好，有明确的目标要求，而且是多目标的约束。

项目管理是以项目为对象，通过一个临时性的、柔性化的专门组织，对项目进行高效率的计划、组织、协调和控制，使项目全过程的资源得到优化，从而顺利实现项目预期目标的过程。项目管理是系统应用管理方法对项目进行高效率的计划、组织、协调和控制的手段，促使项目在时间、费用和功能等方面达到既定目标。依据项目在企业中的地位和作用，企业一般可以从战略层次、制度和流程层次、工具和方法层次三个层次上对项目进行管理。这三个层次的项目管理相互支持，相互补充，共同形成完整的项目管理体系。

结合本案例，公司新生产线建设项目符合项目的所有特征，既是一次性的，又包含项目机会研究、可行性论证、主管部门核准、专项审批、集团公司审批等一系列的工作，同时是在一定的工期、成本、资源等约束条件下进行的，具有明确的项目目标。由于该项目是广西壮族自治区委和集团公司关注的焦点，是一个样板项目，具有重要的战略意义，因此公司组建了专门的项目管理团队，任命了项目经理专门负责该项目的全过程管理。

2. 项目管理模式

目前，项目管理模式有很多种，如 PM、EPC、DBB 等。PM 模式即项目管理模式，就是业主聘请专业的项目管理公司，代表业主对工程项目的组织实施进行全过程管理。PM 承包商受业主委托，作为业主的代表，利用其管理经验、人才优势，帮助业主在项目前期策划、可行性研究、项目定义、计划、融资方案，以及设计、采购、施工、试运行等整个实施过程中控制工程质量、进度和费用，并对实施的项目进行管理、监督、指导，保证项目的成功实施，业主仅需对一些关键问题进行决策。但 PM 承包商需要很好地识别业主需求，做好需求与方案的衔接工作。

EPC 模式即设计—采购—建造模式，是指业主将设计与施工委托给一家公司来完成的工程项目管理模式。在 EPC 模式中，设计不仅包括具体的设计工作，而且可能包括整个建设工程内容的总体策划以及整个建设工程实施组织管理的策划和具体工作。在 EPC 模式下，业主需要在项目前期做策划、可行性研究、项目定义、计划及融资方案，业主采用总价合同，选择 EPC 的总承包商，向 EPC 承包单位说明投资意图和要求，由其完成其余工作。业主不聘请监理工程师来管理工程，而是自己或委派业主代表来管理工程，重点进行竣工验收。承包商承担设计风险、自然力风险、不可预见的困难等大部分风险，对整个项目的总成本负责，故业主不能过多地干预承包商的工作。

DBB 模式即设计—招标—建造模式，是最传统的一种工程项目管理模式。在 DBB 模式中，业主组织机构直接行使对项目的管理，业主直接分别委托设计单位、施工企业和监理单位开展工程设计、施工建设和工程监理，因此必须按照设计—招标—建造的顺序进行，只有一个阶段结束后另一个阶段才能开始。该模式的优点是通用性强，可自由选择咨询、设计、监理方，各方均熟悉使用标准的合同文本，有利于合同管理、风险管理和减少投资。但是，该模式中业主既是投资主体，又是项目的管理主体，承担了项目的所有风险。同时，由于工程建设各个阶段、各个部分之间的界面管理工作量大而复杂，业主组织机构需要较庞大的管理机构和较多的管理人员，管理费用较高，对项目管理人员的素质也要求较高，而业主内部往往很难做到这一点，导致项目管理出现混乱局面。而且，工程项目的实施环节分包给不同的承包商，施工承包商无法参与设计工作，可能导致设计的可施工性差，设计变更频繁，发生争议的可能性较大，极有可能导致工期延误，项目周期变长。

3. 项目管理重心前移

管理重心前移是项目管理的一个重要的理念。管理重心前移意味着企业要将对项目的管理从对实施过程中的管理、控制转移到项目前期的计划、组织的过程中，通过有效的项目计划来保证项目的实现。通过管理重心的前移，项目的管理者只要制订好项目的计划和各种管理办法，就能尽量规避项目实施过程中的不确定性，促进项目团队对项目目标的更好理解，减少项目实施过程中大量资源的浪费，从源头上对项目进行管理，为项目开展过程中的监测和控制提供重要的依据。管理重心前移的思想也从某种意义上证明了项目计划的重要性，保证项目有条不紊地进行。

结合本案例中马经理提到的 EPC 签合同难的问题，常出现合同总价虚高，或“低价中标，高价索赔”的现象。这主要是由于业主在前期未能系统性地对项目过程进行考察与计划，导致双方信息严重不对称，致使业主从签合同时就处于被动状态。因此，无论业主采用哪种模式，都应该提前制订详细的计划与管理办法，并在合同中明确双方的义务与责任，包括明晰的业主需求、管控 EPC 的过程、交付物的标准等，通过合同与计划进行控制，将管理重心前移，以保证项目有序进行。

4. 组织结构扁平化

组织结构扁平化是相对传统职能式组织结构提出来的，决策层、管理层与操作层的距离适度缩小，管理幅度增大。其典型特征是：一是围绕工作流程而不是部门职能来建立组织结构；二是纵向管理层次简化；三是企业资源和权力侧重于基层；四是顾客需求驱动。面对新的市场环境，扁平化的组织结构不仅能够降低企业管理的协调成本，同时还大大提高了企业对市场和顾客的反应速度及满足市场与用户需要的能力，使企业在变化多端、激烈竞争的市场环境中变得更加灵活、快速、高效。但是组织扁平化的实施需要企业文化、信息化、授权、人力资源、控制机制等方面的支持，否则，盲目实施扁平化反而会降低组织效率。

结合本案例公司的现状，对马经理提出的 DBB 模式进行分析，虽然 DBB 模式下，项目团队直接管理分承包商，减少了管理层级，促使组织结构扁平化，但是这并不代表组织效率会因此而提高。这与组织专业化能力有很大关系，DBB 模式下，业主需要首先扮演 PM 角色识别项目需求，制订项目计划，同时还要对项目进行分解，承包给不同的承包商，扮演 EPC 承包商的角色，协调管理各个承包商的衔接工作，因此，要求业主能够具备各个方面的能力，了解工程项目的各个领域。但是青山公司的人员并不具备这样的高专业素质，这样会限制业主对各个承包商工作的协调能力，反而会降低组织效率。

三、启发思考题

(1)PM、EPC、DBB 项目管理模式是什么？它们的区别是什么？各有什么优缺点？

(2)公司在选择项目管理模式的过程中，需要考虑哪些方面的因素？

(3)公司项目经理在这三种管理模式中的角色差异是什么？

(4)企业的长期战略目标是什么？这会如何影响公司选择该项目的管理模式？

(5)市场上是否有成熟的PM、EPC、DBB承包商？这些是否会影响到公司项目管理模式的选择？

(6)什么样的项目适合采用EPC模式，什么样的项目适合采用DBB模式？

(7)如果采用EPC模式，如何才能解决“低价中标，高价索赔”的签合同难的问题？如何降低公司的风险？

(8)采用DBB模式，公司组织结构会变得更加扁平化，组织效率会相应提高吗？为什么？对于扁平化的组织结构，组织效率的高低与什么因素有关？

(9)假如你是刘总，面对这么多的备选方案，你认为应该采取哪种方案更为合适？如果都不合适，还有其他备选方案吗？到底采取哪种项目管理模式才能保证项目目标顺利实现？为什么？

四、补充阅读资料

由于本案例主要是围绕选择项目管理模式所要考虑的因素展开讨论，关于项目管理模式有很多相关的内容，以下这些资料可以作为案例学习的补充阅读材料，有助于更加深入地理解案例中的讨论。

文献：①胡文亮、霍卫世：《建设工程项目管理模式的比较和选择》，《西部探矿工程》，2007年第8期。②康香萍、郭红英：《国内外常用工程项目管理模式综述》，《中外公路》，2010年第2期。

五、案例核心问题与基本问题

本案例可以从青山公司王董事长、刘总和项目经理马志成的角色组织学生进行讨论，通过学生的分组讨论和教师组织课堂大讨论，结合公司能力、战略、市场情况对各个项目管理模式的优缺点进行分析。可以在学生讨论的过程中，根据学生对问题的分析程度，适当提出一些假设条件，以增加对问题分析的复杂程度。本案例的核心问题是：

• 公司新生产线建设项目应该选择哪种项目管理模式，EPC模式、DBB模式还是其他模式？

围绕这个核心问题，需要延伸讨论的基本问题有：

• PM模式、EPC模式及DBB模式是什么？各有什么优缺点？
• 选择项目管理模式需要考虑哪些因素？
• 不同的项目管理模式下项目经理的角色有什么差异？
• 企业战略目标与选择项目管理模式有什么关系？
• 市场情况是否会影响项目管理模式的选择？

• 适用于 EPC、DBB 模式的项目有什么特点？
• 如何解决 EPC 模式签合同难的问题？
• 为什么会出现在 DBB 模式下虽是扁平化结构但组织效率不高的问题？

六、分析思路

第一，引导学生讨论主流的项目管理模式，即 PM 模式、EPC 模式及 DBB 模式，梳理三种模式的概念与特点，引出本案例的主决策点，讨论公司要选择项目管理模式需要考虑的因素，通过讨论实际上要引导学生得出业主能力、战略目标及市场情况是选择项目管理模式必须要考虑的因素，同时将其作为后续讨论的逻辑线，从这三个角度引导学生讨论不同项目管理模式间的区别、如何解决各个模式的缺点及公司适合哪个模式等问题。

第二，从业主能力的角度，引导学生讨论 PM、EPC 及 DBB 三种项目管理模式下项目经理的不同角色和能力要求。引导学生梳理每种项目管理模式下项目的层层承包关系。PM 模式：业主—PM—EPC—DBB；EPC 模式：业主—EPC—DBB；DBB 模式：业主—DBB。这部分要为后面讨论 PM、EPC、DBB 模式中业主分别会面临什么样的风险与困难埋下伏笔。通过引导学生讨论实际上要得出这样的结论：PM 模式中业主仅充当项目经理的角色，EPC 模式中业主要充当项目经理与 PM 的角色，DBB 模式中业主要充当项目经理、PM 与 EPC 的角色。同时剖析 EPC 的特征，得出其本质是将若干个模块进行分包，是否具备架构管理的能力和是否能够达到规模效应决定了其能否具有市场前景。如果业主要做 DBB，其实质要扮演 EPC 的角色，要求其必须要具备 EPC 这种架构管理的能力。进而可以得出，DBB 模式下对业主的能力要求最高，业主要直接采用 DBB 管理模式，前提是要扮演 PM 与 EPC 的角色，且要比其他 EPC 做得好。传递给学生一个理念：选择什么要看公司能做什么。

第三，从公司战略目标的角度，通过引导学生梳理公司的战略目标，即要通过该项目输出项目管理模式、生产技术、人才队伍等关键资源，讨论公司的战略目标会如何影响项目管理模式的选择。得出结论：如果公司要培养 PM 团队，就应该在此次项目中选择 EPC 模式，积累 PM 的经验；如果公司要培养 EPC 团队，就应该在此次项目中选择 DBB 模式，积累 EPC 的经验。传递给学生一个理念：选择什么要看公司的战略目标需要做什么。

第四，从市场情况的角度，通过引导学生讨论目前市场上是否有成熟的 PM、EPC、DBB 承包商，传递给学生一个理念：选择什么要看市场上有什么条件能够实现。

第五，从项目特性出发，引导学生讨论什么样的项目分别适合采用 EPC、DBB 模式，通过引导学生回顾项目特性、EPC 与 DBB 模式的特点，实际上要让学生得出复杂、重复次数少的项目适合采用 EPC 模式，重复次数多的项目适合采用 DBB 模式的结论。

第六，从以上各个角度讨论完后，需要进一步引导学生寻找 PM、EPC、DBB 三种模式的主要困难与风险。首先，通过引导学生根据 PM 的内涵与“业主—PM—EPC—DBB”的模式关系，得出结论：采用 PM 模式的难点在于 EPC 方案与业主需求之间的匹配。其次，通过引导学生分析案例，得出采用 EPC 模式的难点在于与 EPC 承包商签合同，常有“低价中标，高价索赔”的现象。最后，引导学生思考 DBB 模式的组织结构虽然更加趋于扁平化，但是扁平化的组织结构一定效率高吗？引导学生得出扁平化是以专业化为前提的结论，公司组织结构扁平化而效率不高是因为业主专业化能力差。公司纵向集权，但并未体现出纵向的专业分工，因此效率低下。

第七，针对 PM、EPC、DBB 三种模式的主要困难，引导学生结合项目管理的基本知识，找到其本质问题，并思考相应的解决方式。三种模式下，业主均容易处于被动状态，没有提前识别自己的需求并在合同中标明，同时也没有对项目过程做详细计划与预算，在合同签订和后续过程控制时处于被动状态，因此无论业主采用哪种模式，都应该提前制订详细的计划，在合同中明确要求，包括明晰的业主需求、管控 EPC 的过程、交付物的标准等，通过合同进行控制，将管理重心前移，以保证项目有条不紊地进行。

第八，讨论本案例实质问题的解决措施。公司到底应该采用哪种项目管理模式，才能既在业主能力范围内，又符合公司战略目标和市场现状。在对基本过程和内容了解、分析的基础上，启发学生结合案例中公司面临的内外环境，分析案例并回答采取怎样的解决措施是合理的，鼓励学生站在决策人的角度提出自己的观点。

第九，可以综合学生的观点和意见，做出讨论小结，总结选择项目管理模式应该考虑的几个因素及一般步骤，并给学生提出有思考性的问题，为后续课程内容讲授进行准备。

七、课堂教学计划

案例授课班级人数不宜过多，应该控制在 30～60 人，可以以 4～6 人为一个小组。教室的桌椅布局要以让所有的课堂参与者围坐四周，使其都很容易听到和看到对方为基本原则。教室中应具备投影仪、黑板、粉笔、桌子等设备，同时为了方便学生更好地参与到案例课堂讨论中，教师可以在课前提醒学生准备座位名牌等，以更好地营造轻松的讨论氛围。

分组原则：本案例如果应用于 MBA 或 EMBA 教学的设计，分组时要事先了解学生的就业背景和专业背景，尽量让每一个小组中有一位具备工程类项目管理经验的学员在其中，这样有利于对工程项目管理的理解与讨论。本案例如果应用于本科生或研究生教学的设计，要尽量使非同一专业和非同一导师的学生为小组成员，便于互相学习，培养沟通协作能力。

案例讨论时间：本案例可以作为专门的案例讨论课来进行。下面是按照时间进度提供的课堂计划建议，仅供参考。

案例课的课堂时间控制在80～90分钟。

(1)课前计划：提前布置启发思考题与额外阅读资料，请学员在课前完成阅读和初步思考。

(2)课中计划。

案例概述：(5～10分钟)简要的课堂前言，带领学生回顾案例内容，明确主题。

小组讨论：(20～25分钟)重点讨论启发思考题，理解案例内容与基本知识点。

班级讨论：(50～60分钟)由教师组织全班进行讨论。

评价与总结：(5～10分钟)对知识点进行梳理与案例总结。

问答与机动：(5～10分钟)回答学生的一些额外问题等。

(3)课后计划：如有必要，请学员采用报告形式给出更加具体的解决方案，包括具体的职责分工，为后续章节内容做好铺垫。

八、课堂讨论题

(1)案例中项目管理涉及了哪些人？即利益相关者有哪些？

(2)案例中公司人员提到了哪些项目管理模式？它们各有什么区别？各有哪些优缺点？

(3)公司在讨论选择各种项目管理模式的过程中，都考虑了哪些方面的因素？

(4)公司项目经理在PM、EPC、DBB管理模式中会分别充当什么样的角色？要负责项目管理中的哪些职能？需要具备什么样的能力？

(5)公司王董事长为什么总强调公司对该项目的目标期望？公司对该项目的定位是什么？公司的长期战略目标是什么？这些对公司项目管理模式的选择有什么影响？

(6)在案例背景下，市场情况对公司项目管理模式的选择会产生什么样的影响？市场上是否有成熟的PM、EPC、DBB承包商？这些是否会影响到公司项目管理模式的选择？

(7)公司在争论到底采用EPC模式还是DBB模式时，从项目特征的角度出发，认为什么样的项目适合采用EPC模式，什么样的项目适合采用DBB模式？

(8)如果公司将项目承包给PM承包商，较大的困难会是什么？

(9)马经理提到EPC模式具有“低价中标，高价索赔”的签合同难的问题，为什么？如何才能降低公司的风险？

(10)DBB模式下公司组织结构会变得更加扁平化，但为什么公司有人认为如果采用这种模式，组织效率并不会相应提高？对于扁平化的组织结构，组织效率的高低与什么因素有关？

(11)假如你是刘总，面对这么多的备选方案，你认为应该采取哪种方案更加合适？如果都不合适，还有其他备选方案吗？到底采取哪种项目管理模式才能保证项目目标顺利实现？为什么？

九、课堂板书设计

本案例教学说明黑板计划按照一块矩形黑板设计，具体内容如附图 2-3 所示，如果教室布局多块黑板，可根据教室黑板情况做适当调整。

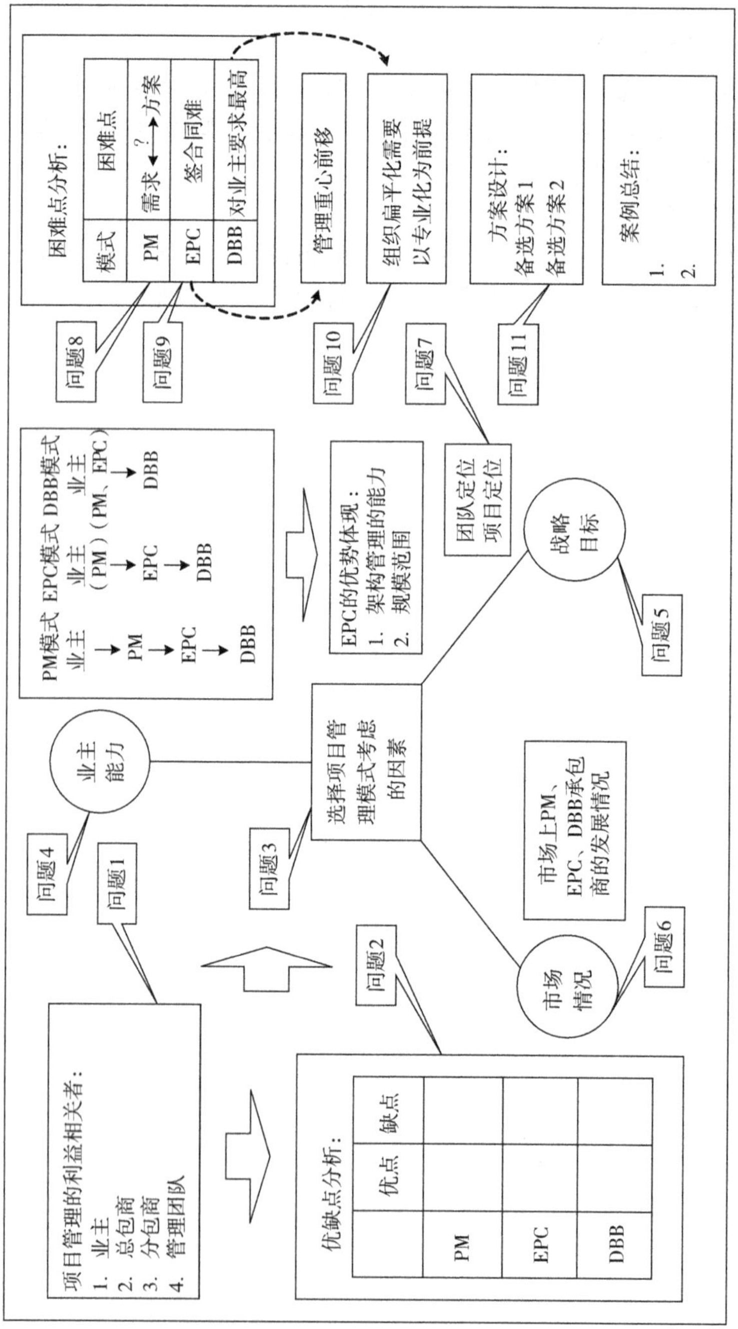

附图2-3　板书设计示意图

案例3：五洲集团组织变革之路①

案例正文

摘要： 本案例描述了五洲集团工程有限公司过去十年的组织变革历程，详细阐述了随着五洲集团总经理的更替，集团进行了两次组织变革的起因、经过、结果，并基于这两次组织变革的经验教训，孙总上任后面临着新的组织环境与战略目标，对于集团组织结构的设计产生了新的困惑。本案例在描述每次组织变革的过程时，着重从组织战略规划、协调机制、薪酬体系等方面的变化描述组织设计的要素特征，对于组织设计要素、组织变革内容等方面的理论学习与实践具有一定的意义。

关键词： 组织变革；组织结构；项目管理；战略规划；案例研究

0 引言

五洲集团工程有限公司(简称五洲集团)是石油化工建设领域的第一家上市公司。自2000年开始，公司业务发展迅速，在行业内的影响和地位得到了快速提升，近十多年来，公司针对市场环境的变化和企业战略发展的需要，对公司的项目管理先后进行过两次大规模的组织变革。2010年公司被重组至东北炼化工程有限公司后，原公司副总经理孙总被提任为公司总经理。孙总曾经担任过五洲集团西北区域公司的经理，业绩非常突出，在第二次组织变革中被提拔为副总经理。作为在五洲集团成长起来的公司总经理，他经历了公司的两次组织变革，也目睹了两次组织变革给公司带来的变化。他上任后面临的第一个问题，就是公司内部对再次实施组织变革的呼声越来越强烈，而公司内部中高层管理人员却分化出两种不同的变革倾向。作为刚刚提任的总经理，他必须及时对此次组织变革做出战略性的决策，因此他感到了一种前所未有的压力。

1 公司简介

五洲集团是中石油东北炼化工程有限公司旗下的二级公司，是中国化工建筑企业中资质类别最多、综合资质实力最强的企业之一。公司组建于1950年，原名为东北人民政府工业部化学工业管理局吉林工程公司；1965年，更名为化学工业部第一化工建设公司；1991年，划归吉林化学工业公司，更名为吉林化学工业公司建设公司；1992年，吉林化学工业公司组建为吉化集团公司，公司随

---

① 本案例来自中国管理案例共享中心，由大连理工大学管理与经济学部朱方伟、孙秀霞撰写。

之更名为吉化集团公司建设公司；1998 年，随吉化集团公司划归中国石油天然气集团公司。2000 年 11 月，由吉化集团公司作为主发起人，联合吉林高新区华林实业有限责任公司、吉林市诚信房地产开发公司、宁波市富盾制式服装有限公司、上海华理远大技术有限公司共同发起设立了中油吉林化建工程股份有限公司。2003 年 7 月，公司 A 股股票在上海证券交易所发行上市。2008 年 11 月 20 日，由于中国石油筹备在国内 A 股整体上市，五洲集团股票停牌，接受股权转让事项的研究、论证，2009 年年底，五洲集团完成资产重组，正式退市。2010 年，中石油对下属企业实施产业链整合，将五洲集团从吉化集团剥离，重组至中石油东北炼化工程有限公司旗下。

五洲集团是国内首批获得化工石油工程施工总承包一级资质的企业之一，拥有 5 项施工总承包资质，分别为市政公用工程、房屋建筑工程、机电安装工程施工总承包一级，冶炼工程施工总承包二级，电力工程施工总承包三级。2007 年 3 月，经国家建设部审核，公司获准晋升为“化工石油工程施工总承包特级资质”，成为国内仅有的四家具有化工石油工程施工总承包特级资质的建筑业企业之一。除此之外，公司还拥有钢结构工程、机电设备安装工程专业承包一级，预拌商品混凝土专业承包二级，预应力工程、混凝土预制构件专业承包三级，轻型房屋钢结构专项工程设计乙级资质，并拥有 A 级锅炉安装、压力容器制造与安装、压力管道安装等许可证，以及对外经济合作经营资格证书和进出口企业资格证书。这些资质为公司广泛开拓市场奠定了坚实基础。

公司拥有员工 1781 人，平均年龄为 37 岁；具有大专以上学历员工 1216 人，占员工总数的 68.28%；具有中级以上职称人员 339 人，占员工总数的 19.03%。拥有国家一、二级项目经理(含注册建造师)277 名，国际杰出项目经理和全国优秀项目经理 32 名，取得 PMP(project management professional)、IPMP(international project management professional)国际项目经理职业资格认证的有 40 人，省部级优秀项目经理 35 名。拥有全国劳动模范 6 人，拥有以全国十大能工巧匠、全国十佳职业道德标兵、全国十大青年学习成才奖、全国技术能手、全国五一劳动奖章获得者等为代表的一大批高技能、高素质人才。公司先后被评为全国用户满意企业、中国建筑业领先企业、全国守合同重信用企业、全国最佳施工企业、全国质量效益型先进施工企业、全国实施卓越绩效模式先进企业、全国企业文化建设先进企业、全国工程建设信用 AAA 级企业等。公司以“为世界建造最具价值的化工石油工程艺术品”为使命，以“成为化工石油建设领域全球闻名工程承包商”为愿景，逐步形成“人本为先、精品至上、和谐共赢、卓越共创”的核心价值观。通过不断地铸造价值观体系，谋划经营之道，培育高素质人才，塑造良好企业形象，打造一流品牌，形成了独具特色的企业文化。

五洲集团作为中石油东北炼化工程有限公司的业务骨干单位，其核心产品为乙烯及其配套装置建设，先后新建、改扩建乙烯装置10多套，承担乙烯配套装置100余项，被誉为“乙烯建设专家型企业”。公司先后荣获中国建筑工程鲁班奖2项，荣获国家优质工程金、银质奖10余项，荣获省、部级优质工程奖70余项，创造了10项全国施工新纪录。业绩遍及国内20多个省(自治区、直辖市)以及美国、新加坡、利比亚、阿尔及利亚、俄罗斯等十几个国家和地区。公司成立以来，共建成600多项大中型工业生产装置及建筑工程。

2 “99一号”成功带来的思考

1999年在五洲集团的发展历史上，是十分重要的一年。这一年，他们承接了一个30万吨乙烯装置工程项目，五洲集团称其为“99一号”项目。在此之前，五洲集团所承接的化工生产装置类项目通常为小型专项工程，技术要求低，更多的是来自吉化集团内部的工程任务，而“99一号”项目的工程量和复杂程度对五洲集团来说都是个挑战。然而，雄心勃勃的总经理王总却认为这个项目虽是挑战，但也是个难得的机遇。担任总经理的王总在大学期间学的是化工专业，毕业后分配到五洲集团，先后做过施工员、项目经理、部门经理，这一干就是近30年，再过10年他也就到了退休的年龄。王总不仅有扎实的理论基础，而且长期从事公司管理工作，工作经验非常丰富，也是一个富有改革意识和创新精神的管理者，敢想敢做，他一直期待在自己任职期间带领五洲集团闯出一片新天地。

经过不懈努力获得“99一号”项目承包合同后，王总认为，如果“99一号”能够成功完成，一方面，将为五洲集团带来相当可观的利润，推动五洲集团的年利润值再创新高；另一方面，“99一号”项目的实施受到行业内外各方的关注，是树立五洲集团品牌、赢得市场信任、增强公司影响力，从而走出吉化开拓全国市场的绝佳良机。因此，在王总的战略规划中，“99一号”项目是五洲集团实现跨越发展的重要里程碑，因此一定要出色地完成“99一号”项目，为五洲集团在21世纪的腾飞赚下第一桶金。

当时，公司上下员工不过500人，各部门和专业公司分管不同的专业领域，1999年五洲集团的组织结构如附图3-1所示。由于公司长期以来主要是依托吉化集团的内部工程业务发展，尽管有时也参与一些外部业务的投标，但总体比例非常小。因此，这个阶段各专业公司是公司的核心业务资源，也是主要利润中心，公司利润指标具体分配到这些单位，而其他职能部门主要起协助、支持、监督和指导的作用。公司签订“99一号”项目总体施工合同后，考虑该项目涉及专业较多，同步施工也多，因此，为了突出工程项目的战略重要性，听取咨询专家的建议，五洲集团在所有部门的上层临时设置了一个项目指挥部，委派公司相关副总经理在其中任职，这个项目指挥部并不是对项目进行实质性的指挥和控制，主要是在项目各参与部门间出现难以解决的协调困难时，出面做出行政性的协调决策。

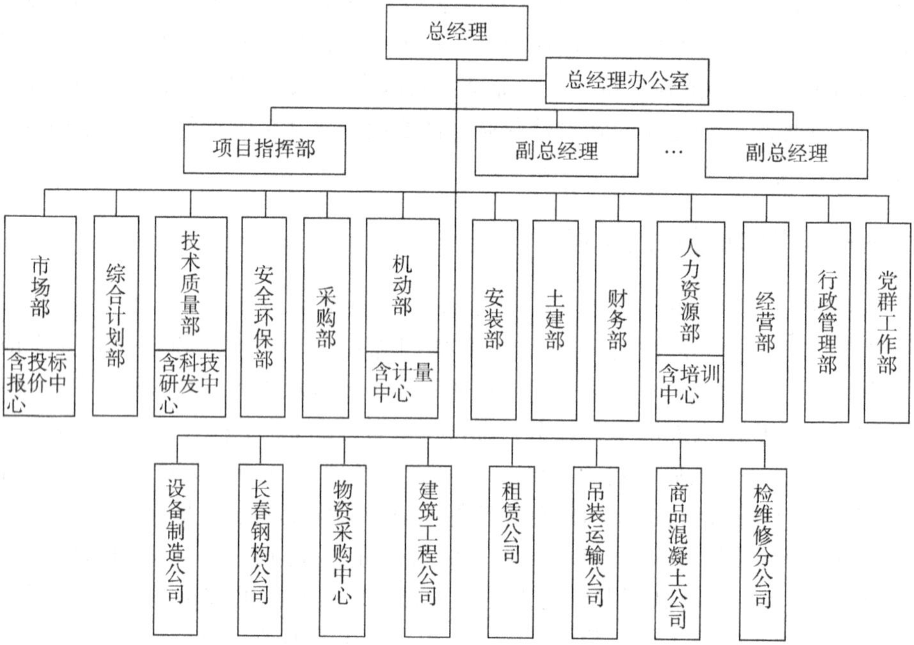

附图 3-1　1999 年五洲集团的组织结构

为了有更大把握成功完成“99 一号”项目，王总亲自上阵，组织和控制项目的整个实施过程。每天总有那么多的不同事务需要他出面解决：召开相关负责人会议，了解项目进展中的难题，协调各部门的工作冲突，做出紧急事件的处理决策等。同时他还大量阅读和学习项目管理理论知识，探索五洲集团成功进行项目管理的思路、途径和方法。

果然不负众望，尽管项目进展艰难，“99 一号”项目还是在王总的辛勤付出以及全公司的共同配合下，以较高的质量按时交付。项目的出色完成，不仅为公司带来了一笔丰厚的利润，还得到众多专家、同行们的肯定，赢取了当年的“中国建筑工程鲁班奖”。同时，项目的实施锻炼、培育了一批年轻员工，为公司的长远发展储备了人才。王总感到无比欣慰的同时，回想整个艰难的过程以及在书中看到的先进管理模式，他陷入了对公司今后发展方向的深入思考中。

一方面，类似“99 一号”这样的大项目是可遇不可求的，但是大项目背后却隐含着巨大的市场危机——因为如果五洲集团继续坚守吉化市场，大项目完成后，公司就必然面对新一轮的发展低谷。王总设想公司未来的市场发展必须要走出吉化，但是公司目前的组织结构缺乏灵活自主性，重心在施工和生产单位，不能很好地适应项目化运行，传统的绩效考评和岗薪制也无法鼓励员工积极开发市场业务、自主提高专业技能，只是被动地接受高层的分配与领导。

另一方面，“99一号”项目实施中，公司招募了大量的新员工，而项目结束后，人员安置和公司生计成为头等大事。同时五洲集团不能永远在吉化集团的框架内修修补补，要趁机开拓自己的市场，稳稳占领国内市场，并最终走向国际市场。并且，王总预测，伴随全球经济的快速发展，2000 年以后我国石化产品市场将迎来发展的高峰，以炼油和乙烯为代表的化工石油工业建设将进入高潮期。

如此“天时地利人和”，又恰逢五洲集团面临重组上市，王总认为，是时候该对公司进行一次彻底的变革了，以便借助良好的经济发展环境，积极抓住市场机遇，稳固公司在化工建设领域的竞争优势。

3 轰轰烈烈改革走出去

五洲集团的第一次组织变革从 2000 年的秋季正式启动。王总布局此次变革至少要解决两个问题：一是突出项目作为公司利润中心的核心地位；二是公司的优势资源要合理配置到项目中去。经过与其他高层管理者的交流讨论，王总决定通过设立区域公司来开拓全国市场甚至国际市场业务，将公司内部的工程队伍、施工设备和生产单位等优势资源变成面向所有项目的公共资源，按照内部模拟市场结算向各区域项目公司转移，使项目成为公司新的利润中心；原来的专业公司在保证公司项目施工需要的前提下也同样可以对外承接项目，但是不再作为公司的利润考核中心。公司设想将年度预算指标分解，分配至各区域项目公司，区域项目公司再通过开发市场、承接项目、设立项目团队，将所承担指标分配至各具体项目，最终形成以“公司—区域公司—项目团队”为主体的“三级管理、三级预算”的目标管理体系。

组织改革思路基本确定后，王总率领公司主要管理人员对五洲集团现有市场和潜在市场进行了详细的市场细分，筛选出市场潜力较大的几个区域和城市，初步确定了五个主要的目标市场区域——东北区、华北区、西北区、西南区和中原区。接下来，在这五个地区设置区域公司，作为公司市场开发和项目管理的中心，公司每年年初为其设定收入目标、利润目标以及其他市场目标。

五洲集团总部主要负责公司整体战略规划、重要资源协调、公司品牌和文化建设、公司资质管理等工作，有关项目的大部分权限下放到各区域公司，原有的其他职能部门进一步精简，主要职责是为各区域公司提供工作和资源支持。各专业公司依旧保留，在区域公司项目实施中承担相关专业的工程施工，与区域公司间构成一种内部的客户关系，实行内部市场化配置。区域公司和专业公司之间的供需平衡、利益分配以及矛盾冲突，由公司总部统一协调。

每个区域公司发展初期先配备市场、财务、技术等核心人员，在发展过程中，可根据自己的人员需求向总部提出申请，进行人员调度或社会招聘。后期公司总部甚至下放了人员招聘的权限，各区域公司可以根据自己的需要招聘员工。

各区域公司经理还可以对自身所需的资源进行调配，与各职能部门进行协调，以获取最大的工作支持。第一次组织变革后的组织结构如附图 3-2 所示。

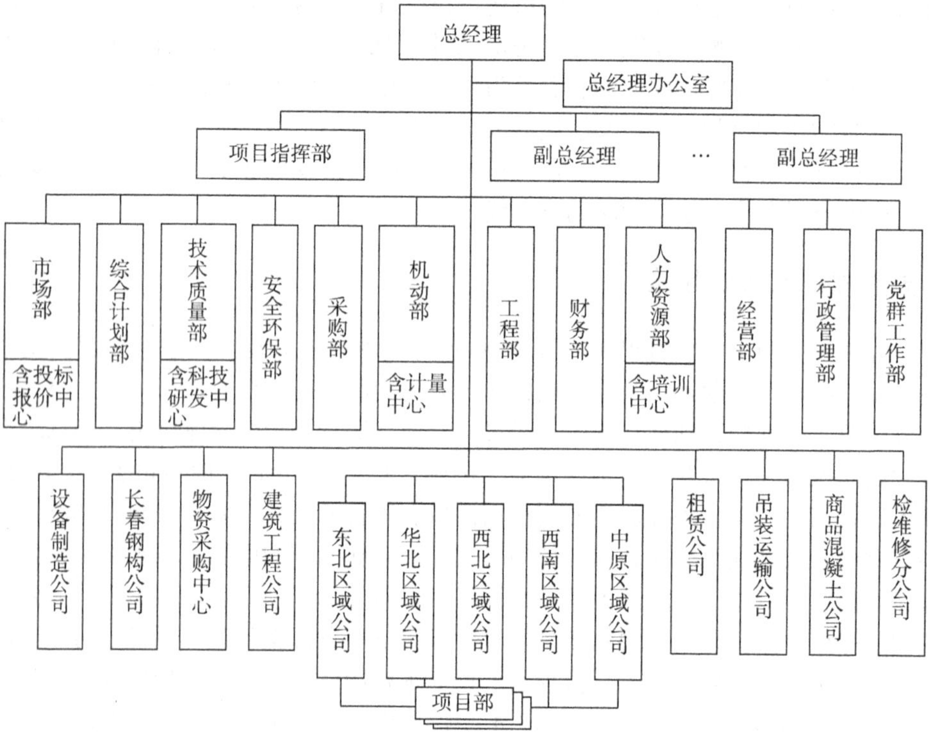

附图 3-2　第一次组织变革后的组织结构图

为了使各区域公司配置合格的管理团队，五洲集团开展了员工竞聘上岗工作。公司除了王总和其办公秘书之外，其余包括副总经理在内的所有员工都有机会通过竞争得到各区域公司经理一职。那些有志向、有能力、有信心能为公司成功开辟一片新领域的员工，纷纷向公司提出了申请。然后由公司高层领导和主要职工代表，对竞选者进行现场审核、评比。每一位竞选者提出自己的竞选目标，展示自己的未来管理规划和相应措施，并接受现场参与人员的提问，根据竞选者的资历和现场评分最终确定各区域公司的管理团队。

五洲集团在各区域公司间建立起竞赛机制，每月或每季度召开各区域公司工作汇报总结会，所有区域公司负责人将其年度目标完成情况、项目进展情况、出现的问题等进行交流，无形中形成了公司整体的竞争氛围。在进行组织结构调整的同时，公司薪酬制度也相应进行了调整，除了由岗位工资、年终工资、津贴构成的基本工资外，公司总部各职能部门的绩效工资与公司总体绩效关联；各区域公司增添了与经济指标、管理指标、财务指标完成情况相挂钩的效益工资；项目团队也拥有对项目超额利润的一定比例的分配权（项目团队拥有项目超额利润的50%的分配权，即项目团队由于对项目管控到位，获得的超过项目预算之外的利润，项目团队可以留存超额利润部分的50%在团队内部分配）。这样各区域公司的市场开发情况、指标完成情况、项目利润情况都能直接反映到项目团队和相关管理人员、支持人员的工资报酬上，极大地带动了整个公司员工的干劲，公司也实质上形成了公司—区域公司—项目团队的三级管理体系和三级预算体系。

各区域公司成立后，各显神通，从一个项目开始做起，慢慢在当地扎根、发展壮大起来。随着区域公司市场业务的不断扩展，为了满足多项目并行的需求，各区域公司建立起不同的项目部，指定经验丰富的管理人员为项目经理，具体组织和跟踪项目的运行情况。区域公司将所承担的任务指标进一步下放，对多项目进行统筹协调和管理。项目经理对项目进度、质量和成本承担完全责任，也拥有一定的奖惩权利。

经过一系列的组织变革和管理措施的实施，五洲集团进入了高速发展阶段，公司的市场地位和各种盈利指标都得到了较快的提升。组织变革实施的第二年，五洲集团的主营业务收入实现了较大幅度的增长，增长率高达90%。同时2001年公司利润总额突破1亿元，是2000年利润总额的2.7倍。在良好的市场环境和变革影响的作用下，五洲集团在接下来的几年间，盈利水平稳步提升。1999～2007年公司主营业务收入和利润总额的变化趋势如附图3-3和附图3-4所示。

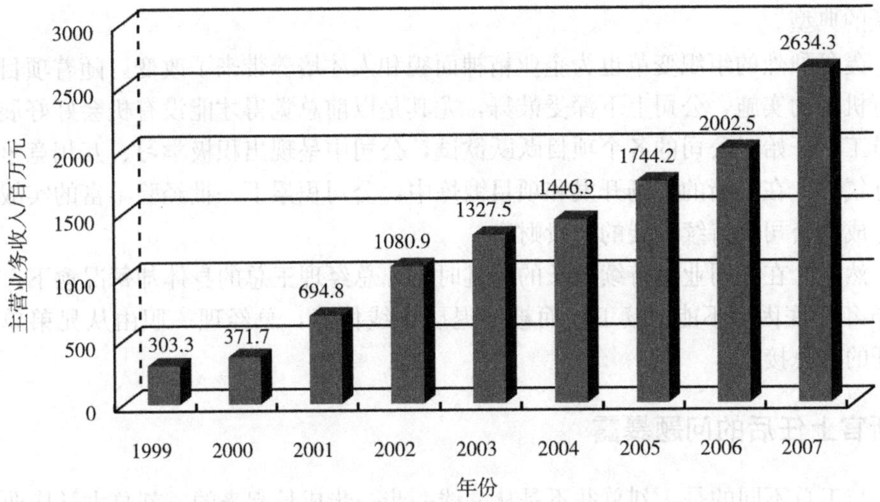

附图3-3　1999～2007年五洲集团主营业务收入趋势图

除了获得良好的经济效益，这次组织变革对五洲集团的影响还体现在其主营业务的市场份额上。通过区域公司的设立，公司的主营业务量和市场占有率得到

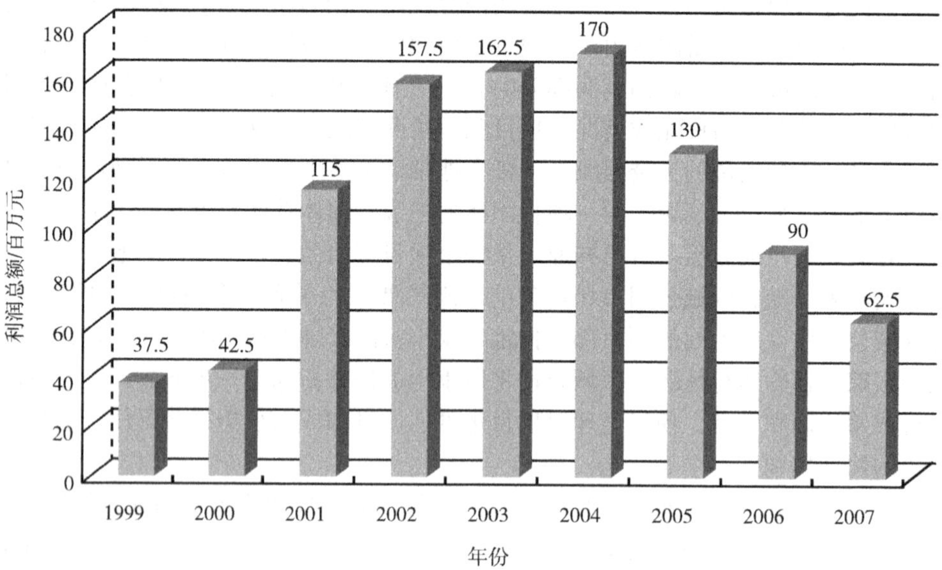

附图 3-4　1999～2007 年五洲集团利润总额趋势图

了大幅提升，基本覆盖了国内南方、北方、西北、西南等绝大部分地区，并扩展到海外的中东地区和非洲地区。在此期间，所管辖的区域公司在最多时达到了 13 家的超大规模，包括海外的 2 家区域分公司，并在发展过程中配套增设了 9 家工程公司。五洲集团的发展速度在近十几年的国内化工建设领域算得上是一个飞跃的典型。

轰轰烈烈的组织变革也为企业精神面貌和人才培养带来了改变。随着项目化运行机制的实施，公司上下深受鼓舞，尤其是以前总觉得才能没有机会好好展现的员工，开始对公司的各个项目跃跃欲试，公司中呈现出积极学习、互相竞争的良好氛围。在不断的市场开发和项目锻炼中，公司积累下一批经验丰富的实战人才，成为公司可持续发展的宝贵财富。

然而，在公司业绩持续增长的关键时刻，总经理王总的身体却每况愈下，于 2006 年年底因病不能继续工作而被迫退居二线休养，总经理一职由从兄弟单位调任的刘总接任。

4 新官上任后的问题暴露

与王总不同的是，刘总并不是从一线一步一步成长起来的，刘总大学毕业后就直接到了集团战略规划部门工作，后来被派到一个分公司担任副总经理，工作有思路、有魄力，很受吉化集团高层领导的重视。刘总为人稳重，有多年的管理经验，最难得的是有着处事冷静又果敢坚毅的品质。此次调任，刘总是在众多候选人中脱颖而出的，刘总当然也是满怀信心和希望走马上任的。因为之前对王总领导下五洲集团的发展历程有所耳闻，认为自己可以在前任的成绩之上再创辉煌。但是，上任后不久，他开始逐渐察觉到，公司高速运转的外表下实际隐藏着很多问题。

一方面，近些年，在市场与利益的双重驱动下，公司的扩张速度过快，很多区域公司管理人员的选拔并未严格执行筛选制度，这使得区域公司的管理水平受到威胁，一些急功近利、滥竽充数的项目团队开始出现。他们为了完成或者超额完成公司既定的业务目标，争取数目不小的项目奖金和效益工资，将精力完全投入到开发项目市场、拉订单、提升收入总额上，开始忽视项目的质量要求，降低对客户的服务水平，在很大程度上影响了客户满意度和五洲集团的整体品牌。

另一方面，五洲集团所承接的项目开始变得鱼龙混杂，一些项目缺乏严格的项目合同审核，对于业主的信誉、资质等信息也放松了要求，最后造成大量的“烂尾”项目，项目款项拖欠，甚至出现一些收回可能性极小的坏账。项目款项不能及时回收，影响了公司的偿债能力和流动资金周转，严重影响了五洲集团的财务和经营水平。

刘总认真分析了公司近些年的财务报告，发现虽然主营业务收入保持增长趋势，但是公司利润总额已经开始出现大幅下滑的现象。他认为这其中的主要原因就是部分区域公司和工程公司在抢占和扩大市场的过程中，很多项目采用了让利中标的策略，又恰逢此期间人工、材料、机械等价格大幅度上涨，导致施工成本增加；还有部分项目出现延期、返修、索赔纠纷等情况，导致项目成本大大超支，而项目款不能及时收回。但是一些区域公司管理人员和公司总部一些管理人员却认为，公司利润率下降的主要原因是市场竞争越来越激烈，行业整体利润率在不断降低。

截至 2007 年年底，所有国内区域公司和工程公司中，只有两家区域分公司有较好的持续盈利能力，其他分公司都出现不同程度的亏损；而让他欣慰的是两家海外区域分公司业绩一直非常突出，而且发展势头良好，公司运作也严格按照国际惯例规范进行。

刘总意识到问题的严重性，刚上任时的那种满怀信心开始部分转化为对公司发展前景的担忧，因此他下定决心要采取有力的措施制止公司经营状况的进一步恶化，不能任由出现问题的区域公司和工程公司继续亏损下去。

5 “三级到二级”的组织变革

眼前的一切与刘总最初的构想完全不同，他觉得眼下最要紧的是给五洲集团以明确的定位与战略规划，然后再一一解决现存的各种问题。公司的主营业务以石油化工建设类为主，此类项目具有投资大、安全风险高、专业性强、资金回笼周期长等特点，且易受外界环境影响，过程管控能力起到关键性作用。尤其是近些年国际油价大幅攀升，美元汇率持续波动，石化行业面临价格因素多变的局面，为整个化工建设领域带来了更多的不确定性和经营风险。国内石油化工建设高潮也已经接近尾声，各区域市场趋于饱和，市场竞争愈演愈烈。

综合评估五洲集团面临的机遇与挑战，刘总提出“整合”是五洲集团可持续成长的唯一出路，“眼下的五洲集团不应该继续分散力量，处处凿井，而应该重新优化整合公司资源，握紧拳头出重拳”。刘总规划了“三步走”战略目标：第一步，做精国内施工总承包，巩固行业领先地位；第二步，做大海外工程业务，形成跨地域发展；第三步，向上向下双向整合，做强 EPC 工程总承包，向化工建设行业高端发展。

基于战略调整的需要，刘总迅速在公司高层提议讨论调整公司组织结构体系。他认为，三级管理体系纵然能加大公司的市场开发力度，但是不能有效保证所承接项目都能有效完成，部分项目已经严重损害了公司的声誉，影响公司利润和可持续发展。尤其是众多区域公司并存的情况下，公司对于各项目团队的管控力度不够，各区域公司的管理水平参差不齐，导致目前项目管理过程不规范，损害公司利益的操作屡屡发生。因此，他提议公司应该实现资源高效集成管理和组织结构扁平化管理，将以往的“三级管理、三级预算”改成“二级管理、二级预算”，砍掉原来的区域公司层次，将公司的各项预算指标直接分配至各具体项目，原区域公司的管理人员一部分向上分流到公司总部各职能部门，一部分向下分流到项目团队，同时充实公司总部职能部门管理力量和项目团队管理力量，然后由公司综合计划部与各项目团队共同协商确定每个项目的成本目标、利润目标，加强对项目的计划和控制力度。

这一提议遭到部分区域公司经理的抗议，认为公司这种改革会影响公司业已存在的有效市场拓展渠道，同时还会造成公司内部对项目的多头领导、协调混乱。但刘总的想法得到了公司总部多数高层管理者的认可，支持其按照自己的规划实施改革。但事实上，刘总在坚持整合调整的同时，实际操作中采用了相对温和的两阶段过渡改革，先是从三级管理、三级预算过渡到三级管理、二级预算，撤掉了分公司层次的预算，然后再将人员向上向下整合，过渡到二级管理、二级预算。

2008 年年初，公司对问题较多、出现利润亏损的区域公司开始实施撤销，仅保留区域内正在实施和业绩表现突出的项目团队。按照刘总的规划，各区域公司将被逐步取消，合并、缩减多余的工程公司，最终将所有项目收归至公司的直接控制之下，公司的收入、利润等预算指标直接分配至各项目部，项目部将成为公司的主要利润中心。预计在 2009 年年底，由“三级管理、三级预算”到“二级管理、二级预算”的组织变革将全部完成。此次五洲集团改革完成后的组织结构如附图 3-5 所示。

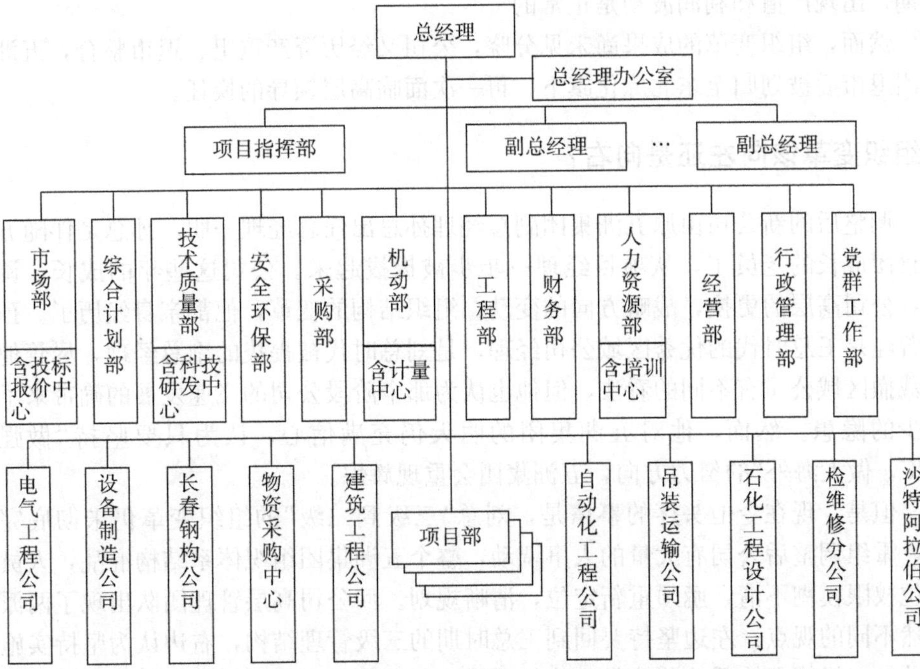

附图 3-5 第二次组织变革后的组织结构图

刘总将此次的组织变革定位于推行扁平化管理和规范化管理，使所有职能部门都积极地参与到项目的管理中去，实现全员管理的项目管理，增加公司对项目的管理规范性和控制力度。部分优秀的区域公司经理调回担任公司副总经理，负责若干区域的项目协调管理和相关职能部门的管理。项目经理成为公司创造利润的核心人物，项目执行过程中，对于所需的资源与支持，直接向相关职能经理提出要求。各职能部门有责任积极配合项目工作的开展，并且要共同监督和控制项目的运行情况，对项目的实施和目标的完成承担一定的责任。按照刘总的设想，公司统一组织协调资源配置后，可以集中优势资源将重点项目做精、做强，更加灵活地应对市场需求变化。

为了防止公司内部不良竞争的再次出现，公司调整了效益工资的比例，压缩了不同岗位、不同级别之间的收入差距，并为项目经理规定了项目奖金最高限额，每个项目经理从所管理项目中获取的年度项目奖金之和不会超出最高限额。

2009 年，各区域公司正在逐渐取消，所有项目管理的职权逐渐收归公司总部进行统一规范，曾经激烈的市场开发和项目承接逐渐放缓下来。五洲集团的市场份额开始出现萎缩，主营业务收入停滞不前，利润也没有出现增长的态势。私底下大家开始议论纷纷，有人甚至幸灾乐祸，说“早知道就会有这样的结果”。但是，刘总对自己的规划十分坚定，多次向大家声明，“公司目前是改革最艰难的时期，出现产值和利润波动是正常的”。

然而，组织变革的成果尚未见分晓，公司又经历资产重组、退市整合，五洲集团退市后被划归至东北炼化旗下，再一次面临高层领导的换任。

6 组织变革该向左还是向右?

调整后的新公司由原五洲集团副总经理孙总出任总经理一职。孙总是伴随五洲集团成长的老员工，从项目经理一步步被提拔起来。公司这些年的成长、调整，公司高层的更换，战略方向的变动，组织结构的变革，他都亲身经历了。孙总曾经是王总时代的优秀区域公司经理，是刘总时代被提拔的副总经理，尽管他对裁撤区域公司有不同的看法，但他也认为那个阶段公司的飞速发展的确带来了不少的隐患。然而，他对五洲集团的明天仍充满信心，认为只要坚持“做强EPC，做大海外”的努力方向，五洲集团会重现辉煌。

但是，现在令他头疼的事情是，刘总“三级到二级”的组织变革仍未彻底完成，重组调整后公司有大量的人事调动，整个五洲集团组织体系结构混乱，人员职位权限模糊不清，亟须重新定位，清晰规划。而公司高层管理团队出现了两派截然不同的观点：左边坚持要回到王总时期的三级管理结构，右边认为坚持实施刘总的二级管理体系改革才是正确的选择。五洲集团下一步的组织结构应该如何选择，现存的组织问题又该如何解决，孙总在角色变化后不得不重新慎重考虑这些事关企业发展全局的问题。

案例使用说明

一、教学目的与用途

本案例使用说明是以将此案例应用于“项目管理”课程中的项目组织部分的教学为基础撰写，如将本案例应用于其他课程教学安排则需要做相应调整，本案例使用说明可作为参考。

1. 适用的课程

本案例适用于“项目管理”、“项目组织与人力资源管理”和“组织管理”，也可以将本案例作为“战略管理”课程的辅助案例。

2. 适用的对象

本案例难度适中，概念难度 2，分析难度 2，表述难度 2，适用对象包括高年级管理专业本科生、MBA、项目管理工程硕士和低年级管理专业硕士研究生。

3. 本案例教学目标规划

(1)知识传授点：

• 项目组织的基本形式及其特点。

• 项目组织结构与战略的匹配关系。
• 项目授权。
• 成本中心与利润中心。
• 集团管控理论。
• 项目前端控制理论。

（2）能力训练点：

• 学会分析组织变革的驱动因素，尤其是项目驱动型企业组织变革与公司战略选择之间的影响关系。

• 通过分析项目管理对组织结构的需求，明确在项目管理环境中选择组织结构的思路，掌握重新规划组织结构的内容和步骤。

• 基于案例中两次组织变革的过程及结果，通过讨论对整个案例进展进行深入解析与评判，培养学生在复杂环境里的综合分析能力和决策能力。

• 学会在特定的组织情境中界定职能部门和项目部门之间的管理边界，确定适宜的项目授权程度。

• 学会通过组织结构的调整，设计大型企业中成本中心和利润中心的管理模式。

（3）观念改变点：

• 管理规范是企业拓展市场的保障，企业只有在一定的规范制度下进行授权才是有效的。

• 管控模式只是显性的控制手段，隐性的制度控制一定要与显性相配合。财务管控不是只管财务指标，而是需要以管理制度规范作为采用该模式的前提。

• 分公司越强，总公司的能力也应该越强，这样才能实现真正意义上的管控。公司的大与强是不可分离的。

二、理论依据与分析

1. 组织结构与战略匹配理论

最早对战略与组织结构关系进行研究的人是美国学者钱德勒，其提出“组织结构服从于战略，公司战略的改变会导致组织结构的改变，最复杂的组织结构是若干个基本战略组合的产物”。即企业要有效地运营，必须将战略与组织结构相匹配。只有使其相匹配，企业的目标才能顺利地实现；与战略不相适应的组织结构将会限制、阻碍战略发挥其应有的作用。另外，组织结构的变动也是引起战略调整的主导因素。如果在组织结构上没有重大的改变，那么也就很难在战略上发生实质的改变。综上所述，企业应当根据外部环境的要求去制定发展战略，然后根据新制定的战略来调整和改革企业原有的组织结构或者重新选择一个合适的组织结构。

本案例中，五洲集团第一次组织变革正是基于王总“走出吉化，开拓外部市场”的战略规划而开展的，为了保证开拓市场的战略方向，将组织结构设计为充分发挥市场开发主动性的“三级管理体系”；第二次组织变革中，刘总秉持“整合、规范、加强控制”的战略理念，将“三级管理、三级预算”的组织体系变革为“二级管理、二级预算”的组织体系。这些都很好地印证了战略与组织结构设计之间的影响关系。

2. 项目组织结构的形式与优缺点

项目组织结构有三种典型的类型，即职能型、项目型和矩阵型。

职能型组织结构是应用最普遍的组织结构，在这种项目组织中，项目是作为职能部门的一部分而存在的，该部门是与项目的成功实施关系最为密切的部门。职能型组织结构的优点在于它能够充分利用企业资源。缺点是没有明确的项目经理，各职能部门均是对分配给自己的项目任务负责，而不是对项目最终成果负责。

项目型组织结构主要存在于项目驱动型组织中，每个项目由专门的项目团队负责，是组织中相对独立的业务部门，每个项目团队都有自己的项目经理及其下属的职能部门。项目经理全权管理项目，享有配置项目所需全部资源的权力，对项目成员有直接的管理权力。项目型组织结构的优点在于其具有明确任命的项目经理对项目目标的实现承担责任，各项目组对项目目标是聚焦的。然而，缺点在于它对企业的资源利用程度不足。

矩阵型组织结构兼有职能型和项目型组织结构的特征，并能融合这两种组织结构的优势。当承接一个新项目时，指定一个项目经理，并从不同职能部门选出人员组成项目团队，这些成员在项目执行期间主要接受项目经理的领导，但仍有义务完成其职能部门的工作。项目成员的组成具有一定的流动性。但这种组织结构存在一个人有多个上司的冲突问题，本质上是临时性权力与稳定性权力之间对资源争夺而引起的冲突。

不同的组织结构形式适用于不同的组织环境，最适宜的组织结构形式选择必须建立在对组织内外部环境的充分分析基础之上。只有这样才能充分发挥各种组织结构形式的优势，尽量规避其缺陷，使组织结构成为组织有效运行的重要保障。

结合本案例，五洲集团未进行组织变革之前的组织结构为职能型组织结构，仅对于“99 一号”一个项目而言，职能型结构与项目型结构本身并无区别，整个公司相当于一个大的项目团队。但是随着五洲集团对于项目的不断重视、项目数量的不断增多，原来的职能型组织结构就暴露出其不相适宜的弊端。为此，王总在第一次组织变革中将组织结构向比较适合项目管理的矩阵型组织结构转变，为充分开拓项目市场，保证项目运行奠定了基础。

3. 成本中心与利润中心

成本中心是指只对成本或费用负责的责任中心。大多是指负责产品生产的生产部门、劳务提供部门或给予一定费用指标的企业管理科室等。

利润中心是指拥有产品或劳务的生产经营决策权，既对成本负责又对收入和利润负责的责任中心，它有独立或相对独立的收入和生产经营决策权。在公司内部，利润中心被视同为一个独立的经营个体，在原材料采购、产品开发、制造、销售、人事管理、流动资金使用等经营上享有很高的独立性和自主权，能够编制独立的利润表，并以其盈亏金额来评估经营绩效。

本案例中，五洲集团未进行组织变革之前的专业公司是利润中心，随着市场扩张进行了第一次组织变革，设立区域公司，变为三级管控，将利润拆成收入与成本两个部分，专业公司变为了成本中心，而区域公司变为了利润中心。

4. 集权、分权、授权

集权是将决策权高度集中，问题自下而上传递至高级经理人员，由他们选择合适的行动方案，分权是将决策权授予下级人员，由他们直接选择合适的行动方案。集权和分权主要是一个相对的概念。在组织管理中，集权和分权是相对的，绝对的集权或绝对的分权都是不可能的。授权是指主管将职权或职责授予某位部属负担，并责令其负责管理性或事务性工作。授权是一个过程和手段，企业通过授权将组织集权状态逐渐变为分权。

本案例中，五洲集团未进行组织变革之前组织处于集权的状态，第一次组织变革后，王总设立区域公司，在人力、采购、资源调配等方面授予了其很大的权力，甚至将小型项目的决策权都授予区域公司。第二次组织变革，刘总又取消区域公司，重新收回一部分权力。权力的变化是通过组织结构的变化所体现出来的。

5. 集团管控理论

集团管理控制是母公司为确保下属公司能够实现母公司目标而采取适宜的控制手段的过程。根据集团授权程度的不同，集团管控模式分为运营管控、战略管控和财务管控，体现了集权、集分结合、分权的三种权力模式。运营管控模式下，强调过程控制，直接管理下属企业的具体生产经营活动，下属企业几乎无自主权，仅负责配合实施。战略管控模式下，母公司主要对下属公司进行战略规划和资产运营管控，要求下属公司服从于集团的整体战略，下属公司具有一定的自主权，超出权限的事项，需报母公司进行审批。财务管控模式下，母公司主要对下属公司财务数据进行考核和控制，仅在重大人事变故、重大筹资、重大资产管理方面保留一定的最终决策权，其余关于具体经营活动及战略规划方面，下属公司具有较大的自主权。

三种管控模式只是集团显性管控手段的集中体现，每种管控模式的采用，都需要以隐性管控制度能够管控其他因素为前提。采用财务管控模式对公司内部规范性的要求最高。

结合本案例，五洲集团未进行组织变革之前整个公司就是一个大的项目团队，虽然公司内部管理制度不规范，但由于采用运营管控，人为控制运营中的所有因素，因此得以很好的运行。第一次组织变革后，出现诸多拖欠款项或“烂尾”项目，主要是由于此时五洲集团上层希望扩展市场，过渡授权，采用了财务管控，而职能部门权力小、能力弱，内部并没有建立起相应的管控制度，使得公司只通过财务管控进行显性的控制，而内部制度的隐性控制制度没有匹配实施，使得公司失控。第二次变革后，刘总将三级管理变为两级管理，收回一定的控制权，同时增加公司对项目的管理规范性和控制力度，这样使得显性控制手段与隐性控制制度相匹配。

6. 项目前端控制理论

工程类项目管理实施的全过程通常包括建设建议书阶段、可行性研究阶段、设计工作阶段、工程建设准备阶段、工程施工阶段、竣工验收阶段。一个项目的成功完成，必须经过整体统筹安排，制订详细的项目管控计划，严格控制和优化设计方案，有效地对质量、成本、进度和安全进行过程综合控制，以做到缩短工期，降低成本，保证质量，从而确保项目各项目标的顺利实现。在实际项目管理过程中，会涉及是控制计划，或是控制过程，还是控制结果的问题。项目前端控制理论认为，项目控制点必须尽可能前移，在项目设计和计划制订阶段做到周全、详尽、可控制性，从而为项目全过程管理提供重要的控制标准。

结合本案例，在第一次变革结束后，很多项目在前期缺乏严格的项目合同审核，对于业主的信誉、资质等信息未加以认真核查，最后造成项目款项拖欠或“烂尾”项目的出现。案例中之所以出现这样的问题，就是未能在项目决策、设计和计划阶段，将可能遇到的项目实施风险进行提前预测，并做出相应防范和应对方案。

三、启发思考题

(1)组织结构都有哪些？五洲集团第一次、第二次变革前后，组织结构都发生了哪些变化？

(2)第一次、第二次变革前后，组织的战略有什么变化？这对组织结构的调整有什么影响？

(3)从权力的角度看，第一次组织变革后，王总对区域公司授予了哪些权力？第二次变革刘总对组织权力又进行了哪些调整？

(4)第一次、第二次变革前后，组织的利润中心与成本中心分别是什么？

(5)企业对下属公司进行管控的模式有哪些？有什么前提条件？

(6)如果你是新上任的总经理孙总，你会如何设计接下来五洲集团的组织结构，又会采取什么样的措施来保证公司的稳定发展？

四、补充阅读资料

由于该案例属于综合性案例，除了本案例使用说明重点提到的知识点外，组织变革、组织结构设计、战略对组织结构设计的影响关系、集权与分权管理、集团管控等方面的文献与书籍可以作为该案例的补充材料，以助于对案例有更深的认识与理解。

五、案例核心问题与基本问题

本案例分析的关键在于把握企业组织变革的主导因素，理清五洲集团组织变革背后所体现的战略规划、权力控制、薪酬体系等的变化。

本案例的核心问题有：

• 五洲集团组织结构应该如何设计，应该推行三级预算、三级管理还是推行二级预算、二级管理？

围绕核心问题，相关的基本问题有：

• 企业的组织结构应该如何设计？哪些因素影响了组织变革？

• 企业战略与组织结构如何匹配？

• 利润中心和成本中心该如何设置？

• 如何进行适度的项目授权？

• 如何选择合适的管控模式？这与企业内部规范度有什么关系？

• 项目前端控制该如何实现？能够有效地解决项目实践中的哪些问题？

六、案例分析思路

第一，分析公司在运行“99一号”项目期间的组织结构形式。组织结构是职能型，项目协调与完成得较好。此时由于公司只有一个项目，整个公司可以被当做一个项目团队在执行工作，职能型的组织结构与项目型的组织结构不存在明显差别，不会影响项目的协调效率。随着公司拓展市场的需求增大，同时承担的项目增多，职能型的组织结构将出现协调问题，因此第一次组织变革将组织结构变为了矩阵型，更加适合多项目共同管理运行的情境。

第二，对比分析五洲集团两次组织变革的战略调整背景，分析如何通过组织变革实现战略与组织结构的匹配。教师可以从三位总经理面临的环境和制定的战略角度进行比较分析。教师可以引导学生根据“99一号”项目带来的对公司未来发展的思考，挖掘第一次组织变革实施之前企业面临的机遇和内部存在的突出问题，王总为了解决这些问题确定了拓展国内市场的战略，并进行一系列组织变革，梳理变革实施的主要内容，明确建立三级管理的核心内容是将职能型的组织结构改为矩阵型，同时引导学生分析此战略与组织结构的匹配是通过哪些手段完成的，如设立区域公司、对项目团队授权、改变薪酬体系等。然后，再对比分析第二次组织变革实施之前企业所处的外部环境和运行中存在的问题，刘总在做出组织变革决策时所考虑的关联问题，最终促使他做出组织变革方案选择的关键因素依然是其对公司“三步走”的战略规划，同样引导学生梳理变革实施的主要内容与关键，分析该战略如何影响组织对组织管理层级、项目管理在公司中的地位、企业利润中心及其权力配置等方面进行调整的。最后，全面分析孙总此时面对的企业的外部环境和内部环境，引导学生把握孙总的战略导向和组织变革的背景，进而基于前两次组织变革的分析经验，开放式讨论第三次组织变革的内容。

第三，引导学生讨论第一次组织变革前后组织中利润中心与成本中心的设置。教师可以引导学生分析组织变革前的组织结构，可以看出变革前组织中的专业公司是利润中心，第一次组织变革设立区域公司，将利润拆成收入与成本两个部分，专业公司变为了成本中心，而区域公司变为了利润中心。此时，教师可以引导学生分析变革前后专业公司角色的变化对公司控制成本、提升利润的作用。变革前专业公司可以以扩大市场份额、控制成本两种途径提高利润，且以扩展市场为主要手段；由于“利润＝收入－成本”，变革后区域公司作为利润中心，主要以增加收入为责任，而专业公司变为成本中心，主要以控制成本为责任，这将有利于公司有效地控制成本，提升利润。

第四，引导学生梳理第一次变革的优缺点，并从授权的角度分析原因。教师可以先引导学生梳理出第一次变革后组织呈现的好的方面，如区域公司积极上进争先扩展市场等，梳理后询问学生为什么组织会在变革后蒸蒸日上，引导学生分析变革后王总对项目部进行了一定授权。然后教师再引导学生梳理出组织短期迅速发展之后又出现了哪些问题，如烂尾工程等，梳理后再询问原因，引导学生分析刘总解决该问题时采取第二次组织变革的过程中在对区域公司权力方面做了调整，同时启发学生从项目管理的角度分析该原因，引出项目管理前端控制的重要性。然后教师引导学生得出产生整个过程的原因主要是对项目授权的适度性问题。

第五，接着授权适度的问题，引导学生分析企业对下属企业管控的本质。教师先通过分析第一、二次变革前后组织管控的形式，回顾一下管控的三种模式，即运营管控、战略管控和财务管控。然后引导学生分析第一次变革后管控出现问题的原因是由于组织管理制度等规范性不高，对项目的控制力较弱，而此时公司又对区域公司采用财务管控，过度授权，因此管理出现失控问题。此时教师要强调财务管控的本质并不是只管财务指标，而是要以公司内部规范化为前提，公司内部的管理制度是潜在的管控手段，而财务管控只是组织的显性手段，无论哪种管控形式都不能是完全的授权，只是显、隐性管控手段的不同而已。如果公司内部制度不规范，公司又采用财务管控，内部隐性管控手段缺失，这就是过度授权，而如果公司管理制度规范，此时财务管控形式的分权就是适度授权。而在公司变革前整体采用运营管控，由于内部管理制度不完善，因此采用运营管控严格控制每一个环节。

第六，引导学生根据上述对战略、组织环境、组织结构、权力等方面的分析，讨论目前公司组织结构的设计方案。从两次组织变革中总结归纳影响组织变革成功的重要条件，可重点从协调机制的调整、薪酬体系的改革、各部门职责的明确以及项目经理角色定位的变化等方面展开讨论，提出较优的组织变革方案。

七、课堂教学计划

案例授课班级人数不宜过多，应该控制在30～60人，可以以4～6人为一个小组。教室的桌椅布局要以让所有的课堂参与者围坐四周，使其都很容易听到和看到对方为基本原则。教室中应具备投影仪、黑板、粉笔、桌子等设备，同时为了方便学生更好地参与到案例课堂讨论中，教师可以在课前提醒学生准备座位名牌等，以更好地营造轻松的讨论氛围。

分组原则：本案例如果应用于MBA或EMBA教学的设计，分组时要事先了解学生的就业背景和专业背景，由于本案例的综合性较强，尽量让每一个小组中都具备人力、组织设计、战略规划等多方面经验的学员，这样有利于对案例的理解与讨论。本案例如果应用于研究生教学的设计，要尽量使非同一专业和非同一导师的学生为小组成员，便于互相学习，培养沟通协作能力。

案例讨论时间：本案例可以作为专门的案例讨论课来进行。下面是按照时间进度提供的课堂计划建议，仅供参考。

案例课的课堂时间控制在80～90分钟。

(1)课前计划：提前布置启发思考题与补充阅读资料，要求学生在课前完成阅读和初步思考。如果具备条件，可以提前分组，安排小组在课前围绕着所给的案例启示题目进行讨论。

(2)课中计划。

案例概述：(5～10分钟)简要的课堂前言，带领学生回顾案例内容，明确主题。

小组讨论：(20～25分钟)重点讨论启发思考题，理解案例内容与基本知识点。

班级讨论：(50～60分钟)由教师组织全班进行讨论。

评价与总结：(5～10分钟)对知识点进行梳理与案例总结。

问答与机动：(5～10分钟)回答学生的一些额外问题等。

(3)课后计划：如有必要，请学生采用报告形式给出更加具体的解决方案和案例学习心得体会，便于学生更好地总结与掌握案例中的知识点。

八、课堂讨论题

(1)在实施“99一号”项目时，五洲集团的组织结构是什么形式？这种形式下，为什么能够取得成功？

(2)“99 一号”项目结束后，王总对公司制定了什么战略规划？对公司组织结构进行了哪些调整？三级管理、三级预算模式的核心内容是什么？这与公司当时的战略有什么关系？

(3)刘总对公司制定了什么战略规划？第二次组织变革对公司组织结构进行了哪些调整？二级管理、二级预算模式的核心内容是什么？这与公司当时的战略有什么关系？

(4)第一次组织变革前后，组织中的利润中心与成本中心分别是什么？专业公司的角色转变对公司会产生哪些影响？

(5)第一次组织变革之后，公司迅速发展，利润、市场份额等在短期内均迅速上涨，这次变革优势是什么？为什么会有优势？

(6)第一次组织变革，王总对区域公司授予了哪些权力？这对当时的公司产生了什么影响？

(7)为什么第一次变革后一段时间出现了严重的问题？这与王总对区域公司的授权有关系吗？第二次变革刘总对组织权力又进行了哪些调整？

(8)在案例中，每个时段公司对下属公司采用的管控模式有什么区别？这与公司内部规范度有关系吗？

(9)新上任的孙总对公司战略有什么规划？他在哪些方面应该对公司进行调整？如果你是新上任的总经理孙总，你会如何设计接下来五洲集团的组织结构，又会采取什么样的措施来保证公司的稳定发展？

九、课堂板书设计

本案例教学说明黑板计划按照一块矩形黑板设计，具体内容如附图 3-6 所示，如果教室布局多块黑板，可根据教室黑板情况做适当调整。

十、案例的后续进展

本案例描述的是五洲集团划归东北炼化之前所进行的两次组织变革，目前，五洲集团已经正式成为东北炼化的二级公司，公司驻地由吉林市迁至沈阳市，管理人员、市场业务等也实现了平稳转移。经过一段时间的内部激烈讨论，在听取上级领导的意见后，孙总选择继续坚持二级管理体系，延续刘总的组织变革思路，并将管理重心放在市场开发和项目管理两项工作上，进一步规范企业的项目管理流程。受整体经济环境的影响，五洲集团的各项盈利指标未产生明显的好转，但产值和利润止住了下滑的趋势。

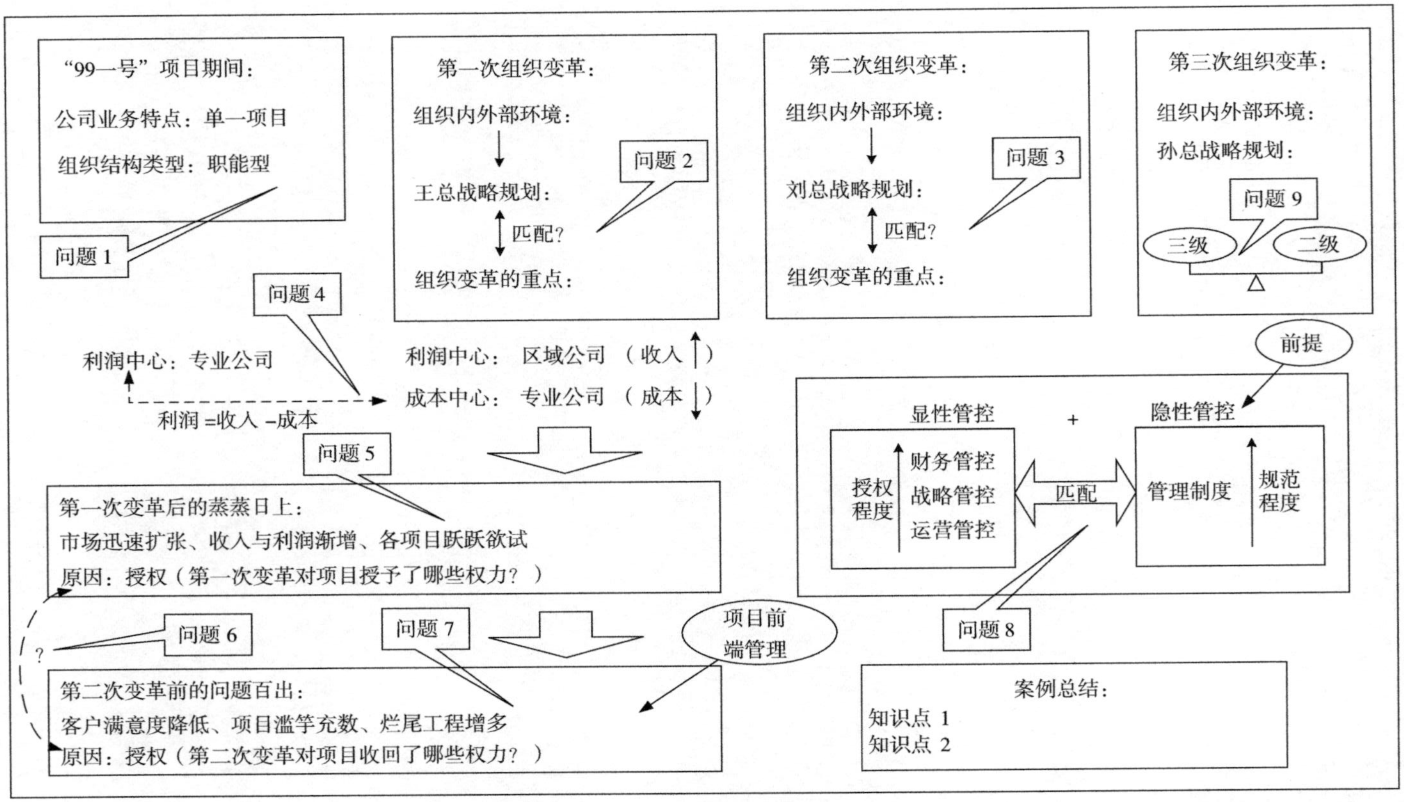

附图3–6 板书设计示意图